KB157957

호남지역 철기시대 연구현황과 전망

엮은이 **최 성 락**

서울대학교에서 고고학을 전공하여 문학박사를 취득하였다. 목포대학교에 부임하여 고고인류학과를 개설하고, 후진을 양성하였다. 대학박물관이 설립된 이후 전남 서남부지역의 여러 유적을 발굴조사하였고, 신사문화 및 고대문화를 밝히는 100여 편의 논문과 '고고학 입문', '야외 고고학 입문(번역)', '한국 원삼국문화 연구', '영산강유역 고대사회 형성과정 연구' 등 10여 권의 저서가 있다. 경력으로는 한국고고학회, 한국상고사학회, 호남고고학회 등의 학회장과 문화재청 문화재위원, 국사편찬위원회 위원 등을 역임하였고, 현재 목포대학교 명예교수이다.

호남지역 철기시대 연구현황과 전망

2024년 08월 30일 초판 1쇄 발행

엮은이 최성락
펴낸이 권혁재
편 집 조혜진

인 쇄 성광인쇄
펴낸곳 학연문화사
등 록 1988년 2월 26일 제2-501호
주 소 서울시 금천구 가산디지털1로 16 가산2차SK V 1AP타워 1415호

전 화 02-6223-2301
팩 스 02-6223-2303
E-mail hak7891@chol.com

ISBN 978-89-5508-699-7 93910

협의에 따라 인지를 붙이지 않습니다.
책값은 뒷표지에 있습니다.
잘못된 책은 바꾸어 드립니다.

호남지역 철기시대 연구현황과 전망

최성락 엮음

학연문화사

● 머리말

호남지역 철기시대에 대한 관심은 1983년 초 해남 군곡리 패총을 발견하면서 시작되었고, 이 유적을 발굴조사하면서 이 시기에 대한 연구가 본격화되었다. 일차적인 연구성과는 1992년에 제출한 박사학위논문인데 그 제목이 『전남지방 원삼국문화의 연구』이었다. 그런데 이 논문에서는 통상 한국고고학에서 사용되었던 시대구분인 초기철기시대와 원삼국시대를 전남지방에 그대로 적용할 수가 없었기에 원삼국시대의 시작을 기원전 100년경으로 올려 확대하면서 초기철기시대를 청동기시대 후기로 통합할 수밖에 없었다. 이러한 문제의식을 바탕으로 한국고고학에 있어서 시대구분을 검토하였고, 두 시대를 대신하여 철기시대로 통합하는 것이 삼시대법에 따른 합리적인 시대 명칭임을 여러 차례 주장한 바가 있다. 필자가 언급하는 철기시대의 개념은 기존 초기철기시대의 개념인 점토대토기의 등장을 시작점으로 보는 것이 아니라 철기가 유입되는 시기부터 삼국시대에 고분이 축조되기 시기 이전까지를 의미한다. 즉 호남지역에서의 철기시대는 기원전 2세기경부터 기원후 3세기 후반까지이다.

이후 필자는 호남지역 철기시대에 대한 연구를 꾸준히 하면서 여러 편의 논문들을 발표하였다. 이번 저서에서는 그간 발표한 철기시대와 관련된 논문 중에서 아직 단행본으로 묶지 못한 논문을 선별하였는데 대체로 네 주제로 나누어진다. 제1부는 호남지역 철기시대 연구현황과 전망이다. 호남지역에서 통상 초기철기시대와 원삼국시대로 구분된 채 연구된 성과를 정리하면서 시대구분의 문제, 각 유구별 양상과 문화양상, 편년 문제, 두 시대간의 단절 문제 등을 검토해 보았다. 다만 처음 작성된 시점이 다소 오래되었기 때문에 원고의 일부분을 수정 · 보완하였다. 이후 다른 논문들은 발표된 상태를 그대로 유지하였다.

제2부에서는 철기시대 토기론으로 해남 군곡리 패총에서 출토된 토기 분석을 바탕으로 몇 편의 토기 논문을 발표하였다. 먼저 당시 크게 논란이 되었던 영남지역의 와질토기론에 대한 비판적인 논고이다. 여기에서는 와질토기가 영남지역의 토광묘에서 주로 나타나는 지역적인 토기이지 결코 한반도 중남부 전역에 확산된 것이 아니고, 지역별로 다양한 토기유형이 존재하였음을 주장하였다. 다음은 철기시대 토기의 실체와 연구방향이다. 이 글에서 철기시대 토기는 다양한 토기유형이 존재하였지만 각 연구자들이 제시하는 토기 명칭이나 토기 편년, 그리고 기원 문제 등에 대한 견해 차이가 적지 않다는 점을 살펴보면서 앞으로의 연구방향을 제시하였다. 그리고 토기의 연구방법론에서는 토기의 연구과정과 어떤 연구가 이루어지고 있는지 등을 정리해 보았다. 마지막으로 경질무문토기의 개념과 성격에서는 해남 군곡리 패총을 발굴조사하면서 사용된 경질무문토기의 개념을 재검토하면서 점토대토기와 다소 혼란스러운 부분을 정리한 논문이다. 즉 경질무문토기는 철기시대의 개념과 관련이 깊은 것으로 철기시대에 사용된 무문토기라는 의미이다. 이처럼 철기시대 토기와 관련된 논문들은 다소 오래된 글들이지만 철기시대 토기와 관련된 전반적인 문제를 정리해 보았다는 점에 의미를 두고자 한다.

제3부에서는 패총 연구이다. 먼저 2002년에 발표된 철기시대 형성 배경에 대한 논문이다. 이 논문에서는 남해안에 분포하는 패총의 형성 배경에 대한 다양한 견해를 검토한 결과 이 패총들이 철기시대에 접어들면서 형성되기 시작하였음을 주장한 바가 있다. 다음으로 20년 만에 작성된 호남지

역 철기시대 형성 배경에 대한 논문인데 여기에서는 호남지역의 패총이 철기시대 이전인 점토대토기의 유입과 더불어 시작되었다는 새로운 견해를 제시하였다.

제4부는 호남지역 철기시대에 나타나는 공백과 단절 문제를 다루었다. 우선 3편의 반론문이 있다. 이 중에서 두 편은 바로 김장석 교수(서울대)의 주장에 대한 반론이다. 그는 특히 전북지역에서 철기시대가 형성된 이후 삼각형점토대토기의 부재로 보아 일정 시기 문화적인 단절이 나타나므로 타날문토기의 연대를 상향조정해야 한다고 주장하였다. 이에 대한 반론으로 결코 타날문토기의 연대를 갑자기 소급시킬 수 없고, 문화적인 단절이 아니라 일부 주민들의 이동으로 설명될 수 있다고 반박하였다. 다른 한편은 이성주 교수(경북대)의 주장에 대한 반론이다. 그는 호남지역의 공백이 현재 호남지역 연구자들의 인식보다 더 클 수 있으며 이를 해소하기 위해서는 추가적인 유적조사가 필요하다고 주장하였다. 역시 이를 반박하면서 그러한 공백이 존재한다는 것은 그의 편년관을 바탕으로 한 것이므로 공백의 확대론이 적절하지 못함을 지적하였다. 이처럼 논란하는 과정에 필자는 한국고고학에서의 공백과 단절에 대한 근본적인 문제를 다루어 보았다. 여기에서는 공백과 단절의 원인이 단순히 유적의 조사 미비에 있는 것이 아니라 고고학 연구방법론에서도 야기될 수 있다는 점을 파악하게 되었다. 마지막으로 철기시대가 시작되는 시기에 중국과 한국, 그리고 일본지역에서 공통적으로 사용되었던 토기인 점토대토기에 대한 연구이다. 필자는 이러한 점토대토기의 성격을 파악하기 위하여 먼저 점토대토기에 대한 연구현황을 살펴보았고, 다음으로 점토대토기 시기의 문화양상에 대한 연구성과도 정리해 보았다.

이상과 같이 호남지역 철기시대와 관련된 기존의 논문들을 묶어본 것은 두 가지 의미를 두고자 한다. 하나는 이 저서가 호남지역 철기시대의 문화를 체계적으로 다루지는 못하였지만 이 시기의 중요한 주제인 시대구분 문제, 토기 문제, 패총 문제와 더불어 가장 논쟁이 되었던 공백과 단절 문제를 다루고 있다는 점이다. 이를 통해 호남지역 철기시대에 대한 연구현황을 살펴볼 수 있고, 논쟁점을 통해 앞으로의 전망도 파악할 수 있다. 다른 하나는 이러한 연구가 필자 혼자에 의해 이루어진 것이 아니라 다른 연구자들과 공동으로 이루어진 논문들이 많다는 점이다. 공동 연구의 경우에는 논문의 주제와 관련된 여러 문제를 같이 논의하면서 문장 하나라도 착오가 없도록 노력하였다. 각 논문에서 공동 연구자로 참여한 김건수 교수(목포대), 이동희 교수(인제대)와 강귀형 연구원(목포대 박물관), 박호성 연구원(국립나주문화재연구소) 등에게 고마움을 전한다.

필자는 평생 고고학이라는 학문을 연구하고 학생들을 가르치면서 얻을 수 있었던 소득이 너무나도 많았다. 그 중에서도 특히 학문을 통해 진정한 자유가 무엇인지를 느낄 수 있었다는 점이다. 고고학의 연구는 기본적으로 기존의 학설과 이론들을 공부하여야 하고, 또 새롭게 발견된 고고학 자료들을 검토하여 해석하는 과정이다. 이 과정에서 새롭고 참신한 주장을 하기 위해서는 기존의 학설뿐만 아니라 자신의 견해조차도 벗어날 수 있을 때 가능하다는 것이다. 다시 말하면 어떠한 선입관에서도 벗어나 자유롭게 사고할 수 있을 때 학문적으로 진정한 자유를 체감할 수 있었다.

한편으로 학문적 진리에 다가가는 방법에 대한 체득이다. 필자는 연구과정에서 늘 내 주장이 하나의 가설임을 인식하였고, 진리에 가까이 도달하기 위해서는 어떠한 문제를 객관적으로 바라볼 수 있어야 한다는 것이다. 즉 내 관점만이 아닌 다른 관점에서도 문제를 바라볼 수 있어야만 해결의 실마리를 찾을 수 있다고 생각하였다. 이러한 과정을 통해서 필자는 학문적으로 완전한 진리에 도달할 수가 없었지만 그 진리에 좀 더 가까이 다가갈 수 있는 길을 알게 된 것이다.

내 삶을 살아온 지도 벌써 70년을 넘겨 인생 후반부를 맞이하고 있다. 필자는 요즘 우리나라의 현실을 좀 더 객관적으로 보게 되었고, 정치적 · 사회적으로 어떠한 문제가 있는지 조금씩 알게 되었다. 그래서 우리 사회가 잘못되고 있는 점을 바로잡기 위해서 내가 해야 할 역할이 어떤 것인지도 생각하게 된다. 한편으로 학문적으로 도달할 수 없었던 진정한 의미에서의 진리가 무엇일까? 라는 새로운 의문을 가졌다. 성경 말씀에 "진리가 너희를 자유롭게 하리라"에서 진리가 과연 무엇이며, 믿음과 영생이 무엇인지 등을 알기 위하여 새로운 인생 여정을 시작하고자 한다. 다시 말하면 평생 땅속에 묻혀 있었던 과거의 진리를 탐구하였지만 이제는 하늘을 바라보면서 내가 살아가고 있는 이 시점에서의 진리를 추구해 보고자 한다.

이 저서의 출간을 기꺼이 받아주신 학연출판사 권혁재 사장님과 편집을 담당한 조혜진 선생님에게 감사드린다. 그리고 저서 전체를 자세히 읽고 잘못된 부분을 교정해준 복문강, 강귀형에게도 감사함을 전한다.

2024년 문파제의 봄을 누리면서

최성락

목 차

● 출처

1. 최성락, 「호남지역 초기철기시대와 원삼국시대 연구현황과 전망」, 『호남고고학보』45(2013. 10.30, 5-42).
2. 최성락, 「와질토기론의 비판적 검토」, 『영남고고학』 19, 영남고고학회(1996. 12, 1-13).
3. 최성락, 「철기시대 토기의 실체와 연구방향」, 『지방사와 지방문화』 5-2, 역사문화학회(2002. 11. 30, 1-38).
4. 최성락, 「토기 연구방법론의 검토」, 『박물관 20주년 기념논총』, 목포대학교 박물관(2003, 1, 30, 1-10).
5. 최성락, 「경질무문토기의 개념과 성격」, 『박물관연보』21(2013. 2. 15-30).
6. 최성락 · 김건수, 「철기시대 패총의 형성배경」, 『호남고고학보』 15, 호남고고학회(2002. 4. 30, 57-82).
7. 최성락 · 박호성, 「호남지역 철기시대 패총의 형성배경」, 『도서문화』59, 목포대학교 도서문화연구원(2022. 6. 30, 171-199).
8. 최성락 · 강귀형, 「'방사성탄소연대로 본 원삼국시대-삼국시대 토기편년'에 대한 반론」, 『호남고고학보』61, 호남고고학회(2019. 2. 28. 56-66).
9. 최성락 · 이동희, 「'호남지역 원삼국시대 편년과 지역성'에 대한 반론」, 『호남고고학보』69, 호남고고학회(2021. 10. 106-135).
10. 최성락 · 강귀형, 「"초기철기시대와 원삼국시대 고고학 자료의 인식"에 대한 반론」, 『고고학』18-1, 중부고고학회(2019, 4. 30, 67-81).
11. 최성락, 「고고학에서 공백과 단절의 문제」, 『한국상고사학보』106, 한국상고사학회(2019. 11. 30, 5-24).
12. 최성락, 「점토대토기의 연구현황과 과제」, 『박물관연보』30, 목포대학교 박물관(2022. 2, 11-42).
13. 최성락, 「점토대토기 시기의 문화양상과 사회성격」, 『박물관연보』31, 목포대학교 박물관(2023, 2, 13-44).

제1부 호남지역 철기시대 연구현황과 전망

호남지역 철기시대의 연구현황과 전망

최성락

Ⅰ. 머리말

호남고고학회가 창설된 지도 벌써 20주년이 되었다. 그 동안 호남고고학회는 호남고고학의 발전에 중추적으로 역할하였다. 매년 3차례 발간하는『호남고고학보』에는 호남고고학의 핵심적인 논문들이 게재되었고, 2차례의 학술대회를 통해 주제논문 및 유적조사사례가 발표되었다. 2013년 봄 학술대회도 각 시대별로 연구현황을 살펴보고, 연구과제와 전망을 알아보는 매우 의미있는 대회가 되었다.

호남지역 초기철기시대와 원삼국시대에 대한 연구는 1980년대 후반까지 극히 저조하였다. 전북지역은 남원 세전리 유적을 제외하면 발굴된 유적이 거

※ 이 글은 호남고고학회 20주년 기념 학술대회(2013)에서 발표된 논고이다. 당시 학회의 요청에 의해 초기철기시대와 원삼국시대로 구분하였으나 여기에서는 제목을 철기시대로 수정하였고, 내용의 일부도 수정 · 보완하였다.

의 없었고, 전남지역은 광주 신창동 유적을 비롯하여 해남 군곡리, 순천 대곡리 등 몇몇 유적이 조사되면서 청동기시대와 삼국시대 사이의 공백을 겨우 메워주었다. 1990년대에 들어오면서 다수의 주거지, 패총, 무덤 등이 조사되었다. 특히 서해안고속도로 구간에서는 주거지와 주구토광묘들이 집중적으로 확인되었다. 2000년대에는 더욱 활발하였다고 볼 수 있는데 대표적인 유적으로 전주혁신도시에서 발굴조사된 대규모 초기철기시대의 분묘유적과 보성 조성리 유적 등을 들 수 있다.

지금까지 호남고고학회에서 초기철기시대와 원삼국시대에 대한 논의가 이루어진 것은 1995년 『군산지역의 패총』(호남고고학회 1995)을 시작으로 2000년 『호남지역의 철기문화』(호남고고학회 2000)에서 집중적으로 다루어진 바 있고, 2002년 『호남지역의 주구묘』(호남고고학회 2002)와 2004년 『밖에서 본 호남고고학의 성과와 쟁점』(호남고고학회 2005)에서도 일부 다루어졌다.

본고에서는 지난 20년간 『호남고고학보』, 『한국고고학보』 등 학술잡지에 실린 논문을 중심으로 연구현황과 전망을 살펴보고자 한다. 우선 한국고고학에 있어서 시대구분의 문제를 정리해 보고, 다음으로 유적과 유물, 문화양상의 연구성과와 더불어 최근 대두되는 몇 가지 문제들을 다루면서 앞으로의 연구과제를 언급하고자 한다. 그런데 본고에서 다루는 연구논문 중의 일부는 삼국시대와 중복될 수 있다. 왜냐하면 삼국시대와 관련된 많은 논문들은 기원후 3세기 이후의 고고학 자료를 다루고 있어 원삼국시대의 내용을 일부 포함하고 있기 때문이다.

Ⅱ. 시대구분의 문제

1. 시대구분의 개념

한국고고학에 있어서 시대구분은 톰센의 삼시대법을 기반으로 구석기시대, 신석기시대, 청동기시대, 초기철기시대, 원삼국시대, 삼국시대 등으로 구분되어 통용되어 왔다(김원용 1973, 1986). 이들 각 시대의 개념을 둘러싸고 약간의 논의가 있었으나 특히 문제가 되는 것은 초기철기시대와 원삼국시대이다. 먼저 초기철기시대는 철기시대의 초기라는 의미에서 붙여진 명칭인데 역사시대 이전의 철기시대로 한정한다는 뜻에서 기원전 300년에서 기원전후까지로 설정하고, 문화적인 특징으로 점토대토기, 세형동검, 철기의 사용을 언급하였다(김원용 1973, 1986). 또 초기철기시대의 의미를 확대하여 철기가 유입되던 시기로부터 삼국시대의 고총고분이 발생하기 이전까지로 보아야 한다는 주장(이남규 1982; 한영희 1983)도 있었다.

반면 초기철기시대에 대한 비판이 적지 않게 나타났다. 즉 남부지역에서 점토대토기 단계부터 초기철기시대라고 하는 것은 잘못된 것으로 삼각형 점토대토기가 출현하는 기원전 2세기경 이후에 접어들어야 초기철기시대로 볼 수 있으며, 별도의 철기시대를 설정하지 않고 초기철기시대로 명명하는 것이 어색하기에 독립적인 시대명칭으로 부적절하다는 것이다(정징원 1989). 그리고 한국고고학에서는 초기철기시대가 제2차 청동기문화를 포함하고 있어 철기문화의 독자적인 의미가 희석된다는 점도 지적되었고(최몽룡 1992, 50-51쪽), 철기의 사용 이후로 한정한다면 특히 한반도 남부지역에서는 초기철기시대를 한 시대로 설정하기에는 시간의 폭이 너무 짧다고 보아 원삼국시대와 통합되어야 한다는 견해도 있었다(최성락 1993a).

최근 이 시대의 대표적인 유물인 점토대토기에 대한 관심이 높아지면서 요동지역과의 관계를 통해서 본 점토대토기의 등장과정(박순발 2004; 中村大介 2008)과 중부지역, 영동지역, 호남지역, 영남지역 등 각 지역별로 점토대토기의 출토양상과 편년에 대한 검토가 이루어졌다. 이러한 연구를 통해 원형점토대토기, 세형동검, 철기 순으로 등장한다는 주장이 대세를 이루었다. 특히 박진일(2007)은 원형점토대토기의 시작을 기원전 500년경으로 보면서 초기철기시대를 세형동검이 등장한 기원전 400년경부터 기원전 100년까지로 설정하여야 한다고 주장하였다.

하지만 이형원(2011)은 중부지역 점토대토기문화의 시간성을 검토하면서 크게 세 시기, 즉 비파형동검단계(기원전 500~400년), 세형동검단계(기원전 400~300년), 초기철기유입단계(기원전 300~100년) 등으로 구분하고, 초기철기시대의 특징을 철기의 유입과 삼각형 점토대토기로 보아 기원전 300년부터 100년까지로 설정하여야 한다고 주장하였다. 이창희(2010)도 한국 중남부지역과 일본지역에서 광범위한 지역의 연대자료 분석을 근거로 좀 더 치밀한 편년을 시도하고 있는데 세형동검의 등장과 철기의 유입시기가 다르기 때문에 철기의 유입시기부터 초기철기시대로 설정하여야 한다는 주장하였다. 즉 철기가 유입되는 기원전 4세기 전반까지는 청동기시대 후기로 설정하였고, 철기가 출현하는 기원전 4세기 전반부터 기원전 100년까지를 초기철기시대로 보아야 한다는 것이다〈그림 1〉.

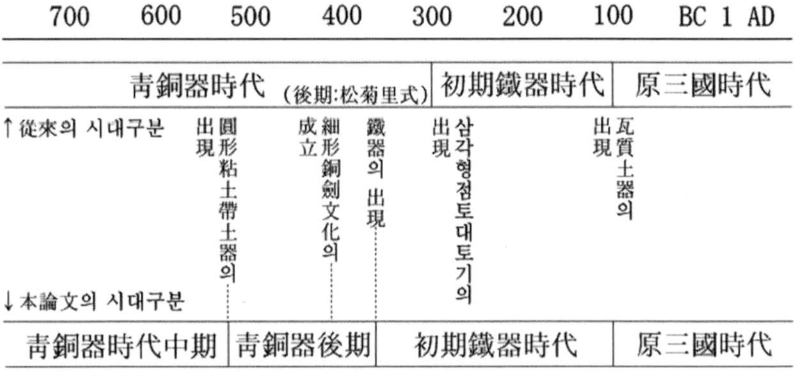

700 600 500 400 300 200 100 BC 1 AD

靑銅器時代 (後期:松菊里式)	初期鐵器時代	原三國時代

↑從來의 시대구분

圓形粘土帶土器의 出現

細形銅劍文化의 成立

鐵器의 出現

삼각형점토대토기의 出現

瓦質土器의 出現

↓本論文의 시대구분

靑銅器時代中期	靑銅器後期	初期鐵器時代	原三國時代

〈그림 1〉 이창희의 시대구분 수정안(이창희 2010, 그림 24)

이상과 같이 두 연구자는 공히 원형점토대토기와 세형동검의 출현을 철기의 출현보다는 빠르다고 보면서 원형점토대토기가 출현하는 기원전 500년부터 철기가 출현하는 시점까지를 청동기시대 후기로 설정하였고, 철기의 유입과 삼각형점토대토기의 등장을 초기철기시대로 정의하면서 그 연대를 기원전 4세기 전반 혹은 300년에서 기원전 100년경으로 비정하고 있다.

그런데 초기철기시대의 시작을 철기출현 이후로 잡아야 한다는 주장은 매우 적절한 지적이라고 생각되지만 초기철기시대라는 본질적인 문제에 대한 의식이 부족하다. 그래서 필자는 초기철기시대의 개념에서도 문제이지만 이 시기는 이미 원삼국시대와 같이 원사단계에 속하며 나아가 역사시대로도 볼 수 있기에 초기철기시대라는 시대구분을 더 이상 사용하는 것은 부적절하다고 주장하였다(최성락 2012).

다음으로 논란이 있는 것은 원삼국시대로 1970년대 초에 처음 사용되었다. 김원용은 원삼국시대라는 용어를 제기하면서 "종래 고고학에서 김해시대라고 불러왔고, 역사학에서의 삼한시대가 이에 해당되지만 원초삼국시대 - 原史시대의 삼국시대라 해서 原(proto)삼국시대라고 명명해 본 것이다. ... 이 시대의 실연대는 서력기원 직후 2세기 또는 2세기 반(A.D. 1~250)에 해당한다."고 정의하였다(김원용 1973). 그 후 하한연대를 기원후 300년까지로 연장하였다(김원용 1986). 이후 한국고고학에서는 원삼국시대라는 용어가 일반적으로 사용되고 있다. 다만 원삼국시대를 대신하여 '삼국시대 전기'로 하자는 견해(최몽룡 1989, 1990)가 제기되는 등 고고학계 내부에서도 약간의 비판이 없었던 것은 아니다.

그런데 원삼국시대라는 용어에 대한 문제점은 고대사학자들에 의해 본격적으로 제기되었다. 먼저 원삼국시대의 개념과 문제점을 자세히 검토한 이현혜(1993)는 이 용어가 원사단계의 삼국시대라는 의미보다는 원초단계의 삼국시대로 보는 것이 더 타당하다고 보면서 문헌사에서 1~3세기를 원사단계가 아니라 역사시대로 보는 것이 일반적이며, 서로 다른 발전과정을 갖는 고구려, 백제, 신라를 이 개념 속에 포함시킬 수 없다고 보았다. 또한 그는 문화적인 성격을 고고학 측면에서 살펴보더라도 1~3세기의 문화적인 특색이 없다는 점을 들어 이 시대를 문헌사의 시대구분인 三國時代 혹은 三韓時

代로 하든지 아니면 고고학의 시대구분인 初期鐵器時代 혹은 鐵器時代로 하여야 한다고 주장하였다. 김정배(1996)도 '原三國時代' 용어의 문제점을 검토하면서 원삼국시대라는 용어 자체가 잘못된 造語이고, 이 용어가 역사학의 내용이 많이 담긴 술어로서 철기문화와 같이 고고학의 발전단계를 명료하게 지칭하는 단어가 아니며, 이 시대(기원후 300년간)를 대표하는 토기가 김해토기에서 소위 와질토기로 바뀌어진 상황에서 더 이상 이 용어의 존재 의미가 없다고 보았다.

사실 역사학계에서도 이 시기를 部族國家, 部族聯盟 혹은 聯盟王國(이기백 1973) 등으로 구분하고 있으며, 삼국시대 초기 기록에 대한 신빙성에 여전히 의문을 제기하고 있어 이 시기를 완전한 역사단계로 인정하여 삼국시대로 편입시키지 못하고 있는 실정이다. 그리고 원삼국시대의 문화를 다루면서 실제로 취급되는 지역은 백제, 신라, 가야지역이므로 이를 한반도 중남부로 한정하자는 의견(한병삼 1989)이 제시되고 있어 이 용어의 모순점을 고고학계에서도 인정하고 있다. 또한 고고학자들 간에 1~3세기의 문화상에 대한 의견의 차이가 있는 것은 사실이다. 그 이유는 고고학 자료에서 얻어지는 연대의 추정이 학자들 간에, 혹은 연구되는 시점에 따라 다를 수 있기 때문에 특정 시점에서 어떠한 문화적인 변화가 이루어진다고 볼 수 없다. 결국 원삼국시대는 연대(기원후 1~300년)를 한정시키고 있다는 점에서 고고학적 시대구분이라기 보다는 역사적 시대구분이다. 따라서 원삼국시대는 고고학 자료의 변화를 기준으로 하지 않았기 때문에 이 시대에 속하는 대표적인 유적(즉 패총, 토광묘 등)을 무엇으로 볼 것인가에 대한 논의가 계속될 수밖에 없다(최성락 1988a).

2. 시대구분에 대한 논란

앞에서 살펴본 바와 같이 초기철기시대와 원삼국시대에 대한 고대사학계의 비판과 더불어 고고학계의 내부에서도 새로운 주장이 대두되면서 초기철기시대와 원삼국시대를 대신하는 두 가지 방안이 제기되었다. 하나는 三韓時代로 부르자는 것이고, 다른 하나는 鐵器時代로 부르자는 견해이다.

첫 번째의 방안은 삼한시대로 부르자는 견해이다. 일부 고고학자들은 1980년대에 와질토기론을 제창하면서 '와질토기시대'를 주장하였지만 이것에 대한 비판이 있자 이를 삼한시대로 바꾸어 부르기 시작하였고 그 의미를 확대하였다. 즉 처음에는 삼한시대가 원삼국시대를 대신하는 개념(최종규 1991)으로 사용되었으나 뒤이어 초기철기시대와 원삼국시대를 묶어 기원전 300년부터 기원후 300년까지를 삼한시대로 설정하였다(안재호 1994; 신경철 1995).

한국고고학에서 이 시기를 삼한시대로 설정할 경우 다음과 같은 문제점이 있다. 먼저 삼한의 불확실성이다. 삼한은 중국 문헌에 나타나는 것으로 구체적으로 언제부터 지칭하는지 분명하지 않다. 학자에 따라 그 시작을 기원전 3세기부터 기원전 1세기까지 다양하게 주장되고 있으나 고대사에서 보는 삼한은 대체로 기원전 2세기부터 기원후 3세기까지 한반도 남부지역에 존재하였던 것으로 보고 있다. 다음은 원삼국시대라는 명칭과 마찬가지로 지역적으로 한정될 위험이 있다. 한국고고학의 범위를 최소한 한반도지역으로 볼 때 북부지역은 삼한에서 벗어나기 때문이다. 다만 북한에서 구석기시대, 신석기시대, 청동기시대(이상 원시사회)에 뒤이어 고조선(노예사회), 고구려 이후(봉건사회)로 설정한 것(과학 · 백과사전출판사 1977)과 같이 삼한시대는 한반도 남부지역의 시대구분에 한정적으로 사용할 수 있고, 또 향토사와 같이 지역의 역사를 기술할 때에는 이러한 시대구분이 가능할 것이다. 그러나 삼국사기의 초기 기록을 인정하려고 하는 최근 고대사학계의 분위기와는 상충된다. 결국 삼한시대라는 용어 역시 문헌사적인 시대구분이지만 지역적으로 한정되는 용어이기 때문에 한국고고학의 시대구분으로는 적절하지 않다. 설사 삼한시대라 설정하더라도 문헌적인 근거의 제시도 없이 고고학적 자료와 연결하여 임의로 상한연대를 기원전 3세기로 보는 것은 잘못된 것이다(최성락 1996a, 1999).

두 번째의 방안은 철기시대로 통합하자는 것이다. 철기시대는 원삼국시대가 통용되는 시기에도 일부에서 여전히 사용하여 왔다(국사편찬위원회 1973; 이종선 1989). 그런데 체계적으로 철기시대를 주장한 것은 역시 1990년대 이후이다. 지금까지 사용되어 온 초기철기시대의 잘못된 개념을 지적하는 등 철기시대의 시대구분에 대한 종합적인 검토와 그간의 연구성과도 정리되었다(최몽룡 1992, 1993). 또한 철기시대의 개념설정과 더불어 이를 전기와 후기로 나누어 전기는 초기철기시대, 후기는 원삼국시대 혹은 삼국시대 전기에 해당한다는 견해가 제시되었다(최몽룡 1996, 1997).

철기시대란 시대구분을 처음 사용한 유럽에서는 철제기술과 도구의 출현으로부터 로마시대 이전까지로 한정하고 있다. 지역에 따라 다르지만 대체로 기원전 7~5세기경부터 기원전후까지를 철기시대로 설정하였다(田淵義三郎 譯 1969; Milisauskas 1978; Graslund 1994:17-30). 이에 필자는 한국고고학에 있어서 시대구분 문제를 다루면서 새로운 시대구분이 이루어지기 전에 삼시대법을 충실히 따르는 철기시대를 사용하자고 주장하였다(최성락 1995). 즉 철기시대의 상한은 연대로 설정될 것이 아니라 실제 문화양상을 기준으로 하여야 하는데 북부지역의 경우 기원전 4~3세기경이, 남부지역의 경우 기원전 2~1세기경으로, 철기시대의 하한은 三國이 자리잡고 王權을 강화시킨 후 고총고분이 만들어진 시기 이전인 기원후 3세기 말로 설정된다.

그리고 국사편찬위원회(1997)가 편찬한 『한국사』3권에서는 청동기문화에 이어서 철기문화를 다루고 있고, 국립문화재연구소(1996, 1998)가 '동아시아 철기문화'라는 주제로 개최한 국제학술대회에서는 철기시대의 문화 성격을 규정하려는 시도도 있었다. 즉 새로운 제작기술과 생산체계의 확산과 수용, 광범위한 영역에 걸친 뚜렷한 지역문화의 형성, 정치권력의 성장 등 여러 가지 면에서 변화되는 문화적 특징을 제시하였다(이성주 1998).

이와 같은 개념에서 철기시대를 설정한다 하더라도 몇 가지 문제점들이 제기되고 있다. 첫 번째는 철기문화의 시작이 지역적으로 서로 다른 양상을 보여주고 있는데 이를 어떻게 정리할 것인가 하는 문제이다. 두 번째는 역사성의 결여로서 문헌에 이미 고조선, 삼한, 삼국 등이 나타나는 시기를 어떻게 다루어야 할 것인가 문제이다. 세 번째는 당시 문화의 성격을 과연 도구에 의한 시대명칭으로 표현될 수 있을까 하는 의문이다.

이러한 상황에서 이희준(2004)은 삼한시대론과 철기시대론을 비판하면서 원삼국시대의 효용성을 높이기 위해서 부득이 원삼국시대의 연대를 바꾸는 수정론을 제시하였다. 즉 이 시대의 상한연대를 100년 올려 기원전 100년으로 삼는 안이다. 이와 같은 수정론은 다수의 연구자들에게 받아들여지고 있다(박순발 2005; 이남규 2005; 성정용 2006). 하지만 최성락(2004)은 현재 고고학에서만 쓰이고 있는 시대구분 명칭인 원삼국시대는 "원사단계의 삼국시대"라는 역사성을 가진 명칭이므로 상한연대가 수정되는 것이 타당하지 못할 뿐 아니라 그 연대를 100년 올릴 경우 초기철기시대의 의미가 퇴색된다는 점을 지적하였다. 이성주(2007)도 만약 원삼국시대의 시작을 100년 올린다면 차라리 그 이전을 청동기시대로 하거나 아니면 청동기시대 후기와 원삼국시대를 묶어서 철기시대로 하자고 제안하였다.

이에 앞서 이청규(2003, 2007)는 철기시대를 3시기로 구분하는 안을 제시한 바가 있고, 원삼국시대가 분명 역사성이 내재된 시대구분임을 인정하지만 원사단계이고, 초기철기시대도 원사단계임을 지적하면서 이를 통합하여 고고학적 시대구분인 철기시대로 하는 것이 더 세계사적임을 주장하였다. 이후 초기철기시대 혹은 철기시대의 상한연대가 재검토되면서 기원전 400년으로 조정되었다(최몽룡 2006; 국립중앙박물관 2007). 이러한 논란이 있지만 한국 고고학계는 여전히 초기철기시대와 원삼국시대를 사용되고 있다(한국고고학회 2007, 2010).

그런데 원삼국시대는 역사성이 내재된 시대구분이지만 고고학과 역사학에서 공통적으로 사용되고 있지 못하고 있고, 초기철기시대는 선사단계가 아닌 원사단계로 볼 수 있기에 이를 조정하고자 하는 노력이 일부 나타나고 있다. 즉 한국고고학의 시대구분에 고조선의 실체를 포함시키고자 하는 견해들이 제시되었다(송호정 2007; 이청규 2007). 필자도 고고학의 시대구분을 고수할 것이 아니라 역사학과 함께 사용할 수 있는 시대구분의 필요성을 강조하였고, 일반인들에게도 쉽게 이해할 수 있는 시대구분이 되어야 한다고 주장하면서 초기철기시대-원삼국시대 대신에 고조선-삼국시대의 사용을 주장하였다(최성락 2008).

그런데 2008년 당시 국립중앙박물관의 고고학 연표에 고조선이 빠져있어 우리 역사를 왜곡하였다는 비판이 사회여론화가 되자, 2009년경 국립중앙박물관은 전시실의 고고학 연표에 기존에 사용되던 초기철기시대와 원삼국시대라는 구분을 없애고 청동기문화 다음에는 철기문화로 표기함과 동시에 고조선-여러 국가의 등장-삼국시대 등으로 표기하였고, 전시실을 청동기 · 고조선실-부여/삼한실-삼국시대실 순으로 개편하였다. 이러한 변화는 국사교과서에 나타나는 시대구분과 거의 일치하는 것으로 일반 국민들이 쉽게 이해할 수 있도록 조치한 것이다.

이상과 같이 시대구분에 대한 논란이 계속되고 있지만 호남지역에서는 여전히 초기철기시대와 원삼국시대가 그대로 사용되고 있다. 하지만 필자는 이를 통합하여 철기시대로 보는 것이 당분간 합리적인 고고학 시대구분으로 생각한다. 이것은 고고학 시대구분에 역사성을 포함시키기 위해서는 고조선을 어떻게 받아들일지, 언제부터 삼국시대로 할 것인지에 대한 학계 내부적인 논의가 더 진행되어야 하기 때문이다. 더구나 호남지역에서 크게 대두되고 있는 마한을 어떻게 볼 것이며 언제부터 백제로 볼 것인지도 함께 논의되어야 하기에 결코 쉽게 결정될 수 있는 문제는 아닐 것이다. 2013년까지 논란이 되고 있었던 한국고고학의 시대구분은 다음과 같다〈표 1〉.

〈표 1〉 한국고고학의 시대구분(최성락 2008에서 일부 수정)

<table>
<tr><th>연대
제안자</th><th colspan="5">B.C. 300 1 300 A.D.</th></tr>
<tr><td>김원용(1986)</td><td>청동기시대</td><td colspan="2">초기철기시대</td><td>원삼국시대</td><td>삼국시대</td></tr>
<tr><td>최몽룡
(1989 · 1990)</td><td>청동기시대</td><td colspan="2">초기철기시대
철기시대 Ⅰ</td><td>삼국시대 전기
철기시대 Ⅱ</td><td>삼국시대</td></tr>
<tr><td>최성락(1995)</td><td>청동기시대</td><td colspan="3">철기시대</td><td>삼국시대</td></tr>
<tr><td>신경철(1995)
안재호(1994)</td><td></td><td colspan="3">삼한시대</td><td>삼국시대</td></tr>
<tr><td>이희준(2004)</td><td>청동기시대</td><td>초기철기시대</td><td colspan="2">원삼국시대</td><td>삼국시대</td></tr>
<tr><td rowspan="2">이성주(2007)</td><td>청동기시대</td><td colspan="3">철기시대</td><td>삼국시대</td></tr>
<tr><td colspan="2">청동기시대</td><td colspan="2">원삼국시대</td><td>삼국시대</td></tr>
<tr><td rowspan="3">이청규(2007)</td><td>청동기시대</td><td colspan="3">철기시대</td><td>삼국시대</td></tr>
<tr><td colspan="2">무문토기시대</td><td colspan="2">원삼국시대</td><td>삼국시대</td></tr>
<tr><td colspan="3">고조선시대</td><td>삼국시대전기</td><td>삼국시대후기</td></tr>
<tr><td>최몽룡(2006)</td><td>청동기시대</td><td colspan="2">철기시대전기</td><td>철기시대후기
(삼국시대전기)</td><td>삼국시대</td></tr>
<tr><td>국립중앙박물(2007)</td><td>청동기시대</td><td colspan="2">초기철기시대</td><td>원삼국시대</td><td>삼국시대</td></tr>
<tr><td>한국고고학회
(2007,2010)</td><td>청동기시대</td><td colspan="2">초기철기시대</td><td>원삼국시대</td><td>삼국시대</td></tr>
<tr><td rowspan="2">최성락(2008)</td><td rowspan="2" colspan="3">청동기시대-고조선</td><td colspan="2">삼국시대</td></tr>
<tr><td>형성기(전기)</td><td>정립기(후기)</td></tr>
<tr><td rowspan="2">국립중앙박물관
고고학연표[1)]</td><td colspan="5">청동기--------------철기-----------------삼국</td></tr>
<tr><td colspan="5">청동기/고조선---------부여/삼한---------삼국(고구려,백제,신라)</td></tr>
</table>

Ⅲ. 연구성과

호남지역에서 조사된 초기철기시대-원삼국시대의 유구에는 주거지, 저습

1) 국립중앙박물관 홈페이지(www.museum.go.kr) 자료실의 고고학연표. 현재 자료실에서 고고학 연표를 찾아볼 수 없지만 상설전시실의 선사 · 고대관은 구석기실, 신석기실, 청동기/고조선실, 부여/삼한실, 고구려실, 백제실, 가야실, 신라실, 통일신라실 순으로 구성되어 있다.

지, 토기요지, 패총, 무덤(토광묘와 옹관묘) 등이 있고, 유물에는 토기, 철기, 골각기, 목기 등이 있다. 이들 고고학 자료와 더불어 문화양상에 대한 연구성과를 정리하면 다음과 같다.

1. 유구

1) 주거지, 저습지, 토기요지

호남 서부지역에서 초기철기시대의 주거지는 거의 알려지지 않았으나 최근 전주 혁신도시지역 발굴조사에서 초기철기시대의 방형 주거지가 일부 확인되었다(호남문화재연구원 2013). 반면 전남 동부지역에서는 기원전까지 올라가는 원형 주거지가 구례 봉북리, 순천 덕암동, 여수 화장동 등에서 다수 조사되었다(박미라 2008).

원삼국시대 초기 주거지는 해남 군곡리, 광주 신창동, 보성 조성리, 순천 연향동 대석 유적 등지에서 몇 기씩 발견되고 있으나 본격적으로 취락을 형성한 것은 기원후 2세기경 이후이다. 이 시기의 주거지는 원형, 타원형, 방형, 말각방형, 장방형, 말각장방형 등 다양한 형태를 띠고 있으며 시기적으로 큰 변화를 찾아보기 힘들며 고분이 출현한 4세기 이후에도 거의 같은 형태가 지속되어 그 구분이 쉽지 않다.

1990년대까지 원삼국시대 주거지에 대한 연구는 그다지 많이 이루지지 못하고 있다. 주거지의 벽구의 특징(이영철 1997)을 살핀다든지 영산강유역과 섬진강유역의 주거지 비교(김진영 1997)하는 정도에 그쳤다. 2000년대에 들어와 주거지에 대한 연구가 더욱 활발해 졌다. 호남지역(김승옥 2000), 금강유역(김승옥 2007; 서현주 2011), 전북지역(김승옥 2004; 김은정 2007), 전남지역(이은정 2007), 영산강유역(이영철 2003), 탐진강유역(김영훈 2006; 이영철 2008), 전남 동부지역(이동희 2007; 박미라 2008; 한윤선 2010) 등 지역별로 원삼국시대에서 삼국시대에 이르는 주거지에 대한 연구가 세밀하게 이루어졌다.

광주 신창동 유적에서는 저습지가 조사되면서 목기류, 칠기류와 같이 쉽게 부식되는 유물들이 확인되었다. 신창동 저습지에 대한 종합적인 연구결과는 국립광주박물관(2012a, 2012b)의 특별전 도록과 학술대회로 정리되었다. 또 보성 조성리 유적에서도 저습지에서 수로와 보시설이 확인되었다(박태홍 2011; 이동희 2011).

또한 토기를 구웠던 토기요지가 몇 기 발견되었다. 즉 해남 군곡리 유적을 시작으로 순천 대곡리 · 연향동, 광주 신창동, 여수 미평동 양지 유적 등지에서 발굴되었다. 그리고 호남지역 토기가마에 대한 자세한 연구(박수현 2001; 이지영 2008)가 있었다. 그밖에 순천 연향동의 9호 주거지에서는 바닥에 숯이 섞여 있는 점토가 두텁게 깔려 있고, 토제용범이 출토되고 있어 철기를 제작하였던 곳으로 추정되었으며 보성 예당리 유적에서는 옥제품을 제작하였던 곳도 확인되었다.

2) 패총

호남지역에서 알려진 패총은 모두 23개소(최성락 1993b)이었으나 이후 군산지역에서 많은 패총이 조사되었고, 나주시 동강면에서 수문 패총이 알려지는 등 40개소 이상의 패총이 발견되었다(호남고고학회 1995; 한수영 1998). 패총의 발굴조사는 해남 군곡리 패총으로부터 시작되었다. 이 발굴을 시작으로 철기시대 패총이 남해안에 분포하고 있음이 점차 알려졌다. 이후 보성 벌교읍 금평 패총이 발굴되었고, 군산지역의 비응도, 노래섬, 가도, 오식도 등지에서도 이 시대의 패총이 발굴조사되었다.

최성락(1993b)은 해남 군곡리 패총에 대한 연구결과를 토대로 청동기문화로부터 철기문화가 형성되는 변천과정을 확인할 수 있었고, 海路의 중요성을 강조하였으며, 패총의 중심연대가 삼국시대로 내려갈 수 없음을 주장하였다. 한편 서현주(1996, 2000)는 패총의 기원을 중국 遼寧地方의 夏家店上層文化

와 관련된다고 보았고, 원삼국시대(철기시대) 패총의 형성배경을 기후변화에 따른 현상으로 파악하고 있다. 즉 그는 기원후 2~3세기에 속하는 패총이 다수를 차지하고 있다고 보면서 이 시기가『三國史記』나 기후 관련자료로 보아 한랭기로 추정되기 때문에 이로 인해서 농업생산력이 감소하였고, 상대적으로 해양과 육상의 자연자원에 대한 의존도가 높아져 해안가에서 패총이 형성된 것으로 보았다, 이를 정리하여 다음과 같이 나타내었다.

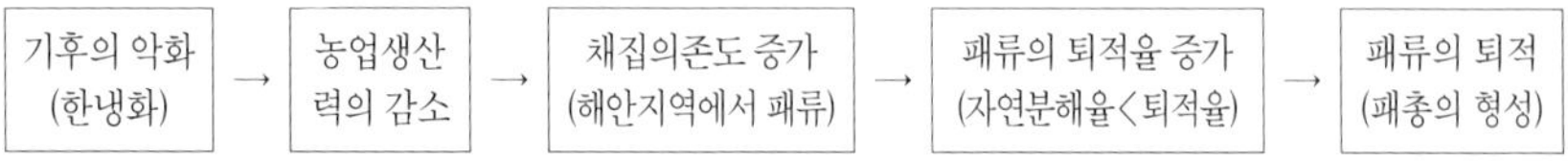

기후의 악화 (한냉화)	→	농업생산 력의 감소	→	채집의존도 증가 (해안지역에서 패류)	→	패류의 퇴적율 증가 (자연분해율<퇴적율)	→	패류의 퇴적 (패총의 형성)

반면 최성락과 김건수(2002)는 철기시대 패총의 형성과 관련된 여러 가지 원인을 철기문화의 시작과 관련된다고 보았다. 청동기시대 후기를 지나면서 새로운 철기제조기술이 유입되는데 이러한 기술의 유입과 더불어 해로가 발달되었고, 나아가 해안지역으로 주민이 이동하면서 인구가 증가하였을 것이다. 해안지대에 자리잡았던 주민들은 자연히 바다로부터 식량자원을 획득하였고, 패총 형성의 원인이 되었을 것이다. 한편으로 기후의 한냉화가 이루어지면서 식량자원이 고갈되었고 더불어 주민의 갈등이 나타났는데 이것은 패총의 급증과 고지화를 가속시켰을 것이다. 이러한 과정을 정리해 보면 다음과 같다.

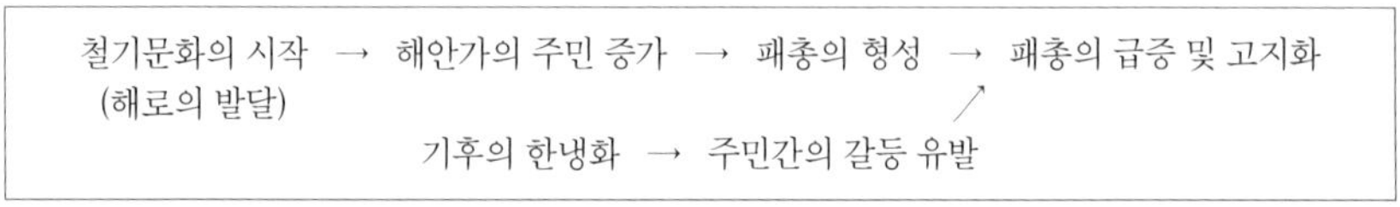

철기문화의 시작 → 해안가의 주민 증가 → 패총의 형성 → 패총의 급증 및 고지화
(해로의 발달)
↗
기후의 한냉화 → 주민간의 갈등 유발

패총은 당시의 생활도구가 패각과 함께 매몰되어 있어 패총 발굴을 통해 다양한 인공유물의 수습뿐만 아니라 다양한 자연유물의 수습도 가능하기 때문에 당시 생활상을 복원하는데 중요한 자료를 제공해 주고 있다.

3) 무덤

초기철기시대와 원삼국시대의 무덤은 토광묘와 옹관묘로 대표된다. 토광묘는 일반적으로 토광직장묘, 토광목관묘, 토광목곽묘 등으로 분류되나 호남지역에서는 이러한 구분이 용이하지 못하다. 호남지역의 토광묘는 청동기시대의 석관묘계열인 積石土壙墓(혹은 積石木棺墓)와 무덤 주변에 간단히 돌을 두른 圍石土壙墓가 있고, 주구가 없이 발견된 단독 土壙墓와 주구를 가진 周溝土壙墓 등으로 나누어진다.

초기철기시대의 토광묘의 형태는 장수 남양리 유적에서 볼 수 있듯이 토광묘에 일부 적석을 한 형태이다. 이를 적석토광묘 혹은 적석목관묘라고도 하는데 전북지역의 익산 평장동, 전주 여의동 유적과 전남지역의 함평 초포리, 화순 대곡리 유적에서도 발견된 바 있다. 그런데 장수 남양리 유적에서는 청동기와 함께 철기가, 익산 평장동 유적에서는 前漢鏡이 발견되었으나 그밖의 무덤에서는 청동기만 출토되었다. 최근 전북지역에서 청동기시대 후기와 초기철기시대에 걸친 많은 토광묘가 조사되면서 초기철기시대의 분묘양상이 파악되었다(한수영 2011).

반면 전남 서부지역은 영광 군동 4호 토광묘와 같이, 비교적 이른 단계부터 원형점토대토기가 부장되는 토광묘가 확인되었지만 적은 편이다. 더욱이 전남 동부지역은 이른 단계의 토광묘가 거의 보이지 않고 지석묘의 밀집도가 호남지역 내에서도 가장 높다. 전남 동부지역에 가장 늦은 지석묘의 매장주체부 형식인 위석형이 많다는 것은 보성강유역을 비롯한 전남 동부권이 한반도에서 가장 늦게까지 지석묘가 축조되었다는 것을 의미한다. 실제로 보성 송곡리 지석묘군 등에서는 원형점토대토기가 출토된 바 있다. 가장 이른 단계의 토광묘는 기원전 1세기 후반대의 순천 용당동 유적으로서 삼각구연점토대토기가 출토되었을 뿐이다(이동희 2002).

토광묘 주위에 돌을 두른 위석토광묘는 나주 마산리와 화순 용강리 유적에서 각각 발견되었다. 또 단독 토광묘는 전주 효자동, 순천 요곡동, 군산 조촌동 고분군, 남원 행정리 유적 등이 있고, 무안 사창리 유적을 비롯하여 영산강 유역의 옹관고분 내에서 옹관과 함께 발굴되었다. 이러한 토광묘는 전북지역(유철 1996)과 전남지역(임영진 1989; 조현종 외 1996; 박중환 1997)에서 각각 그 성격이 정리된 바 있다. 뒤이어 호남지역 전체의 토광묘의 편년과 성격(한수영 1995)과 전남지역 토광묘의 성격(한옥민 2001)이 정리되었다. 대부분 연구자는 토광묘를 두 기로 나누면서 기원전 2~1세기경과 기원후 2~5세기경으로 편년함으로써 두 기 사이에 공백을 인정하고 있다.

또한 주구를 가진 토광묘를 주구묘 혹은 주구토광묘라 부른다. 주구토광묘는 다시 方形계 주구토광묘와 梯形(사다리꼴)계의 주구토광묘로 나누어지는데 사다리꼴의 주구토광묘가 늦은 시기에 등장하였고, 익산 율촌리 단계에 이르면 低墳丘墓의 형태로 발전하였으며, 그 다음 단계는 옹관고분으로 발전되었다. 주구묘의 성격은 최완규(1996b, 1997a, 1997b, 2000)에 의해 집중적으로 조명되었는데 마한의 무덤으로 파악되고 있다. 이후 최완규(2000)는 본격적으로 분구묘의 개념 속에 주구묘와 일부 삼국시대 고분도 포함시키기 시작하였다. 즉 그는 마한의 무덤을 토광묘, 옹관묘 그리고 분구묘로 나누고, 분구묘를 다시 주구묘, 이형 분구묘, 방대형 분구묘, 원형 분구묘 등으로 세분하기도 하였다.

2002년 제10회 호남고고학회 국제학술대회에서 최완규(2002a)와 임영진(2002)은 주구묘에서 초기 석실분(즉 전방후원형 고분)까지 호남지역의 특색을 보여주는 모든 무덤을 분구묘로 통일하여 부르고 있다. 2006년 역사학대회 고고학 분과에서는 분구묘를 논의하면서 '墳丘式 古墳'이라는 용어가 제기되었으나 이 용어에 대한 별다른 논의가 이루어지지 못하였고, 종래 분구묘에 대한 논의만 있었다. 특히 최완규(2006)는 주구묘로부터 백제 석실분 이전까지의 마한의 무덤을 분구묘로 규정하였다. 또 분구묘의 관련 자료에도 주구묘에서 전방후원형 고분까지를 포함하고 있어 분구묘의 개념이 확대되어 있음을 알 수 있다.

이와 같이 분구묘를 사용하거나 분구묘의 개념을 받아들이는 연구자들은 고분과의 관계에 대하여 대체로 두 가지 입장을 취한다. 하나는 고분을 대신하여 분구묘를 적극적으로 사용하고 있는 입장이고, 다른 하나는 영산강유역 고분의 특징이 분구묘라는 것이다. 첫 번째 입장은 호남지역의 원삼국시대에서 삼국시대의 무덤을 분구묘로 보고 이를 적극적으로 사용하는 경우이다(임영진 2002; 최병현 2002; 최완규 2002a, 2006; 이택구 2008; 김승옥 2009). 두 번째 입장은 기존의 개념과 다르게 분구묘를 정의하면서 영산강유역 고분의 특징을 분구묘전통으로 규정한 것이다(김낙중 2007, 2009). 김낙중은 분구묘의 개념을 단순히 "선분구 후매장시설 설치"가 아니라 "주구를 돌리고 분구에 대한 매장시설의 설치순서가 동시에 또는 후행성을 나타내며 이에 따라 다장의 특징을 수반하고, 분구 확장의 현상이 자주 관찰되는 묘제를 '분구묘'라고 하고, 매장시설의 변천과 상관없이 지속적으로 전통성을 보여주고 있다는 점에서 '분구묘전통'이라고 부르고자 하며, 일본과 같이 묘제의 발전단계의 한 과정으로 설정하지 않는다"고 하였다.

그런데 호남지역 고분을 분구묘로 보고자 하는 일부 연구자들은 무덤의 자체적인 발전을 강조하면서 그 주체가 마한이라는 점에 의미를 두고 있으면서 그 개념을 널리 확신시키고자 노력하고 있다(전북대학교 고고문화인류학과 2011). 이에 대하여 최성락(2007, 2009)은 분구묘의 문제점을 지적한 바가 있다. 그 중에서도 특히 문제가 되는 것은 호남지역에서만 분구묘가 사용되고 있다는 점과 분구묘라는 인식으로 인하여 무덤의 축조방법을 잘못 해석할 위험이 있다는 점이다. 더구나 처음에는 분구묘가 고분의 하위 개념에서 출발하였으나 점차 고분을 대신한 용어로 사용되고 있고, 주구묘(주구토광묘)를 분구묘의 개념에 포함시킴으로써 종래 삼국시대 무덤으로 정의되었던 고분의 개념에 비하면 확대된 결과를 초래하였다.

한편 옹관묘는 광주 신창동 옹관묘가 처음 알려졌다. 이후 전북지역에서는 부안 당하산, 남원 두락리 옹관, 고창 송룡리 옹관, 익산 율촌리 옹관 등이 알려졌다(조규택 2008). 전남지역에서는 신창동식 옹관이 광주 운남동, 무안 인평 고분군, 서해안고속도로구간인 함평 장년리 당하산 유적에서 출토되었고, 이 보다 늦은 옹관이 주구토광묘 주변에서 많이 확인되었다. 옹관은 철기시대 후기로 가면서 점차 대형화되어 가는데 대형옹관묘가 출현하기 직전의 것으로 영암 선황리, 함평 만가촌, 월야 순촌 유적 등에서 발견되었다(조미순 2008). 소위 선황리식 옹관도 초기전용옹관에 포함시키면서 대형옹관으로의 발전과정에 대한 연구가 이루어지고 있다(김낙중 2009; 서현주 2006; 오동선 2008).

2. 유물

1) 토기

토기에 대한 연구는 해남 군곡리 패총이 발굴된 이래로 시작되었다. 해남 군곡리패총에서 출토된 토기는 크게 무문토기와 타날문토기로 구분된다. 무문토기는 경질무문토기와 경질찰문토기로, 타날문토기는 적갈색연질토기, 회색연질도기, 흑색연질토기 등과 회청색경질토기로 세분되는데 이러한 토기들이 호남지역에 널리 분포하고 있으며, 또한 점진적으로 변화 · 발전되었음이 주장되었다(최성락 1987, 1993a).

그리고 실험적인 방법에 의해 이 시기에는 연질토기와 경질토기가 같은 가마에서 생산될 수 있다는 견해가 제기되었다(김미란 1995). 그리고 兩耳附壺의 형태적 분류와 편년문제(김종만 1999), 주거지 출토 토기의 기능문제(김건수 1997) 등이 다루어졌다. 호남지역의 점토대토기에 대한 연구가 일부 이루어졌으며(박진일 2000; 신경숙 2002; 김규정 2004; 임설희 2010), 원삼국시대 토기는 삼국시대 토기와 함께 주로 다루어지고 있다. 또 철기시대의 토기에 관련된 전반적인 문제(최성락 2002)와 원삼국시대 영산강유역의 토기(윤온식 2008) 등이 연구되었다.

이 중에서 가장 논란이 되는 것이 경질무문토기의 개념문제이다. 경질무문토기는 처음 풍납리식 무문토기(김원용 1967)로 불리던 것으로 한강유역의 다른 철기시대의 유적에서도 확인되므로 경질무문토기로 명명되었다(김양옥 1976). 그리고 중도유적이 조사되면서 처음에는 무문토기(국립중앙박물관 1980)로 인식되었으나 그 중요성이 인식되면서 중도식토기(이홍종 1991; 이상길 1991; 노혁진 2004) 혹은 중도식 무문토기(최병현 1998; 유은식 2006, 2011)로 지칭되었다. 남부지역에서는 이 시기의 무문토기는 후기무문토기(신경철 1980), 종말기무문토기(정징원 · 신경철 1987), 발달무문토기(김원용 1985:304) 등으로 불려졌다.

이 시기의 토기가 해남 군곡리 패총에서 확인되면서 남부지역에서는 처음으로 경질무문토기라 지칭되었다. 즉 군곡리 패총에서 출토된 경질무문토기란 단면삼각형 점토대토기를 비롯하여 철기시대에 속하는 무문토기로 그 특징이 청동기시대의 무문토기에 비하면 다소 경도가 높은 점과 다양한 기종(옹형, 호형, 심발형, 시루, 뚜껑, 소형토기)을 들 수 있다[2)](최성락 1987, 1988b). 이후 경질무문토기라는 용어가 중부지역을 비롯하여 남부지역까지 비교적 넓게 사용되었다(박순발 1989; 최병현 1990; 심재연 1999; 이동희 2006).

그런데 경질무문토기의 개념은 한국고고학의 시대구분에서 철기시대와 밀접한 관계가 있다. 경질무문토기라는 용어를 쓰는 대부분 연구자들은 철기시대라는 개념을 가진 연구자들이다. 한편 초기철기시대와 원삼국시대라는 용어를 사용하는 연구자들도 경질무문토기의 개념을 사용하지만 삼각형 점토대토기를 제외시키는 한정된 의미로 사용하고 있다. 반면 삼한시대를 받아들

2) 1983년 초 해남 군곡리 패총을 답사한 필자는 그곳에서 특이한 무문토기를 수습하였다. 이 토기는 경도가 아주 높았고, 기형도 전형적인 무문토기와는 많이 달랐다. 이에 필자는 이후 여러 가지로 생각해 본 결과 한강유역에서 사용되던 경질무문토기라는 용어를 처음으로 붙이게 되었다.

이고 있는 연구자들은 대체로 경질무문토기를 인정하지 않는 경향이 있다.

결국 경질무문토기라는 용어는 연구자들 사이에 비교적 넓게 사용되고 있다. 하지만 다수의 연구자들은 이 용어를 부정하거나 다른 의미로 사용하고 있다. 이에 필자는 경질무문토기의 개념을 재차 정의하였다. 즉 경질무문토기는 단순히 어떤 특정 기형을 의미하는 것이 아니며 무문토기의 전통을 가지면서 철기시대 이후에 사용되었던 무문토기를 말한다(최성락 2013). 따라서 경질무문토기이란 중도식 무문토기와 삼각형점토대토기를 포함하는 넓은 의미의 철기시대 무문토기인 것이다.

앞으로 토기의 세부적인 편년 수립, 주거지 출토 토기와 무덤 출토 토기의 관계 등이 검토되어야 한다. 또한 토기의 연구는 형태분석, 자연과학적 분석 등과 더불어 이들 토기를 구웠던 토기 가마에 대한 연구도 이루어져야 한다.

2) 철기 · 동경 · 중국 화폐

청동기와 철기가 함께 출토된 곳으로는 장수 남양리 유적이 있다. 여기에서는 세형동검, 검파두식, 동모, 동경 등의 청동기와 철부, 철착 등 철기가 발견되었다. 이와 같이 청동기와 더불어 철기가 발견되는 예는 익산 신동리 유적(최완규 1998)과 전주혁신도시지구 등이 있다.

패총과 주거지에서는 철낚시, 철도자, 철부, 철촉, 철겸 등이 발견되고 있으며, 무덤에서도 철도끼, 철도자, 철겸 등이 주로 출토되고 있다. 철촉을 제외하면 철검이나 철모 등의 무기류는 고분단계에서 출토된다. 원삼국시대의 철기에 대한 연구(이범기 2002; 이남규 2005; 김상민 2007; 김영희 2008)와 고대 철생산과 관련된 연구(윤종균 1998; 김상민 2011)가 있다.

그리고 익산 평장동 유적에서 청동유물과 함께 前漢鏡이 발견되었고, 서해안고속도로구간인 영광군 대마면 원흥리 수동 토광묘에서 새문양이 있는 이형청동기, 倣製鏡 등이 철기와 함께 출토되었다(이기길 2001; 강형태 외 2002). 한편 중국 화폐인 貨泉이 해남 군곡리 패총에서 1점 발견되었고, 여수

거문도에서도 五銖錢 980점이 발견되었다(지건길 1990; 김경칠 2007).

3) 자연유물 및 기타

패총에서 출토된 자연유물에 대한 연구는 김건수(1994a, 1994b, 2006)에 의해 이루어졌으며, 광주 신창동 출토 목기와 칠기(조현종 1997a, 2012) 및 식물과 동물(조현종 · 박영만편 2009)대한 연구와 골각기(김건수 1999a), 卜骨(渡辺誠 1991; 은화수 1999)에 대한 연구가 있다. 그밖에 유리구슬의 분석(강형태 외 2002, 2005)과 유리의 실험적 연구(조대연 2007), 그리고 곡물에 대한 분석적 연구(조현종 2008; 김민구 · 정유진 2010; 김민구 2008, 2010) 등이 있다.

3. 문화양상

1) 생활상 및 사회상

초기철기시대의 취락은 극히 적게 확인되는 반면에 원삼국시대 취락은 호남지역에 넓게 확인되고 있다. 원삼국시대 취락은 구릉에 위치하는 경우가 많으나 강가나 평지에도 자리잡았다. 그리고 취락의 규모도 원삼국시대 후기에 이르면 점차 크게 자리잡았다.

이 시대의 생업은 청동기시대와 같이 수렵과 어로가 지속되었고 농경도 발달되었다. 즉 가축을 기르면서 곡물을 재배하는 농업을 근간으로 사슴과 멧돼지를 포획하고, 그 뼈를 도구의 재료로 사용하였으며, 어로 활동을 통해 얻어진 어류는 그 지역에서 소비하였을 뿐만 아니라 교역의 대상이 되기도 하였다(김건수 1999b, 2006). 토기에 보이는 압흔을 관찰한 결과 영산강유역에서는 청동기시대부터 벼농사가 시작되었을 것으로 추정되지만 고고학 자료는 광주 신창동유적에서 처음 나타나고 있다(김민구 2010). 또 발달된 철제도구를 기초로 농업생산성이 높아졌을 것으로 생각되며, 농경과 관련된 목제농기구도 다수 발견되었으나 水田址는 발견되지 않고 있다(조현종 1997b). 당시의 생활상은 광주 신창동 유적에서 출토된 유물상에 의해 추정된다. 즉 무기류, 농공구류, 용기류, 제의구류, 방직구, 악기류, 차여구, 건축부재 등 다양한 목기류와 칠기 제작 기술이 확인된 바 있다(조현종 2012).

당시의 신앙으로는 자연물 숭배사상 등 전통적인 원시종교가 지속되었을 것이고, 중국으로부터 들어온 卜骨의 존재로 보아 개인적인 흉복을 점쳤을 것으로 여겨진다(은화수 1999). 당시의 사회는 점차적으로 계층화되면서 복합사회로 진입하였을 것이다. 최성락(1996b)은 신진화론의 발전단계설에 의거하여 전남지역 고대사회가 점진적으로 계층화되었음을 주장하였다. 즉 전남지역은 청동기시대 이래로 사회가 점차 복합화되어 갔으며 청동기시대 후반을 단순 족장사회로, 옹관고분 사회를 복합 족장사회로, 5세기 후반 옹관고분 사회를 최상 족장사회로 각각 비정되었다. 김승옥(1997)은 鋸齒文의 상징적 의미를 고찰하였다. 즉 그는 순천 대곡리 주거지와 출토유물을 공간적 분석 및 통계적 분석 등 다양한 방법으로 검토하였는데 여기에서 출토된 鋸齒文이 있는 토기가 복합사회 형성초기의 정치적 권위를 상징하는 것으로 해석하고 있다. 또 영산강유역의 고대사회가 형성되는 요인으로는 농경의 발달, 인구의 증가, 대외교류 등을 들고 있다(최성락 2000a).

2) 철기문화의 유입과정과 대외교류

호남지역에서는 기원전 3~2세기경에 처음으로 철기유물이 나타나는데 여기에는 두 가지 의미를 가진다. 하나는 종래 낙랑설치 이후에 철기가 파급되었다는 설명에서 벗어나 그 이전인 위만조선 시기에 이미 철기가 남부지역에 파급되었음을 보여 주는 것이다. 철기의 제작이 현지에서 이루어진 것인지 아니면 외부로부터 유입된 것인지 과학적으로 밝혀지지 않았으나 대체로 철기들은 북부지역에서 유입되었을 것으로 추정된다. 그것은 북부지역의 철기와 같은 형태이나 철기의 종류가 극히 한정되고, 그 수가 적으며 발달된 청동기들과 함께 출토되었기 때문이다. 다른 하나는 철기나 철기생산기술의 유입되는데 서해안을 따라 이어지는 海路가 역할하였다는 점이다. 철기시대에 들어와 서해안과 남해안을 거쳐 일본에 이르는 해로가 형성되었음을 고고학 자료나 문헌기록에서 찾아볼 수 있다.

다음은 유물을 통해서 본 대외적인 교류이다. 가장 이른 유물로는 중국식 동검이 완주 상림리와 함평 초포리 유적에서 발견된 것이다. 또 서해안고속도로구간인 영광군 대마면 화평리 수동유적의 토광묘에서 철기, 새모양이 새겨진 이형 청동기와 함께 倣製鏡 2점이 출토되었는데 하나는 前漢鏡에 속하고, 다른 하나는 後漢鏡에 속한다. 그리고 해남 군곡리 패총에서는 중국 화폐인 貨泉이 卜骨, 유리, 뼈로 만든 장신구 등과 함께 발굴되었고, 나주 낭동유적에서는 화천 2점이, 여수 거문도에서 五銖錢 980점이 각각 발견되었다. 그리고 광주 신창동 유적에시 三角形 鐵莖銅鏃과 樂浪土器가 출토된 바가 있다. 이러한 유물을 통해 보면 서해안 해로를 통해서 樂浪을 경유하여 중국지역과 교류하였음을 알 수 있다

한편 왜와 관련되는 유물로는 함평 소명동 17호 주거지에서 土師器系 옹구연부편, 광주 신창동 저습지에서 출토된 일본 야요이시대 중기에 속하는 須玖式土器片이 알려져 있다. 또 남원 세전리 유적에서 야요이시대 후기의 細頸壺가 출토된 바가 있다(武末純一 2005; 서현주 2007). 반면에 일본 큐슈지역의 西新町遺蹟에서는 영산강유역의 3~4세경 유물이 집중적으로 출토되고 있어 상호교류가 시작하였다고 볼 수 있다.

3) 역사적 배경-마한의 문제

이 시기의 역사적 배경은 삼한 중 마한에 해당한다. 마한의 성립과 성장과정에 대하여 여러 가지 견해가 있으나 대체로 마한은 기원전 2세기부터 백제에 병합되는 4세기 후반까지 경기, 충청, 전라지역에 자리잡았다고 보는 것이 일반적이다(이기백 1982). 고대사에서는 중부지역에 자리잡았던 마한의 세력이 점차 남하하여 영산강유역에 자리잡았다는 견해가 있으며(노중국 1987),

영산강유역이 4세기 후반 백제로 편입된 이후 한동안 백제의 간접지배 형태로 지배되었다고 보는 견해도 있다(권오영 1986).

마한의 고고학적 배경으로 청동기문화가 관련된다는 견해(전영래 1983)와 철기문화와 관련된다는 주장(최성락 1990)이 있으며, 마한의 시간적인 축을 전기(기원전 200~기원후 200년)와 후기(기원후 200~369년)로 나눌 것을 제안하기도 하였다(김원용 1989). 또한 나주 반남지역의 대형옹관묘가 마한 目支國의 마지막 단계의 무덤이라는 견해(최몽룡 1986)와 옹관고분 축조시기인 5세기 후반 내지는 백제석실분이 등장하는 6세기 중엽까지 전남지역에는 독자적인 정치체(마한)가 존속되었다는 주장(임영진 1995 · 1997; 최완규 2000)이 제시되면서 다수의 연구자들이 초기철기시대에서 삼국시대에 이르는 시기를 마한으로 설정하고 있다. 하지만 마한의 역사를 지나치게 확대하는데 대한 문제점이 지적되기도 하였다(강봉룡 2000; 최성락 2001). 한편 전남 동부지역의 마한문제는 이동희(2005, 2006, 2008)에 의해 집중적으로 조명되었다. 그는 5세기 후반 가야의 영향을 받기 전에 마한의 토착문화가 자리잡았음을 언급하였다.

그리고 마한의 여러 문제를 다루기 위해 고고학자와 문헌사학자들이 함께 참가한 학술대회(원광대학교 마한백제연구소 1989; 충남대학교 백제연구소 1997)가 개최되었으나 마한의 실체에 대한 여러 논의만 이루어졌을 뿐 뚜렷한 결론에 도달하지 못하였다. 오히려 마한문제를 종합적으로 다룬 것은 국립전주박물관(2009)의 특별전이다. 이 특별전에서는 마한과 관련된 고고학 자료의 전시와 함께 특별전 도록이 발간되었다, 이 책의 부록에는 마한과 관련된 연구논문들을 수록하여 마한에 대한 여러 연구자들의 견해를 한 눈에 보여주고 있다. 또 마한 소국의 위치에 대한 국제학술대회가 백제학회(2012)에 의해 개최되었다.

마한에 대한 논란은 여전히 계속되고 있다. 호남지역 고고학 연구자들은 대부분 마한문화가 기원후 5~6세기까지 존재하였다고 보고 있어 마한의 실체가 늦게까지 존재하였음을 인정하는 입장인 반면에 문헌사학자들은 마한의 실체를 4세기 후반까지 보고 있어 큰 차이를 보이고 있다. 따라서 마한의 문제를 풀기 위해서는 고고학 연구자들 중심으로 연구될 것이 아니라 문헌사학자들과 함께 논의하는 것이 바람직할 것이다.

Ⅳ. 몇 가지 문제들

1. 편년 문제

최성락(1993b, 2000b)은 전남지역의 원삼국시대를 크게 3시기로 구분하였고, 뒤이어 호남지역의 철기문화(초기철기시대와 원삼국시대)를 네 시기로 구분하였다. 즉 1기(조기)는 청동기사회에 철기가 유입되는 단계로 기원전 2세기경이다. 이 시기의 묘제는 적석토광묘가 있다. 적석토광묘는 석관묘계열로 철기시대 토광묘로 이행되는 과도기적인 형태로 추정되는데 이 시기에 속하는 유적으로는 장수 남양리, 익산 평장동 유적 등이 있다. 그리고 주구토광묘와 주구가 없는 토광묘도 이미 등장하였다. 즉 서해안고속도로구간인 영광 군동 라 A지구에서는 흑색마연토기를 부장한 방형의 주구토광묘가 발견되었으며, 청동기와 철기가 함께 출토된 익산 신동리유적과 영광 군동 라 B지구에서는 주구가 없는 토광묘가 조사되었다. 2기(전기)는 철기문화가 시작되는 단계로 기원전 2세기 말 혹은 1세기 초에서 기원후 1세기 전반까지이다. 이 시기에는 합구식 옹관이 나타나고, 토기는 경질무문토기가 주로 사용된 시기이다. 대표적인 유적에는 광주 신창동유적, 해남 군곡리 패총 Ⅱ · Ⅲ기층이 있다. 3기(중기)는 철기문화가 성장하는 단계로 기원후 1세기 중반에서 2세기 중반까지이다. 주구토광묘가 중심이며 주변에 옹관묘가 일부 나타난다. 토기는 경질찰문토기와 함께 타날문이 약하게 찍힌 연질토기가 사용되었다. 대표적인 유적으로는 해남 군곡리 Ⅳ기층과 영광 군동-라 유적 등이 있다. 4기(후기)는 철기문화가 발전되는 단계로 기원후 2세기 후반에서 3세기 후반까지이다. 이 시기에는 주구토광묘가 많아지고, 주구의 형태도 다양해진다. 그리고 옹관도 점차 커지면서 단독묘로 발전되었으며 옹관고분으로 발전되기 직전 단계이다. 대부분의 유적이 여기에 해당한다.

이후 김승옥(2000)은 호남지역의 주거지 출토 토기를 중심으로, 박순발(2005)은 토기상의 변천을 중심으로, 이영철(2005)도 역시 토기의 변천을 중심으로 각각 수정된 편년안을 제시하였다<표 2>.

<표 2> 호남지역 초기철기시대-원삼국시대 편년표

<table>
<tr><th>연대</th><th colspan="2">최성락(2000b)</th><th colspan="2">김승옥(2000)</th><th colspan="2">박순발(2005)</th><th colspan="2">이영철(2005)</th></tr>
<tr><td>BC 200</td><td></td><td></td><td colspan="2"></td><td colspan="2"></td><td colspan="2"></td></tr>
<tr><td>100</td><td>Ⅰ</td><td>철기의유입
(원형점토대토기)</td><td colspan="2"></td><td colspan="2"></td><td colspan="2"></td></tr>
<tr><td rowspan="2">1</td><td rowspan="2">Ⅱ</td><td rowspan="2">경질무문토기
(삼각형점토대토기)</td><td rowspan="2">Ⅰ</td><td rowspan="2">삼각형점토대도기</td><td>Ⅰ</td><td>삼각형구연단순기</td><td rowspan="2">Ⅰ</td><td rowspan="2">경질무문토기</td></tr>
<tr><td>Ⅱ</td><td>경질무문토기</td></tr>
<tr><td>100</td><td>Ⅲ</td><td>경질무문토기
연질타날문토기</td><td>Ⅱ</td><td>경질무문토기</td><td>Ⅲ</td><td>경질무문토기
승문타날단경호</td><td>Ⅱ</td><td>타날문토기등장</td></tr>
<tr><td rowspan="2">200
300</td><td rowspan="2">Ⅳ</td><td rowspan="2">타날문토기</td><td rowspan="2">Ⅲ</td><td rowspan="2">경질무문토기
연질타날문토기</td><td>Ⅳ</td><td>격자타날</td><td rowspan="2">Ⅲ</td><td rowspan="2">타날문토기성행</td></tr>
<tr><td>Ⅴ</td><td>격자타날</td></tr>
<tr><td>AD</td><td></td><td></td><td></td><td></td><td></td><td></td><td></td><td></td></tr>
</table>

한편 전북지역에서 청동기시대 후기와 초기철기시대에 걸친 많은 목관묘가 조사되면서 목관묘 출토 유적의 편년이 이루어졌다(한수영 2011). 이 편년안에 의하면 원형점토대토기는 기원전 300년경에 출현하였고, 이보다 늦게 세형동검이 출현하였으며, 기원전 200년경에 철기의 사용이 시작되었다.

〈표 3〉 만경강유역 목관묘의 연대 및 변천(한수영 2011)

연 대	유 적	묘 제	부 장 유 물					비 고
			토기류	청동기류	철기류	석기류	기타	
B.C.400	반교리	2단석개토광묘 목관				일단병식 마제석검		
B.C.300	여의동 오룡리 서정동		원형점토대토기 흑도장경호	조문경 선형동부 세형동검 세문경		삼각형석촉		
B.C.200	중인동 덕동 갈동 신동리	통나무관 판재관 선호	소형토기	유견동부 동착,동사, 동과 동촉	철겸,철부 철착,철사		유리	유적간 차이 발생 유적내 무덤의 규모 부장품 차이 증가
B.C.100	신풍		대부호 조합식우각형파수부호, 원통형토기		방형철부 단조품			청동기감소

그런데 이상에서 살펴본 원삼국시대의 편년안이나 초기철기시대의 편년안은 모두 방사성탄소연대 등 절대연대를 적극적으로 사용하지 않았다. 만약 기존에 얻어진 절대연대를 참고하다면 철기가 출현하는 연대를 비롯한 초기철기시대의 편년안은 크게 수정될 가능성이 많으며 원삼국시대의 편년도 다소 변화될 수 있을 것이다. 왜냐하면 최근 다수의 연구자들이 방사성탄소연대를 근거로 새로운 편년안을 제시하였기 때문이다. 이창희(2010)는 갈동유적에서 측정된 방사성탄소연대를 근거로 철기의 시작연대를 기원전 4세기 전반으로 추정하였고, 점토대토기와 세형동검의 시작 연대를 그 보다 빠르다고 보았다. 이형원(2011)도 역시 방사성탄소연대를 근거로 기원전 500년경에 원형점토대토기가, 기원전 400년경에 세형동검이, 그리고 기원전 300년경에 철기의 사용이 시작되었다고 보고 있다.

2. 두 시대 사이의 단절문제

호남지역에서 가장 크게 대두되는 문제는 초기철기시대에서 원삼국시대로 넘어가는 과정에서 보이는 단절의 문제이다. 초기철기시대 분묘가 전북지역에서 집중적으로 나타나지만 당시의 생활유적이 거의 확인되지 못하면서 그 뒤를 이어 기원후 2세기대까지의 유적도 호남서부지역에서 극히 적게 나타나고 있다는 사실이다. 사실 이 문제는 호남지역의 많은 연구자들이 의식하고 있으며 그 이유가 무엇인지에 대한 논란이 없지 아니하였다.

그런데 '경질무문토기 단순기' 부재설은 처음 김승옥(2007)에 의해 제기되었다. 그는 금강유역의 주거지를 정리하면서 경질무문토기가 출토되는 주거지가 없음을 언급하고 있다. 뒤이어 이를 더욱 확대시킨 것은 김장석(2009)이다. 그는 호서와 호남지역의 서부지역에 경질무문토기 단순기가 존재하지 않으며 문화적인 연속성을 상정한다면 타날문토기의 상한연대를 기원전 2세기 후반경까지 소급시켜야 한다고 주장하였다[3]. 이러한 주장에 대한 자세한 반론이 이미 제기되었다. 즉 이동희(2010)는 김장석의 주장을 세부적으로 조목조목 비판하면서 경질무문토기의 개념을 잘못 이해하고 있으며 타날문토기의 연대 소급이 부적절하다고 비판하였다. 다시 말하면 삼각형점토대토기를 경질무문토기에서 제외시킴으로써 호남 서부지역에 경질무문토기가 거의 존재하지 않는다고 본 김장석의 인식은 잘못된 것이다. 더구나 호서 및 호남 서부지역에서 공백문제를 극복하기 위하여 타날문토기의 연대를 소급시켜야 한다는 주장은 납득할 수 없는 것으로 호남지역에서 그동안 이루어놓은 고고학 편년체계(최성락 1993a; 김승옥 2000; 박순발 2005; 이영철 2005)를 뒤흔

3) 이러한 주장을 뒷받침하는 김장석 논문(2009)의 〈그림 1〉에도 문제가 있다. 즉 경질무문토기 출토 주거지와 타날문토기 출토 주거지(김승옥 2007의 Ⅲ기)의 분포를 통해 호남 서부지역의 '경질무문토기 단순기'의 부재를 주장하는 것은 잘못된 것이다. 왜냐하면 이 것은 당시의 무덤이나 패총 유적에서 보이는 경질무문토기를 도외시한 것이기 때문이다.

들어 놓게 되는 것이다.

사실상 '경질무문토기 단순기'라는 주장의 근거는 해남 군곡리 패총에서 시작되었다. 이 패총의 발굴조사를 통해 필자는 토기를 경질무문토기와 타날문토기로 분류하였고, 경질무문토기가 상당 기간 존재하였음을 주장하였다(최성락 1987, 1988b). 이러한 견해가 당시 한강유역에 적용되면서 박순발(1989)도 한강유역의 원삼국시대 토기를 경질무문토기, 타날문토기, 회색연질토기 등으로 분류하였고, 기원전 1세기경부터 기원후 2세기경에는 경질무문토기가 주로 사용되었던 시기로 설정한 것이다. 이후 중부지역에서는 경질무문토기 단순기(혹은 중도식무문토기 단순기)의 존재를 받아들이는 입장(이홍종 1991)도 있으나 이를 부정하는 견해들(최병현 1998; 송만영 1999; 유은식 2006, 2011; 노혁진 2004; 심재연 2011)도 다수 제기되고 있어 중도식무문토기의 기원문제와 더불어 여전히 논란의 대상이다. 다만 유은식(2011, 55-56)은 영서지역에서 짧지만 경질무문토기 단순기가 존재할 가능성을 제시하고 있다.

하지만 이러한 연구성과와 경질무문토기의 개념을 제대로 파악하지 못한 김장석은 호서 및 호남 서부지역 경질무문토기 단순기의 부재를 주장하였다. 실제로 경질무문토기를 철기시대의 무문토기로 정의한다면(설사 삼각형점토대토기를 제외한다고 하더라도) 호남 동부지역뿐 아니라 서부지역에서 경질무문토기가 일정기간 존재하였던 것은 확실하다. 또한 영남지역에서는 와질토기와 더불어 경질무문토기가 일정기간 지속되었다고 볼 수 있다.

그런데 여기에서 제기된 중요한 문제는 호서 및 호남 서부지역에서 경질무문토기 단순기의 부재가 아니라 기원전 2세기에서 기원후 2세기 사이에 해당하는 고고학 유적의 희소성(공백이 아님)의 문제일 것이다. 이를 해결하기 위하여 단순히 타날문토기의 연대를 소급시킬 수 있는 문제는 아니다. 더구나 허진아(2011)는 김장석의 잘못된 인식을 바탕으로 호남지역 원삼국시대 지역성을 언급하면서 호남 서부지역과 호남 동부지역 사이에 문화적인 변화양상이 다른 점을 지적하고 있다. 이와 같이 양 지역 사이에 문화양상의 차이가 있다는 점은 필자도 어느 정도 동감하는 바이다. 하지만 기원전 2세기에서 기원후 2세기 사이의 문화가 전혀 확인되지 않는 것이 아니라 앞 시기에 비해 유적의 희소성에 문제가 있다. 이것은 마치 중부지역과 영남지역에는 기원전 3~2세기 유적들이 희소한 것과 다를 바가 없다.

그래서 이러한 의문을 풀어봄으로써 호남 서부지역에 경질무문토기의 단순기가 없는 것이 아니라 잘못 인식된 것이라는 점을 밝히는 동시에 그러한 희소 현상이 일어나는 이유를 밝혀 보고자 한다. 전북 서부지역에서는 기원전 4세기경에서 기원전 1세기경에 이르는 청동기시대 말에서 철기시대 초기(즉 초기철기시대)에 이르는 유적들이 집중적으로 나타나고 있다. 즉 전주-익산 지역을 중심으로 많은 토광묘(목관묘) 유적들이 확인되었다. 이 토광묘에서는 청동기와 철기를 공반하면서 원형점토대토기와 삼각형점토대토기가 출토되었다(한수영 2011). 그런데 한 가지 문제는 이미 지적된 바와 같이 이 시기의 생활유적이 전주-익산 부근에서 극히 희소하고, 더욱이 이를 뒤이은 유적도 나타나지 아니한 것이 지적된 바가 있다(김승옥 2007). 하지만 이러한 현상을 유적의 부재로만 해석될 수 없는 것이다. 기원전 4세기에서 기원전 1세기의 생활유적은 당연히 무덤의 주변 어디에서 발견될 것이다. 그 뒤를 잇는 생활유적으로는 서해안에 분포하고 있는 다수의 원삼국시대 패총[4]으로 보아 그 존재를 파악할 수 있다.

반면 전남 서부지역의 양상은 전북지역과 달리 이 시기의 유적들을 찾아 볼 수 있다. 대표적인 유적은 광주 신창동 유적과 해남 군곡리 패총이다. 해남 군곡리 패총은 1986부터 1988년까지 3차례에 걸쳐 발굴조사가 실시되었는데 패각층, 주거지, 토기요지 등이 조사되었다. 패각층의 층위는 5개의 문화층으

4) 이 패총들의 중심연대를 기원후 3세기로 본 서현주(2000)에 대하여 이동희(2009)는 기원후 1~2세기경으로 올려볼 수 있음을 주장하고 있다. 대표적인 패총으로는 군산 남전 패총이 있다.

로 구분된다. 이 유적의 연대는 Ⅰ기층의 경우 기원전 3-1세기로, 패총이 형성된 시기인 Ⅱ기층 이상은 기원전 1세기경부터 기원후 3세기경으로 보고 있다(최성락 1993a). 또 광주 신창동 유적은 우리나라에서 처음으로 발견된 複合農耕遺蹟으로 생산과 생활, 분묘유적이 존재하는 대표적인 곳이다. 이 유적에서는 옹관묘, 토기가마, 환호, 밭, 주거지, 저습지 등 초기철기시대의 생산 및 생활, 분묘유구가 조사되었다. 이 유적의 중심연대는 기원전 2세기말에서 기원후 1세기경으로 보고 있다. 유적의 저습지는 유물의 출토상에 따라 크게 세 기층으로 구분된다. 특히 Ⅰ기층은 흑갈색유기물부식토층으로 맨 밑바닥은 뻘층(silt)으로 이루어졌다. 이 층위의 최대특징은 벼껍질 압착층의 존재이며 그 사이에 나무와 나뭇잎 · 각종 씨앗류 · 칠기를 비롯한 다양한 목제유물과 토기류가 출토되었다는 것이다. 그리고 토기가마는 기존에 존재했던 環濠의 경사면을 이용한 것으로 가마의 내부에서는 다량의 무문토기와 방추차, 지석 등이 출토되었다. 토기류는 고배와 옹, 발, 시루 등 기원전 1세기대 점토대토기문화 단계의 모든 器種이 발견되었다(조현종 2005; 국립광주박물관 2012a).

이 시기의 주거지나 유물산포지로는 광주 오룡동유적, 치평동유적 등 주로 광주지역에 밀집하고 있다. 또 나주에서 조사된 수문패총은 광주 신창동 유적과 해남 군곡리 유적 사이에 위치한 동일시기의 유적으로서 두 유적을 연결하는 고리역할을 하는 중요한 유적이다. 이 시기의 무덤이 확인된 것으로는 영광 군동 유적의 토광묘 및 주구토광묘가 있고, 광주 운남동 옹관묘, 무안 인평고분군의 옹관묘, 함평 당하산 유적의 옹관묘 등이 있다. 그리고 기원후 2세기대 이후의 유적으로는 장흥 유치면 대리의 상방촌 유적, 해남 황산리 분토유적, 담양 태목리 유적 등지에서 알려져 있으며, 3세기 이후의 생활유적은 내륙지역에서 급격히 확대되는 양상이다.

이와 같이 전남 서부지역에서도 초기철기시대와 원삼국시대 초기의 유적은 해안지역에 비하여 내륙지역에서는 극히 적다. 이 시기에 속하는 주거지들은 청동기시대의 송국리형 주거지나 3~4세기대 삼국시대 주거지와는 동일한 입지에 분포하지 않는다. 다시 말하면 전남 서부지역에서는 철기문화의 유입과 함께 해안이나 강안지역을 중심으로 유적들이 분포하는 특징을 보여준다. 이러한 현상은 당시 많은 주민들이 해안지역으로 이동하였을 것으로 해석되고 있다(최성락 · 김건수 2002).

반면 전남 동부지역의 양상은 다소 차이를 보인다. 1992년 조사된 보성 금평 패총을 비롯하여 순천 영향동 대석유적, 보성 조성리 유적, 구례 봉북리 유적, 순천 용당동 망북 · 성산리 대벽 · 덕암동 유적, 여수 화장동 유적 등지에서 기원전 1세기경부터 기원후 4세기경에 속하는 경질무문토기가 계속적으로 발견되었다. 이 시기의 주거지는 원형 혹은 타원형의 수혈주거지가 대세를 이루며, 방형의 주거지가 비교적 늦게 나타나고 있다(이동희 2006; 박미라 2008; 한윤선 2010).

V. 맺음말

이상과 같이 초기철기시대와 원삼국시대의 연구성과와 몇 가지 문제들을 살펴보았다. 특히 시대구분, 편년, 그리고 두 시대간의 단절 문제 등을 집중적으로 검토해 보았다. 아직까지 이 시대에 대한 체계적인 연구가 진행되지 못해 당시의 문화상을 이해하는데 한계가 있다. 앞으로 연구되어야 할 과제를 정리해 봄으로써 맺음말을 대신하고자 한다.

첫째, 유적에 대한 발굴조사가 더 많이 이루어져야 한다. 초기철기시대 유적의 경우, 분묘만이 확인되고 있는 반면에 당시의 생활유적은 상대적으로 빈약하며, 원삼국시대의 초기 유적도 역시 드물게 조사되고 있다.

둘째, 고고학 자료에 대한 과학적 분석이 더 요구된다. 고고학 연구자의 경험만으로 고고학 자료를 해석하는 것에는 한계가 있다. 과학적 분석방법을 통해 고고학 자료를 분석하여야 하고, 이를 바탕으로 과거 문화에 대한 해석이 되어야 한다. 특히 자연유물에 대한 과학적 분석은 당시 환경과 더불어, 기술, 생업 등을 파악하는데 결정적인 역할을 할 것이다.

셋째, 초기철기시대에서 원삼국시대로 넘어가는 과정에 대한 연구가 더 이루어져야 한다. 두 시대들 사이에 문화적으로 단절되었다고 보는 것도 문제이지만 실제로 존재하는 유적의 희소문제를 어떻게 극복할 수 있을지 연구되어야 한다. 단순히 어느 특정 유물의 편년을 상향한다고 해결될 문제는 아니다.

넷째, 역사적인 배경인 마한에 대한 연구가 필요하다. 초기철기시대와 원삼국시대가 역사적으로 어떠한 의미를 지니는 것인지 연구되어야 한다. 물론 당시는 마한의 시기로 파악되고 있으나 마한의 성립 시기나 변천에 대한 학설이 다양하여 이를 고고학 자료와 연결하는 것은 결코 쉬운 일이 아니다. 그럼에도 불구하고 당시의 역사적인 성격을 밝히는 작업을 문헌사학자들에게만 의지할 수 없는 것이며 당연히 고고학 연구자들이 참여해야 한다.

마지막으로 고고학 유적의 보존과 활용문제이다. 고고학에서 유적은 고고학의 연구대상이므로 발굴조사가 전부는 아니다. 고고학 유적은 문화자원으로서의 가치도 지니고 있다. 중요한 유적의 경우 이를 보존하는 데에도 고고학 연구자들이 관심을 가져야 할 것이다. 국립광주박물관(2010)이 광주 신창동유적에 대한 보존문제를 다룬 것은 그 사례가 아주 적은 것으로 매우 바람직한 방향이다. 그리고 국립전주박물관(2009, 2011)과 국립광주박물관(2012a, 2012b)에서 열린 특별전과 학술대회는 이 시대를 연구하는데 크게 기여하였다고 생각된다.

이외에도 해결되어야 할 연구과제들은 많지만 고고학 연구자들이 중지를 모아 노력할 때 두 시대의 문화양상을 이해할 수 있는 좀 더 나은 방향으로 나아갈 수 있을 것이다.

〈참고문헌〉

강봉룡, 2000, 「영산강유역 고대사회의 성격론」, 『영산강유역 고대사회의 새로운 조명』, 전라남도.

강형태 · 정광용 · 이기길, 2002, 「수동유적 움무덤 출토 유리구슬의 화학조성」, 『호남고고학보』18.

강형태 · 정광용 · 이기길, 2002, 「납동위원소비법에 의한 영광 수동유적 청동기의 산지추정」, 『호남고고학보』15.

강형태 외 2005, 「고창 만동유적(8호 및 9호묘) 유리구슬의 특징」, 『호남고고학보』21.

국사편찬위원회, 1973, 『한국사』1(선사문화).

국사편찬위원회, 1997, 『한국사』3(청동기문화와 철기문화).

국립광주박물관, 2010, 『신창동유적의 의의와 보존-도작농경과 유적의 활용을 중심으로-』.

국립광주박물관, 2012a, 『광주 신창동 유적 사적 지정 20주년 기념 특별전-2000년 전의 타임캡슐』(특별전 도록).

국립광주박물관, 2012b, 『신창동유적의 목기와 칠기-중국 및 일본과 비교-』, 광주 신창동유적 사적지정 20주년 국제학술심포지엄.

국립문화재연구소, 1996, 『동아시아의 철기문화-도입기의 제양상-』.

국립문화재연구소, 1998, 『동아시아의 철기문화-주거 및 고분을 통해본 정치 · 사회상-』.

국립전주박물관, 2009, 『마한 숨쉬는 기록』(특별전 도록).

국립전주박물관, 2011, 『금강의 새로운 힘-2100년 완주 사람들』(특별전 도록).

국립중앙박물관, 1980, 『中島 Ⅰ』.

국립중앙박물관, 2007, 『요시노가리 유적-일본 속의 한국문화-』(기획전 도록).

권오영, 1986, 「초기백제의 성장과정에 관한 고찰」, 『한국사론』15, 서울대 국사학과.

김건수, 1994a, 「원삼국시대 패총의 자연유물연구」, 『배종무총장퇴임기념사학논총』.

김건수, 1994b,「원삼국시대 패총의 자연유물연구(2)」,『한국상고사학회』17.
김건수, 1997,「주거지 출토 토기의 기능에 관한 연구」,『호남고고학보』5.
김건수, 1999a,「우리나라 골각기의 분석적인 연구」,『호남고고학보』8.
김건수, 1999b,『한국 원시 · 고대의 어로문화』, 학연문화사.
김건수, 2006,「철기시대 영산강유역의 생업상 검토-자연유물을 중심으로-」,『호남고고학보』24,
김경칠, 2007,「남한지역 출토 한대 금속화폐와 그 성격」,『호남고고학보』27.
김규정, 2004,「호남지방 점토대토기문화 검토-원형점토대토기를 중심으로」,『연구논문집』4, 호남문화재연구원.
김낙중, 2007,「분구묘의 전통과 영산강유역형 주구」,『복암리 3호분』, 국립나주문화재연구소, 357-381.
김낙중, 2009,『영산강유역 고분 연구』, 학연문화사.
김미란, 1995,「원삼국시대 토기연구」,『호남고고학보』2.
김민구 · 정유진, 2010,「보성 금평 유적 출토 원삼국시대 토기의 압흔연구」,『호남고고학보』34.
김민구, 2008,「탄화 밀을 이용한 작물 생산성의 이해」,『한국고고학보』68.
김민구, 2010,「영산강유역 초기 벼농사의 전개」,『한국고고학보』75.
김상민, 2007,「영산강유역 삼국시대 철기의 변화상」,『호남고고학보』27.
김상민, 2011,「3-6세기 호남지역의 철기생산과 유통에 대한 시론-영산강유역 자료를 중심으로-」,『호남고고학보』37, 61-98.
김승옥, 1997,「거치문토기:정치적 권위의 상징적 표상」,『한국고고학보』36.
김승옥, 2000,「호남지방 마한 주거지의 편년」,『호남고고학보』 11.
김승옥, 2004,「전북지역 1-7세기 취락의 분포와 성격」,『한국상고사학보』44.
김승옥, 2007,「금강유역 원삼국-삼국시대 취락의 전개과정 연구」,『한국고고학보』65.
김승옥 2009,「분구묘의 인식과 시공간적 전개과정」,『한국 매장문화재 조사연구방법론5-고분 조사 · 연구방법-』, 국립문화재연구소.
김양옥, 1976,「韓半島 鐵器時代土器의 硏究」,『백산학보』20, 123-213.

김영훈, 2006,「탐진강유역의 고대 취락지 분석」, 목포대학교 대학원 석사학위논문.
김영희, 2008,「도검을 통해서 본 호남지방 고분사회의 특징」,『호남고고학보』29.
김원용, 1967,『풍납리포함층조사보고』, 서울대학교 박물관.
김원용, 1973,『한국고고학개설』(초판), 일지사.
김원용, 1977,「철기문화」,『한국사 Ⅰ-한국의 선사문화』, 국사편찬위원회, 391-450.
김원용, 1985,「신라-토기-」,『한국사론』15, 국사편찬위원회, 299-335.
김원용, 1986,『한국고고학개설』(3판), 일지사.
김원용, 1989,「마한고고학의 현상과 과제」,『마한문화연구의 제문제』, 제10회 마한백제문화 국제학술대회.
김은정, 2007,「전북지역 원삼국시대 주거지 연구」,『호남고고학보』26.
김장석, 2009,「호서와 서부호남지역 초기철기시대 · 원삼국시대 편년에 대하여」,『호남고고학보』33.
김정배, 1979,「한국고고학에 있어서 시대구분문제」,『한국학보』14.
김정배, 1996,「'원삼국시대 용어'의 문제점」,『한국사학보』창간호, 나남출판.
김종만, 1999,「마한권역 출토 양이부호 소고」,『고고학지』10, 한국고고미술연구소.
김진영, 1997,「전남지역 철기시대 주거지의 지역적 비교」,『박물관연보』5, 목포대학교 박물관.
노중국, 1987,「마한의 성립과 변천」,『마한 · 백제문화』10, 원광대 마한 · 백제문화연구소.
노혁진 2004,「중도식토기의 유래에 대한 일고」,『호남고고학보』19.
박수현, 2001,「호남지역 토기요지에 관한 일고찰」,『연구논문집』1, 호남문화재연구원.
박순발, 1989,「한강유역 원삼국시대 토기의 양상과 변천」,『한국고고학보』23.
박순발, 2004,「요령 점토대토기문화의 한반도 정착 과정」,『금강고고』창간호, 충청문화재연구원.
박순발, 2005,「토기상으로 본 호남지역 원삼국시대의 편년」,『호남고고학보』21.
박미라, 2008,「전남 동부지역 1-5세기 주거지의 변천양상」,『호남고고학보』30, 37-63.

박중환, 1997, 「전남지역 토광묘의 성격」, 『호남고고학보』6.
박진일, 2000, 「원형점토대토기문화연구-호서 및 호남지방을 중심으로-」, 부산대학교 석사학위논문.
박진일, 2007, 「점토대토기, 그리고 청동기시대와 초기철기시대」, 『한국청동기학보』1, 한국청동기연구회.
박태홍, 2011, 「보성 조성리 저습지유적 수변제사」, 『고대 동북아시아의 수리와 제사』(대한문화유산연구센타편).
백제학회, 2012, 『전남지방 마한 소국과 백제』, 국제학술대회.
서현주, 1996, 「남해안지역 원삼국 패총의 시기구분과 기원문제」, 『호남고고학보』4.
서현주, 2000, 「湖南地域 原三國時代 貝塚의 現況과 形成背景」, 『호남고고학보』11.
서현주, 2006, 『영산강유역 고분 토기 연구』, 학연문화사.
서현주, 2007, 「호남지역의 왜계문화」, 『교류와 갈등-호남지역의 백제, 가야, 그리고 왜-』, 제15회 호남고고학 정기 학술대회.
서현주, 2011, 「3-5세기 금강유역권의 지역성과 확산」, 『호남고고학보』37.
성정용, 2006, 「중서부지역 원삼국시대 토기 양상」, 『한국고고학보』60.
송만영, 1999, 「중부지방 원삼국문화의 편년적 기초」, 『한국고고학보』41.
송호정, 2007, 「기원전 시기의 사회 성격과 시대구분」, 『한국고대사연구』46, 한국고대사학회.
신경숙, 2002, 「호남지역 삼각형점토대토기문화의 연구」, 목포대학교 석사학위논문.
신경철, 1995, 「삼한 · 삼국시대의 동래」, 『동래군지』, 동래군지편찬위원회.
심재연, 1999, 「강원지역 철기문화의 성격」, 『백제연구』30, 충남대학교 백제문화연구소.
심재연, 2011, 「경질무문토기의 기원-점토대토기문화와 관련성을 중심으로」, 『고고학』10-1, 중부고고학회.
안재호, 1994, 「삼한시대 후기와질토기의 편년」, 『영남고고학』14.
오동선, 2008, 「호남지역 옹관묘의 변천」, 『호남고고학보』30.
원광대학교 마한백제연구소, 1989, 『마한문화연구의 제문제』.
유은식, 2006, 「두만강유역 초기철기문화와 중부지방 원삼국문화」, 『숭실사학』19,

숭실대학교 사학회.

유은식, 2011,「동북계토기로 본 강원지역 중도식무문토기의 편년과 계통」,『한국기독박물관지』7, 숭실대학교 한국기독교박물관.

유철, 1996,「전북지방 묘제에 대한 소고」,『호남고고학보』3.

윤덕향, 1988,「전북지방 원삼국시대 연구의 문제점」,『한국 상고사연구의 현황과 과제(1)』, 한국상고사학회.

윤덕향, 1995,「전북지역의 패총」,『군산지역의 패총』, 제3회 호남고고학회 학술대회.

윤온식, 2008,「2-4세기대 영산강유역 토기의 변천과 지역단위」,『호남고고학보』29.

윤종균, 1998,「고대 철생산에 대한 일고찰」, 전남대학교 석사학위논문.

은화수, 1999,「한국 출토 복골에 대한 연구」, 전북대학교 석사학위논문.

이근욱, 1993,「보성강유역 집자리유적의 성격과 변천」,『한국상고사학보』14.

이기길, 2001,「새로 밝혀진 영광군의 선사와 고대문화-서해안 고속도로 건설구간의 발굴 자료를 중심으로-」,『선사와 고대』16, 한국고대학회.

이기백, 1982,『한국사신론』(개정판), 일조각.

이남규, 1982,「남한 초기철기문화의 일고찰」,『한국고고학보』13.

이남규, 2005,「한반도 서부지역 원삼국시대 철기문화-지역성과 전개양상의 특성」,『원삼국시대 문화의 지역성과 변농』, 제29회 한국고고학전국대회.

이남규, 2006,「고등학교 국사교과서(7차) 고고학 서술의 제문제-선사 · 원사시대를 중심으로-」,『역사문화논총』2, 역사문화연구소.

이동희, 2002,「호남지방 점토대토기문화기의 묘제와 지역성」,『고문화』60, 한국대학박물관협회

이동희, 2005,「全南東部地域의 馬韓社會와 文化」,『호남문화연구』 제5호, 전남대학교 호남학연구원.

이동희, 2006,「全南東部地域 複合社會 形成過程의 考古學的 硏究」, 成均館大學校 博士學位論文.

이동희, 2007,「전남동부지역 마한-백제계 주거지의 변화와 그 의미」,『선사와 고대』27, 한국고대학회.

이동희, 2008,「전남동부지역의 마한소국 형성」,『호남고고학보』29.

이동희, 2010, 「"호서와 서부호남지역 초기철기-원삼국시대 편년"에 대한 반론」, 『호남고고학보』35.
이동희, 2011, 「보성 조성리유적의 성격」, 『고대 동북아시아의 수리와 제사』(대한문화유산연구센터편)
이범기, 2002, 「영산강유역 금속유물의 변천연구-고분 출토품을 중심으로」, 목포대학교 대학원 석사논문.
이상길, 1991, 「한강유역 철기시대 토기편년-중도식토기를 중심으로-」, 경북대석사학위논문.
이성주, 1998, 「한반도 철기시대에 대한 개념화의 시도」, 『동아시아의 철기문화』, 국립문화재연구소.
이성주, 2007, 『청동기 · 철기시대 사회변동론』, 학연문화사.
이영철, 1997, 「전남지역 주거지의 벽구시설 검토」, 『박물관연보』6, 목포대학교박물관.
이영철, 2003, 「3~6世紀 榮山江 上流의 考古學的 資料 檢討」, 『목포대학교박물관 20주년 기념논총』, 목포대학교 박물관.
이영철, 2005, 「榮山江流域의 原三國時代 土器相」, 『원삼국시대 문화의 지역성과 변동』, 제29회 한국고고학전국대회 발표집, 韓國考古學會.
이영철, 2008, 「耽津江流域 馬韓 · 百濟 聚落構造와 變化相」, 『탐진강유역의 고고학』(제16회 호남고고학회 학술대회 발표집).
이은정, 2007, 「전남지역 3-6세기 주거지 연구」, 『호남고고학보』 26.
이지영, 2008, 「호남지방 3-6세기 토기가마의 변화양상」, 『호남고고학보』30.
이종선, 1989, 「오르도스 후기 금속문화와 한국의 철기문화」, 『한국상고사학보』2.
이창희, 2010, 「점토대토기의 실연대-세형동검문화의 성립과 철기의 출현연대」, 『문화재』43-3, 국립문화재연구소.
이청규, 2003, 「철기시대 전기의 중국 동북과 한반도 지방의 금속기문화-세형동검문화를 중심으로-」, 『동북아시아 선사 및 고대사 연구의 방향』(2003년도 학술대회), 정신문화연구원.
이청규, 2007, 「선사에서 역사로의 전환-원삼국시대 개념의 문제-」, 『한국고대사연구』46, 한국고대사학회.
이택구, 2008, 「한반도 중서부지역의 마한 분구묘」, 『한국고고학보』66.
이현혜, 1993, 「원삼국시대론의 검토」, 『한국고대사논총』5.
이형원, 2011, 「중부지역 점토대토기문화의 시간성과 공간성」, 『호서고고학』24.
이홍종, 1991, 「中島式土器의 成立過程」, 『한국상고사학보』6.
이희준, 2004, 「초기철기시대 · 원삼국시대 재론」, 『한국고고학보』52.
임설희, 2010, 「남한지역 점토대토기의 등장과 확산과정」, 『호남고고학보』34.
임영진, 1989, 「전남지역 토광묘에 대한 고찰」, 『전남문화재』2, 전라남도.
임영진, 1995, 「마한의 형성과 변천에 관한 고고학적 고찰」, 『삼한의 사회와 문화』, 한국고대사학회.
임영진, 1996, 「함평 예덕리 만가촌고분과 영산강유역고분의 주구」, 제39회 전국역사학 대회 발표요지.
임영진, 1997, 「마한 소멸시기 재고」, 『삼한의 역사와 문화』, 자유지성사.
임영진, 2002, 「전남지역의 분구묘」, 『동아시아의 주구묘』, 호남고고학회 창립 10주년 기념 국제학술대회.
임영진 · 서현주, 1996, 「화순 용강리의 토광묘와 옹관묘」, 『호남고고학보』3.
임영진 · 조선진 · 서현주, 1998, 『보성 금평 패총』, 전남대학교박물관.
정징원, 1989, 「초기철기시대와 원삼국시대」, 『한국상고사』(한국상고사학회편), 민음사.
정징원 · 신경철, 1987, 「終末期 無文土器에 關한 硏究」, 『한국고고학보』20, 113-131.
조대연, 2007, 「초기철기시대 납-바륨 유리에 관한 고찰-실험고고학적 연구를 중심으로-」, 『한국고고학보』63.
전북대학교 고고문화인류학과, 2011, 『분구묘의 신지평』.
전영래, 1987, 「금강유역 청동기문화권 신자료」, 『마한 · 백제문화』10, 원광대 마한 · 백제문화연구소.
조규택, 2008, 「전북지역의 옹관묘」, 『제2회 고대옹관연구 학술대회 발표요지』, 국립나주문화재연구소.
조미순, 2008, 「전남지역의 옹관묘」, 『제2회 고대옹관연구 학술대회 발표요지』, 국립나주문화재연구소.
조유전, 1984,「전남 화순 청동유물일괄 출토유적」,『윤무병박사회갑기념논총』.
조현종, 1997a,「목기연구집성(1)」,『무안 양장리 유적 종합연구』, 목포대학교박물관.
조현종, 1997b,「호남지방 도작농경의 현단계」,『호남고고학의 제문제』, 제21회 한국고고학전국대회.
조현종, 2005,「광주 신창동 유적」,『전남향토대백과사전』, 전라남도.
조현종, 2008,「광주 신창동 출토 탄화미의 계측」,『호남고고학보』30, 139-154.
조현종, 2012,「신창동유적의 목기와 칠기」,『신창동유적의 목기와 칠기-중국 및 일본과 비교-』, 2012 광주 신창동유적 사적지정 20주년 국제학술심포지엄.
조현종 · 박영만편, 2009,『광주 신창동 저습지유적 출토 식물과 동물』, 국립광주박물관.
조현종 · 박중환 · 최상종, 1996,「전남의 토광묘 · 옹관묘」,『전남의 고대묘제』, 전라남도.
조현종 · 신상효 · 장제근, 1997,『광주 신창동 저습지 유적 1』, 국립광주박물관.
조현종 · 장제근, 1993,『광주 신창동유적』, 국립광주박물관.
지건길, 1990,「남해안지방 한 대화폐」,『창산김정기박사화갑기념논총』.
최몽룡, 1986,「고고학측면에서 본 마한」,『마한 · 백제문화』9, 원광대 마한 · 백제문화연구소.
최몽룡, 1989,「역사고고학연구의 방향」,『한국상고사』(한국상고학회편), 민음사.
최몽룡, 1990,「전남지방 삼국시대 전기의 고고학 연구현황」,『한국고고학보』24.
최몽룡, 1992,「한국 철기시대의 시대구분」,『국사관논총』50, 국사편찬위원회.
최몽룡, 1993,「철기시대-최근 15년간의 연구성과」,『한국사론』23, 국사편찬위원회.
최몽룡, 1996,「한국의 철기시대」,『동아시아의 철기문화-도입기의 제양상』, 국립문화재연구소.
최몽룡, 1997,「철기시대의 시기구분」,『한국사』3, 국사편찬위원회.
최몽룡, 2006,「다원론의 입장에서 본 한국 청동기 · 철기시대의 새로운 연구방향」,『한국고고학 · 고대사의 신연구』, 주류성출판사.
최몽룡 · 김경택, 1990.「전남지방 마한 · 백제시대의 주거지 연구」,『한국상고사학보』4.

최병현, 1990,「충북 진천지역 백제토기요지군」,『백제시대의 요지연구』, 문화재연구소.

최병현, 1998,「原三國土器의 系統과 性格」,『한국고고학보』38, 한국고고학회, 105-145.

최병현, 2002,「주구묘 · 분구묘 소관-최완규교수의 '전북지방 주구묘' 토론에 붙여-」,『동아시아의 주구묘』, 호남고고학회.

최성락, 1987,『해남 군곡리 패총』Ⅰ, 목포대학교 박물관.

최성락, 1988a,「전남지방의 원삼국문화」,『한국 상고사연구의 현황과 과제(1)』, 한국상고사학회.

최성락, 1988b,「원삼국기 토기의 변천과 문제점」,『영남고고학』5.

최성락, 1989,「철기시대의 설정과 문제점」,『박물관연보』7, 목포대학교박물관.

최성락, 1990,「전남지방의 마한문화」,『마한 · 백제문화』12, 원광대 마한 · 백제문화연구소.

최성락, 1993a,『한국 원삼국문화의 연구』, 학연문화사.

최성락, 1993b,「원삼국시대의 패총의 패총문화-연구성과와 제문제-」,『한국고고학보』29.

최성락, 1995,「한국고고학에 있어서 시대구분론」,『아세아고문화』, 석계황용훈교수정년기념논총, 369-385.

최성락, 1996a,「와질토기의 비판적인 검토」,『영남고고학』19.

최성락, 1996b,「전남지방에서 복합사회의 출현」,『백제논총』5, 백제개발연구원.

최성락, 1998,「철기시대 주거지를 통해 본 사회상」,『동아시아의 철기문화』, 국립문화재연구소.

최성락, 1999,「철기시대의 설정과 문제점」,『박물관연보』7, 목포대학교박물관.

최성락, 2000a,「영산강유역 고대사회의 형성배경」.『영산강유역의 고대사회의 새로운 조명』, 역사문화학회 · 목포대학교박물관.

최성락, 2000b,「호남지역의 철기시대-연구현황과 과제-」,『호남고고학보』11.

최성락, 2001,「마한론의 실체와 문제점」,『박물관연보』9, 목포대학교박물관.

최성락, 2002,「철기시대 토기의 실체와 연구방향」,『지방사와 지방문화』5-2, 역사문화학회.
최성락, 2004,「"초기철기시대 · 원삼국시대 재론"에 대한 반론」,『한국고고학보』54.
최성락, 2007,「분구묘의 인식에 대한 검토」,『한국고고학보』37.
최성락, 2008,「한국고고학 선 · 원사 시대구분 재론」,『한국고고학보』67.
최성락, 2009,「영산강유역 고분의 연구-고분의 개념, 축조방법, 변천을 중심으로-」,『호남고고학보』33, 107-133.
최성락, 2012,「초기철기시대론에 대한 비판적인 검토」,『21세기의 한국고고학』(최몽룡편), 주류성.
최성락, 2013,「경질무문토기의 개념과 성격」,『박물관연보』21, 목포대학교박물관.
최성락 · 김건수, 2002,「철기시대 패총의 형성 배경」,『호남고고학보』15.
최완규, 1996a,「익산 영등동 주구묘」, 제39회 전국역사학대회 발표요지.
최완규, 1996b,「주구묘의 특징과 제문제」,『고문화』49, 한국대학박물관협회.
최완규, 1997a,「호남지방 주구묘의 제문제」,『호남고고학의 제문제』, 제21회 한국고고학 전국대회.
최완규, 1997b,『금강유역 백제고분의 연구』, 숭실대 박사학위논문.
최완규, 1998,「익산 신동리 초기철기 및 백제문화유적」, 제41회 전국역사학대회 발표요지.
최완규, 2000,「마한묘제의 최근 조사 및 연구동향」,『삼한의 마을과 무덤』, 제9회 영남고고학 학술발표회.
최완규, 2002a,「전북지방의 주구묘」,『동아시아의 주구묘』, 호남고고학회.
최완규, 2002b,『익산 율촌리 분구묘』, 원광대학교 마한 · 백제연구소.
최완규, 2006,「분구묘 연구의 현황과 과제」,『분구묘 · 분구식 고분의 신자료와 백제』, 제49회 전국역사학대회 고고학부발표자료집, 한국고고학회.
최종규, 1991,「무덤으로 본 삼한사회의 구조 및 특징」,『한국고대사논총』2, 한국고대사연구소.
충남대 백제연구소, 1997,『마한사의 새로운 인식』.
韓炳三, 1989,「原三國時代-嶺南地方の遺蹟を中心として-」,『韓國の考古學』, 講談社.

한국고고학회, 2007, 『한국고고학강의』, 사회평론.

한국고고학회, 2010, 『한국고고학강의』(개정판), 사회평론.

한수영, 1995, 『한반도 서남부지역 토광묘에 대한 연구』, 전북대 석사학위 논문.

한수영, 1998, 「군산지역 패총의 현황과 그 성격」, 『호남지역의 신석기문화』, 제6회 호남고고학회.

한수영, 2011, 「만경강유역의 점토대토기문화기 목관묘 연구」, 『호남고고학보』39.

한옥민, 2001, 「전남지방 토광묘 성격에 대한 고찰」, 『호남고고학보』13.

한영희, 1983, 「철기시대-주거생활-」, 『한국사론』13.

한윤선, 2010, 「전남 동부지역 1~4세기 주거지 연구」. 순천대학교대학원 석사학위논문.

허진아, 2011, 「주거자료를 통해 본 호남지역 원삼국시대 지역성」, 『한국상고사학보』74.

호남고고학회, 1995, 『군산지역의 패총』, 제3회 호남고고학회 학술대회.

호남고고학회, 2000, 『호남의 철기문화』, 제8회 호남고고학회 학술대회.

호남고고학회, 2002, 『호남의 주구묘』, 제10회 호남고고학회 학술대회.

호남고고학회, 2004, 『밖에서 본 호남고고학의 성과와 쟁점』. 제12회 호남고고학회 학술대회.

호남문화재연구원, 2013, 『전주 중동유적』.

과학 · 백과사전출판사, 1977, 『조선고고학개요』.

渡辺誠, 1991, 「郡谷里貝塚出土 卜骨의 硏究」, 『名古屋大學文學部硏究論文』110(史學37).

武末純一, 2005, 「고고학으로 본 영산강유역과 일본 큐슈지역」, 『영산강유역 고대문화권의 역사적 성격』, 광주발전연구원 영산강연구센타 · 호남고고학회.

中村大介, 2008, 「청동기시대와 초기철기시대의 편년과 연대」, 『한국고고학보』68.

田淵義三郎譯, 1969, 「異教的古物の時代區分」, 『古代學』8-3.

Graslund, Bo, 1994. *The Birth of Prehistoric Chronology*. Cambridge University Press.

Milisauskas, Sarunas, 1978. *European Prehistory*. Academic Press.

제2부 철기시대 토기론

1. 와질토기론의 비판적 검토 | 최성락

2. 철기시대 토기의 실체와 연구방향 | 최성락

3. 토기 연구방법론의 검토 | 최성락

4. 경질무문토기의 개념과 성격 | 최성락

와질토기론의 비판적 검토

최성락

Ⅰ. 머리말

1980년대 초 김해식토기론을 비판하면서 와질토기론이 등장한지도 이미 10여년이 훨씬 넘었다. 이후 와질토기론은 꾸준히 주장되어 왔고, 이를 받아들이는 학자들의 수도 점점 많아졌다. 이 과정에서 와질토기론에 대한 비판도 적지 않았지만 이를 고수하는 입장도 더욱 공고히 자리잡아 왔다.

특히 1995년 가을 한국고고학전국대회에서 발표된 와질토기문화론[1]은 지금까지 주장된 것을 종합적으로 언급하고 있고, 비판에 대한 반론도 제시하고 있어 일차적으로 정리된 인상을 주지만, 동시에 와질토기론이 갖는 모순점을 그대로 보여주기 때문에 이에 대한 재반론의 필요성을 절실히 느꼈다.

필자는 와질토기론에 대한 비판자의 한사람으로서 이 문제에 관심을 두고

1) 신경철 1995a, 「와질토기문화론 : 그 성과와 과제」, 『한국고고학의 반세기』, 제19회 한국고고학전국대회, 107~121.

있었으나 1995년에 국내에 없었기 때문에 1996년 3월에야 발표문을 보았고, 반론의 글도 자연 늦어질 수 밖에 없었다. 이 글은 단순히 와질토기론을 비판하기 위해 작성되었기보다는 당시의 문화를 어떻게 연구하여야 할 것인가 하는 관점에서 비롯되었다. 우선 와질토기론의 내용과 문제점을 살펴보고, 이 시기 문화의 연구방향에 대하여 검토해 보고자 한다.

Ⅱ. 와질토기론의 전개

와질토기론은 1982년 신경철, 최종규 등에 의해 학계에 제기되었다. 당시의 문제의식은 김해식토기의 개념이 불투명하고, 김해식토기가 주로 출토된 패총의 중심년대가 기원후 1~3세기가 아니라 4세기대라는 것이다. 그들은 이 시기의 토기를 와질토기와 도질토기로 분류하였고, 와질토기란 저화도의 평요소성의 토기로서 낙랑토기의 영향으로 시작되었고, 도질토기란 고화도의 실요소성의 토기로서 중국 魏晉代 자기의 영향으로 시작되었다고 보았다. 노한 와질토기를 고식 와질토기와 신식 와질토기로, 도질토기도 고식 도질토기와 제2기 도질토기 등으로 분류하면서 계기적으로 출현하고 있음을 주장하였다.[2)]

와질토기론이 주장되자 곧바로 일본에 소개되었고 받아들어졌다.[3)] 한편 와질토기론에 대한 일부 비판이 있자[4)] 오히려 와질토기의 분포가 낙동강유역에 한정되는 것이 아니라 중부지역까지 확산된다고 보았다.[5)] 이러한 주장에

2) 신경철 1982, 「부산 · 경남출토 와질계토기」, 『한국고고학보』12, 39~87.
최종규 1982, 「도질토기성립 전야와 전개」, 『한국고고학보』12, 213~243.

3) 定森秀夫 1982, 「韓國 慶尙南道 釜山.金海出土 陶質土器の檢討」, 『平安博物館硏究紀要』7.
武末純一 1985, 「慶尙道の瓦質土器と古式陶質土器-三韓土器の提唱」, 『古文化談叢』15.

4) 김원용 1983, 「소위 와질토기에 대하여-원삼국 고고학상의 새 문제-」, 『역사학보』99.100, 1~22.

5) 신경철 1986, 「부산 구서동출토의 와질토기」, 『영남고고학』2.

대하여 여전히 반론이 제기되었으나 일부에서는 이를 수용하는 경향도 있었다. 나아가서 중부지역의 와질토기의 연대가 기원전 3세기경까지 소급될 수 있다는 주장도 제기되었다.[6)]

이와 더불어 낙동강유역에서는 토광묘의 발굴이 점차 이루어지면서 목관묘와 목곽묘로 구분되었고, 고식 와질토기는 목관묘와, 신식 와질토기는 목곽묘와 각각 연결되는 것으로 정리되었으며 와질토기와 도질토기에 대한 세부적인 편년작업도 활발하게 이루어졌다.[7)]

이러한 와질토기론을 종합적으로 정리한 것이 바로 신경철에 의해 발표된 와질토기문화론(이하 발표문이라 지칭함)이라고 볼 수 있다. 이 글에서는 지금까지 제기된 비판에 대한 반론과 더불어 와질토기론이 여전히 유효함을 주장하고 있다. 즉 와질토기론은 내부적으로 일부 의견의 차이는 있으나 와질토기가 한반도 중 · 남부지역에 넓게 분포하는 토기이고, 기원후 1~3세기를 대표하기 때문에 이를 '와질토기시대'로 불러도 무방하다는 견해를 계속적으로 유지하고 있다. 또한 와질토기시대라는 용어가 비판을 받자 일부에서는 이를 '삼한시대'로 부르기도 한다.[8)]

Ⅲ. 와질토기론의 문제점

와질토기론이 제기된 이래로 기원후 1~3세기에 대한 고고학계의 관심은 고조되어 왔으나 오히려 와질토기론을 지지하는 입장과 이를 비판하는 입장

6) 李弘種 1993, 「韓半島中部地域における瓦質土器の展開過程」, 『九州考古學』68.
7) 안재호 · 송계현 1986, 「고식 도질토기에 관한 약간의 고찰」, 『영남고고학』1.
전옥년 1988, 「영남지역에 있어서 후기와질토기의 연구」, 경북대석사학위논문.
안재호 1994, 「삼한시대 후기와질토기의 편년」, 『영남고고학』14, 영남고고학회.
8) 신경철 1995a, 주1) 전게문.

이 평행선을 그었다고 볼 수 있다. 그런데 이 시기의 문화를 고고학적으로 어떻게 연구할 것인가라는 문제는 그다지 논의되지 못한 것이 사실이다. 여기에서는 이와 같은 관점에서 지금까지 주장된 와질토기론에 대한 종합적인 검토를 시도하고자 한다. 우선 이에 앞서서 발표문에서 나타나는 몇 가지 문제점을 살펴본다.

첫째, 다른 연구자들의 토기의 분류를 임의로 해석하고 있다. 필자의 토기분류[9] 중에서 경질무문토기, 적갈색연질토기를 적갈색연질토기로, 와질토기, 조질회색토기, 회백도, 회색연질토기, 회색양질토기 등을 와질토기로 묶었고, 최병현의 토기 분류[10] 중에서 정 · 조질 타날문토기 중 적갈색의 연질토기와 경질토기를 적갈색연질토기로, 회색계연질토기, 흑색연질토기는 와질토기, 회청색연질토기는 도질토기로 보았다. 즉 이 시대의 토기가 다양한 것이 아니라 와질토기가 주류를 이루고, 적갈색연질토기는 소수인 것으로 파악하고 있다. 이와 같이 이 시기의 토기를 단순화시키는 것은 와질토기만을 중시하려는 자의적인 해석의 결과이다.

둘째, 경질무문토기에 대한 인식에 문제가 있다. 발표문에서는 경질무문토기를 검토하면서 남부지역의 철기시대 무문토기를 제외시키고 중부지역의 철기시대 무문토기만을 경질무문토기로 인정하면서 이를 적갈색연질토기로 묶어서 보려고 하였다. 경질무문토기는 기본적으로 청동기시대 무문토기를 계승한 것이나 이미 철기시대에 진입한 토기이기 때문에 이들 토기의 특징 중의 하나를 강조하여 경질무문토기라 칭한 것이다.[11] 그리고 남부지역에서의 경질무문토기는 해남 군곡리패총의 발굴보고서에서 본격적으로 사용되기 시작하

9) 최성락 1988, 「원삼국기 토기의 변천과 문제점」, 『영남고고학』5, 1~17. 이 논고에서 필자는 새로운 토기분류를 시도하기 보다는 당시까지 사용된 토기의 명칭을 그대로 사용하면서 그 성격을 검토한 것이다.

10) 최병현 1992, 『신라고분연구』, 일지사.

11) 김양옥 1987a, 「경질무문토기시론」, 『한국사논총』, 최영희선생화갑기념논총, 탐구당.

였다.[12] 다만 경질무문토기라는 용어에서 '경질'에 대한 기준에 의문을 제기할 수 있다고 본다. 이 토기를 종래에는 발달무문토기, 변형무문토기, 종말기무문토기 등으로 불려졌는데 이 명칭보다는 토기의 특성 중의 하나를 붙이는 것이 나을 것이다. 현재 일반적으로 사용되는 경질무문토기 속에는 중부지역에서의 풍납리식 무문토기 혹은 중도식 무문토기를 비롯하여 남부지역에서의 군곡리패총이나 늑도패총에서 출토되는 단면삼각형점토대구연의 토기 등이 포괄되고 있다. 남부지역에서 이들 무문토기는 철기시대에 접어든 시기의 것이다. 중부지역의 중도식 무문토기 등도 역시 철기시대에 접어든 시기의 무문토기이기 때문에 비록 기형에서 다소 차이가 있으나 이것은 지역적인 차이이고 태도나 제작기법에서 공통된 것으로 서로 동일한 성격의 것으로 볼 수 있다.

그런데 발표문에서는 이러한 경질무문토기가 와질토기시대에 속하는 토기이기 때문에 무문토기라는 말을 피하고 군곡리식소문토기, 중도식소문토기 등으로 명명하는 것이 옳다고 하였다. 이렇게 보는 것은 군곡리 출토 토기와 중도식토기가 같은 성격임을 오히려 입증하는 것이 된다. 또한 발표문에서 경질무문토기를 적갈색연질토기에 포함시킨 것은 경질무문토기가 청동기시대 무문토기를 계승하고 있다는 점과 경질무문토기와 적갈색연질토기 사이에는 제작방법에서 서로 차이가 있음을 간과한 결과이다.

셋째, 다른 글의 인용이 정확하지 않다. 발표문 116쪽에서 와질토기시대로 볼 수 없다는 세 가지의 견해 중 첫 번째의 견해[13]가 두 번째의 견해[14]에 의지한다는 주장은 잘못된 것이다. 필자의 견해와 최병현의 견해에는 약간의 차이가 있다.[15] 즉 최병현은 원삼국초기부터 사용되었던 타날문토기 속에 회청색

---

12) 최성락 1987, 『해남 군곡리패총』1, 목포대박물관.

13) 최성락 1988, 주9) 전게논문.

14) 최병현 1992, 주10) 전게서.

15) 이는 다음과 같은 글에서 지적되고 있다.
이현혜 1993, 「원삼국시대론 검토」, 『한국고대사논총』5, 한국고대사회연구소.
김미란 1995, 「원삼국시대 토기연구」, 『호남고고학보』2, 호남고고학회.

경질토기가 처음부터 포함되기 때문에 와질토기시대란 타당성이 없다는 주장이고, 필자는 원삼국시기에 사용되었던 토기는 경질무문토기, 회색연질토기, 와질토기, 회청색경질토기 등 다양하나 그 유행 시기가 다소 차이가 있다고 보는 것이다. 필자는 당시의 문화가 지역적으로 다르고 토기의 양상도 지역적으로나 시간적으로 차이가 있기 때문에 와질토기가 이 시기를 대표할 수 없다고 보는 것이지 결코 필자보다 후에 발표된 최병현의 견해에 의지하여 와질토기시대론을 부정하는 것은 아니다.

넷째, 신경철은 자신의 주장을 너무나 쉽게 철회하곤 한다. 그는 처음 「웅천문화기 기원전 상한설 재고」라는 글[16]에서 웅천문화기(김해문화기)의 상한이 기원전 4~1세기라는 견해를 비판하면서 오히려 무문토기의 연대가 기원후 3세기경으로 내려올 가능성이 있다고 주장하였으나 와질토기론을 제시하면서 그 견해는 철회하였다.[17] 본 발표문에서도 두가지 주장을 철회하고 있다. 즉 『삼국지』동이전에 나오는 '有棺無槨'의 기사를 근거로 와질토기의 전 · 후기의 구분을 기원후 3세기 중~후엽이라는 견해[18]를 제시하였으나 이를 철회한다는 것이다. 유관무곽을 토광묘로 보는 견해가 일찍 김정배에 의해 제기되었으나[19] 이는 오히려 마한지역에서 주로 나타나는 옹관묘일 가능성이 큰 무덤양식이다. 그런데 이러한 고대 문헌의 단편적인 기록을 근거로 연대를 추정하는 것은 고고학에서 결코 제시될 수 있는 것도 아니고 제시해서도 아니될 것이다. 다른 하나는 중도식 무문토기와 늑도식 무문토기를 같은 종말기 무문토기로 파악하였는데[20] 발표문에서는 중도식 무문토기가 와질토기 출현 후에 나타났고, 늑도식 무문토기는 와질토기 출현 이전의 토기이므로 서로 다르기

---

16) 신경철 1980, 「웅천문화기 기원전 상한설 재고」, 『부대사학』4, 1980, 211~265.

17) 신경철 1982, 주2) 전게논문, 64~65.

18) 申敬澈 1991, 「韓國の瓦質土器」, 『韓. 日交渉の考古學』(六興出版).

19) 김정배 1978, 「소도의 정치사적 의미」, 『역사학보』79.

20) 정징원 · 신경철 1987, 「종말기 무문토기에 관한 연구」, 『한국고고학보』20.

때문에 철회한다고 하였다. 그러나 이는 둘째 항에서 이미 지적하였듯이 전혀 철회하지 않아도 될 문제이다. 이와 같이 자신의 견해를 쉽게 철회한다는 것은 남들의 견해를 경청하는 결과이기도 하나 자신의 주장을 즉흥적으로 제시하였음을 보여주는 증거이기도 하다.

다섯째, '文化'의 개념이 문제이다. 발표문에서 '와질토기론'이 아닌 '와질토기문화론'을 언급하고 있다. 이는 요즘 일부에서 점토대토기문화, 송국리토기문화 등으로 부르는 것과 같은 맥락이라고 볼 수 있다. 그런데 과연 고고학에서 문화의 개념을 구체적으로 상정하고서 언급하였는지 의심스럽다. 고고학에서의 文化란 단순히 고고학적 자료인 것은 아니다. 고고학적 문화란 고고학적 자료, 즉 유물복합체(assemblages)에서 유추되는 추상적인 개념인 것이다.[21]

이상과 같이 신교수의 글에는 자의적인 해석과 즉흥적인 주장이 없지 않다. 남들의 주장을 제대로 파악하지 않고 자신의 주장만 되풀이한다면 독단적인 오류에 빠지기 쉬운 것이다.

와질토기론이 등장하기까지의 원삼국시대의 토기에 관한 연구사는 필자의 전고 「원삼국기 토기의 변천과 문제점」에서 정리한 바 있다.[22] 전고에서는 기왕의 연구성과를 검토해 보고 와질토기론의 문제점과 그 견해가 지나치게 확대되는 점을 경고한 바 있다. 그 후 이 시대의 토기에 대한 연구가 집중적으로 이루어졌고, 와질토기론에 대한 비판적인 견해도 일부 포함되었다.

박순발은 중부지역의 원삼국시대 토기를 정리하면서 경질무문토기, 타날문토기, 회(흑)색무문양토기 등으로 분류하였고, 각 토기의 상대적인 빈도를 근거로 원삼국시대의 유적 편년을 시도하였다. 즉 세 종류의 토기가 모두 나오는 유적들을 전기(A.D.1~200), 경질무문토기가 소멸하고 타날문토기와 회(흑)색무문양토기만이 나타나는 유적들을 후기(A.D. 200~300)로 하였다. 여

21) 최성락 1996, 「고고학에 있어서 문화의 개념」, 『한국상고사학보』22.

22) 최성락 1988, 주9) 전게논문, 1~17.

기에서 회(흑)색무문양토기는 차지하는 비중이 극히 적은데 이는 낙랑의 영향을 받아 나타난 것이며 영남지방의 와질토기는 회(흑)색연질토기의 일종으로 보았다.[23)]

최병현은 그의 주장이 진천 산수리와 삼룡리 가마발굴에 기초를 두고 있는데, 원삼국시대의 토기를 크게 경질무문토기와 타날문토기로 나누었다. 타날문토기에는 다시 조질계과 정질계로 분류하고, 세부적으로 조질에는 회색계연질토기와 적갈색계연질토기로, 정질계로는 회청색경질토기, 회색계연질토기, 흑색연질토기, 적갈색계연질토기 등으로 분류하였다. 그리고 그는 경질무문토기와 타날문토기와는 같은 가마에서 소성될 가능성이 높은 것으로 보고, 타날문토기가 명실상부한 원삼국시대의 표지적인 토기이며 와질토기란 연질타날문토기의 영남판으로 보았고, 더불어 와질토기론에서 토기유형의 모순성과 와질토기론에 의해 제시된 연대관의 문제점을 세밀히 비판하였다.[24)]

이성주는 원삼국시대 토기 중 영남지방에서 출토된 토기를 대상으로 분석한 결과 경질토기(도질토기)도 원삼국시대 토기로 분류될 수 있음을 주장하면서 토기와 도기의 차이를 밀폐요에서의 소성여부에 두고 회색의 토기는 밀폐요에서 생산된 도기로, 적색의 토기는 개방요에서 소성된 토기로 인식하여 회청색경질토기와 회색연질토기를 도기로 명명하였다.[25)] 또한 그는 계속해서 원삼국시대의 토기생산체제상에 관심을 가지고 3단계로 발전되었다고 보았다. 즉 초기 생활유적에서 보이는 무문토기(경질무문토기)와 토광묘에서

23) 박순발 1989,「한강유역 원삼국시대의 토기양상과 변천」,『한국고고학보』23.
이와 같이 중부지역 주거지에서 나타나는 양상은 영동지역에서도 동일하게 나타나고 있음을 볼 수 있다.(지현병 1995,「강원 영동지방의 초기철기시대-집자리유적을 중심으로-」,『고고학상으로본 강원도』, 제13회 한국상고사학회 학술발표회)

24) 최병현 1992, 주10) 전게서, 571~588. 그런데 최병현의 견해는 김해식토기론을 대체로 계승하고 있다. 다만 남해안지역 패총의 연대에 대하여 분명한 제시가 없다.

25) 이성주 1988a,「삼국시대 전기 토기의 연구」,『한국상고사학보』1.
이성주 1988b,「원삼국토기 태토의 유형」,『영남고고학』5.

부장되는 회색연질토기(와질토기), 3세기 이후에 등장하는 회청색경질토기의 생산체제가 서로 다르다고 보았고, 이들 생산체제는 점진적으로 발전된 것이 아니라 원삼국시대 이래로 병존하면서 변화되었다고 주장하였다.[26]

김미란은 기원후 1~3세기에 속하는 해남 군곡리가마의 모형을 실험적으로 제작하여 토기를 만들고 분석하였다. 그 결과 원삼국시대의 다양한 토기는 시기적인 차이보다는 토기를 이루는 태토의 성분과 소성온도 그리고 불막은 단계를 포함하는 소성방법상의 차이에서 기인하는 것으로 보고 회청색경질토기는 원삼국시대에 제작될 수 있었던 토기로 보았다.[27] 이 연구에 대해 신교수는 군곡리가마가 원삼국기 가마가 아닌 4세기 이후의 고분기의 가마라고 보면서 그 주장의 부당성을 지적하였다. 그러나 필자는 군곡리 가마를 발굴한 입장에서 이 가마가 구조적으로나 출토유물로 보아 진천 삼룡리 가마와 마찬가지로 1~3세기에 속하는 가마로 생각한다.

그 밖에 필자도 와질토기론의 문제점을 단편적으로 지적한 바가 있다.[28] 이와 같이 비판자들 사이에 견해차가 일부 있긴 해도 여러 각도에서 와질토기론의 모순점을 지적하여 왔고, 와질토기론 자체가 많은 문제점을 내포하고 있음

---

26) 이성주 1991,「원삼국시대토기의 분류 · 계보 · 편년 · 생산체제」,『한국고대사논총』2, 한국고대사회연구소. 이성주가 1~3세기 토기를 토기와 도기로 구분하는 것은 타당성이 있다고 본다. 다만 당시의 토기를 적색토기, 연질도기(와질토기), 경질도기(도질토기) 등으로 분류하는 것은 와질토기론과 같이 토기분류를 지극히 단순화시키고 있고, 생산체제의 변화에 대한 설명도 낙동강유역 중심으로 이루어지고 있다는 점이 문제점으로 지적된다.

27) 김미란 1995,「원삼국시대 토기연구」,『호남고고학보』2. 이 연구는 실제로 당시의 가마를 만들고, 토기의 제작실험을 통해 다양한 토기가 같은 가마에서 만들어진다는 것을 입증한 것으로 매우 중요하다고 인정된다. 다만 토기의 다양상을 해석하는데 시기적인 차이, 지역적인 차이를 看過하고 있다는 점이 문제이다.

28) 최성락 1993a,「원삼국시대의 패총문화-연구성과와 제문제-」,『한국고고학보』29.
최성락 1993b,「원삼국문화의 연구현황-1992년도 연구성과를 중심으로-」,『박물관연보』창간호, 목포대박물관.
최성락 1993c,『한국 원삼국문화의 연구-전남지방을 중심으로-』, 학연문화사.

이 분명하다. 이상에서 제기된 와질토기론에 대한 비판을 종합하면 다음과 같은 문제점이 노출된다.

첫째, 와질토기와 도질토기의 이분법적 분류와 그 구분의 모순성이다. 서력기원 이후의 토기를 와질토기와 도질토기와 같이 이분법적으로 분류하는 것은 토기를 지나치게 단순화시키는 것이다. 이는 위의 비판에서 이미 지적한 것과 같다. 또한 처음 와질토기의 개념이 정의될 때는 경도, 색상, 태토, 흡수율 등이 기준이었으나 와질토기 속에서 경도가 아주 높은 것이 있음이 지적되자[29] 나중에는 그 구분이 애매하며 정면방법과 속심색깔에 의해 분류하고 있어[30] 토기유형에 있어서 구분의 모호성이 지적되었다.[31] 또한 도질토기의 개념은 석기질의 삼국토기로 규정하였으나 여기에 원삼국시대의 회청색경질토기까지도 포함시켜 혼돈을 주고 있으며 개념적으로 종래의 회청색경질토기와 동일시할 수 없음은 이미 지적한 바와 같다.[32]

둘째, 와질토기, 도질토기 등의 토기 명칭과 와질토기시대, 삼한시대 등 시대 명칭의 문제이다. 먼저 토기 명칭에 문제가 있다. 와질토기에서 '와질'이라는 용어는 성산패총의 발굴보고서[33]에서 처음 사용되었으나 이를 와질토기론에서 다시 사용하고 있다. 그런데 실상 와질토기는 기와(瓦)와 같은 경도를 가지지 못하는 것이 사실이고 그 동안 한국고고학에서는 '와질' 보다는 '연질'이라는 개념이 더 많이 사용되어 왔기 때문에 적절한 명칭이 아니다. 한편 도질토기는 처음 일본학자들에 의해 만들어진 것이다. 榧本杜人은 김해패총의 토기를 분류하면서 原始新羅燒 중의 하나를 도질토기로 불렀으나[34] 일반적인

29) 이성주 1988a, 주25) 전게논문.

30) 부산대박물관 1988, 『부산 노포동유적』.

31) 최병현 1992, 주10) 전게서, 574~577.

32) 최성락 1988, 주9) 전게논문, 11~13.

33) 한병삼 · 정징원 1976, 「동구패총발굴조사보고」, 『마산외동성산패총발굴조사보고』, 문화재관리국.

34) 榧本杜人 1954, 「金海貝塚의 再檢討」, 『考古學雜誌』40-3.

의미는 일본에서 발견되는 한국계 경질토기, 즉 신라 · 가야토기를 말한다. 이에 대한 일본 토기는 土師器나 須惠器로 불러진다. 이처럼 와질토기나 도질토기의 용어는 적절한 것이 아니다. 현재 와질토기는 회(흑)색무문양토기, 회색연질토기 등으로도 불리나 이들 토기 명칭은 전형적인 와질토기 이외의 토기도 포함하기 때문에 차라리 회백색연질토기[35]로 부르는 것이 좋을 듯하다. 또한 도질토기는 종전대로 회청색경질토기 및 신라 · 가야토기로 구분하여 부르는 것이 타당할 것이다.

다음은 와질토기론자들은 이 시대를 와질토기시대로 볼 수 있다고 한다. 즉 이 시대의 토기에는 와질토기와 적갈색연질토기가 있으나 적갈색연질토기는 그 다음 단계에도 계속됨으로써 와질토기만이 이 시대를 대표한다고 본 것이다. 그러나 이에 대한 비판이 계속되자 최근에는 삼한시대라는 용어로 대신하고 있다. 최종규는 삼한의 사회성격을 무덤을 통해 고찰하면서 원삼국시대에 대신하여 삼한시대로 할 것을 주장하고 있다.[36] 문헌사학자인 이현혜도 원삼국시대론의 문제점을 자세히 지적하면서 차리리 종래대로 삼한시대라는 문헌적인 시기구분을 하든지 아니면 고고학적인 시대구분(이를 테면 철기시대 혹은 초기철기시대)로 하는 것이 좋겠다고 하였다.[37] 또한 기원후 1~3세기의 원삼국시대에 대신한 삼한시대에 대한 개념이 최근에는 변질되어 기원전 3세기에서 기원후 3세기까지를 포함하는 개념으로 쓰고 있다.[38]

고고학에서 시대의 개념은 문화상의 큰 변화를 기준으로 설정될 수 있다. 현재 세계고고학계는 과거 삼시대 구분법에서 벗어나 사회나 문화의 심층적인 연구를 바탕으로 하고 있다.[39] 와질토기시대라는 용어는 설사 와질토기가

---

35) 박광춘 1995, 「3~4세기에 있어 가야토기 지역색연구」, 『한국상고사학보』19, 303~324.

36) 최종규 1991, 「무덤으로 본 삼한사회의 구조 및 특징」, 『한국고대사논총』2, 한국고대사연구소.

37) 이현혜 1993, 「원삼국시대론 검토」, 『한국고대사논총』5, 한국고대사회연구소.

38) 안재호 1994, 「삼한시대 후기와질토기의 편년」, 『영남고고학』14, 영남고고학회.
신경철 1995b, 「삼한.삼국시대의 동래」, 『동래군지』, 동래군지편찬위원회.

39) 최성락 1995a, 「한국고고학에 있어서 시대구분론」, 『아세아고문화』, 석계황용훈교수정년

이 시대를 대표한다고 하더라도 새로운 것이 될 수 없는 시대구분이다. 또한 구석기시대-신석기시대-청동기시대 등에 뒤이은 시대명칭으로도 불합리하고, 설사 청동기시대를 무문토기시대로 바꾸어 놓는다고 하더라도 역시 타당하지 않다. 삼한시대의 경우에 삼한의 개념이 불확실하여 고대사에서도 문헌적인 시대구분으로 잘 사용되지 않는 용어를 고고학에서 사용한다는 것도 이해하기 어려운 일이다. 또한 삼한시대은 원삼국시대라는 고고학의 시대구분이 실질적으로 고구려를 제외함으로써 한반도 중 · 남부지역에 한정되는 우를 또다시 범하게 된다.

그런데 갑자기 삼한시대를 사용한 배경은 무엇일까? 와질토기론이 등장하던 시기에 이를 일본에 소개한 武末純一은 삼한토기로 부르자고 제안한 바가 있다.[40] 혹시 삼한시대라는 용어가 재등장한 것이 武末純一의 주장에서 연유된 것이나 권오영의 지적과 같이 日本의 彌生時代와 동일[41]하게 만들기 위함이 아니길 바란다.

셋째, 와질토기론과 관련된 연대관에 문제가 있다. 일단 목관묘와 목곽묘의 연대를 설정한 것은 큰 성과로 볼 수 있다. 그러나 패총의 연대를 낮춘 것은 와질토기론의 일방적인 견해이다. 이 시기의 패총에서 회청색경질토기가 출토되었다고 해서 그 중심년대를 4세기대로 보고 있는 이들의 연대관은 재검토되어야 할 것이다. 이것은 이미 필자가 주장한 바가 있다.[42] 예를 들면 와질토기론의 입장에서 보면 해남 군곡리패총의 연대가 필자의 견해와 달리 중간(기원후 2세기~3세기 중엽)에 단절되었다고 보고 있다.[43] 그러나 이와 같은 견해는 잘못된 것으로 군곡리패총은 중간에 시간적으로 큰 단절없이 연속

기념논총, 369~385.

40) 武末純一 1986, 주3) 전게논문.

41) 권오영 1996, 「중서부지방의 초기철기문화와 衆國의 대두」, 『고고학상으로 본 국가』, 제16회 한국상고사학회.

42) 최성락 1993a, 주28) 전게논문, 44~46.

43) 부산대박물관 1989, 『늑도주거지』1, 137.

적으로 퇴적된 유적으로 보아야 한다. 또한 남해안지역 패총의 중심년대를 무조건 기원후 4세기 이후로 보는 것은 타당하지 않으며 이들 패총의 중심년대가 대부분 기원후 1~3세기에 속하며 일부는 고분기까지 지속되었다고 본다.

그리고 와질토기론에 의해 제기된 4세기 이후의 고분연대는 다른 학자들의 연대관에 비해 대체로 낮은 편이다. 이에 대한 논의는 여기에서 언급할 정도로 간단한 문제가 아닐 것이다. 다만 현재까지도 논의가 계속되고 있는 고분의 연대가 국내학자들 사이에도 100년 이상 차이가 난다는 것은 한국고고학에서 커다란 문제점이다. 이를 해결하기 위하여는 C-14 연대결정법과 같은 절대연대결정법의 활용이 적극적으로 고려되어야 할 것이다.

넷째, 와질토기론을 한반도 중남부지역 전역에 확대 적용하려는 점과 각 지역 문화의 다양성을 무시하고 있다는 점이다. 우선 낙동강유역의 토광묘 유적에서 출토되는 전형적인 와질토기 이외에 다른 지역의 회색연질토기도 와질토기로 분류하고 있다. 이와 더불어 와질토기론은 낙동강유역의 토광묘(목관묘, 목곽묘)에서 출토될 뿐만 아니라 한반도 중 · 남부의 전 지역에서도 출토되고 있다는 것이다. 나아가 '와질토기문화확장론' 내지는 '한반도중남부전역와질토기문화권역론'을 강력히 주장하고 있다.

중부지역에 와질토기가 존재하지 않거나 그 존재가 미미하다는 점은 이미 여러 학자들에 의해 제기되었다.[44] 그런데 다만 이홍종의 경우 이를 받아들이고 있는데 중부지역의 와질토기의 연대가 기원전 3세기경까지 소급될 수 있다는 주장하였다.[45] 이 주장은 중부지역의 회색연질토기를 전부 와질토기로 보았고, 중도식 토기가 송국리식 토기를 계승하였을 것이라는 가정하

44) 안덕임 1985,「한강유역 초기철기문화」, 한양대석사학위논문.
김양옥 1987b,「철기시대-토기」,『한국사론』17, 국사편찬위원회, 301~347.
박순발 1989,「한강유역 원삼국시대의 토기양상과 변천」,『한국고고학보』23.
45) 이홍종 1991,「중도식토기의 성립과정」,『한국상고사학보』6.
李弘種 1993, 주6) 전게논문.

에 그 연대를 지나치게 올려본 견해이다. 그러나 중도식 경질무문토기는 송국리식토기와 서로 분포권이 달라 전혀 무관하다고 지적되고 있다.[46] 따라서 중부지역에 회색연질토기는 존재한다고 하더라고 전형적인 와질토기의 존재는 찾아보기 힘들다. 다만 최근 鎭川 松斗里유적에서 전형적인 와질토기가 발견된 것은 사실이나 이는 극히 적은 예로 낙동강유역과 중부지역과의 문화적인 교류를 보여주는 것으로 생각된다. 서남부지역의 경우에는 전형적인 와질토기나 초기의 토광묘도 발견되지 않고 있다. 만약 초기 토광묘가 발견된다면 와질토기가 출토될 것이라는 가정은 가능할 것이다. 그러나 기원후 1~3세기경의 주거지나 패총에서는 이미 다량의 회색 내지는 적갈색연질토기가 출토되는 것으로 보아 전형적인 와질토기의 출토를 기대하기란 어려울 것으로 생각한다.

더구나 와질토기론은 낙동강유역에서 이루어지는 문화적인 변화를 다른 지역에까지도 무리하게 적용하려고 한다. 이 시기의 문화 양상은 한강을 중심으로 하는 중부지역, 영산강을 중심으로 하는 서남부지역, 낙동강을 중심으로 하는 동남부지역 등이 각각 어느 정도 차이를 가지며 형성되었다. 이것은 당시의 문화양상이 삼국형성기, 즉 삼한이라는 역사적인 배경을 고려한다면 당연히 그 차이가 있을 수 있는 것이고, 당시의 묘제도 토광묘(목관묘, 목곽묘) 뿐만아니라 옹관묘, 석곽묘 등이 공존하고 있기 때문이다. 따라서 당시의 문화를 파악하는데 토광묘만을 중시한다는 것도 문제이거니와 동남부지역의 문화양상을 다른 지역에 그대로 적용하려는 것은 각 지역의 다양성을 무시하는 것으로 매우 불합리하다. 또한 아무리 힘주어 '한반도중남부지역와질토기문화영역확대론'을 주장하더라도 이는 지나친 기대감에서 나온 구호이다.

다섯째, 와질토기론은 단선 진화론적 구도에서 나온 것이다. 즉 토기의 발

46) 박순발 1995, 「한강유역 원삼국 및 백제토기」, 제2회 동북아세아고고학연구회 발표문.

전 단계가 후기 무문토기→고식 와질토기→신식 와질토기→고식 도질토기→도질토기 등으로 발전되었다고 보면서 이와 함께 무덤의 변천이나 문화의 변천을 설명하고 있다. 이는 과거 무문토기→김해식토기→삼국토기로 전개되는 토기변천을 상정한 김해토기론의 구도와 유사하다. 다만 와질토기론은 김해식토기론의 김해식토기 대신에 와질토기로 대치한 것이다.

또한 와질토기론에서는 문화적인 양상의 차이를 시간적인 차이로 보기 때문에 극히 단선 진화론적 해석을 하게된다. 예를 들면 경질무문토기와 와질토기의 관계인데 이를 선후관계로만 보기 때문에 남부지역에서 토기양상을 설명하는데 문제가 있다. 이를 지역적으로나 기능적인 차이로 본다면 당시 문화를 해석하는데 더욱 용이할 것이다.

그리고 고식 와질토기와는 목관묘, 신식 와질토기와는 목곽묘와 각각 연결되고, 도질토기는 3세기말 혹은 4세기 이후의 토기로 보는 등 단정적인 주장에도 문제가 있다.[47] 이와 같은 주장이 잘못되었다는 것은 와질토기론에 기초를 두나 한층 진보된 편년안에서 그 실마리를 찾아볼 수 있다. 즉 김용성은 경산 및 경주지역의 토기에 의한 대구.경산지역 고대분묘의 편년에서 목관묘 단계에는 무문토기와 고식 와질토기가, 목곽묘 단계에는 신식 와질토기와 고식 도질토기가 일부 공존하였음을 보여주고 있다.[48] 따라서 이와 같은 와질토기론은 단선 진화론에 근거를 둔 일종의 형식학적 방법[49]에 속하는 것이다. 이러한 구도로는 당시 문화를 파악하는데 한계가 있을 수 밖에 없다.

끝으로 와질토기론은 편년과 계통론에 지우쳐 있다는 지적도 있다. 즉 와

---

47) 낙동강유역에서 무덤의 변천을 목관묘→목곽묘→적석목곽분 혹은 수혈식석곽분→횡구식 및 횡혈식석실분 등의 순으로만 보는 것도 역시 단순진화론적 구도이다. 기원후 1~3세기 무덤에는 토광묘 이외에 석곽묘, 옹관묘 등의 존재도 염두에 두어야 한다. 특히 가야지역에서 무덤의 변천이 다양함은 다음의 논문에서 잘 제시되고 있다.
이은창 1982,「가야고분의 편년」,『한국고고학보』12.

48) 김용성 1996,「토기에 의한 대구 · 경산지역 고대 분묘의 편년」,『한국고고학』35.

49) 최성락 1984,「한국고고학에 있어서 형식학적 방법의 검토」,『한국고고학보』16, 1~24.

질토기론은 무문토기로부터 원삼국토기로의 선택적 수용과정이나 자체적인 변용과정을 제대로 설명할 수 없다고 본 것이다. 이성주는 말기 무문토기로부터 원삼국 토기로의 전환이 지역적으로 광범위하게 시간적으로 기원후 1세기까지 장기간에 걸쳐 이루어졌으며 와질토기가 낙랑토기의 영향이라기 보다는 철기문화의 유입과 관련하여 고려하여야 한다고 언급하였다. 와질토기에서 도질토기로 변화되면서 기종구성과 정면수법, 태토의 성분상으로 대조적인 양상을 보여준다고 보면서 도질토기는 와질토기의 전성기에도 존재하고 와질토기는 도질토기의 생산이 본격화된 이후 4세기 말까지도 존재하며, 특히 도질토기의 기종은 와질토기 이외에도 타날문단경호, 광구호 등과 적색연질토기 기종 등에서 서서히 변화되었다고 보았다. 그리고 도질토기를 정의하는 데 영남지방의 3~4세기대 토기의 태토를 기준으로 삼을 때 곤란한 문제가 발생한다고 보았는데 5세기 중엽이후 신라지역의 부장용토기는 와질토기에 가깝고, 고구려의 경우 도질토기는 없으며, 백제지역도 극히 적다는 지적을 하였다.[50)]

그런데 최근 와질토기론에 한 가지 뚜렷한 변화가 있음이 주목된다. 와질토기론의 양 축이였던 최종규는 도질토기의 기원문제를 재검토하면서 와질토기론의 중요한 뼈대인 몇 가지 점을 철회하고 있다. 첫째, 와질토기는 평요소성, 도질토기는 실내요소성이라는 점이 잘못되었다는 점이다. 둘째, 도질토기의 시작점에 대한 개념정리가 불확실하다는 점이다. 그는 와질토기와 도질토기가 어느 기간 공존하였으나 사용되는 비율에서 점차적으로 바뀌었을 것이라는 점을 시인하고 있다. 끝으로 더욱 주목되는 것은 도질토기 자체를 새로운 시대의 전개로 해석할 수 없으며 사회상의 변화와 연관되어야 한다는 진술이다.[51)] 이는 곧 와질토기론의 기본적인 골격을 주창자 스스로 철회하기 시작한 것으로 생각한다.

50) 이성주 1995, 「와질토기문화론에 대하여」, 주1) 전게서, 131~132.

51) 최종규 1994, 「도질토기의 기원」, 『고고학지』6, 59~80.

Ⅳ. 앞으로의 연구 방향

와질토기론이 제기된 이래로 기원후 1~3세기의 고고학적 연구에 활기를 주는 등 몇 가지 긍정적인 점이 있었음을 부정할 수 없다. 먼저 기원후 1~3세기의 불분명한 고고학적 편년을 어느 정도 확립하게 하는 역할을 하였다. 다음은 토기의 발전 단계가 연질토기단계에서 경질토기단계로 서서히 발전되었음을 보여주었다. 그리고 토광묘유적 뿐만 아니라 주거지에서도 와질토기가 출토됨에 따라 적어도 낙동강유역의 1~3세기에 유행한 토기임이 확인되었다. 따라서 와질토기론이 낙동강을 중심으로 하는 동남부지역에서 당시 문화를 설명하는 하나의 학설임은 인정한다.[52)]

그러나 이러한 공헌에도 불구하고 와질토기론은 당시의 토기문화를 극히 단순화 시킴으로써 많은 문제점을 야기시켰다. 그리고 와질토기, 도질토기가 각각의 시대를 대표한다는 발상은 이미 시대착오적인 것이다. 이것은 당시의 문화양상나 사회상의 변화가 아닌 토기에 의한 시대설정이 아무런 의미가 없기 때문이다. 따라서 와질토기론은 김해식토기론의 구도를 일부 바꾼 데 지나지 않는다. 그리고 기원후 1~3세기의 우리나라 문화를 밝히는 데 적절한 이론적인 틀이 될 수 없다고 본다.

이 시기의 토기 연구는 단순한 분류체계로 접근할 수 없을 것이다. 즉 토기의 분류는 태토의 질에 의해서만 나눌 수 있는 것은 아니다. 토기의 모든 속성들, 즉 기술적 속성, 기능적 속성 및 양식적 속성들을 고려하여야 하며, 지금까지 연구된 여러 가지 관점을 기초로 종합적인 재검토를 필요로 한다.

그렇다고 과거의 분류가 모두 잘못되었다는 시각은 곤란하다고 본다. 각기 장단점을 가지고 있기 때문이다. 토기의 분류연구에서 가장 중요한 점은 당시

52) 이 지역의 토기양상에 대한 다른 견해들도 제시되어 있다. 필자는 아직 이 지역의 토기와 무덤에 대한 자세한 편년안을 갖지 못하고 있는 것은 사실이나 이는 앞으로의 연구과제로 삼고자 한다.

의 문화를 얼마나 설명할 수 있느냐에 달려 있다. 당시의 문화가 지역적으로 다르고 복잡하다면 당연히 토기에 대한 분류도 복잡할 수 밖에 없다. 그리고 토기연구는 고고학자의 인위적인 분류에 한정되어서는 아니될 것이다. 토기의 분류는 과학적 분석이나 통계적 분석에 의해 검증되어야 하고 실험적인 연구를 통한 해석도 시도되어야 할 것이다.

이 시기의 고고학적 연구는 토기나 무덤의 연구에 치중되어 왔다. 그 중에서도 토기와 무덤의 편년작업이 중심을 이루었다. 그러나 토기나 무덤은 당시 고고학적 자료의 일부분에 지나지 않는다. 또한 편년 그 자체는 아무리 연구가 많이 되어도 고고학의 연구수단이지 목적은 아니다. 당시 문화와 사회를 복원하기 위해서는 토기 뿐만아니라 주거지, 무덤 등의 유구와 철기, 골각기, 장신구 등의 유물을 비롯하여 모든 고고학적 자료를 망라해야 하고, 나아가서 자연유물까지도 포함하여야 한다. 문화를 해석하기 위해서는 고고학적 이론을 바탕으로 문헌 자료와 민족지 자료를 활용하여야 함은 당연하다. 특히 우리나라의 경우 당시 문화를 해석하기 위해서는 고고학적 자료의 집대성과 더불어 문헌 자료의 도움이 절실히 필요하다. 그런데 고대의 문헌 자료를 고고학적 자료의 연대결정에 이용하는 등 단편적인 것이 아니라 고고학적 자료를 종합한 후 이를 해석할 때 유추의 소재로 적절히 사용하야 한다.

이 시기의 사회복원에 대한 노력은 그 동안 고대사학자들에 의해 주로 이루어졌으나 최근 고고학자의 의해서도 시도되고 있는 것은 다행스러운 일이다.[53] 아직 문화 복원에 대한 충분한 이론적인 배경이 정립되지 못한 것은 사실이나 개별 유물에 의한 연구에서 벗어나 고고학적 자료를 통한 문화복원을 시도하여야 한다. 이것은 진정한 의미에서 고고학의 연구목적이기 때문이다.

---

53) 최종규 1991, 주36) 전게논문.
이성주 1993, 「1~3세기 가야 정치체의 성장」, 『한국고대사논총』5, 한국고대사회연구소.
이재현 1996, 「진 · 변한 사회의 발전과정-목곽묘의 출현배경과 관련하여-」, 『영남고고학』17, 영남고고학회.

지금까지 한국고고학은 전파론적 해석에 주로 한정되고 있으나[54] 앞으로 문화의 다양한 측면, 즉 기술적 경제, 사회 · 정치적조직, 이념 등을 연구하여야 하고 세계고고학계의 연구추세에 맞추어 문화가 어떻게 그리고 왜 변천되었는지에도 관심을 가져야 할 것이다.

V. 맺음말

이상과 같이 와질토기론에 대한 비판적인 견해를 정리해 보았다. 와질토기론은 과거에 이 시대를 해석하는데 유용하게 사용되었던 김해식토기론에 대항하여 나타났으며 어느 면에서는 상당한 성과를 얻었으며, 긍정적인 면도 적지 않다. 그러나 어쩌면 그 이상을 기대하기 어려운 하나의 학설일 뿐이다. 와질토기론에 대한 비판이 신랄할 수 밖에 없는 것은 이 시기의 문화를 연구하는 데 와질토기론이 오히려 큰 장애요소로 판단되기 때문이다.

앞으로 이 시기를 연구하기 위해서는 토기뿐만 아니라 주거지, 무덤 등 다양한 고고학적 자료를 종합하여야 하고, 문헌적 자료나 민속지 자료를 이용하면서 단선 진화론이나 전파론적 시각에서 벗어난 새로운 시각에서 문화복원을 시도하여야 할 것이다. 그리고 당시의 문화복원은 결코 역사학자나 인류학자의 몫이 아니라 고고학자의 연구목적이기도 하다.

끝으로 이와같이 논쟁점에 대하여 학계 내에서 충분한 논의가 이루어질 수 있을 때 고고학이라는 학문의 발전을 기대할 수 있으리라고 생각한다.

---

54) 최성락 1995b, 「한국고고학에 있어서 전파론적 해석」, 『한국상고사학보』19, 177~194.

철기시대 토기의 실체와 연구방향

최성락

Ⅰ. 머리말

원삼국시대 혹은 철기시대 토기는 1990년대에 들어와 많은 연구가 이루어졌고, 아직도 논쟁이 계속되고 있으나 어떠한 토기가 철기시대[1]의 대표적인 토기인지에 대한 합치된 의견은 없다. 즉 신석기시대의 빗살문토기나 청동기시대의 무문토기에 대비되는 철기시대의 토기가 무엇인지 분명하지 않다. 이는 물론 시대구분을 어떻게 할 것인가 하는 문제와 연관되는 일일 것이나 이 시대의 토기에 대한 논란은 계속되어 왔다.

과거 1970년대에 제기되었던 김해토기론(김원용 1972)은 1980년대 초에 발표된 와질토기론(신경철 1982; 최종규 1982) 이후에 크게 흔들린 양상을 보

1) 본고에서의 시대명칭을 원삼국시대가 아닌 철기시대로 사용한다. 원삼국시대란 기원전후에서 3세기까지를 한정하나(김원용 1986) 철기시대는 남부지역의 경우, 철기가 사용되기 시작한 기원전 2~1세기에서 기원후 3세기까지를 말한다(최성락 1995, 1999). 그러나 다른 연구자의 견해를 인용하는 등 필요할 경우에만 원삼국시대를 사용한다.

여주었다. 즉 토광묘 출토 토기의 편년을 기반으로 한 와질토기론을 인정하지 않을 수 없게 된 것이다(김원용 1993). 이에 자극을 받은 일부 연구자들은 와질토기론의 확대를 시도하였고, 이를 한반도 중남부지역 전체에 적용하려고 하였다(신경철 1986, 1995). 반면 와질토기론을 비판하는 측에서는 와질토기를 타날문토기의 하나로 보면서 와질토기론의 타당성을 비판하는 입장(최병현 1992, 1998a, 1998b)과 와질토기론을 부분적으로 인정하나 한반도 중남부지역으로 확대 해석하는 것을 반대하는 입장(최성락 1987, 1996; 이성주 1991, 1998) 등으로 나누어지고 있다.

이러한 논쟁과 더불어 논문이나 발굴보고서에서는 철기시대 토기의 분류가 매우 다양하게 이루어지고, 그 명칭도 복잡한 것이 사실이다. 심지어 연구자들 사이에도 혼란을 초래하는 경우도 없지 않아 이를 한번쯤 정리해 둘 필요성이 있다고 판단된다. 또한 이 시대의 토기가 지역적으로 다양한 변화양상을 보여주고 있으나 일부 연구자들은 지역적인 차이를 무시하고 동일성을 주장하거나 토기의 계통이나 편년에 치중하면서 무리한 해석을 시도하고 있다. 이러한 현상은 이 시대의 토기에 대한 각 연구자들 사이에 존재하는 인식 차이가 일차적인 이유이나 토기라는 고고학자료를 고고학연구에 어떻게 활용할 것인가 하는 보다 근본적인 문제를 간과하고 있기 때문에 생겨나는 문제이기도 하다.

본고에서는 우선 철기시대 토기의 최근 연구성과를 분석하면서 그 문제점들을 살펴보고, 철기시대 토기의 실체에 대한 필자의 견해를 제시한 연후에 앞으로 연구과제와 방향을 모색하고자 한다.

Ⅱ. 최근의 연구성과와 문제점

이미 1995년경까지의 논문에 대한 연구성과(최성락 1987, 1996)를 정리한 바가 있기 때문에 그 이후의 연구성과를 정리해 보고자 한다.

먼저 박순발(1996)은 한성백제의 기층문화 성격을 논하면서 '中島類型文化'를 언급하였다. 그는 이 유형문화의 특징을 경질무문토기(즉 중도식 무문토기)와 이와 공반되는 '몸'자형 주거지, 그리고 무기단 적석총 등을 들었다. 또한 그는 대동강유역에서의 점토대토기의 변천을 단면원형 점토대토기→단면삼각형 점토대토기→외반구연토기(명사리형토기)로 보면서 중도식 무문토기의 기원을 명사리형토기인 외반구연토기에 두고, 그 연대는 기원전 2세기대로 보았다. 그러나 단면삼각형 점토대토기가 거의 발견되지 않고 있는 대동강유역에서의 토기변화와 한강유역에서의 토기변화를 동일시하는 의도가 무엇인지 의문이다.

이후 박순발(1997, 1998, 2001)은 앞에서 논의한 문제들은 재정리하면서 편년을 약간 달리하였다. 즉 기원전 100년에서 기원전후(Ⅰ기)를 경질무문토기의 단순기로 보고, 기원전후에서 기원후 200년까지(Ⅱ기)를 타날문토기와 회흑색무문양토기의 등장과 경질무문토기의 감소로 보았으며, 200년부터 250년경까지(Ⅲ기)에는 경질무문토기가 없어지고, 적갈색타날문토기, 회흑색타날문토기 등이 사용되었다고 보았다.

진천 석장리유적의 발굴에 참여한 신종환(1997)은 이를 계기로 충북지역의 삼한·삼국시대의 유적을 재검토하면서 편년을 제시하였다. 특히 진천 산수리·삼룡리가마의 연대를 재검토하면서 몇 가지 점을 언급하고 있다. 즉 경질무문토기(중도식 무문토기)는 청동기시대 무문토기의 기형과 연결되지 않고, 진천 석장리유적에서는 4세기말로 보이는 신라토기와 공반되는 것으로 보아 기원후 4세기말까지 사용되었을 것으로 보고 있다. 도질토기에 대하여는 室窯에서도 도질소성이 가능하다고 보아 실요에서 와질토기만을 생산하였다고 보는 와질토기론에는 동의하지 않고 있다. 또 그는 송두리유적만이 기원후 2세기대로 보아 진천 가마군을 기원후 3세기말 이후로 보고 있다. 그러나 이 주장에서는 중도식 무문토기의 연대를 지나치게 낮추어 보고 있는데 이를 증명하기 위해서는 석장리유적이 아닌 다른 유적에서도 중도식 무문토기가 4세기경 토기와 공반되어 출토되어야 할 것이다. 그리고 송두리유적을 이례적인 유적이 아닌 토착적인 유적으로 봄으로써 기타 유적을 모두 3세기 이후의 것으로 보는 잘못을 범하고 있다. 즉 와질토기가 충북지역에서도 일반적이라는 가정은 잘못된 것이다.

최병현(1998a)은 기존의 입장을 견지하면서 와질토기론을 재비판하였다. 원삼국토기의 기원이 낙랑토기가 아니라 전국토기임을 주장하였고, 중도식무문토기가 명사리형토기가 남하한 것이라는 박순발의 주장(1996, 1998)에 따라 경질무문토기(중도식 무문토기)가 종래 타날문토기의 영향으로 만들어졌다는 과거의 주장을 재검토할 필요성을 언급하고 있다. 그러나 그는 여전히 중도식무문토기는 세죽리-연화보유형으로부터 타날문토기와 함께 남하한 요소로 파악하고 있다. 즉 기원전 100년경에 타날문토기의 생산체제가 성립되었다고 보는 것이다. 또한 와질토기와 도질토기는 계통과 기술체계가 다른 것이 아니라 기본적인 기술체제는 지속되는 것으로 보아야 하고, 원삼국시대의 주류 토기는 타날문토기가 타당하며, 당시 가마의 평요 소성설은 근거가 없다고 보았다.

그리고 진천 석장리 제철유적의 발굴결과 삼룡리 1기군의 연대가 석장리 제철유적과 같이 4세기 이후라고 주장한 신종환(1997)의 견해에 대하여 석장리 A지구의 출토토기는 산수리의 5기군과 같았고, 석장리 B지구 출토토기는 산수리 6기군과 같을 뿐이며, 삼룡리 1기군까지 올라갈 수 없다고 하였다. 다만 그는 진천 요지군의 연대를 과거와 같이 고집하지 않는다고 하였고, 삼룡리 가마의 계통에 대하여 과거 中國 龍窯系라는 주장(최병현 1992)을 철회하면서 圓窯에서 발달한 형식 내지 계통으로 보았다.

이보다 조금 앞서 1997년 9월에 충남대학교 백제연구소에서 개최하는『마한사의 새로운 인식』이라는 주제의 학술대회에서 신경철과 최병현 사이에 중부지역 토기에 대한 논의가 한차례 있었다. 주제발표한 신경철(1998)은 와질토기론에 대한 비판(최병현 1990; 최성락 1989, 1996)에 대한 반박의 차원에서, 그리고 특히 최병현의 주장의 근거가 되고 있는 진천 가마출토 토기의 연대관을 중점적으로 비판하였다. 즉 삼룡리 가마출토 토기를 검토한 결과 4세기 대라는 것이다. 그리고 와질토기는 전국적으로 일정기간 존재하였으며, 충청도지방에서는 도질토기의 등장이 영남지방에 비하여 늦었고, 송두리유적에서 출토된 와질토기(즉 組合牛角形把手附長頸壺)로 보아 충정도지역의 1~2세기대 유적은 송두리유적 밖에 없다는 것이다. 補記에서는 최병현의 토론에 대한 반론과 더불어 학술대회 이후에 발표된 신종환(1997)의 글을 높이 평가하였다.

이에 대한 최병현(1998b)은 와질토기의 전반적인 문제점들을 비판하면서 진천 가마의 연대는 원삼국시대 초기가 아니더라도 원삼국시대에 만들어졌으며, 송두리유적만이 원삼국시대의 유적이라는 주장에 대해서도 비판을 가했다.

이 시기에 가장 많은 논고를 발표한 것은 이성주이다. 그는「신라 · 가야토기 과학적 분석연구」에서 원삼국시대의 토기에 대한 언급이 있었다(이성주 1997). 이 논고에서는 신라 · 토기에 대한 분석에 앞서 삼한토기에 대하여 언급하였다. 먼저 패총출토 토기 편년에 대하여는 기원전 2세기대의 늑도패총에서 3세기대의 생활유적을 연결하는 해남 군곡리패총과 같은 생활유적이 영남지역에서는 보이지 않는다는 것이다. 이에 비하면 부장용 토기의 편년은 대체로 기존의 편년을 따르고 있다.

뒤이어 진 · 변한지역 토기에 대한 논고가 발표되었다. 먼저「진 · 변한 토기 생산기술의 형성과 전이」에서는 진 · 변한지역의 토기를 네 단계로 변화된다고 보았다. 즉 제1단계(무문토기군 : 기원전 1세기), 제2단계(점토대토기, 와질토기, 彌生式系土器 공존), 제3단계(와질토기군과 적색(연질)토기군 공존), 제4단계(적색토기, 와질토기, 도질토기 공존)로 이어지며, 와질토기의 기원문제로는 전국계 제도기술이 서북한지역과 중부지역을 거쳐 남부지역으로 파급되었을 것으로 보고 있고, 타날문단경호의 등장으로 보는 도질토기의 시작은 3세기 전반대까지 올라갈 수 있으며 당시의 생산체계는 비전문적생산체계, 반전문적생산체계, 전문적생산체계 순으로 발전되었다고 보았다. 그러나 그는 자신의 분류, 즉 무문토기, 적색토기, 연질도기, 경질도기 등은 도자기학상의 일반명칭으로는 문화적인 내용을 가진 개념이 되지 못함을 인정하면서, 와질토기의 개념은 진 · 변한지역 부장용 토기 기종에 한정시켜 사용한다면 문화적인 의미를 건질 수 있다고 보고, 회색연질의 전 기종으로 확대한다면 그 의미가 모호해질 것임을 지적하고 있다(이성주 1998).

다음은 「진 · 변한지역 분묘 출토 1-4세기 토기의 편년」(이성주 1999)에서 영남지역의 편년을 목관묘 시기(I 기)와 목곽묘 시기(Ⅱ기)로 분류하고, 각각 토기의 조합상에 의해 I 기는 7단계로, Ⅱ기는 4단계로 세분하였다. 이러한 세분된 편년은 「기원전 1세기대의 진 · 변한지역」(이성주 2000a)에서도 언급하고 있다.

그리고 타날문토기에 대한 검토가 있다. 즉 「타날문토기의 전개와 도질토기의 발생」(이성주 2000b)과 「타날문 단경호에 대한 연구」(이성주 2000c)이다. 전자의 논고에서는 타날문을 목관묘단계에는 승석문이 사용되다가 목곽묘단계에서 의사승석문, 격자문, 평행타날문 등이 나타났고, 이러한 타날기법과 더불어 소성기술, 기종구성 등이 다양화해지면서 3세기 말경에 도질토기가 분묘에 부장되었을 것으로 보았지만 도질토기의 발생을 3세기 초로 올려 보고자 하였다. 후자의 논고에서는 타날문 단경호를 검토한 결과 첫 번째로 打捺文短頸壺가 출현하는 것은 목관묘 I -2단계(기원전 1세기 후반)이고, 두 번째로 정형화된 와질토기 格子文短頸壺가 출현하는 것은 목곽묘 Ⅱ-1단계(기원후 2세기 중엽)로 보았다. 이들 타날기술은 낙랑에서 중서부지역을 거쳐 진 · 변한지역으로 파급되었을 것으로 보나 중서부지역에서는 첫 번째 단계가 보이지 않는다고 하였다.

이상과 같이 이성주는 당시 토기에 대한 정열적인 분석과 해석을 시도하고 있다. 다만 토기의 해석이 영남지역 중심이고, 영남지역의 패총이 일정 기간 공백이라는 생각은 와질토기론과 같은 생각이다[2].

한편 김두철(2001)도 타날문을 승(석)문타날, 격자문타날, 평행문타날, 무문타날, 의사승석문타날, 의사격자문타날 및 기타로 분류하고, 타날기법을 X유형의 타날, Y유형의 타날, Z유형의 타날 등으로 분류하였다[3]. 그는 X유형의 타날과 Y유형의 타날은 각기 독립된 제작방법과 계통 및 전개양상을 가지고 있으며 이들은 토기의 질이나 타날문양과도 관련이 깊다고 보았다. 즉 X유형의 타날기법-격자문 · 평행문(나이테방향으로 각선)-와질 · 연질, Y유형의 타날기법-승문계 · 평행문(나이테방향에 직교하게 각인)-도질 등이다.

늑도유적 발굴에 직접 참여한 바 있는 이재현(2002)은 변 · 진한의 토기를 원형점토대토기, 삼각형점토대토기, 고식(전기)와질토기, 신식(후기)와질토기 등으로 보고, 각기 그 편년과 성격을 검토하고 있다. 즉 원형점토대토기는 중국동북지역과 관련이 있는 문화요소이기는 하지만, 한반도로 파급후 송국리형토기의 요소도 일부분 수용하여 한반도 남부의 독특한 문화를 형성하였고, 삼각형점토대토기는 명사리식토기와 원형점토대토기와의 결합에 의해 형성된 남부지역의 토기이며, 여기에도 송국리문화가 융합되었다고 보았다. 그리고 전기와질토기는 환원염소성과 물레의 사용, 泥質胎土의 사용이 특징이고, 낙랑과의 활발한 교류를 통해 신제도술을 수용하였으며, 물레의 사용과 환원염 소성요소만 선택적으로 수용하였고, 나머지는 재래의 무문토기 제작수법이 바탕을 이루고 있다고 보았다. 특히 영남지역에서 무문토기는 기원후 2세기 대까지 계속 사용되다가 후기 와질토기의 출현과 같이 타날기법이 도입되면서 연질토기(적갈색연질토기)로의 발전

2) 이성주는 자신의 분류 명칭과 더불어 와질토기, 도질토기라는 용어를 더 많이 사용하고 있다. 또한 그의 견해를 살펴보면 세부적인 면에서는 와질토기론을 비판하지만 영남지역에서 와질토기론은 인정하고 있다.

3) X유형의 타날이나 Y유형의 타날이라는 명칭이 혼란을 주고 있다. X유형의 타날이란 토기의 구연부와 평행하는 방향으로 타날하는 것이고, Y유형의 타날은 상하방향로 타날하는 것이다. 따라서 그 명칭은 X축유형(혹은 횡타날유형), Y축유형(혹은 종타날유형) 등으로 하는 편이 알기 쉬울 것이다.

되었다고 보았다. 여기에서 전기와질토기의 형성과정이나 무문토기가 기원후 2세기경까지 계속 사용되었다는 주장은 과거의 와질토기론과 다른 새로운 견해이다[4].

다만 토기의 변천을 영남지역 중심으로만 해석하고 있는 점이 문제로 생각된다. 즉 삼각형점토대토기를 영남지역의 특징적인 토기로 본다든지, 무문토기가 와질토기의 영향으로 연질토기로 변화되었다고 보는 점이 의문이다. 그런데 삼각형점토대토기는 영남지방과 함께 호남지역에서도 많이 출토되고 있다(신경숙 2002). 또 무문토기가 연질토기로 변화되는 것은 와질토기가 출토되지 않고 있는 다른 지역에서는 어떻게 설명할 수 있을까? 즉 무문토기에서 연질토기로의 발전은 와질토기의 영향만은 아니라 화도가 높아지는 과정에서 기벽을 단단하게 하기 위하여 타날기법을 채용하였다고 볼 수 있다.

이상과 같이 최근의 연구성과를 살펴보면 와질토기론에 대한 찬반의 대립적인 논의가 지속되는 현상을 보여주고 있으나 다소의 변화되는 양상을 볼 수 있다. 즉 단순한 비판에서 벗어나 구체적인 논의가 전개되었고, 극히 대립적인 견해로부터 점차 중립적인 주장들도 나타나고 있는 것도 사실이다.

지금까지 논의 과정에서 드러나는 가장 두드러진 문제점은 토기 명칭에 대한 혼란, 토기 편년으로 인한 혼란, 토기와 가마의 기원문제 등에 대한 견해 차이, 그리고 토기를 통한 연구목적의 결여 등을 들 수 있다.

이 중에서 가장 큰 문제는 토기 명칭에 대한 혼란이다. 과거 선학들의 토기분류가 특별한 분류기준에 의해 이루어진 것이 아니라 임의적이었다면 최근의 분류에는 어떠한 특별한 속성에 의해 분류하고자 하는 경향이 있다. 그러나 이 시대의 토기 명칭을 각 연구자의 논문이나 보고서에서 각기 다르게 사용하고 있다. 과거 선학들의 토기분류는 이미 「원삼국기 토기의 변천과 문제

---

4) 이재현의 견해는 기본적으로 와질토기론에 속하나 무문토기의 사용시기를 와질토기와 병행해서 보려고 한다는 점에서는 와질토기론을 부분적으로 수정하는 의미를 가지고 있다.

점」(최성락 1989)에서 소개한 바가 있어 현재 사용되고 있는 토기의 분류와 명칭은 다음과 같다.

먼저 신경철(1982) · 최종규(1982) 등은 무문토기, 와질토기(고식과 신식), 연질토기, 도질토기 등으로 분류하였고 이를 사용하고 있다. 여기에서 연질토기는 적갈색연질토기를 말하고, 와질토기는 회색연질토기를 포함하고 있다. 최성락(1988, 1996)은 해남 군곡리패총 출토 토기를 무문토기계(경질무문토기, 경질찰문토기)와 타날문토기계(적갈색연질토기, 회색연질토기, 회청색경질토기 등)로 분류하고 있고, 와질토기를 타날문토기의 하나로 회백색연질토기로 부르고 있다[5]. 이성주(1988, 1998)는 무문토기, 적색토기, 연질도기, 경질도기 등으로 분류하였으나 최근 자신의 분류가 도자기학 상의 분류이며, 문화적인 의미는 적다고 보아 영남지역에 한정한다면 와질토기와 도질토기의 분류가 의미를 가질 것으로 보았다.

박순발(1989, 2001)은 중부권의 원삼국시대 토기를 경질무문토기, 타날문토기, 회(흑)색무문양토기로 보았다. 이후 타날문토기도 산화염 소성의 적갈색연질토기와 회색연질토기로 나누고 있고, 여기에서 회청색경질토기로 발전하였다고 보았다. 최병현(1992, 1998a)은 원삼국시대의 토기를 경질무문토기와 타날문토기(조질과 정질)로 분류하였으나 최근 중부지역의 분류에서 경질무문토기를 중도식무문토기로 부르고 있다. 이청규(1994)는 제주지역에서의 고대토기를 적갈색토기와 회색도기로 분류하고 있고, 한편 김경주(2001)는 경질무문토기에 해당하는 토기를 적갈색경질토기로 부르고, 이를 삼양동식토기와 곽지리식토기로 세분하고 있다. 서현주(1996, 2000)는 남해안 패총에서 출토되는 토기들을 점토대토기(원형 및 삼각형), 무문계적갈색토기(경질무문토기, 경질찰문토기), 타날문토기 등으로 분류하고 있다. 즉 무

5) 회백색연질토기는 영남지역 토광묘에서 주로 출토되는 와질토기를 의미한다. 이를 회색연질토기에 포함시킬 수 있으나 자칫 와질토기의 개념을 확대 해석하는 경우와 일치하기 때문에 서로 구분해 두었다.

문계적갈색토기는 점토대토기가 아닌 홑구연의 경질무문토기와 경질찰문토기를 포함하는 것이다. 신희권(2002)은 당시의 토기를 풍납동식 무문토기, 연질 타날문토기, 연질 무문토기, 회색 경질토기, 회청색 도질토기 등으로 분류하고 있다.

한편 발굴보고서에서의 토기분류는 각기 다른 양상이다. 먼저 고성패총보고서(김종철 외 1992)에서는 경질무문토기, 적갈색연질토기(경질찰문토기), 적갈색타날문토기(김해식타날문토기), 와질토기 등으로 분류하고 있다. 그리고 광주 신창동 저습지유적(신상효 외 2001)에서는 무문토기, 타날문토기, 회청색경질토기로 분류하고 있으며, 영남지역을 제외한 여타 지역에서는 무문토기 혹은 점토대토기 이외에 타날문토기로 적갈색연질, 회색연질, 회청색경질 등을 기술하고 있다. 김해 봉황대유적(부산대학교 박물관 1998)과 동래패총(홍보식 1997) 등 영남지역 대부분의 보고서에서는 무문토기, 와질토기, 연질토기, 도질토기 등으로 분류하고 있다. 최근 발간된 풍납토성 발굴보고서에서는 당시 토기의 기술유형[6]을 풍납동식 무문토기, 연질 타날문토기, 연질 무문토기, 회색 경질토기, 회청색 도질토기 등으로 분류하고 있다.

이상에서 살펴보듯이 철기시대 토기의 일부를 도기[7]로 부르거나 동일한 토기를 다르게 분류하여 명칭을 부여하는 등 연구자 사이에 큰 혼란이 야기되고 있다. 이러한 혼란을 조금이라도 줄이기 위하여 이를 정리해 보면 다음과 같다〈표 1〉.

6) 기술유형이란 기술속성(경도, 색조, 태토)의 조합으로 토기의 제작기술과 전통에 관련된 것으로 정의하고 있다.

7) 철기시대 토기 중에서 환원염계통의 토기를 陶器로 부르는 것은 이성주(1998a)에 의해 본격적으로 제기되었고 일부 고고학자나 도자사학자들이 사용하고 있다. 그러나 중국에서는 모든 토기를 도기로 부르고 있고, 일본에서는 磁器 앞 단계로 자연유약이 있는 것을 도기로 부르고 있다. 이들 나라와 다르게 철기시대 토기의 일부를 도기로 부르는 것은 전혀 의미가 없다고 볼 수 없으나 토기와 도기를 함께 사용하므로 생기는 혼란이 있고, 삼국시대에도 여전히 토기로 사용하고 있어 도기라는 명칭의 사용은 불합리하다고 본다.

〈표 1〉 철기시대 토기의 분류 현황

<table>
<tr><td rowspan="2">최성락(1988)</td><td colspan="2">무문토기</td><td colspan="4">타날문토기</td></tr>
<tr><td>경질무문토기</td><td>경질찰문토기</td><td>회백색연질토기</td><td>회색연질토기</td><td>적갈색연질토기</td><td>회청색경질토기</td></tr>
<tr><td rowspan="2">김정학(1967)</td><td rowspan="2">?</td><td rowspan="2">적갈색연질(?)</td><td colspan="4">웅천식토기</td></tr>
<tr><td colspan="2">회백도</td><td>적갈색연질토기</td><td>회청색경질토기</td></tr>
<tr><td rowspan="2">김원용(1977, 1985)</td><td rowspan="2">발달무문토기</td><td colspan="5">김해식토기</td></tr>
<tr><td>적갈색김해식칠문토기</td><td colspan="4">김해식타날문토기 · 적갈색김해식무문토기 · 흑도</td></tr>
<tr><td>신경철(1982) · 최종규(1982)</td><td>무문토기</td><td>연질토기</td><td colspan="2">와질토기</td><td>연질토기</td><td>도질토기</td></tr>
<tr><td>이성주(1988)</td><td>무문토기</td><td>적색토기</td><td colspan="2">연질도기</td><td>적색토기</td><td>경질도기</td></tr>
<tr><td rowspan="2">박순발(1989 · 2001)</td><td colspan="2" rowspan="2">경질무문토기</td><td rowspan="2">회흑색무문양토기 회색연질토기</td><td colspan="3">타날문토기</td></tr>
<tr><td colspan="2">적갈색연질토기</td><td>회청색경질토기</td></tr>
<tr><td>최병현(1992)</td><td colspan="2">경질무문토기(중도식토기)</td><td colspan="4">타날문토기(조질과정질로세분)</td></tr>
<tr><td>서현주(1996)</td><td colspan="2">점토대토기 · 무문계적갈색토기</td><td colspan="4">타날문토기</td></tr>
<tr><td>고성패총(김종철 외 1992)</td><td>경질무문토기</td><td>적갈색연질토기</td><td colspan="2">와질토기</td><td>적갈색타날문토기</td><td>?</td></tr>
<tr><td>신창동저습지(신상효외 2001)</td><td colspan="2">무문토기</td><td colspan="3">타날문토기</td><td>회청색경질토기</td></tr>
<tr><td>봉황대유적(부산대학교 박물관 1998)</td><td>무문토기</td><td>연질토기</td><td colspan="2">와질토기</td><td>연질토기</td><td>도질토기</td></tr>
<tr><td>풍납토성(국립문화재연구소 2001)</td><td>풍납동식무문토기</td><td>?</td><td colspan="3">연질타날문토기 · 연질무문토기 · 회색경질토기</td><td>회청색도질토기</td></tr>
</table>

다음은 토기 편년으로 인한 혼란이다. 낙동강유역의 토기 편년은 회청색경질토기(도질토기)의 시작연대를 2세기 전반(곽동철 1992), 3세기 전반(이성주 2000b), 3세기 말(신경철 1995) 등으로 보는 논란을 제외한다면 비교적 안정적이나 충청지역의 토기 편년, 예를 들면 진천 산수리 · 삼룡리 가마의 연대가 연구자들간에 심한 차이를 보여주고 있다. 즉 진천 가마의 연대가 3세기 이전부터라는 견해와 이를 4세기 이후로 보는 견해가 상충하고 있다. 남해안

지역의 패총연대도 연구자간에 많은 차이를 보여주고 있다. 일부 영남지역의 연구자들은 과거에 남해안지역의 패총에서 와질토기가 보이지 않으므로 4세기 이후라는 주장(신경철 1982, 최종규 1982, 1989)이 제기된 이후에 여전히 기원후 1~2세기가 공백이라는 주장(홍보식 1998, 부산대학교 박물관 1998)에 동의하고 있다. 반면 남해안의 패총은 공백 없이 연속적으로 퇴적되었다는 견해(최성락 1993a, 최성락 · 김건수 2002)가 있어 상반된다.

그리고 편년과 관련되어 유적에 대한 인식의 차이가 나타난다. 진천 송두리유적의 경우, 이 유적에서 출토되는 와질토기가 중부지역을 대표하는 것인지 아니면 극히 예외적인 것인지에 대한 논란이 계속되고 있다. 이와 같이 편년의 문제는 고고학자료의 부족으로 각 지역마다 자체적인 편년이 이루어지지 못한 것이 가장 큰 원인이나 고고학자들의 편년방법에 대한 이해부족으로 한 지역의 연대관을 다른 지역에 무리하게 적용하려는 생각에서 나타나는 현상으로도 볼 수 있다.

세 번째는 철기시대 토기의 기원과 토기 가마의 기원이 어디인가 하는 논란이다. 먼저 와질토기와 타날문토기의 기원이 각각 낙랑(신경철 1982)과 中國戰國時代(최병현 1985)에 있다는 견해가 제기된 이래로 원삼국시대에는 중국 戰國系 제도기술 혹은 漢代의 제도기술이 영향을 미쳤을 것이라는 견해(이성주 1988a, 1991:244)와 와질토기가 재래의 무문토기 제작기술과 낙랑의 제도기술이 결합되었다는 견해(이재현 2002)도 제시되었다.

그리고 토기 가마에 대한 기원문제에 대해서는 도질토기 가마가 중국 越州窯 磁器(古越磁)를 굽던 登窯(龍窯)의 영향이라는 견해(신경철 1989)와 원삼국시대-삼국시대의 토가가마의 계통을 중국의 龍窯가 아니라 전국시대의 平焰 · 半到焰式 圓窯系에서 찾고, 산 경사면에 설치함으로써 窯床의 경사를 강조한다고 보는 견해(이성주 1991:252-258)가 제시되었고, 충북 진천의 가마를 龍窯의 경사도와 圓窯의 평면형이 결합한 것으로 중국 西晉代에 완성되어 유입하였을 것으로 보는 견해(최종규 1994:62)와 삼룡리 가마의 계통에 대하여

북중국의 昇焰圓窯와도 차이가 있고, 半倒焰馬蹄窯와도 일치하지 않는 구조로 圓窯에서 특수하게 발달한 형식 내지 계통으로 보는 견해(최병현 1998:137-141) 등이 있다. 이와 같이 토기와 토기 가마의 기원문제는 논쟁할 가치가 없는 것은 아니나 유입과정에서 변화가 나타나고, 자체적인 발전도 있을 수 있어 지나치게 논쟁한다는 것은 의미가 적을 것이다. 토기와 가마의 기원문제보다는 당시에 이루어진 자체적인 변화과정에 더 비중을 두어야할 것이다.

끝으로 토기를 통해 무엇을 연구할 것인지에 대한 논의 부족이다. 토기에 대한 연구로는 과학적 분석(최몽룡 · 신숙정 1988, 최몽룡 · 이동령 · 신숙정 1997, 이성주 1998a), 토기의 분류방법(박순발 1989), 태토의 유형 분류(이성주 1988b), 토기연구모델과 생산체제[8](이성주 1991) 등에 대한 연구가 시도되었으나 최근에는 이러한 연구에 대한 더 이상의 진전이 없다. 대부분의 연구자는 상대방의 모순을 비판하면서 자신의 잘못을 인정하지 않는 경우가 많다. 서로 상대방에 대한 비판은 자칫 비판을 위한 비판으로 이어지고, 고고학자료를 객관적으로 분석하고 해석하는 방법과 이론에는 무관심하게 된다. 따라서 토기연구에 필요한 분석 방법과 연구목적에 대한 논의가 이루어져야 한다.

Ⅲ. 철기시대 토기의 실체

1. 철기시대 토기의 양상

철기시대 토기, 즉 남부지역의 경우, 기원전 2~1세기에서 기원후 3세기경까지 사용되었던 대표적인 토기가 무엇일까?

---

8) 이성주(1988a, 1991)가 제시한 토기연구모델은 토기연구에 필수적인 것으로 생각되나 여기에서 사용되는 용어와 분류 등에서 몇 가지 문제점이 있어 이에 대한 전면적인 검토는 별고로 미룬다.

김해식토기나 타날문토기 혹은 와질토기 등이 이 시기를 대표하는 토기가 되지 못한다. 우선 이 시기를 대표한다고 보았던 김해식토기는 1990년대 이후 그 명칭이 거의 사용되지 않고 있고, 그 대신 사용되고 있는 타날문도기도 이 시기를 대표한다고 볼 수 없다. 타날문토기로 분류할 수 없는 토기들, 즉 점토대토기, 경질무문토기(중도식 무문토기 포함), 경질찰문토기, 회백색연질토기(와질토기; 일부 기종 제외) 등이 있고, 타날문토기의 시작도 철기시대의 시작보다 늦기 때문이다.

다음으로 일부 연구자들은 김해식토기를 대신하여 와질토기를 이 시기의 대표적인 토기로 보고 있으나 전형적인 와질토기는 낙동강유역에 한정되어 기원전 1세기 후반에서 기원후 3세기경까지 나타나고 있고, 넓은 의미의 와질토기(회색연질토기를 포함하는 의미)는 각 지역에서 사용되었지만 역시 다른 토기들(경질무문토기, 적갈색연질토기 등)이 사용되고 있기 때문에 이 시대를 대표할 수 없다.

일찍 김해토기론을 제기한 바 있는 김원용(1985)은 와질토기론이 제시된 이후 원삼국기의 토기로 발달무문토기, 와질토기, 타날문경도(적갈색 및 회청색)를 들고 있다. 필자도 이 시대에 사용되었던 토기가 지역에 따라 혹은 시기에 따라 다양한 양상을 보여주고 있다는데 동의한 바 있다. 더구나 이 시기는 삼한 혹은 삼국시대 전기에 해당하며 이미 지역별로 다양한 무덤(목관묘, 목관묘, 옹관묘 등)이 존재하는 것(성낙준 1997)으로 보아도 남한지역 전체를 동일한 문화권으로 설정할 수 없기 때문이다.

따라서 어느 한 토기가 철기시대를 대표한다고 말하기 어렵다. 이 시기에는 다양한 토기가 공존하였을 것이기 때문이다. 특별히 대표적인 토기를 든다면 영남지역 토광묘유적에서는 회백색연질토기(와질토기)가, 중 · 남부지역 전체에서는 경질무문토기와 연질의 타날문토기가 이 시기를 대표하는 토기로 볼 수 있다. 그리고 철기시대 토기의 실체를 구명하기 위해서는 세부적으로 각 토기에 대한 성격 고찰이 선행되어야 하고, 토기의 제작 방법, 토기의 계통, 가마의 기원 문제 등도 다루어져야할 것이다.

2. 경질무문토기의 성격

경질무문토기는 처음 풍납리식 무문토기(김원용 1967)로 불리던 것으로 한강유역의 다른 지역에서도 나타나므로 경질무문토기로 명명되었다(김양옥 1976, 1987). 이후 중도유적(국립중앙박물관 1980)이 조사되면서 이를 중도식 무문토기(이홍종 1991)로도 불려졌다. 한편 해남 군곡리유적이 조사되면서 남부지역의 철기시대 무문토기를 경질무문토기(최성락 1987)로 부르게 된 것이다. 그리고 남부지역의 경우, 삼각형점토대토기가 철기시대의 시작과 일치한다고 보아 이를 경질무문토기로 분류하였고, 그 특징으로 청동기시대의 무문토기에 비하면 다소 높은 경도와 다양한 기종(기형) 등을 들었다. 또 당시 일부에서 사용되었던 '후기무문토기'(신경철 1980), '종말기무문토기'(정징원 · 신경철 1987), '발달무문토기'(김원용 1985:304) 보다는 특정한 속성을 포함하는 '경질무문토기'가 더 타당하다고 생각하였다. 이후 중부지역과 남부지역의 철기시대 무문토기를 경질무문토기라 부르고 있다.

경질무문토기에 대하여 몇 가지 논란이 있다. 먼저 중도식토기와 경질무문토기와의 관계이다. 서로 관계가 적다는 주장이 제시되고 있다(신경철 1995:113). 즉 경질무문토기에서 남부지역의 늑도식 무문토기를 제외시키면 중도식 무문토기가 남게 되는데 이는 적갈색연질토기라는 것이다. 그러나 두 토기는 모두 철기시대가 시작된 이후에 무문토기의 제작기법을 따르고 있으며, 일부 기형에서는 차이가 있으나 같은 성격의 토기이다.

다음은 무문토기와 경질무문토기 사이에 어떠한 차이가 있는가 하는 문제이다. 여기에 대하여 윤세영(1994)은 무문토기와 경질무문토기와의 경도 차이는 소성도의 차이가 아니라 정면수법에 의한 차이로 보았다. 즉 정면기법이 잘 된 토기의 경도가 높다는 것이다. 그러나 패총에서 출토되고 있는 철기시대의 무문토기(경질무문토기)는 정면기법이 보이지 않아도 상대적으로 경도가 높다는 것과 철기시대 이후 삼국시대 토기의 소성도가 점차 높아지는 것이 사실이고, 이들 토기와 관련된 가마도 청동기시대의 가마에 비해 다소 변화된 것으로 본다면 소성 온도에서도 차이가 있었을 것이다[9]. 다만 철기시대 주거지에서 출토되는 일부 경질무문토기는 청동기시대의 무문토기와의 경도 차이를 구분하기가 매우 어려운 것이 사실이다.

그 다음은 경질무문토기라는 명칭을 문제삼는 경우도 있다. 즉 경질토기라는 것은 회청색경질토기를 연상하는 것으로 무문토기 앞에 붙이는 것이 불합리하다는 것이다(신경철 1995:113). 엄격한 기준으로 무문토기와 경질무문토기를 구분할 수 없다는 점을 필자도 동의하는 바이다. 다만 청동기시대에서 철기시대로 바뀐 이후에도 무문토기로 부르는 것이 바람직할 것인가에 대한 의문이 여전히 남는다[10]. 철기시대의 무문토기는 분명 청동기시대 무문토기와는 다른 점이 있다. 이러한 구분을 무시하고 단순히 무문토기로 부르는 것도 잘못된 것으로 생각한다.

그리고 삼각형 점토대토기가 여전히 점토대토기로 불러지는 문제이다(안재호 1989; 신경숙 2002). 단면원형 점토대토기와 단면삼각형 점토대토기 사이에는 친연성 혹은 계기성이 있는 토기이다. 철기시대의 유적에서도 점토대토기로 부르고 있어 혼란을 주고 있다. 물론 철기시대의 무문토기를 무문토기의 범주에 그대로 둔다면 이를 점토대토기로 부르는 것도 무리는 없을 것이다. 다만 구연부가 홑구연이면서 기벽이 얇아졌으나 타날문이 없고 토기의 표면에 빗질한 토기도 점토대토기에 포함할 것인지가 문제로 남는다. 필자는 이를 경질찰문토기로 분류하고 있다(최성락 1988). 경질찰문토기는 이미 김해

9) 토기의 과학적 분석 결과 빗살문토기와 무문토기의 소성온도는 550~870°C 사이, 철기시대 이후의 토기는 800~1000°C 혹은 그 이상으로 보고 있다(최몽룡 · 신숙정 1998:113).

10) 일본에서는 후기 야요이토기(彌生土器)와 고훈시대(古墳時代)의 초기 하지끼(土師器) 사이에는 차이가 거의 없으나 시대가 다르기 때문에 다른 명칭을 쓰고 있다.

패총에서 김해식적갈색찰문토기(김원용 1977:400)로 명명된 것으로 고성패총, 창원 성산패총, 해남 군곡리패총 등에서 많이 나타나는 토기이다(그림 1). 그런데 찰문이란 토기의 정면수법으로 청동기시대부터 사용되다가 타날기법으로 대치될 때까지 계속되었다. 그러나 타날문토기가 완성되기 직전의 경질찰문토기는 기존의 무문토기나 경질무문토기와는 다르게 기벽이 매우 일정하여 이들과 차이를 보여주고 있다.

끝으로 경질무문토기의 성격문제이다. 최병현(1990)은 경질무문토기가 타날문토기의 제도기술의 영향 아래에 제작되었으며 두 토기가 공존한다고 보았다. 중부지역에서는 많은 유적에서 경질무문토기와 타날문토기가 공존하는 것은 사실이고, 중부지역에서 경질무문토기 단순기의 존재에 대해서는 연구자간에 논란이 있는 것도 사실이다. 그러나 남부지역에서는 경질무문토기의 등장과 타날문토기의 등장 사이에는 상당한 시차가 있다. 낙동강유역의 경우, 기원전 2세기 중엽경 단면삼각형 점토대토기(경질무문토기에 속함)가 시작되었다고 볼 수 있다. 반면 타날문이 있는 일부 와질토기의 상한은 기원전 1세기 후반이며 본격적인 타날문토기는 2세기 중엽 이후에 사용되었다. 영산강유역의 경우, 경질무문토기의 시작은 역시 기원전 2세기 후반경이나 타날문토기의 시작은 기원후 2세기 이후로 보고 있다.

이와 같이 북부지역이나 중부지역과 다르게 남부지역에서 경질무문토기의 단순기가 긴 이유는 무엇일까? 필자는 북부지역에서 시작된 철기문화로의 변화에 토기의 변화가 이를 따르지 못하였다고 본다. 북부지역에서는 제철기술과 제도기술이 함께 유입되었으나 제도기술이 제철기술에 비하여 남부지역에 도달하는 시간이 늦었을 것이다. 또한 경질무문토기가 무문토기에서 타날문토기로 변화되는 중간 과정이므로 지역에 따라 그 진행속도가 달랐다. 즉 남부지역에서의 제도기술의 변화는 북부지역에 비해 느렸을 것이다. 따라서 경질무문토기가 어떠한 영향에 의해 시작된 것은 분명하지만 이것이 타날문토기의 영향에 의해 발생되었다는 것은 타당한 설명이 아니며, 더구나 경질무문토기가 타날문토기와 같은 가마에서 소성되었다는 주장도 재검토되어야 한다.

3. 회백색연질토기(와질토기)와 무문양의 타날문토기

와질토기는 타날문토기의 범주에 들어가는가? 와질토기론의 지지자들을 제외하고 대부분의 연구자들은 와질토기를 타날문토기의 범주안에 설정하고 있다. 다만 박순발(1989)의 경우에는 회흑색 무문양토기를 타날문토기와 분리하고 있다. 와질토기도 단경호와 조합우각형파수장경호를 제외하면 대부분이 무문양에 가깝다. 따라서 와질토기는 무문토기의 제작기법에서 타날기법을 본격적으로 사용하는 단계 사이의 과도기에 속하는 토기로 볼 수 있다.

그렇다면 다른 지역에서는 어떻게 나타나는가 하는 문제가 남는다. 과거 전남지역에서도 와질토기가 나타날 것으로 기대하는 연구자가 적지 않았다. 그러나 지난 20년 간 조사결과 전형적인 와질토기가 한 점도 출토된 예가 없다. 이것은 어떠한 연유인가? 전형적인 와질토기는 낙동강유역의 토광묘(목관묘와 목곽묘)에서 집중적으로 출토되고 있는 것은 주지의 사실이다. 그밖의 지역에서는 대부분 회색의 연질토기가 나타나지만 기원후 2세기경에는 타날문이 뚜렷하게 찍힌 것이 아니라 무문양에 가까운 것이 출토되고 있다(최성락 2002:97). 영광 군동유적이나 함평 순촌유적에서는 회색연질토기와 함께 적갈색연질토기에서도 이러한 현상이 나타나고 있다(그림 2). 서울 풍납토성(국립문화재연구소 2001)에서도 타날문토기와 함께 회색 혹은 적갈색의 무문양 토기가 공존하고 있다[11].

따라서 전형적인 와질토기가 출토되지 아니한 지역에서는 회색연질토기와 적갈색연질토기가 무문양의 타날문토기 단계를 거쳐 완전한 타날문토기가

11) 풍납토성 발굴보고서에서는 무문양의 토기와 타날문의 토기를 완전히 구분하였는데 철기시대의 무문양 토기는 실제로 타날기법을 사용하지 않을 수도 있으나 부분적으로 타날하였거나 타날 후 지웠을 가능성이 많다. 따라서 타날문이 보이지 않는다고 이를 청동기시대의 무문토기와 동일시하는 것은 잘못된 것이다.

만들어졌을 것으로 보는 것이 토기의 변화에 대한 적절한 해석일 것이다. 따라서 회색연질토기를 무조건 와질토기로 볼 것이 아니라 무문양의 타날문토기가 영남지역의 와질토기와 같은 단계로 인식하여야 할 것이다.

4. 타날문토기의 형성과정과 성격

타날문토기란 토기 제작과정에서 타날기법을 이용한 토기로 종래 김해식토기로 불리어졌으나 이를 대신하여 토기명칭으로 사용된 것이다(최성락 1987). 타날기법에 대한 연구는 최근 많이 이루어졌으나 이를 어떤 과정으로 채용되었을까 하는 문제는 여전히 논의의 대상에서 제외되고 있다. 이 문제는 타날기법이 중국이나 낙랑으로부터 전파되었다는 시각만으로 풀릴 수 없다고 본다.

남부지역의 경우, 토기의 제작기술이 발달되는 과정에서 타날기법이 채용되었다. 즉 청동기시대의 무문토기는 손으로 빚어 만든 토기이다. 기벽이 일정하지 못하고, 두터우며 경도도 높은 편이 아니다. 이후 토기의 경도를 높이고 기벽을 일정하게 하는 노력으로 빗질과 같은 정면수법을 사용하였고, 뒤이어 타날기법이 채용하였다. 이것은 당시 사회의 요구에 부응하기 위하여 새로운 제도기술을 필요로 하였을 것이다.

따라서 타날문토기가 일시적으로 남부지역에 유입되었으며 중국이나 낙랑지역과 같은 방법으로 토기를 만들었다고 볼 수는 없다. 일부 토기의 제작기술이 유입된 것은 부정할 수 없다고 하더라도 이에 앞서 만들어진 경질무문토기와 경질찰문토기로부터 점차적으로 발전된 것으로 보아야 한다.

5. 기타 문제

기타 문제로는 토기 제작기술의 발전문제, 토기와 가마의 기원 문제 등이 있다. 먼저 토기의 제작기술의 발전문제이다. 앞에서 살펴보았듯이 청동기시대의 무문토기에서 철기시대의 타날문토기로의 변화는 태토의 정선화, 회전대의 사용, 타날기법의 적용, 가마의 변화 등과 함께 토기의 경도가 점차 높아진다. 이러한 변화과정이 점진적으로 이루어졌음은 해남 군곡리 유적의 발굴 결과를 통해서 어느 정도 확인할 수 있었다. 다시 말하면 토기의 제작기술은 일시적으로 변화된 것이 아니라 점진적으로 발전된 것으로 볼 수 있다. 이와 같이 토기의 점진적인 변화는 외부 주민의 유입에 의해 일시적으로 이루어진 것이 아니라 토착적인 주민들에 의해 제도기술을 점차로 채용한 것임을 알 수 있다.

다음은 가장 많이 논의된 것으로 경질무문토기, 와질토기, 도질토기, 타날문토기 등의 기원과 토기가마의 기원문제이다. 토기의 기원문제는 앞서 이미 밝혔지만 남부지역에서 제작된 토기가 어떤 한 지역에서 만들던 토기제작기술이 유입되었고, 그러한 형태의 토기가 한 지역에서 계속적으로 만들어졌다면 기원문제나 계통문제가 중요할 수 있을 것이다. 그러나 중부지역이나 남부지역에서의 토기양상은 결코 중국 동북지역이나 낙랑지역의 양상과 동일하지 않다. 따라서 토기의 기원이나 가마의 기원을 찾는다는 것은 그다지 큰 의미를 지니지 못할 것이다. 오히려 자체적인 변화과정을 세밀히 검토하고, 이를 다른 지역과 비교함으로써 서로의 관계를 검토하는 것이 순서일 것이다.

그리고 철기시대의 토기가마는 대체로 청동기시대의 露天窯(燒成遺構[12])에서 室窯인 登窯로 변화되는 과정임을 보여주고 있다(이상준 2000). 특히 호남지역의 토기가마에 대한 연구결과(박수현 2001)를 보면 기원전 1세기경부터 기원후 4~5세기경까지 경사면을 가진 토기가마가 점진적으로 발전하였음을 보여주고 있다. 이 중 경질무문토기의 가마는 순천 영항동 유적이나 광주 신창동 유적(그림 3)에서 볼 수 있듯이 구덩이에 약간의 경사면을 가진 반면에 타날문토기의 가마는 해남 군곡리 가마(그림 4)와 같이 아궁이, 연소실, 소

12) 소성유구란 가마의 발달과정에서 완전한 室窯의 형태를 갖추지 못한 단순한 開放窯의 가능성이 많은 것(이상률외 1998)을 말하는데 과거 露天窯로 불려지는 것이다.

성실, 연도부 등을 갖춘 완전한 登窯로 발달되었다.

Ⅳ. 연구과제와 방향

지금까지 많은 논쟁과 혼란이 가중되고 있는 철기시대의 토기에 대한 연구과제와 방향을 다음과 같이 몇 가지로 정리해 볼 수 있다.

첫째, 토기의 객관적인 분류 작업과 적절한 명칭의 선택이 필요하다. 토기의 분류(classification)도 형식분류(typology)와 마찬가지로 특징적인 속성을 기준으로 하위의 범주로 나누는 것이며 연구자들에 의해 다양한 분류가 가능하다. 그런데 단순히 분류한다는 것은 아무런 의미가 없으며, 분류를 통해 어떠한 의미를 가져야 한다. 즉 분류 체계의 성패는 그것을 통해 무엇을 얼마만큼 설명할 수 있는지에 달려 있다. 분류작업에서는 관련된 용어인 器種, 器形, 型式 혹은 形式, 樣式, 類型(태토의 유형, 기술유형 등) 등에 대한 개념정의가 있어야 한다[13].

그리고 적절한 토기 명칭의 선택이 요구된다. 지금까지의 명칭은 연구자가 토기의 색깔과 태토의 질을 기준으로 설정하는 경우와 태토의 질만을 기준으로 하는 경우가 있다. 그러나 대부분의 연구자들은 어떠한 객관적인 기준에 의해 분류하고, 그 명칭을 부여하는 것이 아니기 때문에 명칭의 혼란이 계속되고 있다. 연구자들 간에 서로 다른 명칭을 사용하고 있어 개인의 차원이 아닌 학회

---

13) 器種과 器形은 상위와 하위의 개념이다. 즉 토기, 석기, 목기 등은 遺物의 器種이며, 호, 옹, 발, 고배, 시루, 잔 등도 土器의 器種이다. 그런데 이를 좀 더 세분하는 경우에는 器形이라 한다. 類型은 중국이나 북한에서 유물과 유구의 분류에 쓰이는 개념으로 마땅히 型式(type)으로 불러야 하나 한국고고학에서도 유물, 유구 이외에 분류에 유형이라는 개념을 쓰고 있다. 形式(form)은 型式과 혼용되고 있으나 器形를 의미하기도 한다. 樣式(style)은 일련의 土器群에서 나타나는 기형, 문양, 제작기법 등의 특징적인 요소이다. 예를 들면 늑도식 토기, 고령식 토기, 함안식 토기 등의 명칭은 양식을 의미한다고 볼 수 있다(최성락 1993b; 이성주 1991 참조).

의 차원에서 이를 통일하는 방안도 생각해 볼 수 있으나 쉽지 않을 것이다. 왜냐하면 연구자들이 자신의 토기 분류나 명칭을 계속적으로 고집하고 있기 때문이다. 앞으로 좀더 개방적인 의미에서 서로의 의견을 경청하고, 중도적인 의견이 나온다면 해결될 수 있는 문제일 것이다. 토기의 명칭은 토기의 속성 중에서 대표적인 것을 사용하는 것이 중요하나 특별히 새로운 용어를 만들기보다는 기존의 명칭 중에서 신중하게 선택하여 사용하는 것이 바람직할 것이다.

최근 발간된 풍납토성 발굴보고서(국립문화재연구소 2001)에서는 출토된 유물의 기술적 속성, 양식적 속성, 형태적 속성을 각각 검토하고, 기술적 속성에 따라 토기를 분류 · 검토하고 있어 모범적인 사례로 볼 수 있다[14]. 다만 이러한 연구가 한 지역 혹은 우리나라 전체를 대상으로 분류가 가능할 것인지가 과제로 남는다.

둘째, 토기의 과학적 분석이 필요하다. 이것은 토기의 과학적 분석은 연구자의 인지능력을 높여주는 것으로 분류작업을 지원할 수 있기 때문이다. 토기의 과학적 분석에는 현미경분석, SEM, XRD, XRF 등을 위시한 많은 자연과학적 분석방법이 동원된다. 토기의 과학적 분석을 통해 태토의 성분, 소성 온도 및 조건, 화학적인 성분 파악을 통하여 태토의 원산지, 토기의 제작기술 및 고대의 교역관계를 추정할 수 있다.

셋째, 토기 편년에 대한 객관적인 연구와 지역편년의 연구가 필요하다. 토기의 편년은 출토 유구나 공반 유물에 대한 검토가 수반된 토기의 편년이 이루어져야 하고 절대연대를 참고하여야 한다. 토기 편년에서 큰 편차를 보이는 것은 공반 유물에 대한 검토가 적거나 잘못되었기 때문일 것이다. 이는 고고학에서 가장 기본적인 일이지만 토기 편년에는 출토 유구의 검토나 공반 유물의 검토가 필수적이다. 예를 들면 중도식 무문토기가 신라토기와 같이 출토되

14) 토기의 분류기준이 명확한 점은 인정되나 경도에 있어서 경질과 도질을 구분한 점과 토기의 명칭에 연질 무문토기, 회청색 도질토기 등은 기존의 명칭과 달라 혼돈을 주고 있다.

었으므로 기원후 5세기까지 사용되었다는 주장은 공반관계에 대한 기본적인 사고가 잘못된 것이다. 드물게 서해안지역의 패총에서는 빗살문토기와 타날문토기가 거의 비슷한 층에서 출토되고 있다. 이를 증거로 빗살문토기가 철기시대 이후까지 사용되었다고 주장하는 사람은 없을 것이다. 공반관계란 한 유적에서 나타나는 현상을 말하는 것이 아니라 여러 지역에서 동일한 현상이 나타날 때 이를 인정하는 것이다. 마치 역사학에서의 사료비판과 같이 고고학에서도 고고학자료의 비판이 필요하다. 또한 편년작업에는 유적에서 채집된 절대연대가 적극적으로 활용되어야 한다. 고고학 자료간의 공반관계의 비교를 통해 상대연대를 파악할 수 있으나 절대연대의 제시는 어렵다. 따라서 과학적 방법에 의해 얻어지는 절대연대를 최대한 이용하여야 한다.

이와 더불어 지역적인 편년과 양상에 대한 연구가 필요하다. 과거에는 고고학 자료의 부족으로 한반도 전체를 대상으로 고고학 편년이 이루어졌으나 지금은 지역별로 세분하여 편년이 이루어져야 한다. 중부지역은 북한강유역, 남한강유역, 한강하류지역, 동해안지역으로, 남부지역은 금강유역, 영산강유역, 낙동강유역, 제주지역 등으로 세분되어야 한다. 왜냐하면 지역별로 문화의 변화양상이 서로 다르기 때문이다. 예를 들면 제주지역에 나타나는 토기양상으로 육지지역의 토기 양상을 파악할 수 없듯이, 한 지역의 토기 편년이나 양상으로 다른 지역을 볼 수 없기 때문이다. 세부적인 지역별로 편년과 양상이 연구되고 이를 비교함으로써 서로의 관계를 정확히 파악할 수 있다.

넷째, 토기를 위한 방법론이 연구되어야 한다. 방법론이란 토기를 연구하는 모든 방법과 이론을 포함하는 데 이는 체계적으로 연구되어야 한다. 토기의 연구 목적은 토기의 편년, 제작기술 등을 밝히고, 다른 고고학자료와 함께 생산체계와 같이 당시 사회상의 일면을 구명하는 것이다. 지금과 같이 토기의 분류와 편년, 기원문제에만 관심을 가지고는 진정한 토기의 연구 목적을 달성할 수 없다. 따라서 토기를 위한 분류 체계, 분류 방법, 편년 방법, 과학적 분석방법 등과 같은 여러 가지 방법과 문화복원을 위한 이론 등에 대한 연구가 본격화되어야 할 것이다. 다만 토기만의 연구로는 과거 문화를 밝히는데 한계가 있음을 알아야 한다.

V. 맺음말

이상과 같이 철기시대에 사용되었던 토기양상을 살펴보았다. 먼저 최근의 연구경향을 분석한 결과, 여전히 와질토기론을 유지하려는 측과 이를 비판하는 측으로 두 그룹을 형성하고 있다. 이들은 서로 대립적인 경우가 많으나 이를 부분적으로 절충하는 안도 나타나고 있고, 새로운 연구방향을 시도하는 경우도 있다. 현재 나타나는 문제점으로는 토기명칭의 혼란, 토기 편년으로 인한 혼란, 기원문제 등에 대한 견해 차이, 그리고 토기를 통한 연구목적의 결여 등을 들 수 있다.

철기시대 토기는 크게 무문토기와 타날문토기로 분류된다. 무문토기에는 경질무문토기와 경질찰문토기가 있고, 타날문토기에는 적갈색연질토기, 회백색연질토기(와질토기), 회색연질토기, 회청색연질토기 등이 있다. 이들 토기는 지역적으로 차이가 있으나 대체로 경질무문토기에 뒤이어 연질토기류(경질찰문토기, 회백색연질토기, 회색연질토기, 적갈색연질토기)가 사용되다가 회청색경질토기로 발전하게 된다.

앞으로의 연구과제와 방향으로는 토기의 객관적 분류와 적절한 명칭의 선택, 토기의 과학적 분석의 필요, 합리적인 토기 편년과 지역적 편년의 설정, 토기 연구를 위한 방법론의 연구 등을 들 수 있다. 토기의 연구는 고고학의 편년연구에 크게 기여한 것은 사실이다. 그러나 토기만의 연구로는 과거 문화에 대한 연구가 제한적일 수밖에 없다. 과거 문화를 복원하고, 그 변천과정을 이해하기 위해서는 토기를 포함하는 모든 고고학자료의 분석과 이를 해석하려는 이론의 틀이 필요하다.

〈참고문헌〉

곽동철 1992,「영남지방 출토 조합식우각형파수호에 대한 연구」,『고고역사학지』 8, 동아대학교 박물관.

국립문화재연구소 2001,『풍납토성Ⅰ』.

국립중앙박물관 1980,『中島Ⅰ』.

김경주 2001,「제주도 적갈색경질토기 연구」,『한국상고사학보』35, 한국상고사학회, 33-88.

김두철 2001,「타날기법의 연구-김해 예안리유적 출토품을 중심으로-」,『영남고고학』28, 영남고고학회, 65-108.

김양옥 1976,「韓半島 鐵器時代土器의 硏究」,『백산학보』20, 백산학회, 123-213.

김양옥 1987,「경질무문토기시론」,『최영희선생화갑기념한국사논총』, 711 738.

김원용 1967,『풍납리포함층조사보고』, 서울대학교 박물관.

김원용 1972,『韓國考古學概論』(西谷正譯), 東出版.

김원용 1977,「철기문화」,『한국사 Ⅰ-한국의 선사문화』, 국사편찬위원회, 391-450.

김원용 1985,「신라-토기-」,『한국사론』15, 국사편찬위원회, 299-335.

김원용 1986,『韓國考古學概說』, 一志社

김원용 1993,「所謂 瓦質土器에 對하여-原三國考古學上의 諸問題」,『역사학보』99 · 100, 역사학회.

김정학 1967,「웅천패총연구」,『아세아연구』10-4, 고대아세아문제연구소, 1-59.

김종철 · 서오선 · 신대곤 1992,「고성패총 발굴조사보고서」,『고성패총』, 국립중앙박물관.

박수현 2001,「호남지역 토기요지에 관한 일시론」,『연구논문집』1, 호남문화재연구원, 41-74.

박순발 1989,「한강유역 원삼국토기의 양상과 변천」,『한국고고학보』23, 한국고고학회, 21-58.

박순발 1996,「漢城百濟 基層文化의 性格-中島類型文化의 歷史的 性格을 中心으로-」,『百濟硏究』26, 백제문화연구소.

박순발 1997,「한강유역의 기층문화와 백제의 성장과정」,『한국고고학보』36, 한국고고학회, 7-44.

박순발 1998,「百濟 國家의 形成硏究」, 서울대학교 박사학위논문.

박순발 2001,『한성백제의 탄생』, 서경문화사.

부산대학교 박물관 1998,『김해 봉황대유적』.

서현주 1996,「남해안지역 원삼국시대 패총의 시기구분과 기원문제」,『호남고고학보』4, 호남고고학회, 39-68.

서현주 2000,「호남지역 원삼국시대 패총의 현황과 형성배경」,『호남고고학보』11, 호남고고학회, 79-111.

성낙준 1997,「철기시대-무덤-」,『한국사-청동기문화와 철기문화-』3, 국사편찬위원회, 409-425.

신경숙 2002,「호남지역 점토대토기 연구」, 목포대학교 석사학위논문.

신경철 1980,「웅천문화기 기원전 상한설 재고」,『부대사학』4, 211-265.

신경철 1982,「釜山·慶南出土 瓦質系土器」,『한국고고학보』12, 한국고고학회, 39-87.

신경철 1986,「부산 구서동출토 와질토기」,『영남고고학』2, 영남고고학회.

신경철 1989,「삼한·삼국·통일신라시대의 부산」,『부산시사』1.

신경철 1995,「瓦質土器文化論:그 성과와 과제」,『韓國考古學의 半世紀』, 제19회 고고학대회 발표요지, 107-132.

신경철 1998,「영남의 자료에서 본 전기마한토기의 문제-충분 진천 삼룡리 요지토기의 연대론」,『마한사연구』, 백제연구총서 6, 충남대학교 출판부, 141-176.

신상효 외 2001,『光州 신창동 저습지 유적 Ⅲ』, 국립광주박물관.

신종환 1997,「충청지방 삼한·삼국토기의 변천-유적의 편년적 상대서열을 제시하며-」,『고고학지』8, 한국고고미술연구소, 25-65.

신희권 2002,「풍남토성 축조연대 시론」,『한국상고사학보』37, 한국상고사학회, 29-51.

안재호 1989,「三角形粘土帶土器의 性格과 年代」,『늑도주거지』, 부산대학교 박물관, 132-145.

윤세영 1994,「無文土器의 整面手法에 關하여」,『한국상고사학보』17, 한국상고사학회, 11-40.

이상율외 1998,『金海 大成洞 燒成遺蹟』, 부경대학교 박물관.

이상준 2000,「생산고고학의 연수성과와 과제」,『고고학의 새로운 지향』, 부산복천박물관.

이성주 1988a,「三國時代 前期 土器의 硏究」,『한국상고사학보』1, 한국상고사학회, 93-187.

이성주 1988b,「原三國時代 土器 胎土의 類型」,『영남고고학』5, 영남고고학회, 19-41.

이성주 1991,「原三國時代土器의 類型·系譜·編年·生產體制」,『한국고대사논총』2, 한국고대문화연구소, 235-297.

이성주 1997,「신라·가야토기 과학적 분석연구」,『국사관논총』74, 국사편찬위원회, 57-128.

이성주 1998,「진·변한 토기 생산기술의 형성과 전이」,『진·변한의 세계』, 제2회 부산시립박물관 복천분관 학술대회, 25-60.

이성주 1999,「진·변한지역 분묘 출토 1-4세기 토기의 편년」,『영남고고학』24, 1-55.

이성주 2000a.「타날문토기의 전개와 도질토기의 발생」,『한국고고학보』42, 57-106.

이성주 2000b,「타날문 단경호에 대한 연구」,『문화재』33, 국립문화재연구소, 4-35.

이성주 2000c.「기원전 1세기대의 진·변한지역」,『전환기의 고고학 Ⅲ』, 제24회 한국상고사학회 학술발표회, 115-143.

이재현 2002,「변·진한 토기의 형성과 발전」,『영남지역의 초기철기문화』, 제11회 영남고고학회, 61-86.

이청규 1994,「濟州島 古代 土器文化 硏究」,『호남고고학보』1, 호남고고학회, 11-50.

이홍종 1991,「中島式 土器의 成立過程」,『한국상고사학보』6, 한국상고사학회.

정징원 · 신경철 1987,「終末期 無文土器에 關한 硏究」,『한국고고학보』20, 한국고고학회, 113-131.

최몽룡 · 이동령 · 신숙정 1997,『고고학과 자연과학-토기-』, 서울대학교 출판부.

최몽룡 · 신숙정 1988,「한국고고학에 있어서 토기의 과학적 분석에 대한 검토」,『한국상고사학보』1, 한국상고사학회, 1-35.

최몽룡 · 신숙정 1998,「토기분석법」,『고고학연구방법론』, 서울대학교 출판부, 61-129.

최병현 1990,「충북 진천지역 백제토기요지군」,『백제시대의 요지연구』, 문화재연구소.

최병현 1992,『新羅古墳硏究』, 一志社.

최병현 1998a,「原三國土器의 系統과 性格」,『한국고고학보』38, 한국고고학회, 105-145.

최병현 1998b,「토론요지」,『馬韓史 硏究』, 백제연구총서 6, 충남대학교 출판부, 177-187.

최성락 1987,『郡谷里貝塚』Ⅰ, 목포대학교 박물관.

최성락 1988,「原三國期 土器의 變遷과 問題點」,『영남고고학』5, 영남고고학회, 1-17.

최성락 1992,「원삼국시대의 연구현황-1992년도 연구성과를 중심으로-」,『박물관연보』창간호, 목포대학교 박물관.

최성락 1993a,「원삼국시대 패총문화-연구성과와 제문제」,『한국고고학보』29, 한국고고학회, 27-49.

최성락 1993b,『한국 원삼국문화의 연구』, 학연문화사.

최성락 1995,「韓國考古學에 있어서 時代區分論」,『黃龍渾先生定年紀念論叢-亞細亞古文化』, 학연문화사, 369-385.

최성락 1996,「와질토기의 비판적 검토」,『영남고고학』19, 1-13.

최성락 1999,「철기문화의 개념과 문제점」,『박물관연보』7, 목포대학교 박물관, 9-17.

최성락 2002,「삼국의 형성과 발전기의 영산강유역」,『한국상고사학보』37, 한국상고사학회, 87-107.

최성락 · 김건수 2002,「철기시대 패총의 형성배경」,『호남고고학보』15, 호남고고학회, 57-82.

최종규 1982,「陶質土器 成立前夜와 展開」,『한국고고학보』12, 한국고고학회, 213-243.

최종규 1989,「김해기 패총의 입지에 대하여」,『고대연구』, 고대연구회, 133-145.

최종규 1994,「陶質土器의 起源」,『고고학지』6, 한국고고미술연구소, 59-80.

홍보식 1997,『부산의 삼한시대 유적과 유물 I -동래패총-』, 부산광역시박물관 복천분관.

홍보식 1998,『부산의 삼한시대 유적과 유물 II』, 부산광역시박물관 복천분관.

토기 연구방법론의 검토

최성락

Ⅰ. 머리말

토기에 대한 연구는 고고학 연구에서 비교적 큰 비중을 차지한다. 왜냐하면 토기는 선사시대의 표준유물(fossil artifact)로서 편년이나 문화상을 밝히는데 가장 유익하게 이용되는 유물이기 때문이다.

토기(pottery, earthenware)는 흙으로 빚어 구워 만든 것으로 신석기시대 이래 계속적으로 사용되었다. 우리나라의 경우, 과거에는 빗살문토기가 기원전 6,000~5,000년경에 시작되었다고 보았으나 제주 고산리유적에서 기원전 8,000~10,000년경의 원시적인 토기가 발견됨으로써 신석기시대의 시작연대를 이르게 한 계기가 되었고, 동시에 한국, 일본, 중국 및 연해주지역 등 동북아시아지역이 토기의 발생지역임을 재차 확인할 수 있게 되었다. 이렇게 시작된 토기는 각 지역마다의 특색을 가지면서 변화 · 발전되었기 때문에 그 지역의 문화적인 전통을 잘 보여주고 있으며, 쉽사리 파손된다는 특성으로 인하여 짧은 기간에만 사용되었으므로 시간의 변화를 가장 잘 반영해 주는 유물이다.

지금까지 한국고고학에서 토기에 대한 연구는 적지 않게 이루어졌다. 그러나 토기를 통해 무엇을 얻을 수 있으며, 어떠한 분석이 이루어져야 하는지에 대한 논의가 본격적으로 이루어지지 못한 것이 사실이다. 올바른 토기 연구를 위해서는 토기의 분석방법이나 연구방법에 대한 논의가 우선적으로 이루어져야 한다.

따라서 본고에서는 지금까지 한국고고학에서 논의된 토기의 연구방법론들을 검토해 보고, 바람직한 토기 연구방향 모색의 일환으로 토기의 연구체계를 알아보고자 한다.

Ⅱ. 토기 연구와 문제점

토기에 대한 관심은 고고학연구의 시작과 함께 이루어졌나. 즉 선사시대의 빗살문토기와 무문토기에 대한 연구는 일찍부터 시작되었고, 철기시대 토기와 삼국시대 토기에 대한 연구들도 각 시대의 고고학연구에서 중요한 위치를 점하였다.

토기와 관련된 연구로는 편년을 위한 연구, 분류에 대한 연구, 과학적 분석에 의한 연구, 문화복원을 위한 연구 등이 있다. 이 중에서도 토기 편년에 대한 연구가 가장 많이 이루어지고 있다. 빗살문토기가 신석기시대 편년의 기준이 되고 있고(임효재 1978), 무문토기 역시 청동기시대의 시기구분(이청규 1988)에 기여하였을 뿐 아니라 철기시대의 편년(신경철 1982; 박순발 1989b)과 삼국시대 고분의 편년(이희준 1997)에도 토기가 차지하는 비중이 매우 높은 등 각 시대의 편년연구에는 토기연구가 필수적이다.

토기의 분류와 관련된 연구로는 토기의 형식 분류와 특정 기종에 대하여 계량적 분류방법(이성주 1988a, 박광춘 1990, 권학수 1993)이 시도되었고, 토기의 분류체계에 대하여는 위계적인 분류(박순발 1989, 성정용 1994)와 생물학적 분류(박광춘 1997)가 제안되었다. 이와는 다르게 태토의 유형 분류(이성주 1988b)도 시도되고 있어 토기의 분류에 대한 연구도 일부 이루어졌다.

다음은 토기의 과학적 분석에 의한 연구이다. 그 시초는 1930년대로 거슬러 올라간다. 당시 일본학자 横山將三郎(1993)은 토기를 현미경으로 관찰하여 구운 온도를 추정한 바가 있다(최몽룡 · 신숙정 1997에서 재인용). 1970년대에 이르러 철기시대 토기를 대상으로 태토의 조성분석, 흡수율측정, 경도측정, 성형방법과 제작수법, 문양, 색상, 두께측정 등 물리적 성질을 분석하여 각 토기간의 변천을 제시한 연구가 있었다(김양옥 1976). 1980년대 초 무문토기에 대한 X선 회절분석, 발광분광분석, 전자현미경분석 등(Choi 1981)이 시도된 이래로 과학적 분석에 대한 전반적인 설명(최몽룡 · 신숙정 1988, 이성주 1988a)과 함께 비교적 많은 토기의 분석 사례가 알려졌으며, 이를 종합한 『고고학과 자연과학-토기편-』(최몽룡 외 1996)이 출간되기도 하였다.

문화복원과 관련된 연구로는 토기 연구모델의 제시와 함께 토기의 생산체제(이성주 1988a, 1991)와 이를 기초로 생산체계의 통합을 통한 정치체의 성장(이성주 1998b)에 대한 연구가 있고, 토기의 定型性을 통한 지역집단의 정치적 관계(이희준 1995, 1998)에 대한 연구도 이루어지고 있다. 그밖에 실험고고학적 연구(김미란 1995, 김희찬 1996)가 일부 시도되고 있다.

이상과 같은 토기의 연구방법에서 나타나는 문제점은 다음과 같다.

첫째, 토기 연구가 편년 중심이다. 토기를 이용한 편년 방법에는 토기의 형식분류가 이루어지고, 각 형식의 선후관계와 연대를 공반유물이나 유구를 통해 제시하고 있다. 대부분의 연구가 편년 중심이므로 편년 이외의 연구에 대한 관심이 부족할 수밖에 없다.

둘째, 토기 연구에 있어서 사용되는 용어의 혼란이 심하다. 토기 연구에 사용되는 용어로는 型式, 類型, 器種, 器形, 遺物複合體 등이 있는데 이들 용어가 연구자마다 다르게 사용되고 있어 혼란을 주고 있다. 이러한 혼란은 연구방법론에 대한 논의에 있어서 가장 큰 장애요소가 되고 있다.

셋째, 토기 연구방법론에 대한 논의와 이해가 부족하다. 우선 토기를 어떻게 연구할 것이지, 그 절차와 방법에 대한 논고가 극히 적다는 점이다. 또한 언급된 방법론도 비판되거나 재검토되는 경우가 극히 적어 그 방법론의 타당성에 대한 논의가 거의 전무한 실정이다. 외국에서 사용된 방법과 이론이 소개되는 것만으로는 부족하다. 그들의 방법과 이론이 한국고고학에 적절히 적용될 수 있는지 아니면 적용과정에 타당성이 있는지 꾸준히 검토되어야 한다.

결국 토기에 대한 연구가 많이 이루어진데 비하면 설득력 있는 토기 연구방법과 이론의 제시가 부족하다. 따라서 토기의 연구방법론 중에서 몇 가지, 즉 토기의 분류체계, 토기의 과학적 분석, 토기의 연구모델과 생산체제, 토기의 실험고고학 등에 대하여 살펴보기로 하겠다.

Ⅲ. 토기 연구방법론의 검토

1. 토기의 분류체계

토기의 분류와 관련된 연구에는 토기의 형식 분류나 통계적 방법에 의한 분류(계량적 분류) 등이 있으나 이를 제외하면 분류체계에 대한 연구가 남는다[1]. 토기의 분류체계는 박순발에 의해 처음으로 언급되었다. 그는 몽촌토성 출토 토기를 분석하면서 유물의 분류체계를 遺物複合體(aggregate 혹은 aggregation)-類型(assemblage)-類(type group)-型(type) 등으로 나누고

1) 토기의 분류에 대한 연구 중에서 형식분류와 그 방법의 하나인 계량적 분류에 대한 연구는 본고의 대상에서 제외한다. 형식분류에 대한 일반적인 논의와 계량적 분류에 대한 논의는 통계적 방법의 이해를 동반하는 복잡한 문제이기 때문에 이를 제외하고 토기의 분류체계와 관련된 연구와 분류과정에서 필요한 고고학 용어만을 다루고자 한다.

[2]〈표 1〉, 類型은 제작기술과 관련된 속성인 태토, 표면색, 소성경도, 표면처리 등에 의해 구분하는 것으로 제작사용집단의 차이를 나타내는 문화적 유형(cultural assemblage)과 보다 하위 개념으로서 동일 제작사용집단 안에서 토기의 기능 또는 제작 전통의 차이를 나타내는 기술적 유형(technological assemblage)이 있다고 보았다. 예를 들면 한강유역의 원삼국시대 토기의 문화적 유형으로는 몽촌유형과 구의동유형이 있고, 기술적 유형으로는 경질무문토기, 타날문토기, 회(흑)색무문양토기 등이 있다는 것이다. 그리고 類는 토기의 기능과 관련된 분류단위로 器種으로 보았고, 型의 구분은 器形의 세부적인 차이나 문양 등에 의해 이루어진다고 보았다(박순발 1989a, 1989b).

〈표 1〉 토기의 분류체계(박순발 1989a)

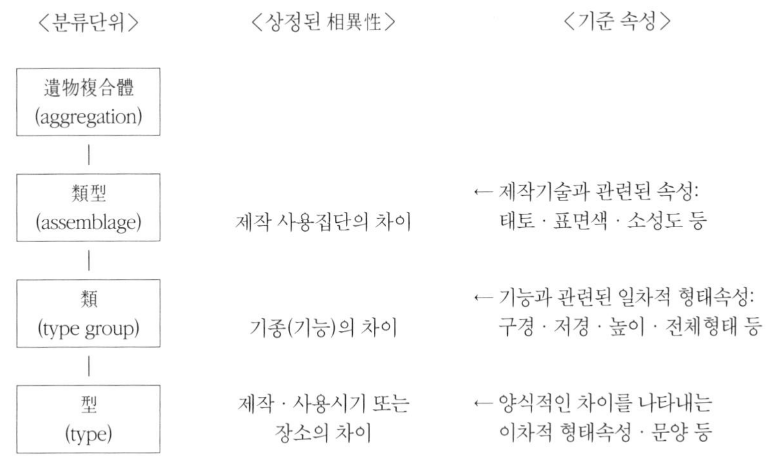

그러나 이러한 토기의 분류체계에서 assemblage를 類型으로 번역한 것은 잘못된 것이고, 더구나 이를 문화적 유형과 기술적 유형으로 어떻게 구분할

2) 박순발은 D. Clarke의 분류를 참고하여 고고학적 실체의 위계적 모델을 屬性(attribute)-遺物(artifact)-式(subtype)-型(type)-類(type group)-類型(assemblage)-部分文化(subculture)-考古學的 文化(archaeological culture) 등으로 보고 있다.

수 있으며, 類와 型에 대한 설명이 적절한 것인지도 의문이다.

이러한 토기의 위계적 분류는 성정용에 의해 계속 사용되고 있으나 그 명칭은 遺物群(aggregate)-土器複合體(assemblage)로 사용하고 있다. 그는 유물의 형태적 속성들을 크게 기능적 속성과 기능 이외의 속성(즉 양식적 속성)으로 양분되나 서로 상호 관련을 갖고 있으며, 규격적인 속성의 결집을 하나의 器種(artifact-type)으로 파악하고, 器種 내에서 각 속성들이 정형성을 보일 때 型式(type)으로 설정하였다(성정용 1994). 여기에서 assemblage를 土器複合體로 지칭한 것은 적절하다. 왜냐하면 이미 여러 연구자들에 의해 遺物複合體, 型式複合體 등으로 번역되었기 때문이다. 또한 器種과 型式의 관계에 대한 언급도 보다 분명하다.

한편 박광춘(1997)은 몬텔리우스의 형식학적 방법을 검토하고 이를 보완하는 의미에서 생물학의 분류체계를 인용하여 가야 토기를 분류하고 있다. 생물학의 분류체계, 즉 界(kindom)-門(phylum)-綱(class)-目(order)-科(family)-屬(genus)-種(species) 등을 가야 토기에 적용하여 장경호를 種에 비유하고, 장경호와 단경호, 중경호 등은 中形壺에 속하며, 중형호는 소호와 대호 등과 壺류에 속하는데 이는 가야토기의 類型式(器種)이고, 가야토기는 土器에 속하며 나아가 석기, 청동기, 철기와 함께 遺物에 포함되고, 다시 유물은 유적과 함께 人工物에 속한다고 보았다. 이를 정리하면 〈표 2〉와 같이 된다.

〈표 2〉 생물학의 분류체계와 가야토기의 분류

계급(category)	사람의 분류	장경호의 분류
界(kindom)	동물계	인공물
門(phylum)	척추동물문	유물
綱(class)	포유강	토기
目(order)	영장목	가야토기
科(family)	사람과	호(대호, 중형호, 광구소호)
屬(genus)	사람속	중형호(단경호, 중경호, 장경호)
種(species)	사람	무개장경호, 유개장경호, 유대장경호

또한 樣式을 科에, 類型式(器種)을 屬에, 그리고 型式을 種에 비유하여, 樣式-類型式-型式 등 3계급의 분류단위와 그 아래에 각각 小樣式, 小類型式, 小型式을 둘 수 있다고 하였다. 그러나 유물로부터 형식까지의 이러한 계급적 분류는 가능하지만 생물학적 분류체계가 고고학에서 어떻게 활용할 수 있고, 어떠한 의미가 있는지에 대한 설명은 없다. 또한 통상적으로 쓰이고 있는 器種을 類型式이라 부르는 것과 樣式을 단순히 類型式(器種)의 상위 계급으로 파악한 점은 타당하지 못하다.

기본적으로 토기는 그 屬性에 근거하여 분류가 이루어져야 한다. 토기의 속성을 형태적 속성, 계량적 속성, 기술적 속성으로(Smith 1976) 나누기도 하지만 대체로 양식적 속성, 형태적 속성, 기술적 속성으로 분류(Sharer and Ashmore 1993:293)하고 있다. 즉 양식적 속성은 유물의 색깔, 조직, 장식 등이고, 형태적 속성은 유물의 각 부분의 형태뿐만 아니라 전체로서의 형태를 말하고, 기술적 속성은 유물을 만드는 재료의 성격과 그것이 제작되는 과정을 반영하는 특징들이다. 이러한 屬性의 상위 개념은 遺物(artifact), 遺物複合體(assemblage), 文化(culture) 등이 있어 고고학의 분석대상임은 이미 지적되었다(이희준 1983).

그런데 한국고고학에서는 型式이라는 용어보다는 類型이라는 개념을 더 광범위하게 사용하고 있다. 즉 유물의 분류뿐만 아니라 유구의 분류나 속성과 기술 등의 분류에도 유형이라는 용어를 쓰고 있다. 이러한 유형은 중국이나 북한에서는 형식에 대신하는 의미로 쓰고 있어 그 영향도 부정할 수 없으나 형식이라는 개념을 적절히 사용하지 못하는 연구자들이 편의적으로 사용하고 있다. 따라서 유물이나 유구의 분류에는 형식을 사용하고, 類型은 文化類型으로서 사용하는 것이 바람직하다고 본다.

한편 樣式(style)은 어떤 일을 하는 독특하고 특징적인 방식으로 특정한 시간과 장소와 관련되며, 기능과는 보완적이고, 기능과 더불어 변이성의 가능성을 없앨 수 있다는 것이다(Sackett 1977). 이러한 양식은 속성이나 형식뿐만 아니라 유물이나 문화 등 폭넓게 사용되고 있다(Conkey and Hastorf 1990). 일본의 경우 小林行雄은 분류단위를 形式, 型式, 樣式으로 나누었는데 形式(지금은 器種으로 불려지고 있음)은 호나 옹과 같은 것으로 다시 形式이 광구호, 세구호 등과 같이 형질적 특성에 의해 분류되는 단계를 型式으로, 동지역, 동시기에 해당되는 一群의 形式을 동일기술체계의 소산으로 보아 一樣式이 一文化期를 대표한다고 보았다(小林行雄 1933). 한국에서의 양식은 한 지역이나 한 문화권을 나타내는 것으로 보고 있다. 예를 들면 삼국시대 토기를 新羅土器樣式과 加耶土器樣式으로 나누고 있고, 가야토기 중에서도 고령식, 함안식 등의 표현은 하나의 양식을 의미한다. 따라서 樣式은 型式과는 별개의 것으로 한 기종보다는 여러 형식이나 기종에 나타나는 특성을 말한다. 즉 型式이나 器種보다는 상위 개념으로도 볼 수 있으나 위계적 관계가 아닌 상호보완적 개념으로 사용되어야 한다.

고고학에서의 분류에는 위계적 분류(계통수형 분류)와 파래다이매틱 분류로 나누어지는데 위계적인 분류에 대하여 필자는 클라크(Clarke 1968)와 디츠(Deetz 1967)의 분류를 참고하여 屬性-遺物 · 遺構-遺物複合體-文化類型-文化 · 文化集團 등으로 제시한 바가 있다. 또한 遺物에는 個體, 型式, 器種 등이 있고, 文化類型을 遺物複合體(assemblage)에서 유추되는 지역사회(community)의 문화로 보았다(최성락 1996).

그리고 型式을 중심으로 하는 위계적인 분류를 式(subtype)-型(type)-類(type group) 등으로 보고 있다(박순발 1989a). 그러나 ㅇㅇ式이란 일반적으로 樣式이거나 型式으로 인식되고 있어 subtype를 亞型式으로 번역하는 것이 적절하고, 型은 型式을 의미하며, 類(type group)는 器種에 해당한다. 그리고 個體란 어느 특정한 유물을 지칭하는 뜻으로 볼 수 있고, 器形은 器種의 하위 개념으로 유물의 세부적인 형태를 말하고 있어 다소 중요성이 떨어지는 용어이다. 반면에 그 보다 중요한 개념인 樣式이라는 용어를 위계적 분류에 포함한다면 다음과 같이 된다.

〈표 3〉 고고학의 연구대상의 위계적 분류

속성 - 유물 · 유구 - 유물복합체 - 문화유형 - 문화 · 문화집단
|
형식 · 기종 · 양식

2. 과학적 분석

토기에 대한 과학적 분석은 1980년 후반부터 시작하여 급격히 증가하는 경향이다. 이들 분석들을 정리한 최몽룡 · 신숙정(1998)의 논고를 중심으로 살펴보고자 한다.

과학적 분석대상인 토기의 속성을 기술적 속성과 물리적 속성으로 분류하고, 기술적 속성에는 찰흙(점토광물), 비짐(temper), 슬립(slip), 물감(paint) 등과 성형방법, 끝손질, 굽기 등이 있고, 물리적 속성으로는 흡수률(porosity), 굳기(hardness), 세기(strength), 비중 등이 있다.

과학적 분석의 목적을 기술발달과정과 원산지추정 등 두 가지로 제시한 바 있으나 이후 구체적으로 토기를 통해 추론할 수 있는 것을 Kingery(1981)의 주장을 인용하면서 언제, 어디에서, 어떻게, 누가, 왜 등 다섯 가지임을 설명하고 있으며 이 중에서도 기술의 발달과정과 원산지추정이 중심적인 목적임을 언급하고 있다.

토기의 과학적 분석방법은 암석학적(광물학적) 분석, 화학분석, 열분석 및 방사성사진술 등으로 나누어진다. 암석학적 분석으로는 토기의 박편을 현미경으로 관찰하는 분석이 가장 기본이다. 이에는 실물현미경 및 편광현미경에 의한 분석과 주사전자현미경 분석(scanning electron microscopy : SEM) 등이 있다. 화학분석에는 발광분석법(optical emission spectroscopy), X선 회절분석(X-ray diffraction analysis : XRD), 전자탐사미량분석(electron probe micro analysis), 뫼스바우어 분광분석(Mossbauer spectroscopy), 중성자방사분석(neutron activation analysis), X선 형광분석(X-ray florescence : XRF)

등이 있다. 그리고 열분석에는 시차열분석, 열중량분석, 열팽창분석 등이 있다. 그리고 한국고고학에서 지금까지 이루어진 토기의 과학적 분석결과를 정리하면서 토기제작기술과 관련된 바탕흙, 소성온도 등과 산지추정의 문제를 언급하고 있다(최몽룡 · 신숙정 1998).

그런데 지금까지 과학적 분석의 사례는 비교적 많이 축적되었으나 이들 분석이 체계적이지 못하다. 즉 대부분의 과학적 분석은 어느 한 유적이나 좁은 지역을 대상으로 하고 있어 특정 시기의 토기문제를 해결하는데 도움이 되지 않고 있다. 특히 가장 많은 논쟁이 이루어지고 있는 철기시대 토기의 분류와 성격 문제를 해결하기 위하여 체계적인 분석이 필요하다. 그리고 토기의 제작방법에 대한 연구는 토기가마에 대한 연구와 연계되어야 하고, 실험적인 방법도 함께 연구되어야 한다.

3. 토기의 연구모델과 생산체제

이성주는 토기의 연구모델을 제시하면서 기본적인 범주로 제작기술, 기종, 기형을 들고 있으며 이는 각각 기술, 기능(용도), 양식에 대응한다고 보았다<표 4>. 이러한 토기모델의 제시와 함께 원삼국시대 토기의 기본적인 유형을 적색토기, 연질도기, 경질도기로 파악하고 있다(이성주 1988a).

〈표 4〉 토기연구모델(이성주 1988a)

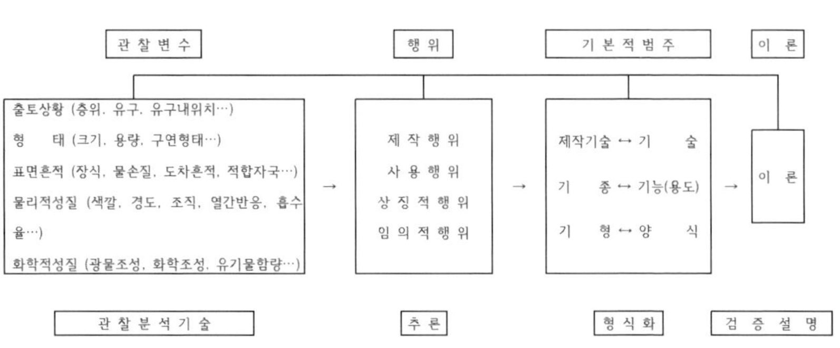

이후 토기의 속성을 3가지 상이한 국면(dimension)에서 유형화한다고 보았다(이성주 1991).

1) 胎土 : 토기의 물리화학적 성질, 즉 색깔, 경도, 조직(texture), 흡수률, 강도... 등의 속성에 의해 결정됨.

2) 器種 : 토기의 일차적인 외형, 즉 전체적인 크기, 기하학의 입체의 조합으로 환원되는 외형에 의해 결정됨

3) 器形 : 토기의 세부형태 정면흔적, 문양, 장식 즉 입술형태, 돋을띠, 물결무늬, 타날흔적 등에 의해 파악됨.

그리고 토기가 가지고 있는 제속성은 토기를 제작하는 技術, 토기가 사용되었던 機能, 그리고 당시에 유행하였던 樣式이라는 세 가지 요인에 의해 결정된다고 보았다.

1) 技術 : 토기제작자의 점토선별 능력, 소성기술 등은 태토의 질을 일차적으로 결정한다. 그리고 성형방법이나 정면기법은 세부형태와 표면 흔적 등 기형을 2차적으로 결정한다.

2) 機能 : 토기의 용도는 일차적인 외형을 직접적으로 결정하며, 태토의 질을 간접적으로 좌우한다.

3) 樣式 : 당시에 유행하였던 양식은 문양, 장식, 세부형태 등을 직접적으로 결정하며 일차적인 외형을 간접적으로 좌우하여 같은 기능을 수행했던 器種들 내에서도 지역적 · 시기적 양식의 변화에 따라 亞器種들이 생겨난다.

이상의 세 가지 국면에서 유형을 인식하므로 보다 추상화된 개념에 도달할 수 있다고 보았고, 이러한 개념을 가지고 토기가 당시의 경제적-사회적-이념적 맥락에서 어떠한 작용을 하며 혹은 그러한 맥락에서 토기의 형태와 질이 어떻게 제한되고 결정되는가하는 문제에 접근할 수 있다고 보았다. 이러한 것을 바탕으로 유형인식의 토기연구모델을 제시한 바가 있다〈표 5〉.

그러나 이성주가 제시한 토기연구모델에는 몇 가지 문제점이 있다. 우선 용어의 문제로 처음 제시한 속성의 유형에서 '제작기술'이라는 용어가 '태토'

〈표 5〉 토기연구모델(이성주 1991)

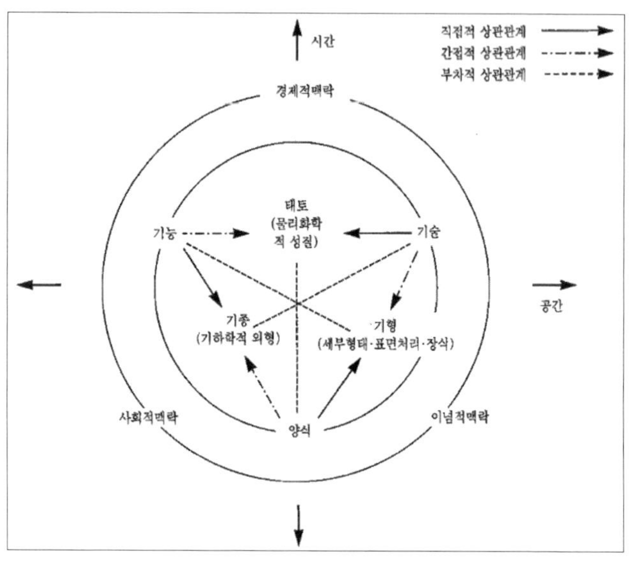

로 바뀐 이유가 무엇인지 설명하지 않고 있다. 다만 처음 제시한 토기연구모델에서는 제작기술이라는 용어를 사용하였으나 다른 논고에서 '태토의 유형화[3]'(이성주 1988b)를 언급한 것이 변화의 계기가 되었을 것으로 짐작한다. 또한 토기의 속성을 유형화하는 것으로 태토, 기종, 기형을 들고 있는데 이들 용어의 선택도 부적절하다.

다음은 속성의 유형화가 왜 필요한지 재고해 볼 필요가 있다. 속성의 유형화는 고고학에서 型式을 의미하기도 한다. 태토, 기종, 기형은 속성을 유형화시킨 것이 아니라 토기의 분류와 관련된 용어이다. 자신의 설명에도 나왔듯이 물리화학적 성질을 태토로, 기하학적 외형을 기종으로, 세부형태 등을 기형으로 부르는 것은 한국고고학에서 일반적으로 쓰이는 개념과 달라 혼란을 주고 있다.

3) 여기에서 말하는 태토(즉 제작기술)의 유형은 박순발의 기술적 유형과 서로 통한다. 한 시기의 토기를 몇 가지 범주로 나누는 것을 토기의 기술적 유형으로 정리될 수 있다. 이는 일종의 분류(classification)에 속하며, 한 기종의 토기를 속성에 의해 나누는 형식분류(typology)와는 분명히 다른 것이다.

끝으로 토기 연구를 통해 기능, 기술, 양식 등의 연구는 가능하지만 당시의 경제적-사회적-이념적 맥락을 어떻게 접근할 것인지에 대한 설명이 없다. 사실 토기분석만으로 이들 연구가 가능할 것인지도 매우 회의적이다.

이와 더불어 이성주(1991)는 토기 생산체제의 변화에 대한 모델을 제시한 바 있다. 그는 원삼국시대의 초기 생산유적에서 출토되는 (경질)무문토기와 토광묘에 부장되는 회색연질토기(와질토기), 3세기 이후에 등장하는 회청색 경질토기(도질토기)는 생산체제가 서로 다르다고 전제하고 있다. 즉 무문토기를 계승한 적색토기의 생산체제는 非專業的 토기 생산체제이고, 경질도기는 專業的 토기 생산체제로 보면서 그 사이의 과도적인 단계인 연질도기의 생산체제를 半專業的 토기 생산체제로 보았다. 이들 토기 생산체제는 점진적으로 발전한 것이 아니라 혁신이라는 변화과정을 보여주었으며 일시적으로 공존하지만 점차 변화된다는 시 · 공적 변화과정을 모델로 제시하였다〈표 6〉.

〈표 6〉 토기 생산체제의 시 · 공적 변화과정 모델(이성주 1991)

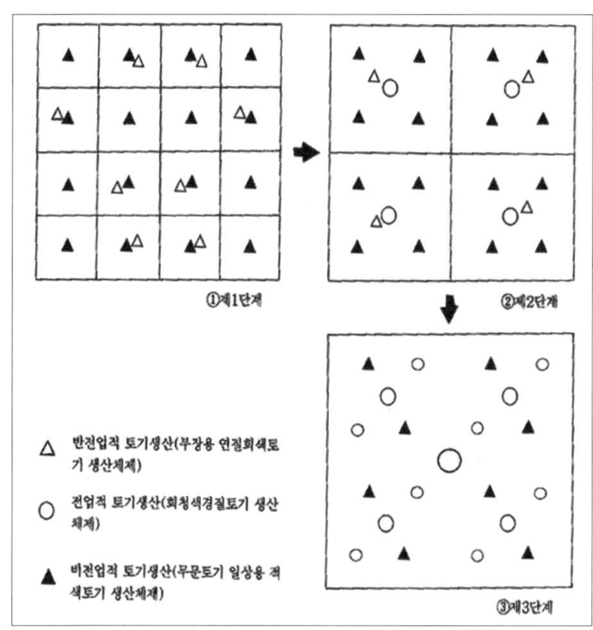

이러한 토기 생산체제의 변화에 대한 설명은 처음 시도되는 것으로 매우 의미가 크다고 생각된다. 지금까지 토기의 연구가 매우 한정적인 연구였다면 토기생산체제에 대한 연구는 일견 새로운 문제를 다루고 있다. 그리고 토기 생산체제의 변화가 일시적인 공존을 거쳐 변화된다는 모델은 상당히 설득력이 있는 설명이다.

그러나 토기 생산체제에 대한 해석에서 경질무문토기, 연질도기, 경질도기 등이 각각 전혀 다른 토기생산체계에서 만들어졌다고 단정할 수 없다. 물론 일부 연구자들은 무문토기→와질토기→도질토기의 변화가 획기적이라고 보고 있으나 필자는 경질무문토기→경질찰문토기→연질의 타날문토기→경질의 타날문토기 등의 변화가 점진적일 수 있다는 견해(최성락 1988)를 가지고 있다. 따라서 이러한 토기들이 점진적으로 발전된 것인지 획기적인 변화인지에 대한 논의가 선행되어야 할 것이다.

다음은 토기 연구모델의 제시에 대한 문제이다. 모델(model)은 고고학적 자료를 해석하기 위한 틀이다. 그러나 모델의 제시는 단순히 해석을 위한 도구가 아니라 그 모델이 타당한지를 검토하여야 한다. 이성주의 논고에서는 모델에 대한 타당성 검토가 결여되어 있고 다만 모델제시를 통해 자신의 주장을 강조할 뿐이다. 특히 토기 생산체제에 대한 모델은 연역적 가설검증법에서 말하는 모델이 아니라 자신의 주장을 제시한 가설적인 변천도(모식도)에 지나지 않는 것이다. 물론 연구자가 가설적인 모델을 제시할 수 있다. 그러나 이 모델이 타당한지는 계속적으로 검토되어야 한다.

이성주는 토기에 대한 연구, 특히 가야지역의 토기에 대한 연구를 집중적으로 하였고, 방법론에서나 해석차원에서 다른 연구자들에 비하면 많이 앞서 나갔다고 볼 수 있으며 외국에서 연구된 이론을 받아들여 이를 한국고고학에 적용하려는 시도도 높이 평가된다. 특히 그의 저서(이성주 1998b)에 나타난 토기연구는 우리나라의 가장 대표적인 토기연구로 평가받아야 한다.

그러나 토기 연구에 있어서 외국고고학의 용어 사용과 이론의 도입이 적절한지에 대한 신중한 검토가 우선되어야 한다. 또한 그의 글은 너무 복잡하고 난해한 편으로 연구자들이 쉽게 접할 수 없다는 점이 지적되고 있으며 때로는 복잡한 논고의 서술과정에서 잘못을 범할 수도 있다[4]. 최근 그는 자신이 분류하고 이를 꾸준히 주장하고 있는 토기 분류, 즉 적색토기, 연질도기, 경질도기 등이 도자학상의 일반명칭으로는 적당할지 몰라도 문화적 내용을 가진 개념은 되지 못한다고 시인하였다(이성주 1998a:57-58). 이와 같은 원인은 그의 이론적 배경 설명과 모델의 제시가 다른 연구자들을 쉽게 설득시켜 지지를 끌어내지 못한 점과 와질토기, 도질토기에 비하여 그의 분류체계가 영남지역에서 전혀 사용되지 못하고 있다는 점이 가장 큰 원인이라고 본다. 그렇다고 하더라고 이성주가 활발하게 제기한 토기연구의 방법과 이론들은 고고학연구에 꼭 필요한 것이고 계속적으로 논의되어야 할 문제이다.

4. 실험고고학

토기에 대한 실험고고학은 당시의 토기양상을 파악하는데 중요한 역할을 한다. 먼저 김미란은 원삼국시대의 토기를 연구하면서 실험고고학과 과학적 분석을 병행하였다. 즉 노천요와 밀폐요를 각각 1기씩 제작하여 여기에서 토기를 굽고, 이를 이용하여 다시 과학적 분석을 시도하였다.

그 결과 토기의 색상은 태토의 성분과 깊은 관계가 있다고 보면서 회청색경질토기는 원삼국시대에 제작될 수 있는 토기이며 이 시대 토기의 다양성은 시기적인 차이에서 오는 현상이기보다는 토기를 이루는 태토의 성분과 소성온도 그리고 불막음 단계를 포함하는 소성방법상의 차이에 기인하는 것으로 보여진다. 그래서 원삼국토기를 이해하는데 있어서 단순히 색깔이나 경도만을 가지

4) 외국이론을 소개하다보면 자신도 모르게 과오를 범하게 된다. 그 단적인 예가 'post-modernism 고고학'(이성주 1991)이다. 이 용어는 일반적으로 'post-processual 고고학'으로 불러야한다는 점이 추연식(1992)에 의해 지적되었다.

고 접근하면 사실과 동떨어진 결과를 초래할 수 있다고 보았다(김미란 1995).

이러한 설명은 많은 부분 적절하다고 판단된다. 그러나 원삼국시대의 가마에서 다양한 토기를 만들 수 있다는 사실만으로 당시에 다양한 토기가 사용되었다는 해석은 논리적으로 타당하지 못하다. 이미 각 유적으로부터 다양한 토기가 출토되고 있으나 모든 토기가 일시적으로 동시에 시작되었다는 것이 아니라 토기의 제작방법을 발전시키면서 점차 새로운 토기가 만들어졌다고 보아야 할 것이다. 또한 실험의 모델이 되었던 해남 군곡리 가마의 경우, 그 연대가 3세기 대인가 아니면 4세기 대인가에 대한 논란이 있다. 이 가마는 거의 완전한 등요로 발달된 것인데 이것이 원삼국시대의 것인지 아니면 고분기의 것인지에 대한 논란 사이에는 시기적으로는 큰 차이가 나는 것은 아니지만 가마의 편년에 대한 연구가 선행되어야 한다는 문제를 안고 있다. 결국 이 가마의 연대가 어떠하던 간에 3세기 이후의 가마에서 얻어진 토기에 대한 실험적인 결과를 가지고 기원후 1~2세기의 토기양상을 설명할 수는 없다고 본다.

한편 김희찬(1996)은 빗살문토기의 소성에 대한 실험적인 분석을 시도하였다. 그는 빗살문토기의 소성과정을 알아보기 위해서 빗살문토기와 비슷한 바탕흙을 선정, 이를 성형, 건조, 문양시문 과정을 거쳐 노천요에서 소성해 본 결과, 빗살문토기가 대략 700~800°C에서 구워졌을 가능성이 있음을 제시하였다.

이와 같이 실험고고학적 방법에는 토기의 제작과정뿐만 아니라 토기의 사용에 대한 연구도 이루어져야 한다. 더불어 과거문화의 복원을 위해서는 일반비교적 유추나 민족지자료를 이용한 특수역사 유추도 연구되어야 한다.

Ⅳ. 토기의 연구체계

토기의 연구체계를 고고학의 일반적인 연구체계, 즉 자료의 수집, 자료의 분석, 그리고 자료의 해석 등에 대입하여 본다면 〈표 7〉과 같다.

〈표 7〉 토기의 연구체계

토기연구대상의 선정		토기의 분류와 분석		토기에 대한 해석(문화 복원)
* 출토상황 및 공반유물의 검토	→	* 양식적 · 기술적 · 형태적 속성 ⇒형식, 기종, 양식 분류 * 성분 분석, 통계적 분석 * 제작기술, 기능, 편년, 분포상 연구	→	* 실험고고학적, 비교문화적, 민족지적 유추 * 모델의 검증을 통한 해석
〈자료의 수집〉		〈자료의 분석〉		〈자료의 해석〉

이상과 같이 토기의 연구체계는 크게 세 단계로 구성되어 있다. 이 과정에서 얻어지는 해석은 고고학의 특상상 하나의 가설(모델)이 되어 새로이 나타나는 자료에 의해 끝임 없이 재검증되어야 한다. 이러한 연구과정에서 몇 가지 유의할 점을 제시해 보면 다음과 같다.

가장 중요한 문제는 토기 연구에 앞서서 무엇을 연구할 것인가 하는 것이다. 토기의 연구 목적에는 편년 이외에도 토기의 기능과 제작기법 등의 연구가 있다. 나아가 Kingery(1981)가 제시한 언제, 어디에서, 어떻게, 누가, 왜 등 다섯 가지의 의문이 가장 기본적인 연구목적이 될 수 있는 것이다. 만약 토기의 편년이 연구목적이라면 각 토기의 속성에 의한 객관적인 분류작업(즉 형식분류)과 공반되는 유물과 유구의 검토를 기반으로 연구가 가능할 것이다. 그러나 편년연구에만 한정되어서는 아니 되며 편년 이외의 연구목적을 설정하여야 하고 각기 그 목적에 따라 연구방법의 선택과 절차를 밟아야 한다.

또한 연구대상의 적절한 선택과 수집이 필요하다. 우선 연구목적에 부합되는 연구대상을 선정하여야 한다. 연구대상은 어느 시기의 어떠한 토기를 선정할 것인지, 그리고 어느 지역의 토기를 대상으로 할 것인지 결정되어야 한다. 가령 한 지역을 대상으로 분석한다면 그 결과는 그 지역에 해당되는 것이다. 한 지역의 연구결과를 다른 지역으로 확대시켜 해석해서는 아니 될 것이다. 우리나라 전체를 대상으로 한다면 각 지역의 자료를 고르게 선택하여야 하고, 선택된 자료에 대하여 출토상태나 공반관계가 정밀하게 검토되어야 한다.

토기의 분석 단계에서는 토기의 체계적인 분류와 과학적 분석이 필수적이다. 먼저 토기의 속성에 기초를 둔 체계적인 분류가 이루어져야 한다. 토기의 분류는 단순히 나누기보다는 양식, 기종, 형식 등 연구목적에 적합한 분류가 이루어져야 하고, 이를 위해서는 분류체계와 관련된 고고학 용어들의 개념정리도 필수적이다. 또한 토기 시료에 대한 과학적 분석이 필요하다. 토기의 과학적 분석은 토기연구를 객관화하는 가장 중요한 부분이다. 토기의 과학적 분석 결과는 토기의 분류뿐만 아니라 토기의 제작기술과 산지추정 등에 이용된다. 다만 과학적 분석은 연구 목적에 따라 적절한 분석 기법이 선택되어야 한다. 이상의 체계적인 분류와 과학적 분석을 통하여 우선적으로 토기의 편년이나 분포상이 연구되어야 하고, 토기의 제작기법이나 기능에 대한 연구도 있어야 한다.

토기에 대한 해석, 즉 문화 복원에서는 먼저 토기 연구모델의 설정과 검토가 필요하다. 토기연구에 필요한 모델의 설정은 토기를 해석하기 위한 수단으로서 고고학 이론이나 가설에서 차용해 올 수 있다(최성락 1997:11). 현재 한국고고학에서 사용되는 토기의 연구모델로는 '형식-편년 모델', '과학적 분석 모델', '생산 체계 모델' 등이 있다. 이러한 모델들은 토기를 해석하기 위한 하나의 가설이며, 이를 적절히 사용한다면 토기에 대한 의문을 설명할 수 있는 하나의 도구가 될 수 있다.

다음은 과거 토기의 자료를 해석하기 위한 유추작업이다. 유추란 과거의 인간행위를 알려진 자료(즉 출처)들에 의해 추론하는 과정이다. 여기에는 특수역사적 유추와 일반비교 유추가 있어 이를 적절히 이용할 필요가 있다. 토기와 관련되어 과거의 인간행위를 추정하기 위한 출처에는 민족지적 자료, 문헌적 자료, 실험고고학 자료 등이 있어 이를 적절히 사용할 필요가 있다.

그런데 토기를 통한 과거 문화의 해석은 매우 제한적이다. 토기와 관련된 인간행위로 극히 제한적인 문화 복원만이 가능한 것이다. 이러한 제한에서 벗어나 당시 문화의 전반적인 복원을 위해서는 토기 이외에 모든 유물과 유구 및 자연유물을 총체적으로 분석하고 연구하여야 한다.

V. 맺음말

이상과 같이 한국고고학에서 논의되고 있는 토기 연구방법론에 대한 검토를 시도하였다. 지금까지의 토기 연구방법으로 분류체계, 과학적 분석, 토기연구모델, 실험고고학 등에 대한 연구가 이루어졌으나 일부 문제점을 갖고 있으며 각 토기 연구방법에 대한 세밀한 검토가 뒤따르지 못하고 있다. 특히 분류체계와 관련된 용어들이 바르게 정의되어 사용되어야 하고, 토기의 과학적 분석과 실험고고학의 연구도 체계적으로 이루어져야 한다.

다음은 고고학의 일반적인 연구체계와 같이 토기의 연구체계를 제시해 보았다. 여기에 유의할 점은 먼저 연구목적 확립과 자료의 적절한 선택과 수집이고, 다음은 객관적 분류와 과학적 분석에 의한 편년과 분포상의 확립이며, 마지막으로 토기를 해석하기 위한 연구모델의 설정과 유추작업 등이다. 토기에 대한 연구가 고고학연구에서 차지하는 비중을 높이기 위해서는 앞으로 토기 연구방법에 대한 논의가 더욱 활발하게 이루어져야할 것이다.

<참고문헌>

권학수 1993,「가야고분의 종합편년」,『영남고고학』12, 영남고고학회, 23-70.

김미란 1995,「原三國時代 土器硏究」,『湖南考古學報』2, 11-68.

김양옥 1976,「韓半島 鐵器時代土器의 硏究」,『白山學報』20, 백산학회, 123-213.

김희찬 1996,「빗살무늬토기의 소성에 대한 실험적 분석」,『고문화』49, 한국대학박물관협회, 9-34.

박광춘 1990,「한국 협천지역 토광묘 출토토기 編年的硏究-多變量解析에 의한 分析」,『古文化談叢』22, 九州古文化硏究會, 121-150.

박광춘 1997,「수리 형식학의 모색」,『영남고고학』20, 영남고고학회, 53-80.

박순발 1989a,「한강유역 백제토기의 변천과 몽촌토성의 성격에 대한 일고찰」, 서울대석사학위논문.

박순발 1989b,「한강유역 원삼국토기의 양상과 변천」,『한국고고학보』23, 한국고고학회, 21-58.

박순발 2000,「4~6세기 영산강유역의 동향」,『백제사상의 전쟁』, 서경문화사, 157-182.

신경철 1980,「웅천문화기 기원전 상한설 재고」,『부대사학』4, 211-265.

이성주 1988a,「三國時代 前期 土器의 硏究」,『한국상고사학보』1, 한국상고사학회, 93-187.

이성주 1988b,「原三國時代 土器 胎土의 類型」,『영남고고학』5, 영남고고학회, 19-41.

이성주 1991a,「原三國時代土器의 類型 · 系譜 · 編年 · 生產體制」,『한국고대사논총』2, 한국고대문화연구소, 235-297.

이성주 1991b,「post-modernism 고고학과 전망」,『한국상고사학보』7, 한국상고사학회, 255-294.

이성주 1997,「신라 · 가야토기 과학적 분석연구」,『국사관론총』74, 국사편찬위원회, 57-128.

이성주 1998a, 「진 · 변한 토기 생산기술의 형성과 전이」, 『진 · 변한의 세계』, 제2회 부산시립박물관 복천분관 학술대회, 25-60.
이성주 1998b, 『신라 · 가야사회의 기원과 성장』, 학연문화사.
이청규 1988, 「남한지방 무문토기문화의 전개와 공열토기문화의 위치」, 『한국상고사학보』1, 한국상고사학회, 37-92.
이희준 1983, 「형식학적 방법의 문제점과 순서배열법의 검토」, 『한국고고학보』14 · 15, 한국고고학회, 134-139.
이희준 1995, 「토기로 본 대가야의 권역과 그 변천」, 『가야사연구-대가야의 정치와 문화-』, 경상북도, 365-446.
이희준 1997, 「토기에 의한 신라 고분의 분기와 편년」, 『한국고고학보』36, 한국고고학보, 45-99.
이희준 1998, 「4~5세기 신라의 고고학적 연구」, 서울대대학원 박사학위논문,
임효재 1978, 「방사성탄소연대에 의한 한국 신석기문화의 편년연구」, 『김철준박사화갑기념사학논총』, 지식산업사, 11-37.
최몽룡 · 이동령 · 신숙정 1997, 『고고학과 자연과학-토기-』, 서울대학교 출판부.
최몽룡 · 신숙정 1988, 「한국고고학에 있어서 토기의 과학적 분석에 대한 검토」, 『한국상고사학보』1, 한국상고사학회, 1-35.
최몽룡 · 신숙정 1998, 「토기분석법」, 『고고학연구방법론』, 서울대학교 출판부, 61-129.
최성락 1988, 「原三國期 土器의 變遷과 問題點」, 『嶺南考古學』5, 嶺南考古學會, 1-17.
최성락 1996, 「고고학에 있어서 문화의 개념」, 『한국상고사학보』22, 7-29.
최성락 1997, 「고고학에 있어서 문화 복원」, 『한국상고사학보』26, 9-32.
추연식 1992, 「고고학추론에 있어서 문화특수적 상관유추의 활용」, 『한국상고사학보』10, 한국상고사학회, 439-501.
小林行雄 1933, 「樣式」, 『彌生式土器集成圖錄 · 解說』.
橫山將三郎 1993, 「釜山府絶影島東三洞貝塚報告」, 『史前學雜誌』5-4.
Choi, Mong-lyong 1981, “Analyses of ‘Plain Coarse Pottery’ from Cholla Province,

and Implication for Ceramic Technology and so-called 'Yongsan River Valley Culture Area'," 『한국고고학보』10 · 11, 한국고고학회.

Clarke, D. L. 1968, *Analytical Archaeology*, Methen, London.

Conkey, M. W. and C. A. Hastorf 1990, "Introduction," *The Uses of Style in Archaeology*, Cambridge University Press.

Deetz, J. 1967, *Invitation to Archaeology*, The Natual History Press.

Kingery, W. D. 1981, "Plausible Inferences from Ceramic Artifacts," *Journal of Field Archaeology* 8-4, 457-467.

Sackett, J. R. 1977, "The Meaning of Style in Archaeology: A General Model," *American Antiquity* 42-3, 369-380.

Sharer, R. J. and S. Ashmore 1993, *Archaeology-Discovering Our Past*(2nd), Mayfield Publishing Company.

Smith J. W. 1976, Foundations of Archaeology, Glencoe Press.

경질무문토기의 개념과 성격

최성락

Ⅰ. 머리말

선사시대의 토기에는 신석기시대의 빗살문토기, 청동기시대의 무문토기 등이 각 시대를 대표하는 토기로 인식되고 있다. 반면 삼국시대에는 고구려, 백제, 신라, 가야지역에 각각 특징을 가진 토기들이 만들어지고 있고, 각각 다르게 인식되고 있어 별다른 혼란이 없다고 볼 수 있다.

그러나 철기시대(초기철기시대와 원삼국시대, 삼한시대)의 토기는 그 명칭이 다양하고, 지역별로 사용되는 명칭도 달라 혼란스럽다(89쪽 : 〈표 1〉참조). 이 중에서 특히 논란의 중심이 되는 토기가 경질무문토기로 볼 수 있다. 경질무문토기는 처음 중부지역의 풍납리식 무문토기를 지칭하는 의미에서 시작된 것이지만 이후 그 의미가 확대되어 남부지역의 철기시대 무문토기에도 적용되고 있다. 하지만 연구자마다 경질무문토기의 개념을 다르게 보거나 경질무문토기라는 용어 대신에 무문토기, 연질토기, 적색토기 등을 사용하고 있어 혼란이 적지 않다.

따라서 본고에서는 우선 경질무문토기의 개념을 재검토해 보면서 호남 서부지역에서 '경질무문토기 단순기'에 대한 논란을 정리해 보고, 다음으로 경질무문토기의 제작방법, 소성방법, 계통 등을 통해 그 성격을 파악해 보고자 한다.

Ⅱ. 경질무문토기의 개념

경질무문토기는 처음 풍납리식 무문토기(김원용 1967)로 불리던 것으로 한강유역의 다른 철기시대의 유적에서도 나타나므로 경질무문토기로 명명되었다(김양옥 1976, 1987). 그리고 중도유적이 조사되면서 처음에는 무문토기(국립중앙박물관 1980)로 인식되었으나 이 토기의 중요성이 인식되면서 중도식토기(이홍종 1991; 이상길 1991; 노혁진 2004) 혹은 중도식 무문토기(최병현 1998; 유은식 2006, 2011)로 지칭되었다. 남부지역에서는 이 시기의 무문토기는 후기무문토기(신경철 1980), 종말기무문토기(정징원 · 신경철 1987), 발달무문토기(김원용 1985:304) 등으로 불려졌다.

이 시기의 토기가 해남 군곡리 패총에서 확인되면서 남부지역에서는 처음으로 경질무문토기라 지칭되었다. 즉 군곡리 패총에서 출토된 토기는 크게 경질무문토기와 타날문토기로 분류되는데 경질무문토기란 단면삼각형 점토대토기를 비롯하여 철기시대에 속하는 무문토기로 그 특징으로 청동기시대의 무문토기에 비하면 다소 경도가 높은 점과 다양한 기종(옹형, 호형, 심발형, 시루, 뚜껑, 소형토기) 등을 들었다[1](최성락 1987, 1988). 이후 경질무문토기

1) 1983년 초 해남 군곡리 패총을 처음으로 답사한 필자는 그곳에서 수습된 토기편을 보고 크게 당황하였다. 왜냐하면 수습된 토기편은 무문양의 무문토기이지만 과거 발굴조사에 참가한 여주 흔암리유적과 부여 송국리유적에서 보았던 청동기시대의 무문토기와는 확연한 차이가 있었기 때문이다. 즉 수습된 무문토기의 경도가 아주 높았고, 토기의 기형도 전형적인 무문토기와는 많이 달랐다. 이에 필자는 이후 여러 가지로

라는 용어가 중부지역을 비롯하여 남부지역까지 비교적 넓게 사용되었다(박순발 1989; 최병현 1990; 심재연 1999; 이동희 2006).

그런데 경질무문토기와 관련된 비판과 논란이 적지 않게 제기되었다. 첫째, 경질무문토기라는 용어의 문제이다. 신경철(1995:113)은 경질토기란 회청색 경질토기를 연상하는 것으로 무문토기 앞에 붙이는 것이 불합리하다는 주장하였다. 엄격한 기준으로 무문토기와 경질무문토기를 구분할 수 없다는 점은 인정된다. 그러나 이러한 토기를 그냥 무문토기로 부르는 것은 청동기시대 무문토기와 구분이 어려워 혼란을 초래할 것이다. 예를 들면 일본에서는 후기 야요이토기(彌生土器)와 고훈시대(古墳時代)의 초기 하지끼(土師器) 사이에는 차이가 거의 없으나 시대가 다르기 때문에 다른 용어를 쓰고 있다. 또한 무문토기 앞에 후기, 종말기, 발달 등의 수식어를 붙이거나 중도식이나 늑도식 등과 같이 지명을 붙이는 것도 부적절하다. 특히 후자와 같이 지명을 붙여 토기의 명칭은 한 유적이나 인접한 지역에서 나타나는 독특한 기형을 상징하는 경우에 사용되기는 하나 비교적 넓은 지역에서 나타나는 토기를 언급하기에는 부적절한 면이 있다. 이 보다는 오히려 토기의 경도가 다소 높아진 점을 착안하여 경질무문토기로 부르는 것이 적합하다고 판단된다. 실제로 철기시대를 거쳐 삼국시대에 이르면서 토기의 소성도가 점차 높아지고, 과학적 분석 결과 철기시대 토기의 소성 온도가 청동기시대 토기에 비하면 상대적으로 높다[2].

둘째, 중부지역 경질무문토기(중도식 무문토기)와 남부지역의 경질무문토기와의 사이에 차이가 있다는 주장들이다. 먼저 신경철은 타날문토기와 공존하는 중도식토기와 타날문토기와 공존하지 아니한 남부지역 경질무문토기가 그 성격이 다르다고 주장하면서 경질무문토기에서 남부지역의 늑도식 무문토기를 제외시키면 중도식 무문토기가 남게 되는데 이는 적갈색연질토기라는 것이다(신경

생각해 본 결과 한강유역에서 사용되던 경질무문토기라는 용어를 붙이게 되었다.

2) 토기의 과학적 분석 결과 빗살문토기와 무문토기의 소성온도는 550~870°C 사이이지만 철기시대 이후의 토기는 800~1000°C 혹은 그 이상으로 나타났다(최몽룡 · 신숙정 1998:113).

철 1995:113). 즉 그는 삼각형점토대토기를 포함하는 '늑도식 무문토기'를 후기 무문토기 혹은 종말기무문토기로, 이보다 더 늦은 시기의 무문토기를 연질토기로 인식하고 있다. 이러한 견해는 기본적으로 경질무문토기를 인정하지 않은 입장이며 무문토기의 전통이 기원후까지 지속되지 않았음을 주장[3)]하는 것이다.

반면 진천 산수리 · 삼룡리 가마를 발굴하고 경질무문토기와 타날문토기가 함께 만들어졌다고 주장한 최병현(1990, 1998)은 그 입장을 수정하여 중도식 무문토기를 경질무문토기에서 제외시키고, 남부지역의 무문토기만 경질무문토기로 부르자고 하였다. 이러한 주장은 중부지역과 남부지역은 서로 다른 양상이 다르다는 생각에 기인한 것이다. 하지만 양 지역에서 철기문화가 시작된 이래로 무문토기의 전통을 가진 토기가 지속된다는 점은 일치하고 있다는 점을 간과하고 있다.

셋째, 삼각형점토대토기와 경질무문토기와의 관계 문제이다. 과거 중부지역에서 경질무문토기의 개념이 설정될 당시 삼각형점토대토기가 거의 알려지지 않았다. 반면 남부지역에서는 삼각형점토대토기를 처음부터 경질무문토기의 개념에 포함시키고 있다. 그런데 원형점토대토기와 삼각형점토대토기 사이에는 서로 계기성이 있는지 여부와 관계없이 시기적인 차이가 있는 토기이다(안재호 1989; 신경숙 2002; 박진일 2007). 최근 삼각형점토대토기가 중부지역에서도 일부 확인되면서 일부 연구자들은 원형점토대토기를 청동기시대 후기의 토기로, 삼각형점토대토기를 초기철기시대 혹은 철기시대의 토기로 보고 있다(이창희 2010; 이형원 2011; 최성락 2012). 따라서 삼각형점토대토기는 철기시대의 경질무문토기의 개념 속에 포함되어야 할 것이다.

넷째, 경질무문토기가 원삼국시대의 무문토기로 인식하는 문제이다. 즉 이성주(2012)는 경질무문토기의 개념에서 삼각형점토대토기를 제외시키고, 중

3) 과거 그는 웅천기 토기의 상한을 재검토하면서 무문토기가 기원후 3세기대까지 내려올 수 있음을 주장(신경철 1980)한 바가 있으나 영남지역에서 와질토기의 존재가 확인되면서 이를 철회하였다(신경철 1982). 이에 대한 필자의 비판(최성락 1996)이 있었지만 무문토기의 전통은 남해안지역에서 기원후까지 지속되었다고 볼 수 있다.

부지역의 중도식 무문토기와 남부지역의 원삼국시대 무문토기를 묶어서 경질무문토기로 보자고 하였다. 이러한 견해는 원삼국시대를 채용하고 있는 박순발(1989), 서현주(2000), 김승옥(2007) 등과 인식을 같이한다.

그러나 이 경우에는 초기철기시대의 무문토기를 어떻게 설정할 것인지 의문이다. 이성주는 초기철기시대의 무문토기를 그냥 무문토기로 할 것인지 아니면 점토대토기로 할 것인지 아무런 설명이 없다. 아마도 그는 점토대토기가 초기철기시대를 대표한다는 기존의 편년관을 따르고 있는 듯하다. 하지만 삼각형점토대토기는 특별한 기종(심발형, 옹형, 완형 등)에만 한정되고 된다는 점을 인식한다면 점토대토기가 당시의 모든 토기를 대변한다고 할 수 없다. 더구나 삼각형점토대토기의 연대는 기원전 2세기경에서 기원후 1~2세기경까지 지속되고 있고, 경질무문토기인 중도식 무문토기의 시작연대는 기원전 2~1세기로 보고 있어 기원전 1세기를 시작연대로 하는 원삼국시대를 경질무문토기의 시작으로 설정하기 어렵다.

그런데 경질무문토기는 한국고고학의 시대구분에서 철기시대와 밀접한 관계가 있다. 경질무문토기라는 용어를 쓰는 대부분 연구자들은 철기시대라는 개념을 가진 연구자들이다. 한편 초기철기시대와 원삼국시대로 사용하는 연구자들도 경질무문토기의 개념을 사용하지만 삼각형 점토대토기를 제외시키는 한정된 의미로 사용하고 있다. 반면 삼한시대를 받아들이고 있는 연구자들은 대체로 경질무문토기를 인정하기 않는 경향이 있다.

결국 경질무문토기라는 용어는 연구자들 사이에 비교적 넓게 사용되고 있다. 하지만 다수의 연구자들은 이 용어를 부정하거나 다른 의미로 사용하고 있다. 이에 필자는 경질무문토기의 개념을 재차 정의해 보고자 한다. 즉 경질무문토기는 단순히 어떤 특정 기형을 의미하는 것이 아니며 무문토기의 전통을 가지면서 철기시대 이후에 사용되었던 토기를 말한다. 따라서 중도식 무문토기와 삼각형점토대토기를 포함한 철기시대 이후의 나타나는 모든 무문토기를 경질무문토기로 정의하고자 한다.

Ⅲ. '경질무문토기 단순기'에 대한 논란

경질무문토기가 전국적으로 사용되고 있음이 알려지면서 '경질무문토기 단순기'의 존재여부에 대한 논란이 제기되었다. 즉 김장석(2009)은 호서와 호남지역의 서부지역에 경질무문토기 단순기가 존재하지 않으며 문화적인 연속성을 상정한다면 타날문토기의 상한연대를 기원전 2세기 후반경까지 소급시켜야 한다고 주장하였다[4]. 이러한 주장에 대한 자세한 반론이 이미 제기되었다. 즉 이동희(2010)는 김장석의 주장을 세부적으로 조목조목 비판하면서 경질무문토기의 개념을 잘못 이해하고 있으며 타날문토기의 연대 소급이 부적절하다고 비판하였다. 다시 말하면 삼각형점토대토기를 경질무문토기에서 제외시킴으로써 호남 서부지역에 경질무문토기가 거의 존재하지 않는다고 본 김장석의 인식은 잘못된 것이다. 더구나 호서 및 호남 서부지역에서 공백문제를 극복하기 위하여 타날문토기의 연대를 소급시켜야 한다는 주장은 납득할 수 없는 것으로 호남지역에서 그 동안 이루어놓은 고고학 편년체계(최성락 1993; 박순발 2005; 김승옥 2007; 이영철 2005)를 뒤흔들어 놓는 것이다.

사실상 '경질무문토기 단순기'라는 주장의 근거는 해남 군곡리 패총에서 시작되었다. 이 패총의 발굴조사를 통해 필자는 토기를 경질무문토기와 타날문토기로 분류하였고, 경질무문토기가 상당 기간 존재하였음을 주장하였다(최성락 1987, 1988). 이러한 견해가 당시 한강유역에 적용되면서 박순발(1989)도 한강유역의 원삼국시대 토기를 경질무문토기, 타날문토기, 회색연질토기 등으로 분류하였고, 기원전 1세기경부터 기원후 2세기경에는 경질무문토기가 주로 사용되었던 시기로 설정한 것이다. 이후 중부지역에서는 경질무문토기 단순기(혹은 중도식무문토기 단순기)의 존재를 받아들이는 입장(이홍종 1991)도 있

4) 이러한 주장을 뒷받침하는 논고의 인용에도 문제가 있다. 즉 그가 인용한 원삼국시대 생활유적(김승옥 2007의 Ⅲ기)의 분포는 비록 호남 서부지역이 공백이라고 하더라도 당시 무덤이나 패총유적은 존재하고 있음을 간과한 것이다.

으나 이를 부정하는 견해들(최병현 1989; 송만영 1999; 유은식 2006, 2011; 노혁진 2004; 심재연 2011)도 다수 제기되고 있어 중도식무문토기의 기원문제와 더불어 여전히 논란의 대상이다. 다만 유은식(2011, 55-56)은 영서지역에서 짧지만 경질무문토기 단순기가 존재할 가능성을 제시하고 있다.

하지만 이러한 연구성과와 경질무문토기의 개념을 제대로 파악하지 못한 김장석은 호서 및 호남 서부지역 경질무문토기 단순기의 부재를 주장하였다. 실제로 경질무문토기를 철기시대의 무문토기로 정의한다면(설사 삼각형점토대토기를 제외한다고 하더라도) 호남 동부지역뿐 아니라 서부지역에서 경질무문토기가 일정기간 존재하였던 것은 확실하다. 또한 영남지역에서는 와질토기와 더불어 경질무문토기가 일정기간 지속되었다고 볼 수 있다.

그런데 여기에서 제기된 중요한 문제는 호서 및 호남 서부지역에서 경질무문토기 단순기의 부재가 아니라 기원전 2세기에서 기원후 2세기 사이에 해당하는 고고학 유적의 희소(공백이 아님) 문제일 것이다. 이를 해결하기 위하여 단순히 타날문토기의 연대를 소급시킬 수 있는 문제는 아니다. 더구나 허진아(2011)는 김장석의 잘못된 인식을 바탕으로 호남지역 원삼국시대 지역성을 언급하면서 호남 서부지역과 호남 동부지역 사이에 문화적인 변화양상이 다른 점을 지적하고 있다. 이와 같이 양 지역 사이에 문화양상의 차이가 있다는 점은 필자도 어느 정도 동감하는 바이다. 하지만 기원전 2세기에서 기원후 2세기 사이의 문화가 전혀 확인되지 않는 것이 아니라 앞 시기에 비해 유적의 희소성에 문제가 있다. 마치 중부지역과 영남지역에는 기원전 3~2세기 유적들이 희소한 것과 다를 바가 없다.

그래서 이러한 의문을 풀어봄으로써 호남 서부지역에 경질무문토기의 단순기가 없는 것이 아니라 잘못 인식된 것이라는 점을 밝히는 동시에 그러한 희소 현상이 일어나는 이유를 밝혀 보고자 한다. 호남 서부지역에서는 기원전 4세기경에서 기원전 1세기경에 이르는 청동기시대 말에서 철기시대 초기(즉 초기철기시대)에 이르는 유적들이 집중적으로 나타나고 있다. 즉 전주-익산

지역을 중심으로 많은 토광묘(목관묘) 유적들이 확인되었다. 이 토광묘에서는 청동기와 철기를 공반하면서 원형점토대토기나 삼각형점토대토기가 출토되었다(한수영 2011). 그런데 한 가지 문제는 이미 지적된 바와 같이 이 시기의 생활유적이 전주-익산 부근에서 발견되지 못하고 있고, 더욱이 이를 뒤이은 유적 또한 나타나지 아니한 것이 지적된 바가 있다(김승옥 2007). 이것은 유적의 부재로만 볼 수 있는 것이 아니다. 기원전 4세기에서 기원전 1세기의 생활유적은 무덤의 주변 어디에서 발견될 것으로 기대하고, 그 뒤를 이을 생활유적은 서해안에 분포하고 있는 다수의 원삼국시대(철기시대) 패총[5]의 존재로 보아 역시 미조사로 보아야 할 것이다.

반면 전남 서부지역에서는 그 양상이 다르다고 볼 수 있다. 이 시기의 유적들을 전남 서부지역에서 찾아 볼 수 있다. 전남 서부지역에서 본격적으로 조사된 것은 해남 군곡리 패총이다. 이 유적은 1986부터 1988년까지 3차례에 걸쳐 목포대학교 박물관에 의해 발굴조사가 실시되었는데 패각층, 주거지, 토기요지 등이 조사되었다. 패각층의 층위는 자연층에 의해 14개 층으로 나누어지며, 이는 다시 5개의 문화층으로 구분된다. 먼저 Ⅰ기층은 패각층이 쌓이기 이전에 형성된 층으로 점토대토기 등이 출토된 청동기시대 후기에 속하는 층이다. Ⅱ기층은 경질무문토기가 화천 · 철기 · 골각기 등과 함께 출토되는 층으로 패각의 퇴적이 시작되는 시기에 해당한다. Ⅲ기층은 Ⅱ기층과 성격이 비슷한데 토제곡옥과 복골이 많이 출토된 층이다. Ⅳ기층은 경질찰문토기와 회색연질토기가 등장하는 층이고, Ⅴ기층은 타날문토기가 모두 등장하는 시기이다. 이 유적의 연대는 Ⅰ기층의 경우 기원전 3-1세기로, 패총이 형성된 시기인 Ⅱ기층 이상은 기원전 1세기경부터 기원후 3세기경으로 보고 있다.

광주 신창동 유적은 우리나라에서 처음으로 발견된 복합농경유적으로 생

5) 이 패총들의 연대를 기원후 3세기를 중심연대로 본 서현주(2000)에 대하여 이동희(2009)는 기원후 1-2세기경으로 올려볼 수 있음을 주장하고 있다. 대표적으로 군산 남전 패총 등이 있다.

산과 생활, 분묘유적이 존재하는 대표적인 곳이다. 이 유적에서는 옹관묘, 토기가마, 환호, 밭, 주거지, 저습지 등 초기철기시대의 생산 및 생활, 분묘유구가 조사되었다. 유적의 층위는 16개 이상으로 세분되며, 유물의 출토상에 따라 크게 3개층으로 구분된다. Ⅰ기층은 흑갈색유기물부식토층으로 맨 밑바닥은 뻘층(silt)으로 이루어졌다. 이 층위의 최대특징은 벼껍질 압착층의 존재이며 그 사이에 나무와 나뭇잎 · 각종 씨앗류 · 칠기를 비롯한 다양한 목제유물과 토기류가 출토되었다. Ⅱ기층은 홍수퇴적물과 목탄 및 불탄흙 등 토기제작의 부산물이 함유된 점성이 강한 진흙층이 중심을 이루며 그 사이에 황갈색사질경화층과 갈색층, 회백색 재층, 그리고 검정 목탄재층이 겹겹이 얇게 삽입되어 있다. 출토유물은 두(豆)를 비롯한 점토대토기가 주종을 이루며 탄화미 · 씨앗 등도 발견된다. Ⅲ기층은 유적의 최상부에 위치하며 퇴적토와 일부 경작시 이루어진 지형변경으로 교란된 층위이다. 출토된 유물은 무문토기류와 함께 옹기 · 자기 · 와편 등 조선시대 후기의 유물도 포함되어 있다. 그리고 토기가마는 기존에 존재했던 環濠의 경사면을 이용한 것으로 가마의 내부에서는 다량의 무문토기와 방추차, 지석 등이 출토되었다. 토기류는 고배와 옹, 발, 시루 등 기원전 1세기대 점토대토기문화 단계의 전 器種이 발견되었다(조현종 2005; 국립광주박물관 2012). 이 유적의 중심연대는 기원전 2세기말에서 기원후 1세기경으로 보고 있다.

그밖에 이 시기의 주거지나 유물산포지로는 광주 오룡동유적, 치평동유적 등 주로 광주지역에 밀집하고 있다. 또 나주에서 조사된 수문패총은 광주 신창동 유적과 해남 군곡리 유적 사이에 위치한 동일시기의 유적으로서 두 유적을 연결하는 고리역할을 하는 중요한 유적이다. 이 시기의 무덤이 확인된 것으로는 영광 군동 유적의 토광묘 및 주구토광묘가 있고, 광주 운남동 옹관묘, 무안 인평 고분군의 옹관묘, 함평 당하산 유적의 옹관묘 등이 있다.

그런데 기원후 2세기대 이후의 유적으로는 장흥 유치면 대리의 상방촌 유적, 해남 황산리 분토 유적, 담양 태목리 유적 등지에서 알려져 있으며 3세기 이후의 생활유적은 내륙지역에서 급격히 확대되었다. 전남 서부지역의 대표적인 유적은 다음 <표 1>에서 볼 수 있다.

(표 1) 선남 서부지역 유적의 편년

시기 / 유적명	BCE			CE					
	3C	2C	1C	1C	2C	3C	4C	5C	6C
담양태목리									
광주산월뚝뫼									
광주신창동									
광주오룡동									
광주치평동									
광주운남동옹관									
나주수문패총									
무안인평고분군									
함평당하산옹관									
해남군곡리 I 기층									
해남군곡리 II·III·IV·V 기층									
함평중랑									
무안양장리									
해남신금									
해남분토									
장흥유치상방촌									
장흥건산리									
보성금평패총*									

* 전남 동부지역에 속하는 유적임

이와 같이 전남 서부지역에서 경질무문토기는 광주지역, 나주지역을 제외하면 내륙에서 극히 적게 나타나고 있다. 더구나 철기시대에 속하는 주거지들은 청동기시대의 송국리형 주거지나 3~4세기대 삼국시대 주거지와는 동일한 입지에 분포하지 않는다. 다시 말하면 전남 서부지역에서는 철기문화의 유입과 함께 해안이나 강안지역을 중심으로 유적들이 분포하는 특징을 보여준다. 이러한 현상에 대하여 당시 많은 주민들이 해안지역으로 이동하였을 것으로 해석되고 있다(최성락 · 김건수 2002).

반면 전남 동부지역의 양상은 다소 차이를 보인다. 먼저 1992년 전남대학교 박물관에 의해 조사된 유적은 보성 금평 패총이다. 이 유적에서는 패총과 더불어 그 하부에서 3기의 주거지, 2기의 수혈유구, 3기의 구상유구 등이 조사되었다. 청동기시대의 송국리형 주거지 1기를 제외한 나머지 주거지와 수혈유구에서는 경질무문토기가 출토되었다. 패총은 모두 11개의 층을 이루고 있지만 퇴적범위에 따라 크게 3개의 패각덩어리로 나누어진다. 경질무문토기가 압도적으로 많이 출토되었으며 타날문토기, 소형토기, 토제국자, 토제곡옥, 토제옥주형(玉鑄型), 새나 돼지와 같은 동물형토제품, 쇠화살촉(鐵鏃), 쇠도끼(鐵斧), 철제낚시바늘, 골각촉, 도자병, 복골, 골침, 상어등뼈 가공품 등이 출토되었다(임영진 외 1998). 보고자는 패총의 중심연대를 기원후 3세기대로 보고 있으나 출토된 유물의 양상이 군곡리패총과 흡사하므로 중심연대를 기원전 1세기에서 기원후 3세기경으로 보는 것이 더 타당할 것이다.

또 순천 영향동 대석유적에서는 해남 군곡리 패총과 유사한 시기의 주거지가 단면 삼각형토기와 함께 조사되었다. 뒤이어 보성 조성리 유적, 구례 봉북리 유적, 순천 용당동 망북 · 성산리 대벽 · 덕암동 유적, 여수 화장동 유적 등지에서 기원전 1세기경부터 기원후 4세기경에 속하는 경질무문토기가 계속적으로 발견되었다. 이 시기의 주거지는 타원형의 수혈주거지가 대세를 이루며, 방형의 주거지가 늦게 나타나고 있다(이동희 2006; 박미라 2008).

한편으로 영남지역에서도 경질무문토기의 등장과 타날문토기의 등장 사이에는 상당한 시차가 있다. 낙동강유역의 경우, 기원전 2세기 중엽경 삼각형점토대토기(경질무문토기)가 시작되었다고 볼 수 있으며 기원후 1~2세기까지 지속되었다. 한편 타날문이 있는 와질토기는 기원전 1세기 중엽경에 등장하였으며, 본격적인 타날문토기(예를 들면 타날단경호)는 2세기 중엽 이후에 사용되었다. 특히 남해안지역의 패총유적을 중심으로 경질무문토기는 늦게까지 지속되었으며 와질토기가 잘 나타나지 아니한 경남 서부지역에서 기원후 4세기경까지 사용되었다(경남발전연구원 2011).

이상을 정리하면 경질무문토기 단순기의 문제는 처음 전남 서부지역에서 제기된 것이며 그러한 아이디어가 중부지역으로 파급된 것이다. 중부지역에서 경질무문토기 단순기의 존재여부는 다소 논란이 있지만 삼각형점토대토기를 경질무문토기의 개념에 포함한다면 당연히 존재하였을 것이다. 그리고 영남지역에서도 중부지역과 비슷한 양상이지만 남해안지역이나 경남 서부지역에서 경질무문토기는 일정기간 분명하게 나타나고 있다. 결국 경질무문토기 단순기의 존재여부는 지역별로 고고학 편년의 세밀한 작업이 완성된다면 더욱 분명해 질 것이다.

그렇다면 이와 같이 중부지역이나 동남부지역과 다르게 서남부지역에서 경질무문토기의 단순기가 긴 이유는 무엇일까? 필자는 북부지역에서 시작된 철기문화로의 변화에 토기의 변화가 이를 따르지 못하였다고 보았다. 즉 북부지역에서는 제철기술과 제도기술이 함께 유입되었으나 제도기술이 제철기술에 비하여 서남부지역에 도달하는 시간이 늦었을 것이다. 또한 경질무문토기가 무문토기에서 타날문토기로 변화되는 중간 과정이므로 지역에 따라 그 진행속도가 달랐다. 즉 서남부지역에서의 제도기술의 변화는 북부지역에 비해 느렸을 것으로 본다(최성락 2002). 따라서 경질무문토기가 어떠한 영향, 예를 들면 철기문화의 영향에 의해 시작된 것은 분명하지만 이것이 타날문토기의 영향에 의해 발생되었다는 것은 타당한 설명이 아니다.

Ⅳ. 경질무문토기의 성격과 문제점

경질무문토기의 성격을 분명하게 하기 위하여 무문토기와 제작방법상의 차이, 소성문제, 계통문제 등을 검토해 보기로 하겠다. 먼저 무문토기와 제작방법상의 차이 문제이다. 즉 윤세영(1994)은 무문토기와 경질무문토기와의 경도 차이는 소성도의 차이가 아니라 정면수법에 의한 차이로 보았다. 즉 정면기법이 잘 된 토기의 경도가 높다는 것이다. 또한 이성주(2012)는 무문토기와 경질무문토기가 기본적으로 비슷한 태토에 제작방법이 유사하다고 보지만 몇 가지 면에서 다르다고 보았다. 즉 그는 경질무문토기의 특징을 첫째, 대부분 그릇을 들고서 제작하였고, 둘째, 원통형의 동체부를 먼저 만들고 저부를 부착한 그릇이 많으며, 셋째, 호남지역을 제외하면 그릇 바깥 표면에 마연도구나 목판 등으로 치밀하게 정면한 것이 많다고 보았다.

사실 경질무문토기에 나타나는 정면수법은 이미 무문토기 단계에서 나타난 것으로 중부지역에서는 다소 많아졌음을 알 수 있고, 제작과정에서 단순히 卷上法, 積輪法에서 벗어나 分割成形法 등이 나타나고 있음은 해남 군곡리 패총에서도 이미 지적된 바 있다(최성락 1993b, 164-170). 그러나 남해안지역 패총에서 출토되고 있는 경질무문토기는 정면기법이 보이지 않아도 상대적으로 경도가 높아 토기의 소성도가 점차 높아진 것이 사실이다. 따라서 두 토기 사이의 차이점을 분명하게 제시하기는 어렵지만 정면수법 이외에도 제작방법이나 경도 등에서도 차이점이 있음을 알 수 있다

다음은 경질무문토기의 소성방법의 문제로 이를 굽던 가마의 구조가 과연 그 이전과 달랐는가 하는 것이다. 경질무문토기의 색조는 적갈색을 띠고 있어 가마에서 구웠다고 하더라도 환원염이 아닌 산화염에서 소성되었기에 가마의 획기적인 변화가 없었을 것이다. 반면 최병현(1990)은 경질무문토기가 타날문토기의 제도기술의 영향 아래에 제작되었으며 두 토기가 공존한다고 보았다. 중부지역에서는 많은 유적에서 경질무문토기와 타날문토기가 공존하

는 것은 사실이고, 중부지역에서 경질무문토기 단순기의 존재에 대해서는 연구자간에 논란이 있는 것도 사실이다. 만약 경질무문토기가 타날문토기의 제도기술의 영향을 받았다고 본다면 전남 서부지역에서 타날문토기에 앞서 나타나는 경질무문토기를 어떻게 설명할 수 있을지 모르겠다.

전남 서부지역에서 경질무문토기와 관련된 발굴된 가마로는 광주 신창동 가마가 있는데 청동기시대의 노천가마와 유사한 수혈구가 확인되고 있기 때문에 타날문토기를 구웠던 폐쇄된 가마와는 기술적으로 확연한 차이가 있었을 것이다. 따라서 경질무문토기의 제도기술은 무문토기의 제도기술에서 크게 벗어난 것이 아니므로 가마도 크게 달라졌다고 볼 수 없다. 또 경질무문토기가 타날문토기와 같은 가마에서 소성되었다는 주장은 성립하기 힘들다.

마지막으로 경질무문토기의 계통 문제이다. 필자는 전남 서부지역의 경질무문토기는 삼각형점토대토기를 포함하지만 청동기시대의 무문토기에서 점진적으로 발전되었다 보았다(최성락 1993). 일부 연구자들은 삼각형점토대토기가 중국 동북지역에서 새로이 유입된 토기문화유형임을 주장하지만 그 보다도 일찍 형성된 원형점대토기에서 삼각형점토대토기로 변화되었다고 주장도 적지 않다. 따라서 필자는 경질무문토기는 청동기시대 무문토기의 전통을 유지하면서 철기문화가 도래한 이후 원형점토대토기에서 변화된 것으로 보았다.

반면 중부지역의 경질무문토기, 즉 중도식토기의 계통에 대한 다양한 의견이 제시되고 있다. 먼저 자체발전설이다. 김원용(1977)은 풍납동식 무문토기가 기존의 무문토기가 개량된 것으로 보았다. 또한 이홍종(1991)은 중도식토기의 시작연대를 삼각형점토대토기 보다도 이른 기원전 3세기경으로 보면서 그 기원을 충청권의 송국리식 토기로 설정한 바 있었다. 그러나 대부분 연구자들은 이를 부정하면서 삼각형점토대토기가 중도식 무문토기에 비해 이른 것으로 보고 있다.

다음으로 제시된 것은 서북지방 기원설이다. 박순발(1989, 2009)은 경질무문토기의 형성이 중국 동북지역의 원형점토대토기가 한반도로 파급되면서 삼각형점토대토기를 거쳐 외반구연토기인 명사리형 토기로 기형이 변화한다고 보았고, 나아가 강원지역에서도 경질무문토기의 계보를 점토대토기에 두었다. 또 최병현(1998)은 한강유역 토기의 계보문제와 관련하여 중도식토기의 계통이 명사리유형이라는 것과 타날문토기가 기원후 1세기에 등장하였다는 주장에 대하여 타날문토기가 전국계이고, 전국계 타날문토기가 수용되는 계기는 세죽리-연화보유형 문화의 서북한지역으로의 파급이며, 이 무렵 재지의 토기문화로 보이는 명사리형토기와 타날문토기 사이에는 시차를 인정하기 어려우므로 명사리형 토기와 같은 한강유역의 경질무문토기 혹은 중도식 무문토기와 타날문토기는 처음부터 공존한다고 주장하였다. 김일규(2007)는 낙랑토기 영향으로 중도식 무문토기가 출현하였다고 보았다.

이와 다른 입장은 동북지방 기원설이다. 중도유적의 발굴보고서(국립중앙박물관 1980)에서 처음으로 외반구연 심발형 무문토기가 동북지역 무문토기와 관련된다고 언급된 이래로 노혁진(2004)은 외반구연 심발형 무문토기와 더불어 타날문토기, 독특한 주거지(凸字 · 呂字形 주거지), 철기 등이 모두 동북지역과 관련되었으며 이것이 단순한 영향이 아니라 주민의 이동으로 보았다. 또 유은식(2006, 2011)은 중도식 무문토기의 제작기법이나 다양한 기종이 두만강유역의 초기철기시대 토기와 관련된다고 보지만 두만강유역에서 유행하는 두형토기가 중도식 무문토기에서는 보이지 않고, 외반구연옹, 심발, 완 등이 명사리유적에서도 보이므로 다소 유보적인 입장을 취하고 있다. 또 그는 영서지역이 기원전 1세기 전반에, 영동지역이 기원 1세기 후반에 중도식 무문토기가 시작되었다고 보면서 중도식 무문토기 단순기에 속하는 유적의 연대가 모두 기원후의 것임을 주장하였다.

끝으로 절충설인데 심재연(2011)은 강원지역의 철기문화가 타날문토기로 대표되는 서북지역의 문화와 내만구연호, 파수부토기 등으로 대표되는 동북지역의 문화가 복합적으로 어울려 형성되었지만 외반구연 경질무문토기의 조형을 점토대토기문화에서 찾을 수 있으며 기원전 2세기 초-전엽경에 정형화되었다고 보았다.

이와 같이 중부지역과 서남부지역 사이의 경질무문토기는 그 양상이 다소 다른 것이 사실이다. 중부지역에서는 타날문토기와 거의 함께 나타나지만 서남부지역에서는 타날문토기보다도 앞서 나타나는 점, 두 지역 토기의 정면기법에서 차이가 나는 점 등은 서로 다른 계통으로 보는 근거가 된다. 하지만 두 지역에서 경질무문토기가 가지는 공통적인 점은 바로 철기문화가 유입된 이후에 변화된 무문토기라는 점이다. 또한 일부 연구자들이 주장한 바와 같이 삼각형점토대토기로부터 중도식 무문토기로의 변화를 인정하게 된다면 남부지역에서의 변화양상과 차이가 없어지게 된다. 따라서 경질무문토기는 청동기시대의 무문토기에서 기술적으로 발달된 것으로 타날문토기로 변화되는 과도기적인 토기임에 틀림없는 것이다.

그런데 경질무문토기에서 타날문토기로 변화되는 과도기적인 단계에는 경질무문토기와 함께 경질찰문토기가 존재한다(최성락 1988). 경질찰문토기는 이미 김해패총에서 김해식적갈색찰문토기(김원용 1977:400)로 명명된 것으로 고성패총, 창원 성산패총, 해남 군곡리패총 등에서 많이 나타나는 토기이다. 그런데 擦文이란 토기의 정면수법으로 청동기시대부터 사용되다가 타날기법으로 대치될 때까지 계속되었다. 그러나 타날문토기가 완성되기 직전의 경질찰문토기는 기존의 무문토기나 경질무문토기와는 다르게 기벽이 매우 일정하여 이들과 차이를 보여주고 있다. 따라서 경질무문토기는 새로운 제도기술의 직접 혹은 간접적인 영향으로 기존의 무문토기가 변화되어 나타난 재지적인 토기이다. 또 이러한 변화는 대체로 철기의 유입과 더불어 나타났다고 볼 수 있다.

결국 경질무문토기의 변화양상을 가장 잘 볼 수 있는 지역은 바로 전남지역이다. 전남지역에서는 대체로 기원전 2세기경에 경질무문토기가 시작되어 기원후 2세기경까지 지속적으로 사용되었다. 특히 전남 동부지역에서는 이보다 더 늦은 4세기경까지 사용되었음을 알 수 있다[6]. 또한 이러한 현상은 경남 서부지역까지 확산되었을 가능성이 있지만 그 지역 연구자들의 인식이 달라 잘 확인할 수 없다. 즉 경남 서부지역에서는 1~4세기경의 경질무문토기를 무문토기에 이어 연질토기(신경철 1982; 최종규 1982; 부산대학교 1998: 경남발전연구원 2011) 혹은 적색토기(이성주 1988)로 불려지고 있거나 경질무문토기에 이어서 적갈색연질토기로 부르고 있다(김종철 외 1992).

V. 맺음말

경질무문토기는 청동기시대 무문토기의 제도기술과 유사하지만 철기시대에 접어들면서 소성도가 높아지고, 기종과 기형이 다양해지는 특징을 지니고 있다. 따라서 경질무문토기는 단순히 어떤 특정 기형을 의미하는 것은 아니다. 즉 중도식 무문토기와 삼각형점토대토기를 포함하여 철기시대 이후의 나타나는 무문토기를 일반적으로 칭하는 용어이다.

그래서 경질무문토기라는 용어는 철기시대라는 개념과 밀접한 관계를 가지고 있다. 다시 말하면 경질무문토기를 받아들이는 연구자들은 철기시대라는 용어를 사용하고 있는 반면에 원삼국시대를 사용하는 연구자들은 경질무문토기의 개념을 축소하여 삼각형점토대토기를 제외시킨 개념으로 사용하고 있으며, 삼한시대를 사용하는 연구자들에게는 경질무문토기라는 용어를 받아들이지 않고 있다.

실제로 경질무문토기는 거의 전국적으로 나타나며 일정한 기간 동안 사용된 것은 분명하다. 다만 그 성격이 분명하게 파악되지 않고 있는 것은 각 지역에서 경질무문토기에 대한 연구의 부재가 원인으로 볼 수 있지만 연구자들의

6) 강원 영동지역의 경우 경질무문토기의 하한을 5세기 전반대까지 내려보고 있다(이성주 · 강선옥 2009).

인식이 서로 달라 일어나는 현상이기도 하다. 특히 시대구분에 대한 인식차이가 토기의 명칭뿐 아니라 당시의 문화양상을 다르게 해석하는 하나의 원인이 되고 있다는 점은 앞으로 깊이 생각해 볼 문제이다.

<참고문헌>

경남발전연구원 2011, 『진주 평거 3-1지구 유적』Ⅰ · Ⅲ 본문.

국립광주박물관 2012, 『광주 신창동 유적 사적 지정 20주년 기념 특별번-2000년 전의 타임캡슐』.

국립중앙박물관 1980, 『中島 Ⅰ』.

김승옥 2007, 「금강유역 원삼국-삼국시대 취락의 전개과정 연구」, 『한국고고학보』 65, 한국고고학회.

김양옥 1976, 「韓半島 鐵器時代土器의 硏究」, 『백산학보』20, 백산학회, 123-213.

김양옥 1987, 「경질무문토기시론」, 『최영희선생화갑기념한국사논총』, 711-738.

김원용 1967, 『풍납리포함층조사보고』, 서울대학교 박물관.

김원용 1977, 「철기문화」, 『한국사 Ⅰ-한국의 선사문화』, 국사편찬위원회, 391-450.

김원용 1985, 「신라-토기-」, 『한국사론』15, 국사편찬위원회, 299-335.

김일규 2006, 「한강 중 · 하류역의 중도식토기 편년소고」, 『석헌정징원교수정년퇴임기념논총』, 부산고고학연구회 논총간행위원회.

김장석 2009, 「호서와 서부호남지역 초기철기시대 · 원삼국시대 편년에 대하여」, 『호남고고학보』33, 호남고고학회.

김종철 · 서오선 · 신대곤 1992, 「고성패총 발굴조사보고서」, 『고성패총』, 국립중앙박물관.

노혁진 2004, 「중도식토기의 유래에 대한 일고」, 『호남고고학보』19, 호남고고학회.

박미라 2008, 「전남 동부지역 1-5세기 토기가마의 변화양상」, 『호남고고학보』30, 호남고고학회, 37-62.

박순발 1989, 「한강유역 원삼국시대 토기의 양상과 변천」, 『한국고고학보』23, 한국고고학회.

박순발 2005, 「토기상으로 본 호남지역 원삼국시대의 편년」, 『호남고고학보』21, 호남고고학회.

박순발 2009, 「경질무문토기의 변천과 강릉 초당동유적의 시간적 위치」, 『강릉 초당동 유적』, (사)한국문화재조사연구기관협회.
박진일 2007,「점토대토기, 그리고 청동기시대와 초기철기시대」,『한국청동기학보』1, 한국청동기연구회.
부산대학교 박물관 1998,『김해 봉황대유적』.
서현주 2000,「호남지역 원삼국시대 패총의 현황과 형성배경」,『호남고고학보』11, 호남고고학회, 79-111.
송만영 1999,「중부지방 원삼국문화의 편년적 기초」,『한국고고학보』41, 한국고고학회.
신경숙 2002,「호남지역 삼각형점토대토기문화의 연구」, 목포대학교 석사학위논문.
신경철 1980,「웅천문화기 기원전 상한설 재고」,『부대사학』4, 211-265.
신경철 1982,「釜山 · 慶南出土 瓦質系土器」,『한국고고학보』12, 한국고고학회, 39-87.
신경철 1995,「瓦質土器文化論:그 성과와 과제」,『韓國考古學의 半世紀』, 제19회 고고학대회 발표요지, 107-132.
심재연 1999,「강원지역 철기문화의 성격」,『백제연구』30, 충남대학교 백제문화연구소.
심재연 2011,「경질무문토기의 기원-점토대토기문화와 관련성을 중심으로」,『고고학』, 중부고고학회.
안재호 1989,「三角形粘土帶土器의 性格과 年代」,『늑도주거지』, 부산대학교 박물관, 132-145.
유은식 2006,「두만강유역 초기철기문화와 중부지방 원삼국문화」,『숭실사학』19, 숭실대학교 사학회.
유은식 2011,「동북계토기로 본 강원지역 중도식무문토기의 편년과 계통」,『한국기독박물관지』7, 숭실대학교 한국기독교박물관.
윤세영 1994,「無文土器의 整面手法에 關하여」,『한국상고사학보』17, 한국상고사학회, 11-40.
이동희 2006,「전남동부지역 복합사회의 형성과정에 대한 고고학적 연구」, 성균관대학교 박학위논문.

이동희 2010, 「"호서와 서부호남지역 초기철기-원삼국시대 편년"에 대한 반론」, 『호남고고학보』35, 호남고고학회.

이상길 1991, 「한강유역 철기시대 토기편년-중도식토기를 중심으로-」, 경북대석사학위논문.

이성주 1988, 「三國時代 前期 土器의 硏究」, 『한국상고사학보』1, 한국상고사학회.

이성주 2012, 「강릉 안인리유적의 중도식무문토기」, 『강릉 안인리유적 발굴20주년 기념학술대회』, 강릉원주대학교박물관 · ,(재)강원고고문화연구원.

이성주 · 강선옥 2011, 「초당동유적에서 본 강릉지역의 신라화 과정」, 『사적 제490호 강릉초당동 유적』, 한국문화재조사연구기관.

이영철 2005, 「영산강유역의 원삼국시대 토기상」, 『원삼국시대 문화의 지역성과 변동』, 제29회 한국고고학전국대회.

이창희 2010, 「점토대토기의 실연대-세형동검문화의 성립과 철기의 출현연대」, 『문화재』,국립문화재연구소, 43-3.

이형원 2011, 「중부지역 점토대토기문화의 시간성과 공간성」, 『호서고고학』24, 호서고고학회.

이홍종 1991, 「中島式土器의 成立過程」, 『한국상고사학보』6, 한국상고사학회.

임영진 · 조진선 · 서현주, 1998, 『寶城 金坪 遺蹟』, 全南大學校博物館 · 寶城郡.

정징원 · 신경철 1987, 「終末期 無文土器에 關한 硏究」, 『한국고고학보』20, 한국고고학회, 113-131.

조현종 2005, 「광주 신창동 유적」, 『전남향토대백과사전』, 전라남도.

최몽룡 · 신숙정 1998, 「토기분석법」, 『고고학연구방법론』, 서울대학교 출판부, 61-129.

최병현 1990, 「충북 진천지역 백제토기요지군」, 『백제시대의 요지연구』, 문화재연구소.

최병현 1998, 「原三國土器의 系統과 性格」, 『한국고고학보』38, 한국고고학회, 105-145.

최성락 1987, 『郡谷里貝塚』Ⅰ, 목포대학교 박물관.

최성락 1988, 「原三國期 土器의 變遷과 問題點」, 『영남고고학』5, 영남고고학회,

1-17.

최성락 1996,「와질토기의 비판적 검토」,『영남고고학』19, 1-13.

최성락 2002,「철기시대 토기의 실체와 연구방향」,『지방사와 지방문화』5-2, 역사문화학회.

최성락 2012,「초기철기시대론에 대한 비판적인 검토」,『21세기의 한국고고학』(최몽룡 편), 주류성.

최성락 · 김건수 2002,「철기시대 패총의 형성배경」,『호남고고학보』15, 호남고고학회, 57-82.

최종규 1982,「陶質土器 成立前夜와 展開」,『한국고고학보』12, 한국고고학회, 213-243.

한수영 2011,「만경강유역의 점토대토기문화기 목관묘 연구」,『호남고고학보』39, 호남고고학회.

허진아 2011,「주거자료를 통해 본 호남지역 원삼국시대 지역성」,『한국상고사학보』74, 한국상고사학회.

제3부 패총의 형성 배경

철기시대 패총의 형성 배경

최성락 · 김건수

Ⅰ. 머리말

우리나라에 분포하는 패총은 160여 개소인데 이것들은 대부분 신석기시대와 철기시대[1)]에 형성된 것들이다. 신석기시대의 패총은 전국적인 분포를 보이는 반면 철기시대 이후의 패총은 남해안지방에 밀집하여 분포하고 있다. 청동기시대에도 패총은 형성되었지만 신석기시대나 철기시대에 비교하여 그 수가 적고, 또 입지도 서해안과 남해안의 일부 지역에서만 한정된다. 이러한 현상은 패총의 형성이 시기적인 혹은 공간적인 차이가 있음을 시사해 준다.

---

1) 본고에서 언급되는 철기시대란 새로운 철제기술이 유입되어 철기문화가 형성된 이후 삼국시대의 고분이 발생하기 전까지를 말한다. 남부지역에서는 기원전 2~1세기에서 기원후 3세기말까지 이에 해당한다(최성락 1995, 1999). 즉 철기시대는 기존의 원삼국시대에 기원전의 철기문화(초기철기시대)를 포함하는 것으로 일부에서 삼한시대로 부르기도 한다.

철기시대 패총이 처음으로 조사된 것은 김해 회현동패총이다. 뒤이어 진해 웅천패총, 양산패총, 동래패총, 부산 조도패총, 고성 동외동패총, 창원 성산패총 등이 조사되었고, 1980년대 이후에도 사천 늑도패총, 해남 군곡리패총, 보성 금평패총, 김해 봉황대패총 등이 조사되었다. 이들 패총에 대한 편년은 연구자에 따라 심하게 차이를 나타나고 있다. 예를 들면 김해패총의 연대에 대하여 기원전후에 형성되었다는 기존의 주장(有光敎一 1954, 김원용 1957)에 반하여 기원후 4세기 이후의 패총이라는 주장(최종규 1982)이 제기되었고, 일부에서는 기원후 1~2세기경에 남해안지역의 패총 형성이 일시 중단되었다는 견해(홍보식 1998)도 있다. 그러나 사천 늑도패총이나 해남 군곡리패총 등과 같이 철기시대 초기부터 패총은 형성되기 시작하였으며 이후 여러 패총들이 삼국시대 고분기까지 계속적으로 만들어졌을 것이다.

철기시대에 이르러 남해안지역에 어떻게 그리고 왜 많은 수의 패총이 형성되었는지에 대하여 몇 가지 가설, 즉 방어성 집락(취락)과 연결짓거나 기후의 한냉화 혹은 해수면의 상승 등 自然的 現象이나 人口壓 등 사회적 변화와 관련된다는 주장이 제기되었으나 아직 설득력 있는 견해는 없다. 따라서 본고에서는 먼저 이미 제기된 여러 가설들을 검토해 보고, 다음은 패총의 형성 원인으로 생각되는 철기시대의 자연환경, 패총의 입지와 연대, 주거지의 폐기 원인, 철기문화의 유입경로 등을 검토하여 패총의 형성 배경을 살펴보고자 한다.

Ⅱ. 패총 형성 배경에 대한 여러 견해

철기시대 패총의 형성과정에 대하여 몇 가지 가설적인 견해들이 제시되었다. 먼저 신석기시대와 청동기시대의 패총들이 낮은 구릉에 위치하는데 반해 김해기(즉 철기시대 후반 혹은 고분기)의 남해안지방의 패총들은 平地보다는 高地에 위치하는 것을 착안하여 최종규는 방어적 측면에서 防禦性 集落(聚

落)으로 해석하고 있다(최종규 1989). 또한 그는 防禦性 集落(취락)이 형성된 것은 남해안 일대가 긴장 상태임을 말해주는 것으로 해석하였고, 당시 식량생산단계의 완숙기에 들어서 돌연히 식량채집단계로 역행하는 경제형태를 유지한 점에 의문을 제기하면서 이처럼 역행한 경제체제를 채택한 이유에 관해서는 다방면의 고찰이 필요하다고 하였다(최종규 1996:34-35). 이 견해의 문제점으로는 패총의 중심연대를 기원후 4세기 이후로 낮추어 본다는 점과 패총의 성격을 고지성 집락(취락)과 연결해 보는 점이다. 철기시대 패총의 중심연대를 몇몇 유물만으로 지나치게 낮추어볼 수 없다고 본다. 남해안의 패총들은 대체로 기원전 2~1세기경부터 형성되기 시작하여 삼국시대 고분기까지 연속적으로 형성되었을 것이다. 또한 패총은 모두 고지에만 위치하는 것이 아니라 바닷가에 위치하는 패총들도 많다.

한편 서현주는 원삼국시대(철기시대) 패총의 형성배경을 기후변화에 따른 현상으로 파악하고 있다. 즉 기원후 2~3세기에 속하는 패총이 다수를 차지하고 있다고 보면서 이 시기는 『三國史記』나 기후 관련자료로 보아 한랭기로 추정되기 때문에 이로 인해서 농업생산력이 감소하였고, 상대적으로 해양과 육상의 자연자원에 대한 의존도가 높아졌으며, 해안가에 패총이 형성된 것으로 보았다. 이를 정리하여 다음과 같이 나타내었다(서현주 2000).

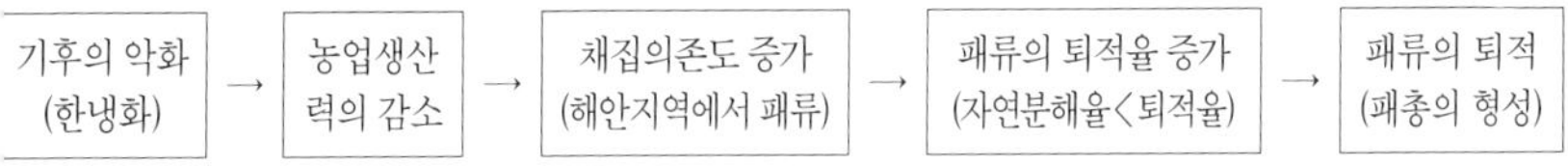

기후의 악화 (한냉화)	→	농업생산력의 감소	→	채집의존도 증가 (해안지역에서 패류)	→	패류의 퇴적율 증가 (자연분해율<퇴적율)	→	패류의 퇴적 (패총의 형성)

기후의 한랭화와 패총의 형성이 어떤 상관관계가 있을 것이라는 주장은 공감되는 부분이 많다. 그러나 한랭화로 인해 농업생산력이 떨어지고 자연자원인 해양자원을 취하면서 패총이 형성되었다는 논리라면 패총은 한랭화 이후에 나타나야 하고, 모든 패총이 해안가에 위치를 해야할 것이나 실제로 패총은 한냉화 이전에도 나타났으며 高地에도 입지하고 있어 이와 같은 설명만으

로는 충분하지 못하다. 더구나 서현주(1996)는 남해안 패총의 기원문제를 다루면서 夏家店上層文化와 관련된 원형점토대토기문화에서 그 계보를 찾고 있다. 그렇다면 원형점토대토기가 적어도 기원전 3~2세기경에는 남부지역에서 시작되었기 때문에 기원후 2~3세기에 이루어지는 기후의 한랭화와는 상관없이 남해안의 패총이 형성되기 시작하였다고 보아야 할 것이다.

이와는 달리 이송래는 남해안지방 패총의 형성배경을 남한지역 복합족장사회에서 이루어졌던 경제정책의 일환으로 설명하고 있다. 즉 족장계층이 수산자원의 중요성을 파악하고 주민일부를 해안가로 이주시켜 수산업에 종사하게 하였다는 것이다(이송래 2002). 그러나 이러한 설명을 뒷받침하는 고고학 자료의 제시가 없고, 남해안에 분포하고 있는 패총의 입지를 제대로 파악하지 못하고 있다. 예를 들면 해안에 상당히 거리를 두고 있는 산 정상부까지 무거운 해산물을 운반하였을 가능성은 어떤 경제원리로도 설명하기 어렵기 때문이다.

반면에 지리학자들은 당시 해수면이 높아져서 패총이 자연스럽게 高地에 입지하게 되었다는 것이다(조화룡 1987:74-75 및 117-178). 한편 田村晃一도 한국 남부지역 패총의 형성 원인을 小海進에 의한다고 보았다(田村晃一 1980:264). 즉 海進이 일어나서 농경지가 감소하게 되었고, 이에 사람들은 부족한 식량을 보충하기 위해서 패류를 대량으로 채취하게 된 결과 패총이 형성되었다는 것이다. 그러나 이 역시 연구자 자신들이 인정한 것처럼 특별한 증거가 없이 그저 단편적인 추정으로 볼 수밖에 없다.

이러한 연구 외에도 청동기시대에 급격히 쇠퇴하였던 패총이 철기시대에 남해안지방을 중심으로 갑자기 형성되는 배경을 人口壓[2]으로 해석할 수도 있

2) 人口壓(population pressure)이란 어느 지역의 인구 量과 생활공간과의 관계에서 균형이 이루어지지 않을 때 각각 사람의 생활에 압박을 받게 되는 현상이다. 즉 인구가 증가하면 생활공간과의 관계에서 균형이 잡히지 않게 되므로 개개 구성원은 생활공간에 대한 협소함을 의식하게 되고, 그 의식은 구성원 각자의 생활에 압박감을 주게 된다. 이 압

다. 인구압으로 인하여 새로이 바다로부터 식량자원을 획득하였을 것이라는 추정은 가능하지만 인구압의 발생 배경에 관해서 구체적인 원인을 알지 못하고 있다.

결국 패총의 형성에 관한 여러 견해가 제기되었으나 아직 설득력 있는 학설이 제시되지 못하고 있다.

Ⅲ. 패총 형성 원인의 검토

패총은 바다를 대상으로 이루어진 생업활동의 결과 형성된 것이므로 바다의 변화를 민감하게 반영하고, 또 바다의 변화는 제반 자연환경의 변화와 동시에 일어나므로 이 시기의 바닷가에서의 생업과 자연환경은 밀접한 관계를 가진다.

우리나라의 시기별 해수면 변동은 신석기시대 중기에 海進이 일어났고, 신석기시대 후기에는 안정화되었다. 이때 만들어진 충적저지를 이용하여 청동기시대에는 稻作과 田作의 농경이 행해졌다. 이와 같이 해수면 변동은 생업의 변화를 초래하였고, 생업의 변화는 패총의 형성과 밀접한 관계를 갖고 있다. 신석기시대에 전국적으로 형성되었던 패총은 청동기시대에 급격히 감소하여 농경 중심의 생활로 변화되었음을 보여주고 있다.

그런데 철기시대에는 다시금 많은 패총이 형성되었다. 철기시대에 들어서면 농경도구가 철기로 전환되면서 농업생산력이 증가되었다. 따라서 바다를 대상으로 하는 생업이 출현할 이유가 없었을 것으로 보이나 실제로는 다수의 패총이 형성되었기 때문에 무엇인가 내 · 외적인 요인이 생업에 변화를 주었을 것이다. 이러한 요인들을 검토해 보고자 한다.

박감을 인구압이라고 한다. 인구압모델은 농경의 기원이나 국가의 기원을 설명하는데 유익하게 이용되고 있다(Boserup 1965; 이선복 1988).

1. 철기시대의 자연환경

철기시대의 자연환경을 살펴볼 수 있는 것은 자연과학적 방법과 문헌자료(史料)를 이용하는 방법이 있다. 자연과학적 방법은 여러 가지 분석 방법을 이용하여 여러 지역의 자료를 종합하여야 하고, 문헌자료는 객관적인 자료가 아니므로 간접적인 자료로 이용하여야 한다.

생업과 밀접한 관계를 가진 자연환경으로는 해수면과 기후를 들 수 있다. 우리나라의 해수면 변동에 대한 자연과학적 설명으로는 후빙기의 해수면이 점진적으로 상승하여 현 해수면에 이르게 되었다는 견해와 후빙기에 해수면이 급격히 상승하여 6,000B.P.경에 현재보다 2~3m 높았으며 그 후 상승과 하강을 반복하다가 현재의 해수면에 이르렀다는 견해로 나누어진다(김석훈 1998; 신숙정 1998).

전자에 속하는 견해는 서해안의 경우, 현재의 평균 해수면 보다 7,000B.P.에는 -7.5~-5.5m, 5,000B.P.경에는 -4.5~-3m, 3,000~1,500B.P.에는 -3.5~0.5m 등 점차 높아져 한반도 해수면이 지금보다 높았던 적이 없었다는 것이다(Park 1987; 한국해양연구소 1994).

후자에 속하는 연구자들은 1,800B.P.경을 高海水面期로 파악하고 있다. 조화룡은 동해안지방에서 얻어진 土炭層의 C14연대자료, 화분분석결과, 土炭의 灼熱減量분석을 실시하여 철기시대에 해당하는 1,800B.P.를 고해수준기로 파악하고, 그 근거로 김해지방의 패총들을 들고 있다(조화룡 1987:177-178). 즉 3,500~4,000B.P.경에 만들어진 패총은 평야부에 위치하지만 1,800B.P.경에 만들어진 패총은 구릉부에 위치하고 있다는 것이다. 그러나 신석기시대 海進期에 형성된 패총들은 김해평야를 중심으로 낮은 구릉에 위치하는데 반해 철기시대 패총들은 이보다 높은 지역에 위치하므로 신석기시대 海進期보다 더 높은 해수면을 가져야 한다는 가설이 성립된다. 이처럼 패총의 입지를 통해 해수면을 논하는 것은 적절한 방법이 아니다. 패총은 사람들의 활동 결과 생긴 부산물이므로 얼마든지 입지지역이 변할 수 있다.

한편 황상일과 윤순옥은 황상일의 일산지역 규조류 분석(황상일 1992)과 조화룡의 연구(1987)를 근거로 고해수면을 주장하였다(황상일 · 윤순옥 1999:5-8). 즉 6,000~5,000B.P.경에는 해수면이 상승하였고, 5,000~3,200B.P.경에는 상승 후 안정하였으며, 3,200~2,300B.P.경에는 하강하다가 2,300~1,800B.P.경에는 다시 상승하였다는 것이다〈그림 1〉. 그러나 이러한 주장에도 문제점이 있다. 즉 1,800B.P.경의 결과치는 보고서(황상일 1992)에 기재되어 있지 않았고, 규조류 분석의 결과만으로는 고해수면이었다고 단정짓기에는 무리가 있다.

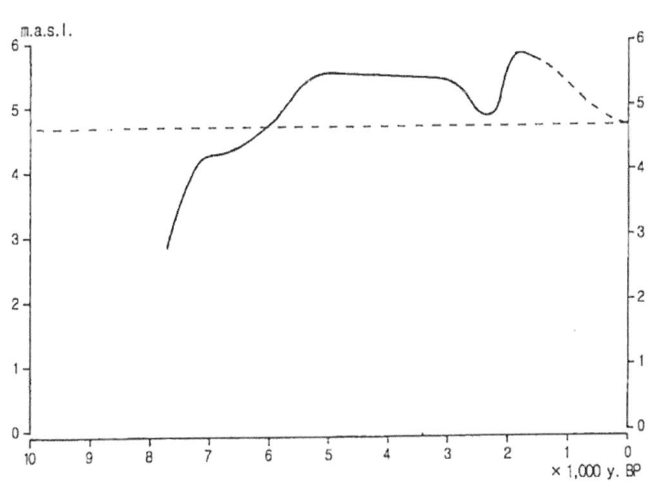

그림 1. 경기도 일산지역의 해면 변동곡선(황상일 · 윤순옥 1999)(-----은 현재 평균고조위)

그밖에 地形과 地層을 연구한 오건환은 4,100~1,700B.P.경에 김해지역의 해수면이 어느 정도 높았다는 견해를 제시하였는데(오건환 · 곽종철 1989; 오건환 1991) 고고학자들은 대체로 이를 따르고 있다(부산대박물관 1998).

일부 국내 연구자가 고해수준기로 파악하고 있는 이 시기의 자연환경을 대부분의 일본 연구자들은 정반대로 한랭화에 공반된 해수면의 저하 현상으로 파악하고 있다. 일본의 최근 1만년의 상대적 해수준 변화는 <그림 2>에 나타낸 것처럼 상당한 변화가 있는데 3,000~2,000년전 사이에 해수준은 소규모의 저하가 있었던 것으로 추정되어지고 있다[3]. 즉 죠몬시기에 海進과 海退가 반복되나 彌生時期에는 한냉화에 의한 海退가 있었다고 보는 것이다.

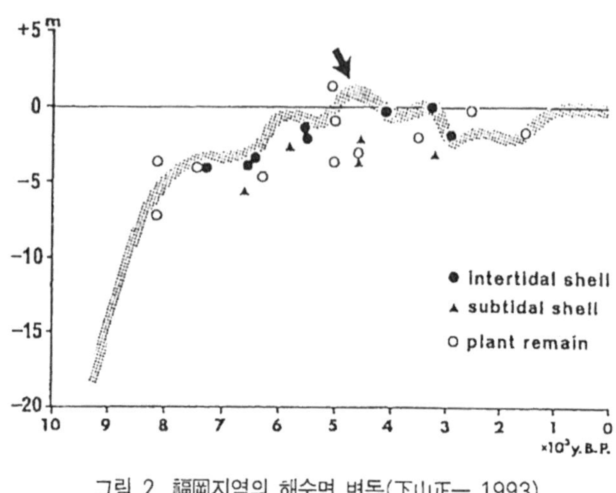

그림 2. 福岡지역의 해수면 변동(下山正一 1993)

이러한 현상을 古川博恭는 '彌生小海退'라 하였다(古川博恭 1972:54). 또한 井關弘太郎은 彌生時代의 해면이 현재와 비교하여 2~3m의 낮은 곳에 위치하였음을 유적의 입지를 들어 설명하고 있다(井關弘太郎 1983:99-104, 1989:157-158). 해수면의 해퇴현상을 대표적으로 보여주는 곳이 愛知縣의 瓜鄕遺蹟이다(豊橋敎育委員會 1963). 瓜鄕遺蹟에서 발견된 주거지 床面은 해발 30cm인데 반해 이 곳의 滿潮位는 中等潮位面上 37.5cm에 미쳐 이 상태라면 주거지는 물 속에 잠기고 만다. 그런데 일본의 지형은 불완전지형이므로 부

3) 일본에서 해수면의 변화에 대한 연구는 많은 연구자에 의해서 지역별로 활발히 이루어져 그 결과를 한눈에 볼 수 있는 연구가 太田陽子 등에 의해서 종합되었다(太田陽子 · 海津正倫 · 松島義章 1990).

정하는 연구자가 없지 않으나 안정된 지형에 대한 연구도 일본과 별반 차이가 없음을 알 수 있다.

이러한 자연과학적인 측면이 아닌 문헌자료로부터 古代의 氣候를 연구하기도 한다. 우리 나라 고대의 기후환경에 관해서 김연옥은 〈표 1〉에 나타낸 것처럼 『三國史記』와 『增補文獻備考』를 분석하여 기원전 53년에서 서기 921년에 약 1000년 간의 우리나라 고대의 기후와 그 변동을 파악하였다[4](김연옥 1985:364-367). 이에 따르면 1000년 사이에 暖期와 寒期가 반복되었음을 추론할 수 있다. 寒期는 100~250년과 750~950년에 나타났음을 알 수 있다. 본고에서 관심을 가지고 있는 2~3세기경이 한랭기임을 알 수 있다.

〈표 1〉 年代別 寒暖指數(김연옥 1985:365)

年代	寒冷回數	溫暖回數	寒暖指數
B.C. 51~A.D. 50	4	4	0
A.D. 1~100	4	4	0 暖
51~150	3	4	-1
101~200	9	2	7
151~250	10	2	8 寒
201~300	4	3	1
251~350	4	2	2
301~400	2	4	-2
351~450	2	4	-2
401~500	4	3	1 暖
451~550	3	4	-1
501~600	2	3	-1
551~650	4	2	2
601~700	5	1	4
651~750	3	2	1
701~800	3	4	-1
751~850	9	4	5
801~900	8	3	5 寒
851~950	7	2	5
901~1000	5	0	5

4) 『三國史記』와 『增補文獻備考』의 紀年에 대한 신뢰성 문제가 제기될 수 있다고 본다. 본고에서는 참고하는 의미에서 인용하였다. 그러나 고대 천문관측자료에 대한 연구(박창범 1999)에 의하면 『三國史記』 초기 기록들의 신뢰성이 매우 높음을 알 수 있다.

한편 山本武夫는 이 시기의 氣候를 고찰하면서 지리학적인 방법으로 얻어진 결과를 먼저 살펴보고, 간접적인 방법으로 우리나라의 『三國史記』와 중국의 『三國志』등 문헌 기록을 참고하고 있다(山本武夫 1980:37-44). 즉 184년에 봉기한 黃巾의 亂은 거대한 신앙집단이 봉기한 것이나 배후의 민중은 기아에 시달리고 있었다는 것이다. 그리고 191~194년 사이에는 袁軍(袁紹와 袁術의 군대)가 식량자원이 부족하여 역시 기아에 시달렸다는 문헌자료가 중국사료에 다음과 같이 기록되어 있다.

192년 원소가 하북의 군인으로 있을 때 오디열매를 구해 먹었다. 원술은 강회에 있을 때 버들잎까지 거두어들여 사람들이 서로 잡아먹어 고을이 쓸쓸하였다(袁紹在河北軍人仰食桑椹袁術在江淮取給蒲蠃民人相食州里蕭條)(『三國志』권1)

194년 이 해에 곡식 한 말에 50여만 전이나 하여 사람들이 서로 잡아먹었다(是歲穀一斛五十餘萬錢人相食)(『三國志』권1)

비슷한 시기의 한반도 지역도 2세기에서 3세기에 걸쳐 냉해가 심하였고, 기근이 뒤따랐음을 알 수 있는 문헌사료들이 나타나고 있다.

170년 가을 7월에 서리와 우박이 내려 곡식이 피해를 입었다(秋七月霜雹害穀) (『三國史記』 신라본기 제2)

171년 춘궁으로 백성이 굶주렸다(春穀貴民飢) (상동)

173년 정월에 흙비가 내렸다. 2월에 가뭄이 들어 우물과 샘이 말랐다(正月雨土二月旱井泉渴) (상동)

192년 4월 서울에 눈이 3척이나 내렸다. 여름 5월에 홍수로 산이 10여 군데나 무너졌다(四月京都雪深三尺夏五月大水山崩十餘所) (상동)

193년 왜인이 큰 기근으로 우리에게 와서 먹을 것을 구하는 자가 천여 명이나 되었다(倭人大饑來食者千餘人) (상동)

194년 가을 7월에 서리가 내려 곡식을 죽여 백성들이 굶주리니 창고를 열어 구휼에 주었다(秋七月墮霜殺穀民飢開倉賑給) (『삼국사기』고구려본기 제4)

196년 한수 동북쪽 마을이 기근으로 고구려로 도망해 들어간 이들이 천여 호나 되니 패수와 대수 사이가 텅 비어 거주하는 사람들이 없었다(漢水東北部落饑荒亡入高句麗者一千餘戶浿帶之間空無居人) (『삼국사기』백제본기 제1)

197년 중국이 대란으로 한나라 사람들이 난리를 피해 투항해 오는 경우가 매우 많았으니 이때가 한 헌제 건안 2년이었다(中國大亂漢人避亂來投者甚多是漢獻帝建安二年也) (『삼국사기』고구려본기 제4)

217년 한의 평주사람 하요가 백성 천여 가를 이끌고 와서 투항하였다. 왕이 그들을 받아들여 책성에 안치하였다(漢平州人夏瑤以百姓千餘家來投王納之安置柵城) (상동)

이상과 같은 기록들로 보아 이 시기가 한랭기임을 문헌에서도 간접적으로 살펴 볼 수 있다.

따라서 자연과학적 방법과 문헌자료를 이용한 연구를 종합한다면 100년에서 250년 사이의 기후가 한랭기에 해당할 것으로 추정하고 있다. 다만 해수면의 경우, 아직 일치된 견해가 제시되지 못하였으나 대체로 하강하였을 것이다. 왜냐하면 이 시기의 해수면 하강은 페어브리취(Fairbridge) 해수준곡선의 로만-플로리다(Roman-Florida) 해퇴기[5]와 거의 일치하기 때문이다.

2. 남해안지역 패총의 입지와 연대

앞에서 살펴본 바와 같이 철기시대 후반은 한랭기로 바다의 해수면은 지금보다 낮아 해안선이 바다 쪽으로 후퇴하였을 것이다. 그럼에도 불구하고 남해

5) Roman-Florida 해퇴기는 아메리카 플로리다반도 남부에서 평균해수면으로부터 2m 깊이의 지점에 니탄층이 있고, 그 연대가 1700±100B.P.인 점을 중심으로 하여 아메리카대륙뿐만 아니라 세계각국에서 모아진 해퇴자료로 결론 내린 것을 가리킨다(김연옥 1985, 366).

안지방 일부 패총의 입지 지역은 산록이나 산 정상부에 위치하는 특징을 보여주고 있다. 남해안지역 패총의 입지는 현재의 해안선에 근접한 평지에서 해발 200m를 전후한 고지에 이르기까지 다양한 곳에 분포하고 있다. 이처럼 패총의 위치가 다양하게 분포하는 것은 형성과정에서 서로 다른 이유가 있을 것이다[6].

패총의 입지에 대하여 이미 최종규(1989)가 분류한 바가 있으나 이를 낮은 곳부터 A, B, C로 지칭하면 다음과 같다.

A류: 해발 10m 내외의 평지나 해안선에 가까이 입지한 것.

B류: 해발 40~50m 내외의 곳이지만 독립 구릉이므로 주위와 격리되어 있고 사면도 비교적 가파른 곳에 위치한 것.

C류: 해발 100m 내외의 險地에 위치한 것.

A류는 현재의 해안선과 매우 가까운 곳으로 바다에 의존하여 생활하였던 곳이다. 반면 C류는 인간이 생활하기에 불편한 高地이고 險地이다. B류도 C류보다는 낮으나 고지로 생활에 불편하다. 그러나 C · B류의 입지는 한눈에 주변을 관찰할 수 있는 전망이 좋다는 장점이 있다. 이는 특수목적, 즉 방어를 위해 마련된 것이다. 지금까지 남해안에서 조사된 패총의 입지는 A유형이 16곳, B유형이 6 곳, C유형이 7 곳 등이다(표 2).

〈표 2〉 남해안지역의 패총 입지

유적명	입지 유형	해발 고도(m)	형성 시기	공반유구	참고문헌
양산패총	C	110	Ⅲ · Ⅳ	환호, 목책	小泉顯夫 · 梅原末治 1923 윤무병 외 1993
부산 조도패총	A	0~10	Ⅰ-Ⅲ		한병삼 · 이건무 1976

6) 철기시대 패총은 남해안지역과 더불어 서해안지역에서도 많이 분포하고 있으나 대부분 발굴조사가 이루어지지 못하였거나 발굴보고서가 간행되지 못하고 있어 이에 대한 분석은 차후로 미룰 수밖에 없었다.

부산 괴정패총	A	평지			심봉근 1993
부산 동래패총	A	0~10	Ⅱ · Ⅲ		홍보식 1997, 1998
김해 회현리패총	A	5~15	Ⅰ-Ⅳ		梅原末治 · 濱田耕作 1923
김해 봉황대패총	A	5~25	Ⅰ-Ⅳ	주거지, 환호	부산대박물관 1998
김해 부원동유적	A	10	Ⅱ-Ⅳ	주거지, 구상유구	심봉근 1981
김해 칠산패총	C	80	Ⅲ · Ⅳ		심봉근 1993
김해 수가리패총	A	5~10	Ⅲ · Ⅳ		정징원 외 1981
김해 예안리패총	A	10	Ⅲ · Ⅳ	분묘	정징원 1985
진해 웅천패총	C	240	Ⅲ · Ⅳ		김정학 1967
진해 용원패총	A	24	Ⅱ-Ⅳ	주거지	심봉근 · 이동주 1996
창원 외동 성산패총	B	49	Ⅱ · Ⅲ		이호관 외 1976
창원 남산패총	C	90	Ⅲ · Ⅳ	주거지, 환호	창원대박물관 1995, 1998
창원 내동패총	B	40			창원대박물관 1995
창원 가음정동패총	C	73	Ⅲ · Ⅳ	주거지, 환호	이주헌 외 1994, 창원대박물관 1998
마산 현동패총	B	60	Ⅲ · Ⅳ	주거지, 고분	박동백 1990, 유병일 1992
고성 동외동패총	B	30	Ⅰ-Ⅲ	주거지, 야철지	김동호 1984, 김종철 외 1992
사천 늑도패총	A	10	Ⅰ	주거지, 분묘	부산대박물관 1989
여수 송도패총	A	0~10	Ⅲ		지건길 · 조현종 1989, 1990
순천 야흥동패총	C	80~100	Ⅰ(?)		국립문화재연구소 1998
보성 척령리 금평패총	A	28	Ⅰ-Ⅲ	주거지	임영진 외 1998
보성 예당리 호동패총	B	40~50			임영진 1992
보성 조성리패총	B	50	Ⅰ		순천대박물관 2001
해남 군곡리패총	A	27	Ⅰ-Ⅲ	주거지, 가마	최성락 1988
해남 백포만패총	A	0~30			최성락 1986
해남 옥녀봉패총	C	200	Ⅰ-Ⅲ	토성	최성락 1986
나주 장동리 수문패총	A	10~30	Ⅰ-Ⅲ		조현종 외 1997
제주 곽지리패총	A	20~30	Ⅱ-Ⅳ		이백규 · 이청규 1985

* 형성시기는 필자들의 추정연대임(출토유물이 불확실한 일부 유적은 제외함)

이들 패총의 형성시기가 기원전에 시작되었음을 주장하는 견해(한병삼 · 이건무 1976)가 있는 반면에 기원후 4세기 이후라는 주장도 있다. 패총의 연대를 내려보려는 견해는 대체로 낙동강유역에서 수립된 토기편년에 의거하고 있다.

즉 기원후 1~3세기를 대표하는 토기가 와질토기이며, 패총에서 발견되는 토기는 도질토기(회청색경질토기 혹은 삼국토기)이므로 패총의 중심연대가 고분기에 속한다는 것이다(최종규 1982). 이러한 견해는 해남 군곡리패총을 보는 입장에서도 나타나고 있다. 즉 해남 군곡리패총에서는 와질토기가 출토되지 않았으므로 기원후 1~3세기에 일정기간 공백이 있었을 것으로 보았다(부산대학교박물관 1989). 또한 부산 조도패총을 비롯하여 남해안의 패총들이 1세기 후반에서 2세기말까지 공백이 있었다고 보는 견해도 있다(홍보식 1998:150).

그러나 남해안지역의 패총에서는 와질토기가 나타나지 않거나 적게 나타나는 점을 고려하여야 할 것이다. 예를 들면 고성 동외동패총에서는 적갈색토기(경질찰문토기)가 Ⅲ층과 Ⅱ층에서 집중적으로 출토되었고, 김해 봉황대 Ⅰ트렌치에서는 연질토기(경질찰문토기와 적갈색연질의 타날문토기)가 70%를 차지하고 있어, 와질토기와 도질토기보다도 압도적으로 많이 출토됨을 알 수 있다. 따라서 패총의 토기양상은 한반도 서남부지역의 토기양상을 참고하여야 할 것이다. 영산강유역을 중심으로 하는 서남부지역의 토기양상은 경질무문토기가 기원후 1세기경까지 사용되다가 기원후 2세기를 전후로 경질찰문토기와 연질의 타날문토기로 발전되는 양상을 보여주고 있으며 회청색경질토기는 기원후 3세기 말부터 나타난다(최성락 2001).

한편 남해안의 패총에서 출토된 유물들을 검토한 서현주(1996)는 패총의 연대를 두 시기로 구분하였는데 전기(군곡리 Ⅱ-Ⅳ기, 늑도, 금평 Ⅱ기, 조도 최하층, 동외동 최하층 등)는 기원전 1세기 후반에서 2세기 후반으로, 후기(군곡리 Ⅴ기, 금평 Ⅲ · Ⅳ, 성산, 고성, 현동, 가음정동, 부원동 등)는 기원후 3세기부터 고분기의 초기까지로 설정하고 있다. 이 견해에서 패총이 연속적으로 형성되었다고 보는 점은 긍정적이나 단면삼각형 점토대토기의 출현을 지나치게 늦게 보는 점은 문제점으로 지적된다. 단면삼각형 점토대토기는 기원전 2세기 말경에는 한반도 남부지역에 나타났을 것으로 보는 것이 일반적이다[7].

7) 실제로 남해안지역 패총에서 측정된 방사성탄소연대는 2200±90, 1930±90, 2060±100, 2210

한반도 서남부지역의 토기 변천을 고려한다면 남해안지역 패총의 연대는 다음과 같이 추정할 수 있다[8]. 기원전 2~1세기경부터 해남 군곡리, 사천 늑도 패총을 비롯하여 많은 유적이 형성되기 시작하였음을 알 수 있다. 논쟁의 대상이 되고 있는 김해 회현리패총과 최근 조사된 봉황대유적, 고성 동외동패총(Ⅳ층) 등지에서도 기원전에 형성되었음을 보여주는 유물, 즉 단면삼각형 점토대토기가 출토되고 있다. 이러한 유물은 김해 대성동 소성유적에서 볼 수 있듯이 기원후 1세기경까지 지속적으로 사용되었다[9]〈그림 3, 4〉.

다음으로 논쟁이 되는 것이 기원후 2세기대의 유적이다. 이 시기는 경질무문토기가 경질찰문토기로 변화되면서 연질의 타날문토기가 사용되는 시기이다. 이러한 유적은 해남 군곡리패총 이외에도 고성 동외동패총, 창원 외동패총, 김해 부원동패총(B · C지구)에서도 찾아볼 수 있다. 이후 3세기와 4세기에도 패총은 계속적으로 형성되었다. 따라서 이들 패총은 기원전 2~1세기경부터 본격적으로 형성되기 시작하였고, 일부 유적은 4세기 이후에도 계속적으로 형성되었다고 보아야할 것이다.

이들 패총의 형성시기를 해남 군곡리패총의 토기양상을 참고한다면 크게 네 시기로 나눌 수 있다. Ⅰ기는 기원전 2세기 후반에서 기원후 1세기까지로 경질무문토기가 많이 출토되는 시기이다. 이 시기의 유적으로는 해남 군곡리패총(Ⅱ · Ⅲ기층), 보성 금평패총(Ⅱ층), 사천 늑도패총, 고성 동외동패총(Ⅳ층), 김해 패총(최하층), 부산 조도패총(최하층) 등이 있다. Ⅱ기는 기원후 1세기말에서 2세기말까지로 경질찰문토기나 연질의 타날문토기가 사용되는

±110, 2260±110, 2240±80(이상 해남 군곡리패총), 2200±70(조도패총), 2200±110, 2125±100(이상 창원 외동패총) 등으로 패총의 형성이 기원전부터 이루어졌음을 알 수 있다.

8) 남해안지역 패총의 연대문제에 대한 자세한 검토를 본고에서 다룰 수 없었다. 패총의 연대문제를 언급하기 위하여는 층위와 출토유물에 대한 정밀한 검토가 있어야 하므로 이는 다음 기회로 미룬다.

9) 김해 패총과 멀지 않은 김해 대성동 燒成遺蹟(토기가마)에서도 단면삼각형 점토대토기가 대량으로 출토되었는데 보고자는 이 유적의 연대를 기원전 1세기~기원후 1세기경으로 파악하고 있다(이상율 외 1998).

시기이다. 이 시기의 유적으로는 해남 군곡리패총(Ⅳ기층), 고성 동외동패총(Ⅲ층), 창원 외동패총, 김해 부원동패총(B · C지구) 등이 있다. Ⅲ기는 기원후 3세기대로 연질의 타날문토기와 일부 회청색경질토기가 나타나는 시기이

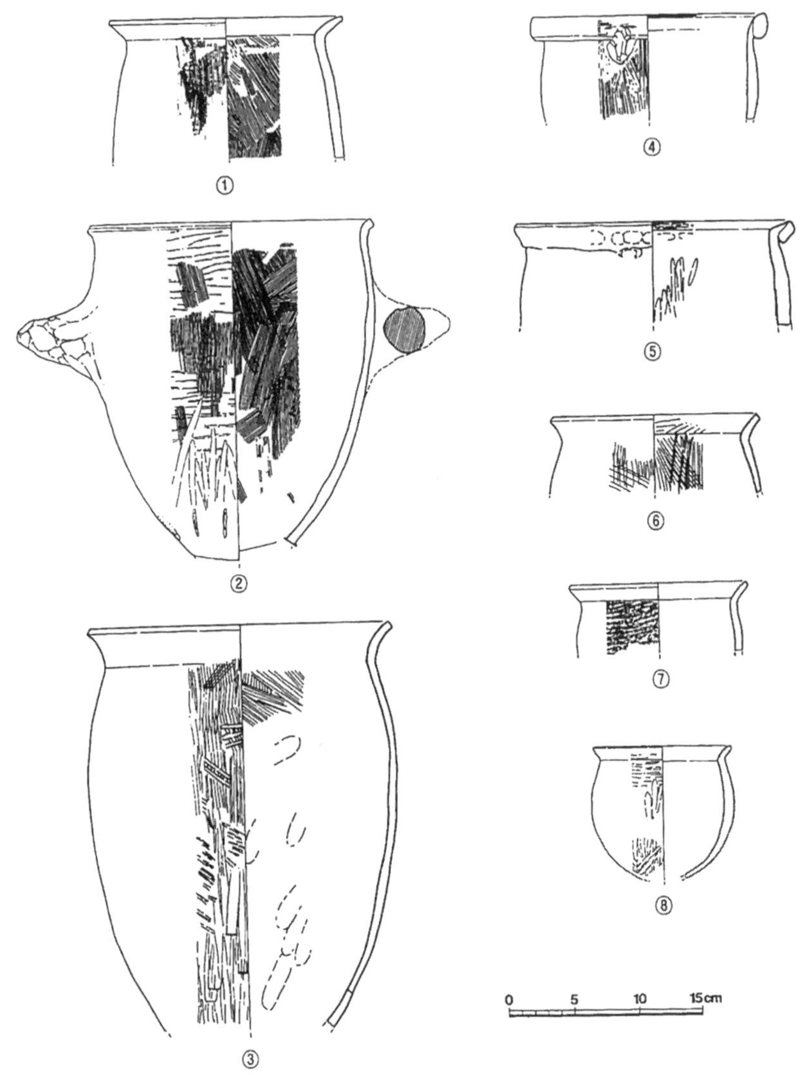

그림 3. 金海 鳳凰臺遺蹟(Ⅰ 트렌치)

그림 4. 固城貝塚(Ⅱ층③, Ⅲ층②·④, Ⅳ층①), 金海 大成洞燒成遺蹟(⑤~⑧)

다. 이 시기의 유적으로는 해남 군곡리패총(Ⅴ기층), 보성 금평패총(Ⅲ · Ⅳ층), 고성 동외동패총(Ⅱ층) 등이 있다. Ⅳ기는 기원후 4세기대 이후의 패총으로 회청색경질토기가 일반화되는 시기이다. 이 시기의 유적으로는 낙동강유역의 많은 패총이 여기에 속한다.

그런데 패총의 입지와 연대를 함께 고려하면 해안선에 가까이 분포하고 있는 패총(A류) 중에는 이른 시기의 패총(Ⅰ · Ⅱ기)이 많다. 예외적으로 이른 시기의 패총인 해남 옥녀봉패총과 순천 야흥동패총이 高地에 위치하는데 아직 정식학술조사가 이루어지지 못한 것으로 앞으로 그 성격은 연구되어야 할 것이다. 반면 늦은 시기의 패총(Ⅲ · Ⅳ기)은 高地에 위치하는 경향이 많아진다. 일부 패총(B, C류)은 소위 방어성 집락(취락)과 관련된다. 해안에서 상당히 떨어진 장소임에도 불구하고 패총이 형성된 것은 방어성 집락(취락)이므로 부족한 식량을 보충하기 위해서는 해양자원과 수렵에 의존할 수밖에 없었던 시대적 상황이 존재하였을 것으로 보인다.

3. 주거지의 폐기 원인

남해안지역을 포함한 남부지방에서 조사된 철기시대의 주거지는 〈표 4〉에 나타난 바와 같이 23개소가 발굴되었다. 이들 주거지 중에는 燒失住居址가 있다. 특히 광주 쌍촌동유적은 79기의 주거지 중에 소실주거지는 19기로 이들 사이에는 중복 예가 드물고, 일정 간격이 유지되고 있어 어느 정도 동시성을 갖고 있다(임영진 외 1999). 그리고 양산 평산리유적에서는 24기의 주거지가 조사되었는데 그 중 철기시대 주거지는 16기로 15기가 소실주거지이다(심봉근 1996). 장흥 지천리유적(최성락 외 2000)이나 함평 중랑유적(최성락 · 이영철 2000)에서도 기원후 3세기대에 소실주거지가 집단적으로 발견되었다. 이러한 현상은 당시의 사회적인 현상과 관련된다고 본다.

또한 소실주거지와 더불어 일부 주거지는 木柵이나 環濠에 둘러싸인 곳도 확인되고 있다. 이처럼 소실주거지나 환호가 이 시기에 증가하는 것은 당시의 사회상황을 보여주는 좋은 예로 보인다(최성락 1998). 즉 소실주거지의 원인은 단순한 失火로도 볼 수 있으나 주민집단간의 갈등이나 전쟁이 있었던 것을 간접적으로 시사하는 것이다.

〈표 3〉 남부지방 주거지 일람표

유적명	조사기수	소실주거지수	공반유구	참고문헌
남원 세전리	23			윤덕향 1989
완주 반교리	2	1		안승모 외 1996
전주 여의동	3			윤덕향 1992
전주 효자동				곽장근 1992
광주 오룡동	24		환호(3열)	최성락 외 1996
광주 일곡동	4			이영문 1996
광주 명화동	2			박중환 1996
광주 쌍촌동	79	19		임영진 외 1999
영암 신연리	4			국립광주박물관 1993
장흥 지천리	42(22)	8(8)	환호	최성락 외 2000
순천 대곡리	100여	3		이명희 외 1990
순천 낙수리	15	4		최몽룡 외 1989
보성 죽산리	4			안정현 외 1990
경주 황성동	20			국립경주박물관 1990
김해 봉황대	20		환호, 목책, 패총	박영철 1998
김해 부원동 (C지구)	6		구상유구, 패총	심봉근 1981
거창 대야리	5			임효택 외 1990
합천 저포리	4			정영화 외 1987
창원 남산	20여		환호, 패총	김형곤 · 최헌섭 1996
진해 용원	37	9	패총	심봉근 · 이동주 1996
산청 소남리	40여			안춘배 1998
양산 평산리	24(16)	17(15)	환호, 목책	심봉근 1996
고성 동외동	10여		패총	김동호 1984

( )은 전체 조사된 주거지 중에서 철기시대 주거지임

소실주거지, 環濠와 더불어 이 시기에 갈등(전쟁, 약탈 등)이 일어나게 되 증거로는 무덤에 副葬되는 무기류와 패총에서 다량으로 출토되는 골각촉을 들 수 있다.

무덤 출토 무기류의 변화상은 이남규에 의해서 정리되었다. 즉 청당동유적 Ⅰ기(2세기 후반)에는 무기류가 출현하지 않지만 Ⅱ기(3세기 전반)에는 刀類, 鉾, 鏃들이 본격적으로 부장되는 양상을 보인다. 이러한 양상은 비단 금강유역뿐만 아니라 낙동강유역에서도 나타났다. 즉 2세기 후엽에 長劍과 大刀가 출현하여 3세기 대에 지속적으로 사용되기는 하지만 주목되는 기종은 鉾와 鏃이라는 점에서 낙랑지역과 차이가 있다. 이러한 변화의 요인을 3세기 고대국가 성립 이전에 지역집단간 갈등과 전투 기회의 증가가 그 주된 요인으로 보았다(이남규 1999). 당시 무기의 급격한 발달을 전쟁과 관련짓는 것은 국가 형성기라는 정치사적 관점(이영식 1999)에서 보면 타당한 해석일 것이다.

철제무기와 더불어 骨角鏃(혹은 骨鏃) 역시 이 시기에 패총에서 다량으로 출토되었다. 골각촉은 일반적으로 수렵용으로 해석되지만 전투용으로도 사용되었다. 골각촉이 武器로 사용되었음은 ≪三國志≫ 魏書東夷傳 倭人條에 나타나고 있다.

---병기로는 창과 방패, 나무활을 쓴다. 나무활은 아래는 짧고 위는 길다. 대나무화살에 철촉이나 골촉을 사용한다(兵用矛楯木弓 木弓短下長上 竹箭或鐵鏃或骨鏃)----

골각촉은 <표 4>에 나타난 바와 같이 남해안지역의 12개 유적에서 187점 이상이 발견되었다. 특히 창원 성산 외동패총 85점, 해남 군곡리패총에서 42점이 집중적으로 출토되었다. 그 형태는 지역간의 차이는 나타나지 않으며 모두 有莖式이다. 이들의 재질은 사슴의 뿔, 짐승의 管狀骨로 제작되었다.

〈표 4〉 骨角鏃 出土 유적 일람표

유적명	입지 유형	형성 시기	골각촉 출토수
양산패총	C	Ⅲ · Ⅳ	?
부산 조도패총	A	Ⅰ-Ⅲ	5
김해 봉황대 패총	A	Ⅰ-Ⅳ	10
김해 부원동패총	A	Ⅱ-Ⅳ	22
진해 웅천패총	C	Ⅲ · Ⅳ	?
창원 외동 성산패총	B	Ⅱ · Ⅲ	85
창원 가음정동패총	C	Ⅲ · Ⅳ	2
마산 현동패총	A	Ⅲ · Ⅳ	2
고성 동외동패총	B	Ⅰ-Ⅲ	20
사천 늑도패총	A	Ⅰ	?
보성 금평패총	A	Ⅰ-Ⅲ	6
해남 군곡리패총	A	Ⅰ-Ⅲ	41

철기시대에 들어서면 철촉이 사용되었음에도 불구하고 남해안지방에서 골각촉을 사용하게 된 이유는 무엇일까? 즉 골각촉 보다는 철촉이 살상력이 높은 것은 주지의 사실이므로 철촉이 다량으로 사용되어야 한다. 그러나 당시에 철은 樂浪과 倭에 수출되었을 정도로 최첨단 제품이므로 고부가가치가 있었을 것이다. 당시의 불안한 사회상황에서 철촉은 다량으로 필요했을 것이나 최첨단의 철촉을 필요한 만큼 손에 넣는 데는 한계가 있었을 것이다. 이를 극복하기 위한 대치품으로 골각촉이 사용되었을 것이다. 또한 패총의 분포가 고대국가가 형성되는 중심 지역이 아님을 고려한다면 국가형성이라는 정치적인 의미에서 전쟁과 관련하기 보다는 생계유지를 위한 주민들의 갈등의 소산으로도 볼 수 있을 것이다.

따라서 소실주거지가 증가하였던 원인은 당시가 국가형성기임을 고려한다면 전쟁에 의한 것으로 해석할 수 있으나 패총에서 출토되는 골각촉 등을 고려해 본다면 생계유지를 위한 주민집단간의 갈등으로도 추정해 볼 수 있다.

4. 철기문화의 유입경로

철기시대에 접어드는 시기에 동아시아 전체적으로 커다란 문화변동이 일어났다. 즉 역사적으로 보면 중국에서는 春秋時代에서 戰國時代로 변화되면서 戰亂이 확대되었고, 그 여파로 철기문화가 동아시아 전체로 확산해 나가는 시기를 맞이하였다.

한반도에 철기문화가 도달한 것은 크게 陸路와 海路를 통해서이다. 기원전 4세기경 중국 동북부지역과 한반도 북부지역에서는 중국 燕의 화폐인 明刀錢이 繩蓆文土器, 철기와 함께 발견되고 있다. 이렇게 시작된 철기문화는 대동강유역과 한강유역을 거쳐 한반도 남부지역에 도달하였을 것이다. 즉 철기문화는 중국 동북지역에서 대동강유역→한강유역→낙동강유역이라는 陸路를 통해 파급되었을 것이다(Taylor 1989).

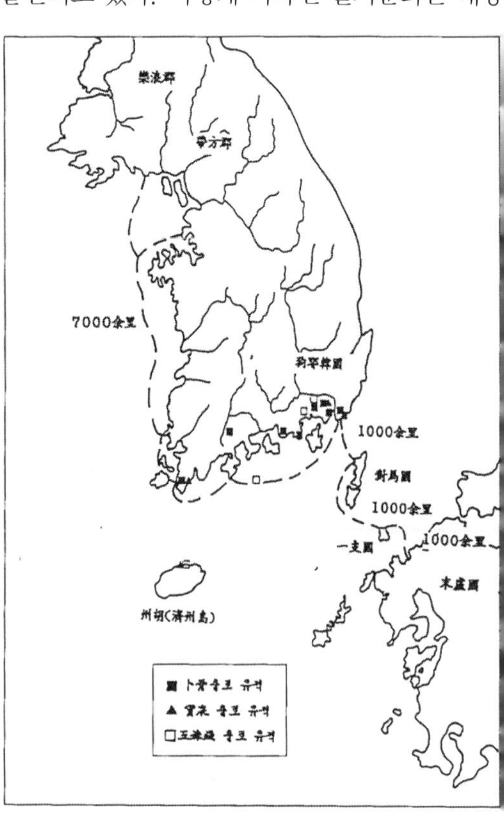

그림 5. 『삼국지』 倭人傳에 의한 해로와 남해안에서 출토되는 중국계유물

한편으로 철기문화는 海路를 통해 중국 동북지방으로부터 한반도 서해안→남해안 등을 거쳐 일본까지 이르게 된다. 이러한 철기문화의 파급과 더불어 많은 문화요소가 한국이나 일본지역으로 전달되었다. 그러한

증거로는 중국제 동전(貨泉, 五銖錢)이 남해안에서 발견된다는 점과 중국적 문화요소인 卜骨 등이 분포하고 있다는 점이다(최성락 1993:265-266)〈그림 5〉. 역으로 일본계 유물인 야요이토기(彌生土器) 등이 남해안지역에서 일부 출토되었다.

이러한 해상통로 상에는 각 지역에 거점이 확보되는데 대표적인 곳이 해남 군곡리패총과 사천 늑도패총 등이다. 해남 군곡리패총에서는 貨泉과 卜骨이 출토되었고, 사천 늑도패총에서는 半兩錢, 樂浪土器, 卜骨을 비롯하여 일본의 야요이토기가 집중적으로 출토되어 海路上의 중요한 거점이었음을 쉽게 짐작할 수 있다(경상남도 · 경상대박물관 2001).

따라서 당시에는 중국에서 서해안과 남해안을 거쳐 일본에 이르는 원거리 교역망(이성주 2001)이 확보되었고, 이 지역에 대한 교류가 많아지면서 해안지역을 중심으로 많은 사람들이 모이게 되고, 이를 바탕으로 각 지역 간의 교류가 증가하였고, 또한 해산물의 채집활동이 많아졌을 것이다.

V. 패총의 형성 배경

철기시대 패총의 형성은 해남 군곡리패총이나 사천 늑도패총에서 알 수 있듯이 기원전 2~1세기인 철기시대의 시작과 함께 이루어졌다. 해남 군곡리패총의 경우를 보면 최하층에서 단면 원형의 점토대토기가 출토되지만 패각층이 형성되는 것은 그 위층으로 단면삼각형의 점토대토기가 출토되는 층이다(최성락 1987, 1988, 1989).

점토대토기의 존재는 철기문화의 본격적인 유입에 앞서는 것으로 유의하여야 할 점이다. 이미 서현주(1996)가 지적한 것과 같이 청동기시대 후기인 단면원형 점토대토기 단계에서부터 중국과 관련이 있었을 것이다. 그러나 군곡리패총이나 늑도패총에서 보듯이 단면원형 점토대토기는 극히 적게 나타나고 있다. 따라서 본격적인 패총의 형성은 단면삼각형 점토대토기단계부터 시작되었다고 볼 수 있으며 이 시기 이후에 중국과의 관계를 보여주는 유물들이 남해안지역에 집중적으로 나타나고 있다.

또한 철기시대 초기의 패총은 도서지역이나 바다와 가까운 곳에 위치한다. 이들 패총의 형성은 해상 활동과도 관련된다. 海路를 통해 중국으로부터 일본에 이르는 交通路가 확립되었고, 이와 관련되어 해안지대로 사람들이 몰려들면서 인구가 증가하였고, 기존의 농경과 더불어 해양자원의 획득을 꾀할 수밖에 없었을 것이다. 또한 이들은 해양에 대한 지식이 많아지면서 해산물의 채집뿐만 아니라 근해 어업까지도 가능하였다(김건수 1995:58-59). 따라서 철기시대 패총의 형성은 근본적으로 철기문화의 시작과 관련된다고 보아야할 것이다. 청동기시대의 패총이 드문 반면에 철기시대의 시작과 더불어 대규모의 패총이 형성되는 것으로 보아 철기문화의 시작과 해로의 발달 등이 가장 중요한 요소로 생각한다.

한편, 기원후 2~3세기경의 한랭화는 식량자원의 빈곤을 초래하였고, 그 대용으로 해산물을 이용함에 따라 패총의 증가를 초래하였을 것이다. 청동기시대에 도입된 벼농사는 철기시대에 들어 철기를 이용한 도구의 변화와 더불어 농업이 한층 발전하였을 것이고, 생산량이 증가하였을 것이다. 그런데 갑자기 찾아온 기온의 한랭화는 곡물 생산량의 감소를 초래하였다. 한랭화로 인한 경작물의 피해는 우리의 상상을 뛰어 넘었을 것으로 보인다. 〈그림 6〉은 1980년과 1993년에 나타난 한랭화 현상이 곡물수확에 미친 영향을 한눈에 보여준다. 즉 한랭화 현상이 일어나면 수확물 역시 급격한 감소를 보이고 있는 것이다(서현주 2000). 과학이 발달한 20세기에 있어서도 단기간의 한랭화 현상에 속수무책임을 알 수 있는데 철기시대의 한랭화는 농작물에 엄청난 타격을 주었음은 쉽게 짐작할 수 있다. 이와 같이 철기시대 패총의 급증은 기후의 한랭화가 그 원인으로 볼 수 있다.

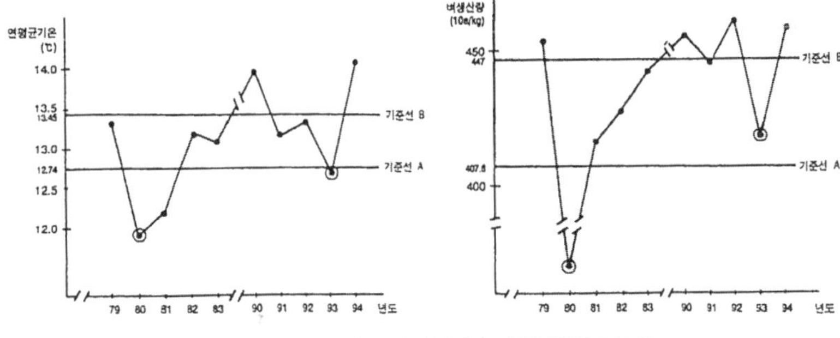

그림 6. 기후변화에 따른 벼 생산량의 변화(서현주 2000)

기후의 한랭화는 식량자원의 부족을 야기시켰고, 이를 보충하기 위하여 바다의 식량자원에 더욱 의존하게 되었을 것이다. 한편 남해안지역에서 내부적인 갈등으로 긴장상태를 가져왔다. 이것은 국가형성기에 빈번하게 일어난 전쟁이 가장 큰 원인이나 기온의 급작스런 한랭화로 인하여 자급자족이 어렵게 되자 각 부족간에 약탈도 행해지게 되었다. 이로 인하여 다수의 燒失住居址를 남겼을 것이다. 또한 주민집단간의 갈등이 야기되자 사람들은 방어를 위하여 높은 곳으로 이주하였을 것이고, 바다로부터 채집된 패각이 쌓인 패총의 입지도 고지에 위치하게 된 것이다.

그런데 ≪三國志≫魏書 東夷傳 倭人條를 보면 다음과 같은 기사가 있다.

---이 나라 사람들은 본래 남자를 왕으로 삼았으나 칠 · 팔십 년이 지난 뒤에 나라가 어지러워져서 왜국에는 난이 일어나 서로 공격하고 싸워 왔기 때문에 모두가 한 여자를 세워 왕으로 삼았는데 이를 卑彌呼라 한다(其國本亦以男子爲王 住七八十年 倭國亂 相功伐歷年 乃共立一女子爲王 名曰卑彌呼)---

즉 기근이 심하였던 당시에 倭國에서는 大亂이 일어났고, 히미고(卑彌呼)라고 하는 여왕이 倭國을 평정하게 되었다는 것이다. 이처럼 우리나라 남해안지방에서 보였던 현상들이 일본에서도 일어났으며 방어를 위해 高地性 集

落이 등장하였다(小野忠熙 1984).

따라서 철기시대 패총의 형성은 복합적인 요인에 의해 이루어졌을 것이다. 외부적인 요인으로는 海路를 통해 철제기술의 도래가 이루어지면서 철기문화가 시작되었고, 당시 해안지대로 주민들이 모이게 되면서 해안지역이 문화교류의 중심지가 되었을 것이다. 이것이 패총의 형성에 있어서 가장 큰 원인이다. 내부적으로는 기후의 한랭화로 인하여 많은 주민들이 해산물에 의존하게 되었으며 더불어 이 시기에 나타난 주민집단 간의 갈등(전쟁, 약탈 등)에 의해 높은 高地에서도 패총이 형성되었다.

다만 철기시대 해수면의 변동에 대하여 여러 학설이 제기되고 있으나 필자들은 해퇴기로 파악하였고, 이것이 한냉기와 연결된다는 것이다. 그러나 해수면의 변동이 바로 패총의 형성에 직접적으로 관련되는 점은 밝힐 수가 없었다. 이 문제는 앞으로 더 많은 연구가 이루어져야할 부분이다.

Ⅵ. 맺음말

이상과 같이 철기시대 패총의 형성과 관련된 여러 가지 원인들을 검토해 보았고, 형성 배경에 대한 가설을 제시해 보았다.

우선 패총의 형성 배경은 철기문화의 시작과 관련된다고 본다. 청동기시대 후기를 지나면서 새로운 철기제조기술이 유입되는데 이러한 기술의 유입과 더불어 해로가 발달되었고, 나아가 해안지역으로의 주민 이동과 함께 인구가 증가하였을 것이다. 해안지대에 자리잡았던 주민들은 자연히 바다로부터 식량자원을 획득하였고, 패총 형성의 원인이 되었을 것이다. 한편으로 기후의 한냉화가 이루어지면서 식량자원이 부족하게 되었고, 더불어 이 시기에 주민집단 간의 갈등(전쟁, 약탈)이 나타났는데 이것은 패총의 급증과 高地化를 촉진시켰을 것이다. 이러한 과정을 정리해 보면 다음과 같다.

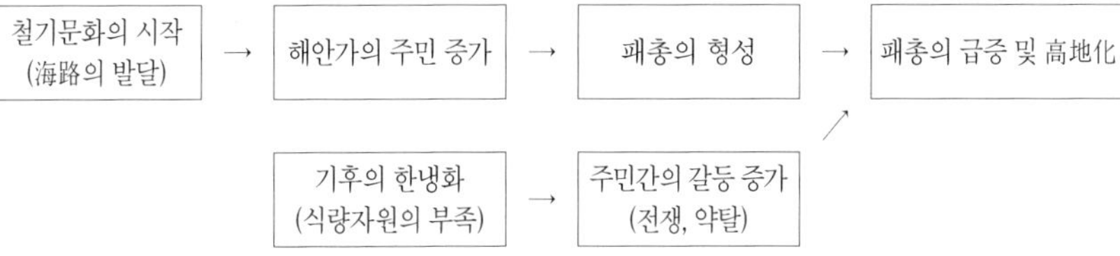

이상과 같은 가설을 제시해 보았으나 아직 철기시대 패총의 형성배경에 대한 설명이 충분하지 않다. 패총에서 출토된 유물의 세밀한 분석에 의한 정확한 편년 설정과 당시 문화상에 대한 심층적인 연구가 이루어졌을 때 보다 나은 설명이 가능할 것이다. 특히 기후의 한랭화와 해수면의 변동과 같은 문제는 자연과학자와 함께 고고학자들이 관심을 가져야할 부분이므로 두 분야의 학자가 참여하는 학제적 연구가 필요하다.

〈참고문헌〉

곽장근 1992, 『전주 효자동유적』, 전북대학교 박물관.

경상남도 · 경산대박물관 2001, 『늑도유적을 통해 본 한 · 중 · 일 고대문화의 교류』.

국립문화재연구소 1998, 『문화유적분포지도-전남 순천시-』.

국립광주박물관 1993, 『영암 신연리 9호분』.

김건수 1995, 「한반도의 원시 · 고대어로」, 『한국상고사학보』20, 한국상고사학회.

김동호 1984, 『고성 동외동패총』,동아대학교 박물관.

김석훈 1998, 「황해의 해수면 변동과 선사유적의 관련성」, 『인하사학』, 인하역사학회.

김연옥 1985, 『한국의 기후와 문화』, 이화여자대학교 출판부.

김원룡 1957, 「김해 패총연대에 대한 재검토」, 『역사학보』9.

김정학 1967, 「熊川貝塚硏究」, 『亞細亞硏究』10-4.

김종철 1992, 『고성패총』, 국립중앙박물관.

김형곤 · 최헌섭 1996, 『창원 남산유적 시굴조사보고서』, 창원대학교 박물관.

박동백 1990, 『마산 현동유적』, 창원대학교 박물관.

박영철 1998, 『김해 봉황대유적』,부산대학교 박물관.

박중환 1996, 『광주 명화동고분』,국립광주박물관.

박창범 1999, 「우리 나라 역사속의 천문학」, 『물리학과 첨단기술』, 한국물리학회.

부산대학교 박물관 1989, 『늑도주거지』.

부산대학교 박물관 1998, 『김해 봉황대유적』.

서성훈 외 1989, 『주암댐 수몰지구 문화유적 발굴조사 보고서(Ⅵ)』, 전남대학교 박물관.

서현주 1996, 「남해안지역 원삼국시대 패총의 시기구분과 기원문제」, 『호남고고학보』4, 호남고고학회, 39-68.

______ 2000, 「호남지역 원삼국시대 패총의 현황과 형성배경」, 『호남고고학보』11, 호남고고학회, 79-111.

성낙준 1993, 『영암 신연리9호분』,국립광주박물관.

송정현 외 1990, 『주암댐 수몰지구 문화유적 발굴조사(VII)』, 전남대학교 박물관.

순천대학교 박물관 2001, 「보성 조성리토성 발굴조사 현장설명회 및 지도위원회 자료」(유인물).

신숙정 1998, 「해수면 변동과 고고학」, 『고고학연구방법론-자연과학의 응용』, 서울대학교 출판부.

심봉근 1981, 『김해 부원동유적』, 동아대학교 박물관.

______ 1993, 『금관가야권유적정밀지표조사보고』, 창원문화재연구소 · 동아대학교 박물관.

______ 1996, 『양산 평산리유적』, 동아대학교 박물관.

심봉근 · 이동주 1996, 『진해 용원유적』, 동아대학교 박물관.

안승모 외 1996, 『완주 반교리유적』, 국립전주박물관.

안춘배 1998, 『산청 소남리유적』, 신라대학교 박물관.

오건환 1991, 「완신세 후기의 낙동강삼각주 및 그 주변해안의 고환경」, 『한국고대사논총』2, 가락국사적개발연구원.

오건환 · 곽종철 1989, 「김해평야에 대한 고고학적 연구(1)」, 『고대연구』2, 고대연구회, 3-49.

유병일 1992, 「마산 현동 III구역 패총유적보고」, 『한국상고사학보』10, 한국상고사학회.

윤덕향 1989, 『남원 세전리유적 I 』, 전북대학교 박물관.

______ 1992, 『전주 여의동유적』, 전북대학교 박물관.

윤무병 외, 1993, 「양산 다방리패총 발굴보고」, 『청당동』, 국립중앙박물관.

이남규 1999, 「韓半島 古代國家 形成期 철제무기의 유입과 보급」, 『韓國古代史硏究』16, 한국고대사학회.

이백규 · 이청규 1985, 『곽지패총』, 제주대학교 박물관.

이상율 외 1998, 『김해 대성동소성유적』, 부경대학교 박물관.

이선복 1988, 『고고학개론』(이론과 실천).

이성주 2000, 「기원전 1세기대의 진 · 변한지역」, 『전환기의 고고학III』, 제24회 한국상고사학회 학술발표회, 115-153.

이송래 2002, 「복합사회의 발전과 지석묘 문화의 소멸」, 『전환기의 고고학 I 』. 학연문화사, 214-280.
이영문 1996, 『광주 일곡동유적』, 목포대학교 박물관.
이영식 1999, 「고대의 전쟁과 국가형성」, 韓國古代史硏究』16, 한국고대사학회, 11-47.
이주헌 외 1994, 『창원 가음정동유적』, 창원문화재연구소.
이호관 외 1976, 『마산 외동 성산패총』, 문화재관리국.
임영진 외 1992, 「보성군의 고고학유적」, 『보성군 문화유적 학술조사』, 전남대학교 박물관.
______ 외 1998, 『보성 금평유적』, 전남대학교 박물관.
______ 외 1999, 『광주 쌍촌동 주거지』, 전남대학교 박물관.
임효택 외 1990, 『거창 대야리유적』,동의대학교 박물관.
정영화 외 1987, 『합천 저포리 고분군-A지구』,영남대학교 박물관.
정징원 1985, 『김해 예안리고분군』 I , 부산대학교 박물관.
______ 외 1981, 『김해 수가리패총』, 부산대학교 박물관.
조현종 외 1997, 『광주 수완지구 택지개발상정지 문화유적 지표조사보고서』, 국립광주박물관.
조화룡 1987, 『韓國의 沖積平野』, 교학사.
지건길 · 조현종 1989, 『돌산송도』 I , 국립광주박물관.
______________ 1990, 『돌산송도』 II , 국립광주박물관.
창원대학교 박물관 1995, 『창원시 문화유적 정밀지표조사보고서』.
창원대학교 박물관 1998, 『창원의 선사 · 고대 취락』(도록).
최몽룡 외 1989, 『주암댐 수몰지구 문화유적 발굴조사보고서』IV, 전남대학교 박물관
최성락 1986, 「해남지방의 선사유적 · 고분」, 『해남군의 문화유적』, 목포대학교 박물관.
______ 1987, 『해남 군곡리패총』 I , 목포대학교 박물관.
______ 1988, 『해남 군곡리패총』 II , 목포대학교 박물관.
______ 1989, 『해남 군곡리패총』III, 목포대학교 박물관.

______ 1993, 「원삼국시대 패총문화-연구성과와 제문제」, 『한국고고학보』29, 한국고고학회., 27-49.

______ 1995, 「한국고고학에 있어서 시대구분론」, 『아세아고문화』, 석계황용훈교수정년기념논총, 369-385.

______ 1996, 『광주 오룡동유적』, 목포대학교 박물관.

______ 1998, 「철기시대 주거지를 통해본 사회상」, 『東아시아의 鐵器文化』, 국립문화재연구소, 3-24.

______ 1999, 「철기시대의 설정과 문제점」, 『박물관연보』7, 목포대학교 박물관, 9-17.

______ 2001, 「고고학 단상」, 『박물관연보』10, 목포대학교 박물관, 11-22.

______ 외 1999, 「나주시의 고고유적」, 『나주시의 문화유적』, 목포대학교 박물관.

______ 외 2000, 『장흥 지천리유적』, 목포대학교 박물관.

최성락 · 이영철 2000, 「함평 중랑유적」, 『발표요지』, 제43회 전국역사학대회.

최종규 1982, 「陶質土器 成立前夜와 그 展開」, 『한국고고학보』12, 한국고고학회, 213-243.

______ 1989, 「金海期 貝塚의 立地에 대해서」, 『古代硏究』2, 古代硏究會, 133-145.

______ 1996, 「한국원시의 방어집락의 출현과 전망」, 『한국고대사논총』8, 한국고대사회연구회, 5-36.

홍보식 1997, 『부산의 삼한시대 유적과 유물 I -동래패총-』, 부산광역시박물관 복천분관.

______ 1998, 『부산의 삼한시대 유적과 유물 II』, 부산광역시박물관 복천분관.

황상일 1992, 「규조분석」, 『일산 신도시 개발지역 학술조사보고』 I .

黃相一 · 尹順玉 1999, 「大邱盆地의 先史 및 古代 人間生活에 미친 Holocene 자연환경변화의영향」, 『한국고고학보』41, 한국고고학회, 1-36.

한국해양연구소 1994, 『제4기 해수면변화의 모델개발 및 퇴적한경변화에 대한 종합연구(III)』, 과학기술원.

한병삼 · 이건무 1976, 『조도패총』, 국립중앙박물관.

梅原末治 · 濱田耕作 1923, 「金海貝塚發掘調査報告」, 『大正9年度古蹟調査報告』1.

小泉顯夫 · 梅原末治 1923, 「梁山貝塚」, 『大正11年度古蹟調査報告書』, 朝鮮總督府.

豊橋敎育委員會 1963, 『瓜鄕』.

古川博恭 1972, 「濃尾平野の沖積層-濃尾平野の研究-その1」, 『地質學論集』7.

山本武夫 1980, 「二,三世紀の氣候」, 『三世紀の考古學』上, 學生社, 35-58.

小野忠熈 1984, 『高地性集落論』, 學生社

田村晃一 1980, 「韓」, 『三世紀の考古學』上, 學生社, 254-271.

井關弘太郞 1983, 『沖積平野』, 東京大學出版會.

井關弘太郞 1989, 「海水準の變動」, 『彌生文化の研究』1(彌生人とその環境), 雄山閣, 148-160.

有光敎一 1954, 「金海貝塚土器の上限と下限」, 『考古學雜誌』40-1.

下山正一 1993, 「北部九州における繩文海進極盛期の海岸線と海成層の上限分布」, 『Museum Kyushu』44, 博物館等建設推進九州會議.

太田陽子 · 海津正倫 · 松島義章 1990, 「日本における完新世相對的海面變化とそれに關する問題」, 『第四紀研究』29-1, 日本第四紀學會.

Boserup, E. 1965, *Conditions of Agricultural Growth: The Economics of Agrarian Change under Population Pressure*, Chicago, Aldine.

Park, Yong-Ahn 1987, "Costal Sedimentation," *Geology of Korea*.

Taylor, Sarah 1989, "the Introduction and Development of Iron Production in Korea: A Survey", *World Archaeology* 20(3):422-33.

호남지역 철기시대 패총의 형성 배경

최성락 · 박호성

Ⅰ. 머리말

패총은 인류가 바다나 강에서 채취한 조개를 먹은 후에 불필요하게 된 조개껍질을 폐기한 결과 형성된 곳으로 이곳에 당시 쓰였던 생활도구인 인공유물뿐만 아니라 동 · 식물유체 등 자연유물이 잘 보존되어 있어 당시 문화를 연구하는데 필요한 중요한 자료를 포함하고 있다. 이러한 특징을 지닌 패총은 신석기시대에 유행하다가 청동기시대에 줄어들지만 철기시대[1]에 다시 증가하였다.

철기시대 패총 연구는 1907년 일본 연구자에 의해 김해 패총이 발견되면

1) 철기시대는 철기가 사용되기 시작한 때부터 고분이 등장하기 전까지를 말한다. 이 용어는 통상 초기철기시대와 원삼국시대를 대신한 것이다. 다만 철기시대의 시작이 경질무문토기(삼각형점토대토기 포함)로 지표를 삼고 있지만 본고에서는 원형점토대토기가 출토된 패총까지를 분석대상에 포함한다.
최성락, 「철기시대의 설정과 문제점」, 『박물관연보』 7, 목포대학교박물관, 1998.

서 시작되었다. 이후 영남 남해안 일원을 중심으로 창원 웅천 패총·성산 패총, 부산 동래 패총·조도 패총, 고성 동외동 패총, 김해 부원동 패총 등이 조사되었고, 그 과정에서 소위 김해기 패총의 연대 문제가 주요 쟁점이 되었다.[2] 이후 1980년대 들어 해남 군곡리 패총의 발굴조사가 이루어지면서 호남지역에서도 철기시대 패총이 알려지게 되었고, 이후 호남 서·남해안 일원에서 다수의 패총들이 발굴조사됨에 따라 전반적인 분포현황과 성격이 어느 정도 밝혀졌다.[3]

이 중에서 여전히 관심을 끄는 문제는 철기시대 패총의 형성 배경이다. 즉 철기시대 이후에 패총이 갑자기 증가하는 원인이 무엇인지에 대한 의문이다. 이 문제를 풀기 위해서는 철기시대 패총의 정확한 편년과 패총에서 출토된 토기를 비롯한 다양한 유물에 대한 정밀한 분석이 이루어져야 할 것이다. 따라서 본고에서는 우선 호남지역에서 조사된 패총을 세 권역으로 나누고, 발굴조사된 패총을 중심으로 출토된 토기를 비롯하여 토제품, 철기, 복골, 화천 등을 분석하여 각 패총의 편년을 제시한 다음, 철기시대 패총의 형성 배경에 대하여 살펴보도록 하겠다.

---

2) 有光教一,「金海貝塚土器の上限と下限」,『考古學雜誌』40-1, 1954; 김원용,「金海 貝塚 年代에 關한 再檢討」,『역사학보』9, 역사학회, 1957; 김정학,「熊川貝塚研究」,『아세아연구 10-4』, 고대아세아연구소, 1967; 김원용,「金海 府院洞期의 設定」,『한국고고학보』12, 한국고고학회, 1982.

3) 최성락,「原三國時代 貝塚文化 - 研究成果 및 諸問題 - 」,『한국고고학보』, 한국고고학회, 1993; 서현주,「南海岸地域 原三國時代 貝塚의 時期區分과 起源問題 - 出土遺物을 中心으로 - 」,『호남고고학보』4, 호남고고학회, 1996; 서현주,「湖南地域 原三國時代 貝塚의 現況과 形成背景」,『호남고고학보』11, 호남고고학회, 2000; 윤덕향,「군산지역의 패총」,『군산지역의 패총』제3회 호남고고학회 학술대회 발표요지, 호남고고학회, 1995; 한수영,「군산지역 패총의 현황과 그 성격」,『호남지역의 신석기문화』, 제6회 호남고고학회 학술대회 발표요지, 호남고고학회 1998; 김혜진,「전북지역 패총의 입지에 대한 고찰」, 전북대학교 대학원 석사학위논문, 1997; 서현주,「초기철기~삼국시대 패총에 대한 고찰」,『한국의 조개더미유적』2, 한국문화재조사연구기관협회, 2010; 김진영,「호남지역 마한시기 패총의 변천과 역사적 함의」,『호남고고학보』67, 호남고고학회, 2021.

Ⅱ. 패총의 분포

현재까지 호남지역에서 철기시대 패총과 관련된 유적은 총 109개소이다.[4] 해당 유적들은 지표조사 과정에서 지상에 노출된 패각과 유물 등을 통해 확인되었다. 이번 연구는 발굴조사가 이루어지고 발굴보고서가 발간된 16개소를 대상으로 한다.

호남지역에서의 패총은 주로 도서와 해안 그리고 강 하구와 바다가 만나는 기수역(汽水域)에서 확인된다. 패총은 전북 서해안권, 전남 서남해안권, 전남 남해안권 등으로 크게 세 권역을 설정하였다(그림 1). 전북 서해안권은 행정구역상 군산 · 부안 · 김제 · 고창이 포함된다. 서해안에 위치한 도서를 비롯해 금강 하구 · 만경강 하구 · 동진강과 곰소만 사이의 변산반도 등이 자리하고 있으며 전남 서남해안권과의 경계는 곰소만이다. 전남 서남해안권은 행정구역상 영광 · 신안 · 무안 · 나주 · 목포 · 영암 · 해남 · 진도 · 강진 · 장흥 · 완도가 포함된다. 서남해안에 위치한 도서와 영산강 하구 · 백포만 등이 위치하고 있으며 전남 남해안권과의 경계는 장흥반도이다. 전남 남해안권은 행정구역상 보성 · 순천 · 광양 · 여수가 포함된다. 남해안에 위치한 도서와 더불어 득량만 · 순천만 · 광양만 등이 자리하고 있다.

---

4) 본고에서는 다음 책에 수록된 유적(2009년 12월 기준)과 문화재청 GIS통합 인트라넷시스템에 등록된 유적을 대상으로 하였으며, 2009년 12월 이후에 확인된 유적을 추가로 집계하였다.
한국문화재조사연구기관협회, 『한국의 조개더미(貝塚) 유적』Ⅰ, 2010.

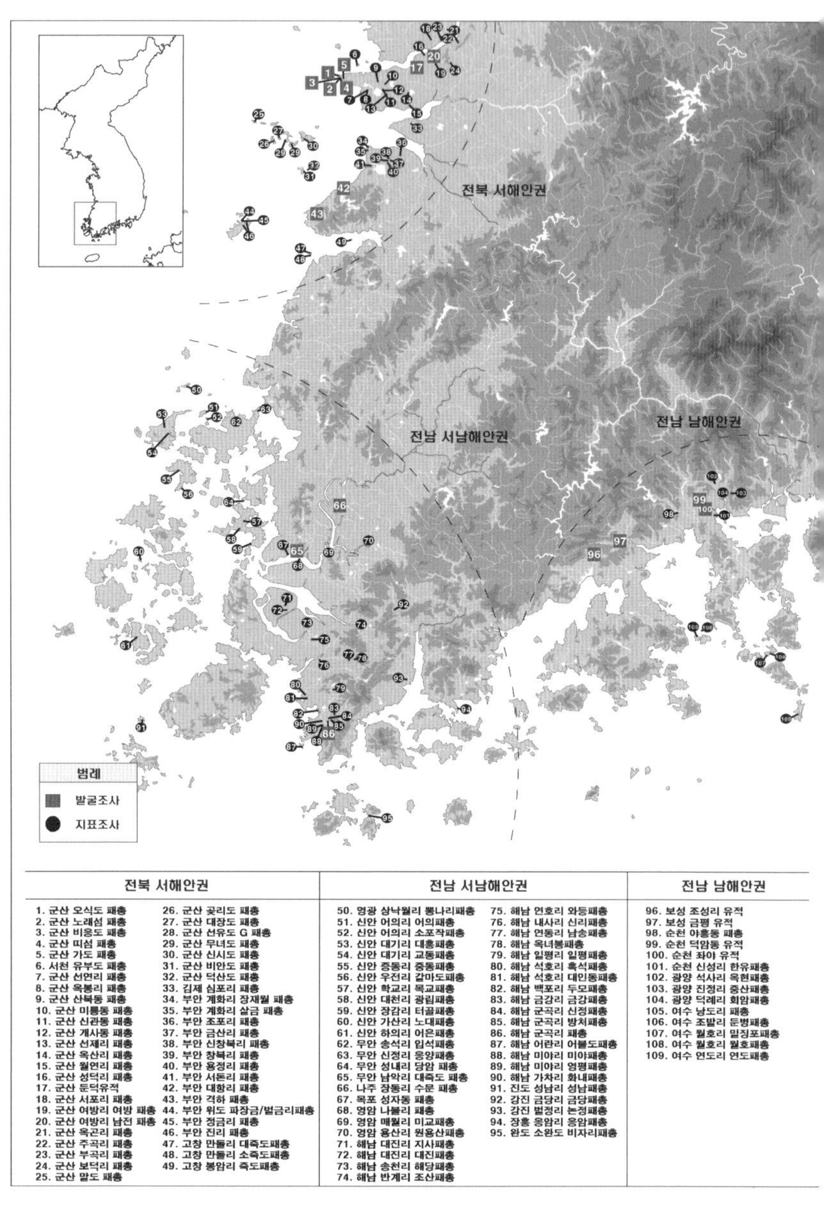
전북 서해안권
전남 서남해안권
전남 남해안권
범례
발굴조사
지표조사
전북 서해안권
1. 군산 오식도 패총
2. 군산 노래섬 패총
3. 군산 비응도 패총
4. 군산 띠섬 패총
5. 군산 가도 패총
6. 서천 유부도 패총
7. 군산 선연리 패총
8. 군산 옥봉리 패총
9. 군산 산북동 패총
10. 군산 미룡동 패총
11. 군산 신관동 패총
12. 군산 개사동 패총
13. 군산 선제리 패총
14. 군산 옥산리 패총
15. 군산 월연리 패총
16. 군산 성덕리 패총
17. 군산 둔덕유적
18. 군산 서포리 패총
19. 군산 여방리 여방 패총
20. 군산 여방리 남전 패총
21. 군산 옥곤리 패총
22. 군산 주곡리 패총
23. 군산 부곡리 패총
24. 군산 보덕리 패총
25. 군산 말도 패총
26. 군산 꽃리도 패총
27. 군산 대장도 패총
28. 군산 선유도 G 패총
29. 군산 무녀도 패총
30. 군산 신시도 패총
31. 군산 비안도 패총
32. 군산 덕산도 패총
33. 김제 심포리 패총
34. 부안 계화리 장재월 패총
35. 부안 계화리 살금 패총
36. 부안 조포리 패총
37. 부안 금산리 패총
38. 부안 신창북리 패총
39. 부안 창북리 패총
40. 부안 용정리 패총
41. 부안 서돈리 패총
42. 부안 대항리 패총
43. 부안 격하 패총
44. 부안 위도 파장금/벌금리패총
45. 부안 정금리 패총
46. 부안 진리 패총
47. 고창 만돌리 대죽도패총
48. 고창 만돌리 소죽도패총
49. 고창 봉암리 죽도패총
전남 서남해안권
50. 영광 상낙월리 뽕나리패총
51. 신안 어의리 어의패총
52. 신안 어의리 소포작패총
53. 신안 대기리 대흥패총
54. 신안 대기리 교동패총
55. 신안 증동리 중동패총
56. 신안 우전리 갈마도패총
57. 신안 학교리 목교패총
58. 신안 대천리 광립패총
59. 신안 장감리 터골패총
60. 신안 가산리 노대패총
61. 신안 하의리 어은패총
62. 무안 송석리 입석패총
63. 무안 신정리 옹양패총
64. 무안 성내리 당암 패총
65. 무안 남악리 대죽도 패총
66. 나주 장동리 수문 패총
67. 목포 성자동 패총
68. 영암 나불리 패총
69. 영암 매월리 미교패총
70. 영암 용산리 원용산패총
71. 해남 대진리 지사패총
72. 해남 대진리 대진패총
73. 해남 송천리 해당패총
74. 해남 반계리 조산패총
75. 해남 연호리 와등패총
76. 해남 내사리 신리패총
77. 해남 연동리 남송패총
78. 해남 옥녀봉패총
79. 해남 일평리 일평패총
80. 해남 석호리 흑석패총
81. 해남 석호리 대인동패총
82. 해남 백포리 두모패총
83. 해남 금강리 금강패총
84. 해남 군곡리 신정패총
85. 해남 군곡리 방처패총
86. 해남 군곡리 패총
87. 해남 어란리 어불도패총
88. 해남 미야리 미야패총
89. 해남 미야리 영평패총
90. 해남 가차리 화내패총
91. 진도 성남리 성남패총
92. 강진 금당리 금당패총
93. 강진 벌정리 논정패총
94. 장흥 옹암리 옹암패총
95. 완도 소완도 비자리패총
전남 남해안권
96. 보성 조성리 유적
97. 보성 금평 유적
98. 순천 야흥동 패총
99. 순천 덕암동 유적
100. 순천 좌야 유적
101. 순천 신성리 한유패총
102. 광양 석사리 옥현패총
103. 광양 진정리 중산패총
104. 광양 덕례리 회암패총
105. 여수 낭도리 패총
106. 여수 조발리 둔병패총
107. 여수 월호리 밀징포패총
108. 여수 월호리 월호패총
109. 여수 연도리 연도패총

〈그림 1〉 호남지역 철기시대 패총의 분포현황 및 권역설정

〈표 1〉 연구대상 유적 현황

연번	권역	유적명		수역	지형	해발고도(m)	참고문헌
1	전북 서해안권	군산 오식도 A패총		도서	구릉사면	15m	목포대학교박물관, 2002,『筽篒島』.
		군산 오식도 B패총					
2		군산 노래섬 나패총			구릉사면	15.5~20.5m	원광대학교 마한·백제문화연구소·원광대학교박물관, 2002,『노래섬(Ⅰ)』.
		군산 노래섬 다패총			구릉정상	30~35m	
		군산 노래섬 라A패총			구릉사면	12.6~16m	
3		군산 비응도 A패총			구릉사면	15m	전북대학교박물관, 2002,『飛應島·駕島』.
		군산 비응도 B패총			해안사구	6.7m	
4		군산 띠섬 ⅠA패총			구릉사면	7~9m	원광대학교박물관, 2001,『띠섬貝塚』.
		군산 띠섬 ⅠC패총			구릉말단	3.2~5.3m	
		군산 띠섬 ⅡC패총			구릉말단	5~7m	
5		군산 가도 A패총			구릉사면	8~16m	충남대학교박물관, 2001,『駕島貝塚』.
		군산 가도 E패총			구릉사면	10~15m	
		군산 가도 C패총			구릉사면	5~15m	전북대학교박물관, 2002,『飛應島·駕島』.
6		군산 여방리 남전	A패총	기수역	구릉말단	5m	전북대학교박물관, 1998,『여방리 남전 A유적』.
			패총(2013)				국립전주박물관, 2013,『群山 余方里 藍田貝塚』.
7		군산 둔덕 유적	패총		구릉사면	18~20m	전북문화재연구원, 2006.『群山 屯德遺蹟』.
8		부안 격하 패총		해안	구릉사면	10m	호남문화재연구원, 2005,『扶安 格下貝塚』.
9		부안 대항리 패총		해안	구릉말단	6m	전라문화유산연구원, 2014,『扶安 大項里 貝塚』.
10	전남 서남해안권	무안 대죽도 패총		도서	구릉사면	20m	전남문화재연구원, 2003, 南岳 新都市 遺蹟』
11		나주 장동리 수문 패총		기수역	구릉말단	1m	국립광주박물관, 2010, 나주 장동리 수문 패총』.
12		해남 군곡리 패총		해안	구릉사면	22~18m	목포대학교박물관, 1987·1988·1989·2019·2020,『海南 郡谷里 貝塚 Ⅰ-Ⅴ』.
13	전남 남해안권	보성 조성리 유적	패총	해안	구릉사면	37m	순천대학교박물관, 2003,『寶城 鳥城里 遺蹟』.
14		보성 금평 유적	패총	해안	구릉사면	15~20m	전남대학교박물관, 1998,『寶城 金平 遺蹟』.
15		순천 좌야 유적	환호	해안	구릉사면	36.5~39.7m	전남문화재연구원, 2011,『順天 左也·松山遺蹟』.
			수혈				
16		순천 덕암동 유적	환호	해안	구릉정상	46.5m	마한문화연구원, 2010,『순천 덕암동 유적Ⅱ』
			폐기장				

Ⅲ. 출토유물의 검토와 편년

1. 출토유물의 검토

패총에서 출토된 유물 중에 시간의 흐름에 따라 구체적인 변화를 알 수 있는 토기를 비롯하여 토제품 · 철기 · 복골 · 화천 등을 살펴보고자 한다.[5]

1) 토기

해남 군곡리 패총에서는 안정적인 층서에서 출토된 토기유형이 원형점토대토기 → 경질무문토기(삼각형점토대토기 포함) → 경질찰문토기 → 타날문토기로의 점진적인 변화과정을 보여주고 있다.[6] 따라서 토기에 대한 분석은 해남 군곡리 패총에서 설정된 토기유형을 기준으로 그 양상을 살펴보도록 하겠다〈표 2〉.

〈표 2〉 호남지역 철기시대 패총 출토 토기 집계

유적명	유구명		원형 점토대토기	경질무문토기		경질 찰문토기	타날문토기	
				삼각형 점토대토기	홑구연+ 동체부		연질	경질
군산 오식도	A패총		1			1	19	2
	B패총						2	
군산 노래섬	나패총		12	3				
	다패총		59	2				
	라A패총		2					
군산 비응도	A패총		9					
	B패총	A Pit	2					
		B Pit	4					
		C Pit	5					
		D Pit	2					
		Y Pit	3					

5) 이번 연구에서는 도구조성비 분석을 통한 생업연구의 대상인 골각기, 석기 등과 자연유물을 분석 대상에서 제외하였다.
6) 목포대학교박물관,『海南 郡谷里 貝塚 Ⅰ』, 1987, 48~53쪽.

군산 띠섬	I A패총			3				
	I C패총			1				
	II C패총		4					
군산 가도	A패총		4		7			
	E패총		6	7				
	C패총		1					
군산 여방리 남전	A패총	상층부			2		24	2
		하층부			6	1		
군산 여방리 남전	패총(2013)		6	4	50		803	442
군산 둔덕	패총						141	100
부안 격하	패총		3				9	1
부안 대항리	패총						2	
나주 장동리 수문	패총			10	55		46	
무안 대죽도	패총				1			
해남 군곡리 1차	패총			11	63	9	18	4
2차	패총			6	69			1?
3차	패총		2		44	5	12	2
4차	패총				3	3	13	
보성 조성리	패총			3	8		1	
보성 금평	패총	SE 12Grid			1	3		
		SE 13Grid		1	3		1	1
		SE 21Grid		1	17			3
		SE 22Grid		9	80		1	15
		SE 23Grid		1	66		1	18
		SE 32Grid			9			2
		SE 33Grid		3	60		2	11
순천 좌야	환호(패각층 형성)					13		
	2호 수혈(패각층 형성)			3	104		3	
	3호 수혈(패각층 형성)				17			
	2호 주거지(패각층 형성)				11			
	3호 주거지(패각층 형성)			1	5			
	Pit	2(패각층 형성)			2			
		4(패각층 형성)		2	2		1	1
		5(패각층 형성)		1	1		1	
		7(패각층 형성)			3			

순천 좌야	Pit	8(패각층 형성)		1	17		2	
		11(패각층 형성)			5			
순천 덕암동	2호 환호:5지점					23		6
	2호 환호:7지점			4	1	52		5
	1호 폐기장			2	49		11	4
	2호 폐기장				12		5	7
* 보고서에 수록된 토기편과 완형(完形)을 합하여 집계함.								

먼저 원형점토대토기는 오식도 · 노래섬 · 비응도 · 가도 · 띠섬 등 군산 오식군도 패총을 중심으로 확인되었다. 특히 군산 띠섬 Ⅱ지구 C패총 10층과 군산 노래섬 라A패총 Ⅳ문화층(5층) 등의 사례에서 볼 수 있듯이 안정된 층에서 원형점토대토기편이 출토되었다〈그림 2〉. 군산 노래섬 다패총 2층에서는

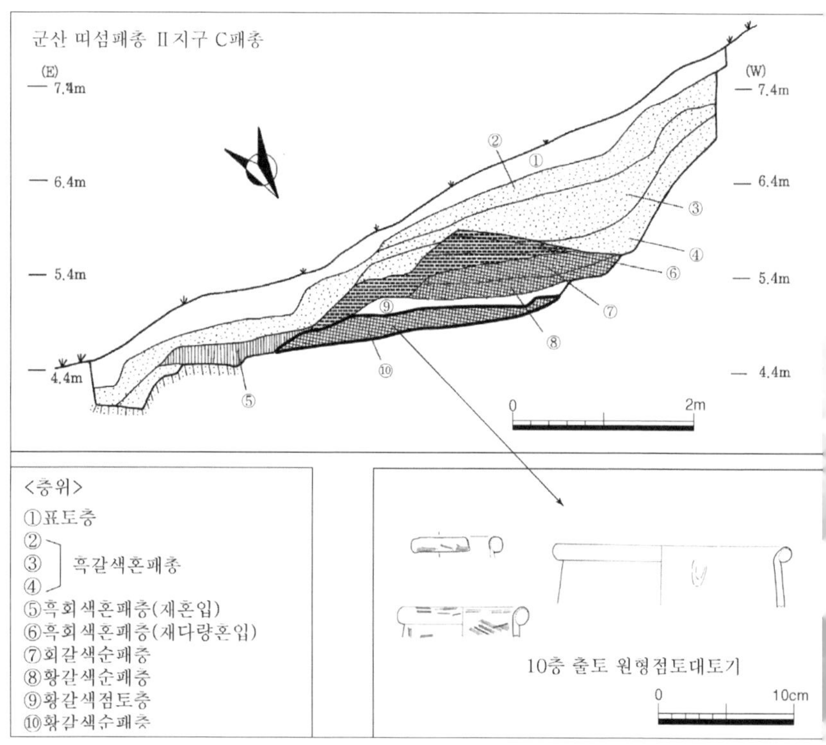

〈그림 2〉 군산 띠섬 Ⅱ지구 C패총 10층 출토 원형점토대토기

원형점토대토기편의 출토 빈도가 81%로 높게 나타난다. 이를 통해 원형점토대토기 관련 문화층은 전북 서해안권의 군산 오식군도를 중심으로 형성되어 있음을 확인할 수 있다.

반면 전남 서남해안권과 전남 남해안권의 양상은 다르다, 전남 서남해안권의 해남 군곡리 패총 12층(Ⅰ기층)에서 출토된 원형점토대토기 구연부편은 두형토기와 공반되는 양상을 보이지만 패각층 아래에서 출토된 점이 전북 서해안권과 차이가 난다. 전남 남해안권의 순천 덕암동 유적 2호 환호의 7지점(패각층 형성) 1-2층에서 원형점토대토기 구연부편이, 1호 환호에서 원형점토대토기편과 함께 삼각형점토대토기편 · 홑구연의 경질무문토기(편 다수, 완형 소수) · (사)격자문의 타날문토기편(소수) 등이 각각 출토되었지만 다른 시기의 유물과 섞여 있어 안정적인 자료로 보기는 어렵다.

다음으로 경질무문토기(삼각형점토대토기 포함)는 철기시대에 속하는 무문토기로 청동기시대 무문토기에 비해 상대적으로 경도가 높은 점과 다양한 기종이 출현하는 것이 특징이다. 호남지역에서는 해남 군곡리 패총이 발굴조사되면서 최초로 지칭되었으며 주로 Ⅱ기층부터 확인된다. 또 경질무문토기는 호남지역 전역의 옹관묘 · 토광(목관)묘 등의 분묘 유구와 주거지 · 수혈 · 구상유구 · 패총 등 생활 유구에서 출토되는데, 삼각형점토대토기가 등장하고 난 후 홑구연의 경질무문토기로 점진적인 변화 양상이 확인된다.[7] 한편 패총에서 출토된 경질무문토기는 호남지역 전역에 걸쳐 확인되었다. 먼저 전북 서해안권의 군산 노래섬 나패총 Ⅲ문화층(1-4-②층) 및 다패총 1층, 군산 띠섬 ⅠA패총 1-3층 및 ⅠC패총 3층, 군산 가도 A패총 2층, 4-5층 및 E패총 1-4층, 군산 남전 여방리 패총 1-21층 등에서는 경질무문토기가 출토되었다. 전남 서남해안권의 무안 대죽도 패총, 나주 수문 패총, 해남 군곡리 패총 등에서 경질무문토기가 확인되었다. 마지막으로 전남 남해안권의 보성 조성리 유적, 보성 금평 유

7) 하진영, 「호남지역 경질무문토기의 편년과 성격」, 전북대학교 대학원 석사학위논문, 2015, 123~137쪽.

적, 순천 좌야 유적, 순천 덕암동 유적 등에서 경질무문토기가 확인되었다. 이처럼 전북 서해안권에서는 경질무문토기의 출토가 빈약한 반면, 전남 서남해안권과 전남 남해안권에서는 경질무문토기가 주류를 형성하고 있다.

그 다음으로 경질찰문토기는 김해 패총에서 확인된 토기로 적갈색김해식찰문토기(赤褐色金海式擦文土器)로 불려진 토기이다. 경질찰문토기의 특징은 경질무문토기에 비해 기형이 대칭을 이루고 있고 기종별 크기의 규격화가 진행되었으며 크기에 따라 정면방법이 조금씩 차이를 보인다는 점이다. 그것은 중대형의 토기 정면방법으로 기벽을 긁어 올리는 빗질 정면(擦文)이 확인되고, 소형의 토기에서는 물손질 위주로 나타난다.[8] 호남지역 철기시대 패총에서 출토된 경질찰문토기는 각 권역별로 소수의 유적에서 확인되었다. 먼저 전북 서해안권의 패총은 군산 오식도 A패총 S1W1피트에서 경질찰문토기 저부편이 출토되었다. 저부와 동체부 일부가 남아있으며, 외면에 빗질 흔적이 촘촘하게 남아있는 것이 확인되었다. 다음으로 전남 서남해안권의 패총은 해남 군곡리 패총 5-7층(Ⅳ기층)과 1-4층(Ⅴ기층)에서 출토되었다. 출토된 경질찰문토기는 경질무문토기에 비해 유물 반출량이 적은 까닭에 완형이나 기종의 다양화는 현저히 떨어진다. 기종은 자비옹 · 외반호 · 직구옹 · 시루 · 심발 · 완 · 뚜껑 등이며, 모두 Ⅱ기층부터 기종 분화가 이루어진 토기구성이다.

마지막으로 타날문토기는 과거 김해식토기로 불리웠던 토기로 해남 군곡리 패총 발굴보고서에서 타날문토기로 불려졌다. 타날문토기는 내박자와 외박자를 사용하여 기벽을 두드려 성형하는 토기를 말한다. 물레가 사용되고 밀폐된 가마에서 소성이 이루어지는 특징이 있어 이전과는 전혀 다른 기술체계를 나타낸다.[9] 먼저 전북 서해안권의 패총은 군산 오식도 A패총, 군산 오식도 B패총, 군산 여방리 남전 A유적(패총), 군산 둔덕 유적 패각층 4-9층, 부안 조

8) 강귀형, 「경질무문토기에서 타날문토기로의 제작기술 변천 - 해남 군곡리패총을 중심으로 - 」, 『군곡리 패총 동아시아 해양교류의 시작』, 목포대학교박물관, 2019, 106~136쪽.

9) 강귀형, 위의 논문, 118~120쪽.

하 패총 1-3층, 부안 대항리 패총 3층 등에서 타날문토기가 출토되었다. 전남 서남해안권에서는 나주 장동리 수문패총과 해남 군곡리 패총이 있다. 전남 남해안권에서는 보성 조성리 유적, 보성 금평 유적, 순천 좌야 유적, 순천 덕암동 유적도 무문양 · 격자문계 · 집선문계의 타날문토기편이 주로 확인되었다.

2) 토제품

토제품은 주로 주거지 · 수혈 · 구 · 패총 · 저습지 · 환호 등 주로 생활유적에서 출토되는 유물이다. 호남지역 철기시대 패총에서 출토된 토제품은 크게 성격에 따라 제의와 관련된 토제품과 생업과 관련된 토제품으로 나눌 수 있다.

먼저 제의와 관련된 토제품은 소형토기 · 원판형토제품 · 동물형토제품 · 토제국자 · 토구 등이 있다. 이들 토제품은 호남지역 전역에 걸쳐 확인되었다. 먼저 전북 서해안권의 패총은 군산 오식군도 일원의 패총에서는 출토되지 않았고, 군산 여방리 남전 A유적 패총과 군산 둔덕 유적 패총에서 소수 출토되었다. 다음으로 전남 서남해안권과 전남 남해안권의 패총은 전북 서해안권에 비해 종류와 수량 면에서 차이를 보인다. 특히 소형토기 · 원판형토제품 · 토구 등은 출토수량이 가장 많은데, 복골과 공반되는 사례가 확인되어 서로 상관관계가 있을 것으로 추정된다.[10)]

다음으로 생업과 관련한 토제품은 어망추 · 방추차 · 내박자 · 토기받침 · 토제주형 등이 있다. 먼저 어망추는 해남 군곡리 패총, 보성 금평 유적, 순천 덕암동 유적 2호 환호 5지점에서 출토되었는데, 해남 군곡리 패총(1차) I 문화층과 보성 금평 유적 패총 10층 출토품으로 보아 이른 시기부터 어업활동이 이루어졌음을 알 수 있는 유물로 판단된다. 또 방추차는 모든 패총에서 가장 많이 출토되었다. 한편 내박자 · 토기받침 · 토제주형 등이 나주 장동리 수문 패총, 해남 군곡리 패총, 보성 금평 유적, 순천 덕암동 유적 2호 환호 5지

10) 최지향, 「한국 선사 · 고대 복골의 고고민속학적 연구」, 한남대학교 대학원 석사학위논문, 2018, 33~ 37쪽.

점 등이 출토되었는데, 토기생산과 관련한 것으로 추정된다.

3) 철기

호남지역 철기시대 패총에서 출토된 철기는 군산 오식도 A패총, 군산 오식도 B패총, 나주 장동리 수문 패총, 해남 군곡리 패총, 보성 금평 유적 패총(22그리드) 등에서 철촉 · 철부 · 철도자 · 철조(鐵釣) 등의 기종이 확인되었다. 나주 장동리 수문 패총은 철촉 · 주조철부 · 철도자 등이 출토되었다. 특히 CO 피트(Ⅱ문화층)에서 출토된 공부가 단면 형태가 제형인 주조철부는 영산강유역 분묘에 부장되는 주조철부류의 불연속성을 메울 수 있는 자료로서 주목되고 있다. 해남 군곡리 패총은 1~3차 조사에 걸쳐 단조철부 · 철도자 · 철조(鐵釣) 등이 Ⅱ~Ⅴ기층에서 출토되었다. 특히 2차 7층에서 출토된 도자병과 2차 5층에서 출토된 단조철부는 화천이 출토된 층과 동일한 Ⅱ기층에서 출토되어 대략적인 시기를 특정할 수 있다. 보성 금평 유적은 7~5층에서 철촉 · 단조철부 등이 출토되었다. 특히 7층에서 출토된 단조철부는 해남 군곡리 패총 2차 5층과 동일한 형식(선형철부)으로 분류되며 서남부지역의 지역성을 보여주는 유물로 평가된다.[11)]

4) 화천

우리나라에서 출토된 한대(漢代) 중국제 화폐는 신(新)나라의 왕망전(王莽錢)을 포함하여 한대의 오수전, 반량전 등이 있다. 이 중에서 화천(貨泉)은 한대에 주조된 왕망전의 일종으로 중국의 왕망이 세운 신(新)나라(기원후 8~23년) 때 사용되었던 것으로 기원후 14년에서 기원후 40년까지 통용된 화폐이다.

해남 군곡리 패총(1차) B2피트 패각층 최하단부(11층)에서 화천이 출토되

---

11) 김상민, 「한반도 철기문화의 성립과 海南 郡谷里 貝塚 - 해남 군곡리 철기와 관련된 몇 가지 가설 - 」, 『군곡리 패총 동아시아 해양교류의 시작』, 목포대학교박물관, 2019, 52~74쪽.

었다. 크기는 직경 2.5㎝, 두께 0.2㎝이고, 무게는 2.77g이다. 전면은 무문으로 방형천곽이 뚜렷하며, 외곽은 형태가 비교적 뚜렷하고 폭이 일정하다. 또 후면도 무문으로 방형천곽이 전면보다 더 뚜렷하고 폭이 일정하다. 화천은 주조연대가 명확하고 통용기간이 비교적 짧아 연대추정이 가능해 고고학적으로 매우 가치가 높은 유물이다. 호남지역에서 화천이 출토된 곳은 해남 군곡리 패총 외에도 나주 랑동 유적과 광주 복룡동 유적, 해남 흑천리 마동 유적 등이 있다. 특히 광주 복룡리 토광묘에서는 화천 50여점의 꾸러미가 발견되었다.[12)]

5) 복골

복골은 동물 뼈를 이용하여 점을 친 고고학적 증거로 우리나라에서는 주로 청동기시대에서 통일신라시대에 해당하는 유적에서 출토되었다. 또 해안과 내륙 등에서 광범위하게 확인되어 당시 사회에서 복골을 이용한 점복이 널리 활용되었음을 보여주는 유물이다.[13)]

복골의 속성은 크게 소재 선택, 정치 유무, 점복 행위로 나눌 수 있다. 우선 소재의 선택을 일차적인 기준으로 하여 견갑골을 사용한 복골과 이외의 소재를 사용한 복골로 나눌 수 있다. 다음으로 정치여부를 기준으로 자연면을 그대로 사용한 것과 정치 가공이 이루어진 것으로 나눌 수 있다. 정치만 이루어지고 점복 행위가 없는 경우, 복골의 준비공정에 있었던 것으로 판단할 수 있지만 소재의 선택만으로는 복골로 단정하기는 어려움이 있다. 마지막으로 점복 행위는 작, 찬, 작+찬으로 나눌 수 있다.[14)]

호남지역 철기시대 패총에서 출토된 복골은 군산 여방리 남전 패총 40점,

---

12) 박충원, 「화천을 통한 영산강 내륙 교역 가설 검토」, 『군곡리 패총 동아시아 해양교류의 시작』, 목포대학교박물관, 2019, 83쪽; 대한문화재연구원, 『해남 옥천리 마등 · 영춘리 향촌 유적』, 2022, 159쪽.

13) 은화수, 「韓國 出土 卜骨에 對한 考察」, 『湖南考古學報』 10, 湖南考古學會, 1999, 1~24쪽.

14) 이수연, 「삼한 · 삼국시대 영남지역 복골로 본 점복문화의 양상」, 『영남고고학』 79, 영남고고학회, 2017, 15~16쪽.

해남 군곡리 패총 20점, 나주 장동리 수문 패총 2점, 보성 금평 유적 4점, 순천 좌야 유적 6점 등 5개소에서 총 72점이 확인되었다.

2. 편년

패총에서 출토된 유물은 생산과 동시에 훼손되어 버려진 것들과 일정 기간 사용된 후 폐기되는 것들이 혼재될 수 있어 주거지나 분묘보다 고고학적 연대 결정이 어려운 점이 있다. 호남지역 철기시대 패총의 편년은 해남 군곡리 패총의 층서가 기준이 될 수 있다. 우선 해남 군곡리 패총은 철기시대의 층서가 정연하게 형성되어 있어 패총에서 출토된 유물의 상대연대를 잘 파악할 수 있을 뿐만 아니라 절대연대도 어느 정도 검증되었다.[15] 따라서 본고에서는 해남 군곡리 패총에서 상대연대를 잘 보여주는 토기유형을 기준으로 각 패총의 연대를 크게 네 시기로 나누고자 한다. 즉, 원형점토대토기가 출토되는 시기를 Ⅰ기, 삼각형점토대토기와 퇴화된 삼각형점토대토기가 출토되는 시기를 Ⅱ기, 홑구연의 경질무문토기와 경질찰문토기가 출토되는 패총의 시기를 Ⅲ기, 격자문계 타날문토기를 중심으로 출토되는 시기를 Ⅳ기로 설정할 수 있다. 각 시기의 연대를 검토해 보면 다음과 같다.

Ⅰ기는 원형점토대토기가 유입되는 시기이다. 해남 군곡리 패각층 아래(Ⅰ기층)에서 원형점토대토기와 함께 두형토기, 발형토기 등이 출토되었다. 원형점토대토기는 전북 서해안권의 군산 오식군도 패총을 중심으로 관련 층위가 확인된다. 구체적으로 군산 노래섬 다패총 2층 · 라A패총 Ⅳ문화층(5층), 군산 비응도 A패총 2층 · B패총 3층, 군산 띠섬 ⅡC패총 10층 등에서 원형점토대토기와

15) 목포대학교박물관, 『해남 군곡리 패총』Ⅴ, 2021, 152~154쪽. 해남 군곡리 패총에서는 다수의 방사 성탄소연대로 각 기층의 절대연대를 검증한 바가 있다. 즉, Ⅰ기층(기원전 2세기), Ⅱ · Ⅲ기층(기원전 1세기~기원후 1세기), Ⅳ기층(기원후 2세기 전반), Ⅴ기층(기원후 2세기 후반 이후)의 연대는 방사성 탄소의 연대와 거의 일치하였다.

관련된 층이 형성된 것이 확인되었다〈그림 3〉.[16] 금강 · 만경강유역에 원형점토대토기의 유입 시기는 연구자에 따라 기원전 5세기대에서 기원전 3세기대로 차이가 있지만 늦어도 기원전 4세기경에는 유입되었을 것이다.[17] 한편 군산 노래섬 나패총 등지에서는 흑색마연토기편이 출토되었다. 만경강유역에서 흑색마연토기는 기원전 3세기 중엽에서 기원전 2세기대에 성행하였다.[18] 또 만경강유역 중 · 상류권에서 원형점토대토기가 집중적으로 확인되는 시기는 기원전 3세기에서 2세기대(하진영 2015)로 Ⅰ기의 하한을 보여주는 것으로 보인다. 따라서 Ⅰ기의 연대는 기원전 4세기경에서 기원전 2세기 중엽경으로 설정한다.

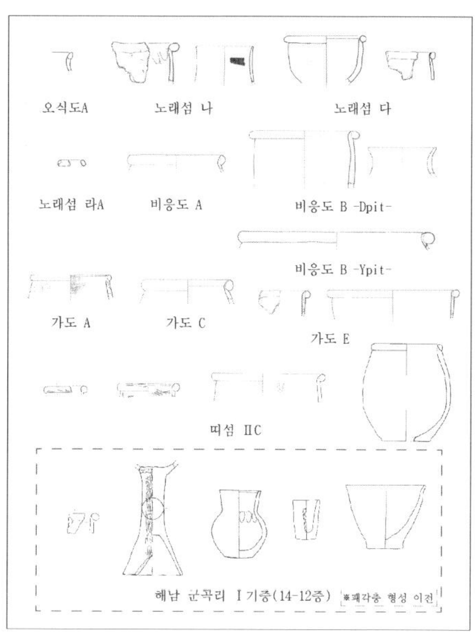

〈그림 3〉 Ⅰ기 패총 출토유물(축척부동)

Ⅱ기는 원형점토대토기가 점차 감소하고 삼각형점토대토기가 출현하는 시기로 일부 패총에서는 삼각형점토대토기 구연부의 퇴화양상이 확인된다. 이 시기의 유물로는 다양한 기형의 경질무문토기를 비롯하여 소형토기, 골각기,

16) 이외에도 군산 오식도 A패총, 군산 노래섬 나패총 Ⅲ문화층(1-4-②층), 군산 가도 A패총 Ⅲ문화층(7층) · Ⅳ문화층(1-6층), 군산 가도 E패총(2층, 4층), 군산 가도 C패총(2층), 부안 격하 패총 등은 현재 교란되었지만, 원형점토대토기 관련된 층이 형성되었을 것으로 판단된다.

17) 송종열, 「만경강유역 점토대토기문화의 정착 과정」, 『호남고고학보』 50, 호남고고학회, 2015, 52~69쪽; 임설희, 「南韓地域 粘土帶土器의 登場과 擴散過程」, 『호남고고학보』 34, 호남고고학회, 2010, 5~38쪽; 장지현, 「호남지역 점토대토기문화의 전개양상과 특징」, 『호남고고학보』 51, 호남고고학회, 2015, 32~55쪽.

18) 윤다정, 「초기철기시대 남한지역 흑색마연토기의 전개과정」, 『호남고고학보』 56, 호남고고학회, 2017, 136~137쪽.

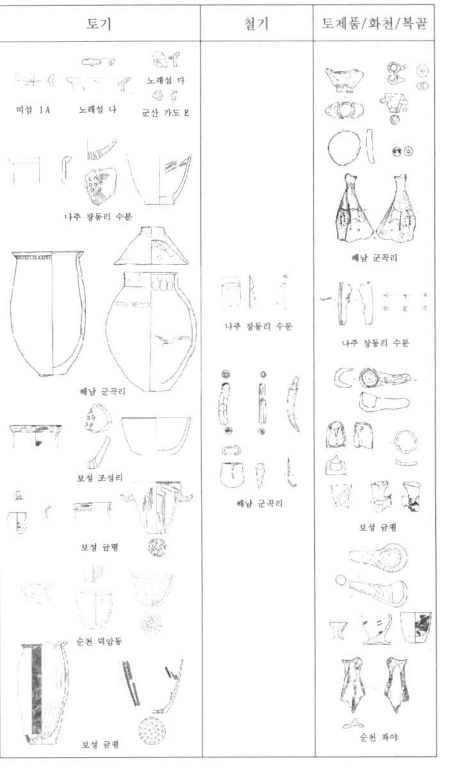

〈그림 4〉 Ⅱ · Ⅲ기 패총 출토유물(축척부동)

철기, 복골, 화천 등이 있다〈그림 4〉. 권역별 출토양상을 살펴보면, 먼저 전북 서해안권과 전남 서남해안권에서는 군산 띠섬 ⅠC패총 2층, 나주 장동리 수문 패총(Ⅱ문화층), 해남 군곡리 패총(Ⅱ · Ⅲ기층) 등에서 관련 층이 확인되었다. 다음으로 전남 남해안권은 퇴화된 삼각형점토대토기 구연부가 주로 확인되었는데 보성 조성리 유적 패총, 보성 금평 유적 패총(22그리드), 순천 좌야 유적 2 · 3호 수혈, 순천 덕암동유적 2호 환호 7지점 등에서 출토되었다. 호남지역 삼각형점토대토기의 출현 시기는 대체로 기원전 2세기 후반으로 추정되고 있다.[19] Ⅱ기의 하한은 해남 군곡리 패총의 Ⅱ · Ⅲ기층의 하한인 기원후 1세기 후반경을 따르고자 한다. 따라서 Ⅱ기의 연대는 기원전 2세기 후반에서 기원후 1세기 후반경으로 설정한다.

Ⅲ기는 삼각형점토대토기가 감소하고 홑구연의 경질무문토기가 주를 이루는 시기로 일부 패총에서는 경질찰문토기가 확인된다. 호남지역 철기시대 패총에서 확인된 홑구연의 경질무문토기는 Ⅱ기와 마찬가지로 전남 서남해안권과 전남 남해안권 패총을 중심으로 관련 층이 확인된다. 해남 군곡리 패총

19) 임설희, 위의 논문, 2010, 34쪽.
장지현, 위의 논문, 2015, 41~46쪽.

은 Ⅳ기층에서는 삼각형점토대토기가 줄어들고 홑구연의 경질무문토기가 출토되는데 일부 경질찰문토기도 출토되고 있다. 전남 남해안권은 해당 유적 모두 홑구연의 경질무문토기의 빈도가 높게 나타나는 공통점이 있으나, 경질무문토기(삼각형점토대토기 포함) 단순기에 해당하는데 순천 좌야 유적 환호 · 3호 수혈 등의 유구에서 홑구연의 경질무문토기가 출토되었다. Ⅲ기의 연대는 해남 군곡리 패총 Ⅳ기층의 연대를 기준으로 기원후 1세기 말에서 2세기 중엽으로 설정한다.

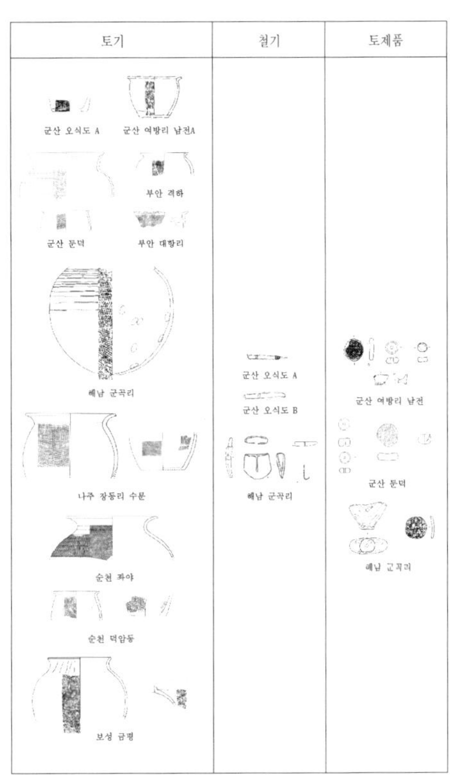

〈그림 5〉 Ⅳ기 패총 출토유물(축척부동)

Ⅳ기는 홑구연의 경질무문토기가 감소하고 타날문토기가 등장하는 시기이다. 타날문토기는 전 지역의 패총에서 확인된다. 이외에도 소형토기, 도자병, 철기 등이 계속적으로 사용되었다〈그림 5〉. 전북 서해안권은 군산 오식도 A패총 · 군산 오식도 B패총 · 군산 여방리 남전 A유적 패총 · 군산 둔덕 유적 패총 · 부안 격하 패총 · 부안 대항리 패총 등이 있다. 타날문토기 문양은 무문양, 격자문계, 집선문계가 확인되었다. 전남 서남해안권은 나주 장동리 수문 패총 · 해남 군곡리 패총 등이 있다. 전남 남해안권은 보성 조성리 유적 패총, 보성 금평 유적 패총(22그리드), 순천 좌야 유적 2호 수혈 · 순천 덕암동 유적 1호 폐기장 · 2호 폐기장 · 2호 환호 5지점 · 2호 환호 7지점 등이 있다. 해남 군곡리 패총에서

타날문토기는 Ⅳ기층에서 연질의 타날문토기가 출현하고 Ⅴ기층에 이르러 본격적으로 빈도가 높아지기 시작하는데, 4차 조사에서 확인된 Ⅴ문화층(3층)에서 주로 격자문계의 타날문토기가 확인되었다. 전북 서부지역 타날문토기의 시작연대는 기원후 2세기 후반경으로 볼 수 있고,[20] 해남 군곡리 패총 Ⅴ기층(1-4층)의 시작연대도 기원후 2세기 후반경으로 비정되고 있다. 따라서 Ⅳ기의 연대는 기원후 2세기 후반에서 3세기 말까지로 정한다〈그림 6〉.

유적명 \ 시기 / 연대		Ⅰ기	Ⅱ기	Ⅲ기	Ⅳ기
		B.C. 4C~2C중	BC 2C후~AD 1C후	AD 1C말~AD 2C중	AD 2C후~AD 3C말
군산 오식도	A패총				
	B패총				
군산 노래섬	나·다·라A 패총				
군산 비응도	A·B 패총				
군산 띠섬	ⅠA·ⅠC·ⅠD·ⅡA 패총				
군산 가도	A·C·E 패총				
군산 여방리 남전	A 패총				
	패총 (2013)				
군산 둔덕	패총				
부안 격하	패총				
부안 대항리	패총				
나주 수문	패총				
해남 군곡리	패총				
보성 조성리	패총				
보성 금평	패총 (22Grid)				
순천 좌야	환호				
	2호 수혈				
	3호 수혈				
순천 덕암동	2호 환호:5				
	2호 환호:7				
	1호 폐기장				

〈그림 6〉 호남지역 철기시대 패총의 편년

20) 김은정, 「湖南地域 馬韓 土器 - 住居址 出土品을 中心으로 - 」, 전북대학교 대학원 박사학위논문, 2017, 193~194쪽.

Ⅳ. 철기시대 패총의 형성 배경

1. 기존 연구의 검토

철기시대에 들어서면서 청동기시대에 줄어들었던 패총이 해안을 중심으로 다시 형성되기 시작하였다. 이러한 현상을 어떻게 설명할 것인지가 논란의 초점이다. 그동안 철기시대 패총의 형성 배경에 있어 주요한 원인으로는 고지성 입지, 기후의 한냉화, 해로의 발달과 주민이동 등이 제기되었다.

먼저 패총의 고지성 입지를 중심으로 살펴본 연구이다. 최종규는 김해기 패총의 입지를 세 가지로 유형화하였는데 특히 A유형(해발고도 100m 내외)과 B유형(해발고도 50m 내외)의 입지에서 나타나는 고지 · 험지 · 좋은 전망 · 주변과의 격리 등의 속성을 일본의 고지성 집락(취락)과 동일선상에서 방어적인 성격으로 해석하였다. 또한 그는 방어성 집락(취락)이 등장하게 된 배경에 관하여 식량생산이 완숙기에 들어서 돌연히 패총이 형성되는 채집경제로 바뀌는 것을 남해안 일대가 긴장 상태였다고 인식하고 있으며, 또 이처럼 채집경제를 채택한 이유에 관해서는 다방면의 고찰이 필요하다고 의문을 던지고 있다.[21]

이러한 주장의 문제점으로는 우선 패총의 중심연대를 기원후 4세기 이후로 보고 있어 지나치게 낮추어 본다는 점과 패총의 성격을 고지성 집락(취락)과 연결해 보는 점이다. 당시 최종규는 와질토기론을 주장하면서 와질토기가 보이지 않는 김해기 패총의 연대를 기원후 3세기 후반 이후로 보면서 삼각형점토대토기가 출토된 사천 늑도 패총 이후 200년 정도 공백기가 존재하였다는 견해를 제시하였다.[22] 이러한 견해를 따르는 늑도 패총 발굴자들은 해남 군곡

---

21) 최종규, 「金海期 貝塚의 立地에 대해서」, 『古代硏究』 2, 古代硏究會, 1989, 133~145쪽; 최종규, 「한국 원시의 방어집락의 출현과 전망」, 『한국고대사논총』 8, 한국고대사회연구회, 1996, 5~36쪽.

22) 최종규, 「陶質土器 成立前夜와 그 展開」, 『한국고고학보』 12, 한국고고학회, 1982,

리 패총에서도 중간에 공백기가 존재할 것이라고 주장하였다.[23] 이에 대하여 김해기 패총의 연대가 기원전까지 올라가기에 남해안지역의 패총은 시간적 공백이 없이 연속적으로 형성되었다는 반론도 제기되었다.[24] 실제로 사천 늑도 패총의 하한연대가 기원후 2세기대로 내려오고, 김해 패총을 비롯한 경남 해안지역의 패총들은 기원전부터 형성되기 시작한 것으로 확인되면서 남해안지역 패총들이 시간적인 공백없이 연속적으로 형성되었음이 밝혀졌다.

한편 패총의 형성에서 방어적인 성격을 가진 고지성 입지가 하나의 요인일 수 있지만 바닷가에 위치하는 패총들도 적지 않다. 호남지역의 사례를 살펴보면 원형점토대토기가 출토된 군산지역 패총의 해발고도가 1~20m로 상대적으로 낮게 나타나고 있고, 이후 남해안지역 패총의 해발고도가 20~50m로 점차 높아지는 경향을 보여주고 있다. 따라서 고지성 입지를 철기시대 패총의 형성 배경으로 보는 것은 적절하지 못하다.

다음으로 패총의 형성이 기후의 한랭화와 더불어 해수면 변동과 관련이 있다는 견해이다. 서현주는 원삼국시대에 들어 패총이 도서지역 및 해안지역에 다수 위치하는 것에 주목하여, 이를 채집경제의 비중이 높아진 것으로 보고 『삼국사기』와 『증보문헌비고』 등의 문헌자료와 중국과 일본의 고기후 연구를 참고하여 기원후 2~3세기를 한랭기로 추정하였다. 그 과정에서 원삼국시대 패총이 기원후 2~3세기대에 해안가에서 집중적으로 확인되는 시기와 한랭기가 대체로 일치하는 것에 주목하고, 당시 한랭기는 농업생산량의 감소를 가져왔으며 상대적으로 해양자원의 의존도가 높아짐에 따라 원삼국시대 패총이 짧은 시간 동안 도서지역 뿐만 아니라 해안지역까지 넓게 분포하게 된 것으로 파악하였다〈그림 7〉.[25]

213~243쪽.

23) 부산대학교박물관, 『勒島住居址』, 1989, 134~147쪽.

24) 최성락, 위의 논문, 1993, 27~49쪽.

25) 서현주, 위의 논문, 2000, 79~107쪽.

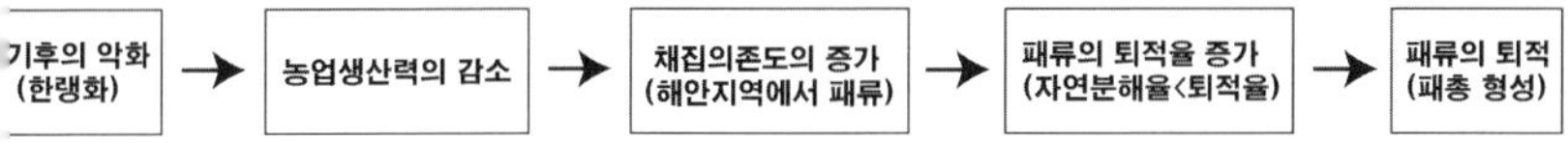

기후의 악화 (한랭화) → 농업생산력의 감소 → 채집의존도의 증가 (해안지역에서 패류) → 패류의 퇴적율 증가 (자연분해율<퇴적율) → 패류의 퇴적 (패총 형성)

〈그림 7〉 원삼국시대 패총의 형성 배경

이처럼 기후의 변동과 패총의 형성을 연결시킨 본 그의 견해는 일정 부분 설득력이 있다. 우선 한반도에서 기원후 2~3세기는 한난지수가 높은 뚜렷한 한랭기로 가까운 일본과 중국도 비슷한 양상을 보인다고 한다.[26] 한편, 해수면 변동은 해수면 상승과 해수면 하강이라는 견해가 엇갈리고 있어 아직 일치된 결과를 보여주지 못하고 있다. 그러나 세계의 기후자료와 인접지역의 해수면 변동 연구를 참고하면, 이 시기의 해수면 하강은 페어브리지(Fairbridge) 해수면 변화 곡선의 로만-플로리다(Roman-Florida) 해퇴기와 거의 일치하여 범세계적인 현상이었을 가능성이 있어 대체로 이를 받아들이고 있다.[27]

하지만 원삼국시대 해안지역 패총의 중심연대를 기원후 2~3세기대로 보는 것은 잘못된 것이다. 그는 이미 패총 출토유물의 분석을 통해 원형점토대토기나 삼각형점토대토기가 다량으로 출토되고 있음을 알고 있었지만 이러한 토기의 연대를 고려하지 않고 패총의 중심연대를 기원후 2~3세기로 설정하였던 것이다. 실제로 남해안지역의 패총은 대부분 삼각형점토대토기가 출토되는 기원전 2세기 후반~1세기경에 본격적으로 형성되기 시작하였다.

마지막으로 해로의 발달에 따라 철기시대 패총이 형성되었다는 주장이다. 남해안지역 패총을 대상으로 연구한 최성락 · 김건수는 철기문화의 시작과 더불어 발달된 해로에 따라 해안지역으로 주민이 이동함으로써 함께 인구가 증가하였고, 바다로부터 식량자원을 획득함에 따라 패총이 자연스럽게 형성되었을 것으로 보았다〈그림 8〉.[28]

---

26) 김연옥, 『기후변화 - 한국을 중심으로 - 』, 민음사, 1998, 137쪽; 안승모, 「長興 上芳村 炭化穀物의 經濟的 解釋」, 『한국상고사학보』 54, 한국상고사학회, 2006, 107~108쪽.

27) 김연옥, 『한국의 기후와 문화』, 이화여자대학교 출판부, 1985, 366쪽.

이러한 견해는 철기시대 패총의 형성 배경을 적절히 설명한 것으로 볼 있다. 이것은 남해안지역 패총이 본격적으로 형성되는 시기가 기원후 2~3 기가 아니라 경질무문토기(삼각형점토대토기 포함)가 등장한 기원전 2세 후반으로 올라가는데 이것이 해로의 발달과 주민의 이동으로 연결시켜 설 될 수 있기 때문이다. 다만 연구대상이 남해안지역뿐만 아니라 서해안지역 지 포함한다면 패총의 형성 시기를 기원전 2세기 후반경으로 볼 수가 없기 새로운 해석이 필요하게 된다.

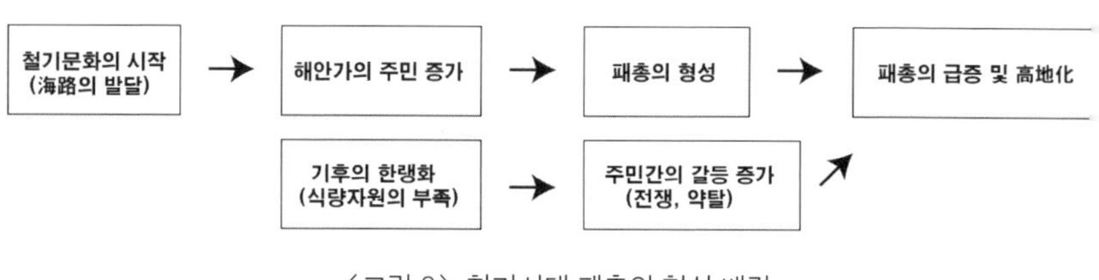

〈그림 8〉 철기시대 패총의 형성 배경

2. 철기시대 패총의 형성 배경

Ⅰ기에 속하는 군산 노래섬 다패총 2-1층, 군산 노래섬 라A패총 Ⅳ문화 (5층), 군산 띠섬 ⅡC패총 10층, 군산 비응도 A패총, 군산 비응도 B패총 등 공히 원형점토대토기가 출토되었다. 그렇다면 군산지역 패총에서 나타나 원형점토대토기는 어떻게 등장하였을까? 서현주는 남해안 패총의 기원 문 에 대해 하가점상층문화(夏家店上層文化)와 관련된 원형점토대토기문화에 계보를 찾고 있으며 군산지역의 패총에서 원형점토대토기가 출토되는 것 로 보아 서해안을 거쳐 서남해안으로 유입되었을 가능성이 높다고 보았다.[29]

28) 최성락 · 김건수, 「철기시대 패총의 형성배경」, 『호남고고학보』 15, 호남고고학회 2002, 57~77쪽.
29) 서현주, 위의 논문, 2000, 79~107쪽.

하지만 원형점토대토기 유입은 정가와자(鄭家窪子) 유적으로 대표되는 요령지방에서 육로 또는 해로를 따라 남하해 온 이주민과 관련이 밀접하다고 한다.[30] 이러한 점토대토기문화가 서해안과 중부지역으로 들어와 정착한 후, 전북 서해안과 금강 · 만경강유역으로 확산되었다는 것이다. 또 군산지역에서 조사된 점토대토기 관련 유적으로는 군산 둔율 토광묘와 군산 선제리 토광묘 등이 있는데 이 유적들이 모두 패총과 인접한 곳에 위치하고 있어 밀접한 관련이 있다.[31] 따라서 호남지역 패총은 군산 오식군도를 중심으로 청동기시대 패총이 폐기되고 난 후 원형점토대토기의 유입이 이루어지면서 패총이 형성된 것으로 보인다. 그런데 서해안에 근접한 만경강유역은 다수의 분묘유적이 확인된 것에 비해 생활유적이 희소한 편이다. 이것은 고대 만경강유역에서 해발고도 7~10m 이하의 지역은 조수의 직 · 간접적인 영향권으로서 하천과 지하수위의 상승으로 인해 침수와 염해가 자주 발생하여 가경지(可耕地)가 감소함에 따른 것으로 이해하고 있다. 이에 따라 당시 생업은 수렵채집과 어로 위주의 활동이었을 것이다.[32]

다음으로 경질무문토기가 사용되는 Ⅱ기와 Ⅲ기에 들어서면 패총 분포 범위가 전남 서남해안권과 전남 남해안권으로 확산되는 양상이다. 즉 경질무문토기가 출토되는 패총들은 두 지역에서 급격히 증가하였다. 이러한 현상은 주민의 이동과 해로의 발달로 설명될 수 있다. 먼저 주민의 이동은 만경강유역을 중심으로 형성되었던 토광묘를 축조하였던 집단이 기원전 1세기경에 서해

30) 박순발, 「우리나라 初期鐵器文化의 展開過程에 대한 약간의 考察」, 『고고미술사론』 3, 忠北大學校 考古美術史學科, 1993, 46~61쪽. 실제로 원형점토대토기는 군산지역 외에도 서해안의 시흥 오이도 패총과 평택 원정리 유적, 남해안의 해남 군곡리 패총, 사천 늑도 패총, 사천 방지리 패총 등지에서 출토되었다.

31) 김규정, 「만경강유역 점토대토기문화의 유입과 그 변화」, 『호남고고학보』 65, 호남고고학회, 2020, 38~75쪽; 한수영, 「호남지역 첨토대토기문화의 전개과정과 과제」, 『한국청동기학보』 29, 한국청동기학회, 2021, 164~184쪽.

32) 김승옥, 「만경강유역 점토대토기문화의 전개과정과 특징」, 『한국고고학보』 99, 한국고고학회, 2016, 45~71쪽; 한수영, 위의 논문, 2021, 173~174쪽.

안지역과 남해안지역 등 새로운 지역으로 이주했을 것으로 보고 있다.[33] 이러한 이주세력의 확산과 철기문화의 발전이 상관성을 띠고 있는데 철기의 부장 양상에서 이러한 현상을 찾아볼 수 있다. 즉, 기원전 2세기 중·후엽까지 철기문화의 중심이었던 금강·만경강유역을 벗어나 기원전 1세기 전·후엽에는 서남해안·영산강유역으로 이동하는 현상이 나타나 중심지가 이동한 것으로 해석하고 있다.[34]

한편으로 이 시기에는 활발한 해상교류와 더불어 해로가 형성되었다. 남해안지역의 패총에서 화천, 복골, 장신구, 유리 등 중국계 유물이 출토되는 점, 낙랑과 대방이 변한으로부터 철을 수입하였다는 기록, 남해안지역에서 일본계 유물이 발견되는 점 등으로 보아 지속적으로 해상교류가 이루어졌음을 알려준다. 이러한 해상교류의 발달과 더불어 『삼국지』 위서동이전 왜인조에 해로와 관련된 기록이 나타나듯이 바로 중국에서 한국을 거쳐 일본에 이르는 해로가 형성되었다. 이로 인하여 동아시아가 하나의 문화권으로 묶여졌다.[35]

그리고 타날문토기가 사용되는 Ⅳ기에 들어서면 패총은 다시 호남의 전 지역에서 확인되고 있다. 이 시기는 기후의 한냉화로 인하여 벼농사 비율이 감소되는데[36] 이로 인하여 주민들이 바다에 의존하는 경향이 높아졌을 것이다. 한편으로 이 시기를 거치면서 철기문화는 더욱 발전되었다. 즉, 기원후 3세기 경부터 호남 전지역에서 주거유적의 확대가 이루어졌고, 분묘도 주구토광묘

33) 최성락, 「호남지역 철기문화의 형성과 변천」, 『도서문화』 49, 국립목포대학교 도서문화연구원, 2017, 116~124쪽.

34) 김상민, 「호남지역 철기문화 중심세력의 전환과 그 의미」, 『전북사학』 58, 전북사학회, 2020, 69~78쪽.

35) 최성락, 「전남 서남해지역의 해상교류와 고대문화」, 『전남 서남해지역의 해상교류와 고대문화』, (재)전남문화예술재단 전남문화재연구소, 2014, 23~25쪽; 최성락·김영훈, 「해남 군곡리 패총의 위상과 역할」, 『군곡리 패총 동아시아 해양교류의 시작』, 목포대학교박물관, 2019, 286~287쪽; 이정호, 「해남 군곡리 패총을 통해서 본 대외교류」, 『군곡리 패총 동아시아 해양교류의 시작』, 목포대학교박물관, 2019, 264~267쪽.

36) 정유진, 「식물유체를 통해 본 원삼국시대 도작의 성격」, 『한국상고사학보』 69, 한국상고사학회, 2010, 19~38쪽.

ㅔ서 옹관고분이나 목관고분으로 발전되는 양상을 보여주고 있다.[37)]

이를 정리해 보면, 전북 서해안권 일원을 중심으로 한 패총의 형성은 원형점토대토기와 관련된 주민집단의 생업활동에 따른 것으로 생각한다. 이후 철기문화의 형성과 함께 해로가 발달하고, 더불어 해안지역으로 주민이 이동하면서 서 · 남해안 일원에 패총이 발달하였을 것이다. 그리고 기후의 한냉화와 더불어 당시 철기문화의 발전이 이루어지면서 패총이 더욱 확산된 경향을 보인다〈그림 9〉.

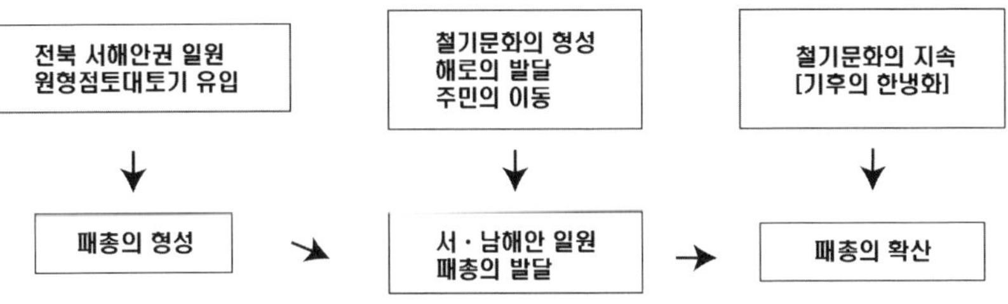

〈그림 9〉 호남지역 철기시대 패총의 형성 배경

V. 맺음말

본고에서는 그동안 축적된 고고학 자료를 통해 호남지역 철기시대 패총의 형성 과정을 연구하였다. 먼저 패총은 군집양상에 따라 전북 서해안권 · 전남 서남해안권 · 전남 남해안권 등 세 권역으로 나누고, 발굴조사된 패총 출토품인 토기, 토제품, 철기류, 화천, 복골 등을 분석하였다.

패총의 편년은 해남 군곡리 패총에서 확인된 토기유형을 기준으로 Ⅰ기(원형점토대토기), Ⅱ기(삼각형점토대토기 · 퇴화된 삼각형점토대토기), Ⅲ기

37) 최성락, 위의 논문, 2017, 128~131쪽.

(경질무문토기 · 경질찰문토기), Ⅳ기(격자문계 타날문토기) 등 크게 네 시기로 분류하였다. 각 시기의 연대는 Ⅰ기를 기원전 4세기경에서 기원전 2세기 중엽까지, Ⅱ기를 기원전 2세기 후반에서 기원후 1세기 후반까지, Ⅲ기를 기원후 1세기 말에서 기원후 2세기 중엽까지, Ⅳ기를 기원후 2세기 후반부터 기원후 3세기 말까지로 설정하였다.

패총의 형성 배경을 밝히기 위하여 기존에 주장된 바가 있는 고지성 입지, 기후의 한랭화, 해로의 발달 등의 요소들을 검토하였다. 이를 바탕으로 패총의 형성 배경을 살펴본 결과, Ⅰ기의 패총이 주로 전북 서해안지역에 형성되었는데 이것은 중국 동북지역에서 새로이 원형점토대토기가 유입된 것과 연결되는 것이다. Ⅱ기와 Ⅲ기의 패총이 주로 서남해안과 남해안지역에 형성되었는데 이것은 주민들의 이주와 교역이 활성화되면서 해로의 발달로 설명될 수 있다. 그리고 Ⅳ기에 이르면 전 지역으로 패총이 확산되었는데 이것은 기후의 한냉화와 더불어 철기문화의 발전이 그 배경이라고 본다.

<참고문헌>

강귀형, 「경질무문토기에서 타날문토기로의 제작기술 변천 - 해남 군곡리패총을 중심으로 - 」, 『군곡리 패총 동아시아 해양교류의 시작』, 목포대학교박물관, 2019.

국립광주박물관, 『나주 장동리 수문 패총』, 2010.

국립전주박물관, 『群山 余方里 藍田貝塚』, 2013.

김규정, 「만경강유역 점토대토기문화의 유입과 그 변화」, 『호남고고학보』 65, 호남고고학회, 2020.

김상민, 「한반도 철기문화의 성립과 海南 郡谷里 貝塚 - 해남 군곡리 철기와 관련된 몇 가지 가설 - 」, 『군곡리 패총 동아시아 해양교류의 시작』, 목포대학교박물관, 2019.

______, 「호남지역 철기문화 중심세력의 전환과 그 의미」, 『전북사학』 58, 전북사학회, 2020.

김승옥, 「만경강유역 점토대토기문화의 전개과정과 특징」, 『한국고고학보』 99, 한국고고학회, 2016.

김연옥, 『한국의 기후와 문화』, 이화여자대학교 출판부, 1985.

______, 『기후변화 - 한국을 중심으로 - 』, 민음사, 1998.

김원용, 「金海 貝塚 年代에 關한 再檢討」, 『역사학보』 9, 역사학회, 1957.

______, 「金海 府院洞期의 設定」, 『한국고고학보』 12, 한국고고학연구회, 1982.

김은정, 「湖南地域 馬韓 土器 - 住居址 出土品을 中心으로 - 」, 전북대학교 대학원 박사학위논문, 2017.

김정학, 「熊川貝塚研究」, 『아세아연구 10-4』, 고대아세아연구소, 1967.

김진영, 「호남지역 마한시기 패총의 변천과 역사적 함의」, 『호남고고학보』 67, 호남고고학회, 2021.

김혜진, 「전북지역 패총의 입지에 대한 고찰」, 전북대학교 대학원 석사학위논문, 1997.

대한문화재연구원, 『해남 옥천리 마등 · 영춘리 향촌 유적』, 2022.

마한문화연구원, 『순천 덕암동 유적Ⅱ - 주거지 - 』, 2010.

______________, 『순천 덕암동 유적Ⅱ - 환호 · 기타유구 - 』, 2010.

목포대학교박물관, 『海南 郡谷里 貝塚 Ⅰ』, 1987.

________________, 『海南 郡谷里 貝塚 Ⅱ』, 1988.

________________, 『海南 郡谷里 貝塚 Ⅲ』, 1989.

________________, 『箕篒島』, 2002.

________________, 『海南 郡谷里 貝塚 Ⅳ』, 2019.

________________, 『海南 郡谷里 貝塚 Ⅴ』, 2021.

박순발, 「우리나라 初期鐵器文化의 展開過程에 대한 약간의 考察」, 『고고미술사론』 3, 충북대학교 고고미술사학과, 1993.

박충원, 「화천을 통한 영산강 내륙 교역 가설 검토」, 『군곡리 패총 동아시아 해양 교류의 시작』, 목포대학교박물관, 2019.

부산대학교박물관, 『勒島住居址』, 1989.

송종열, 「만경강유역 점토대토기문화의 정착 과정」, 『호남고고학보』 50, 호남고고학회, 2015.

서현주, 「南海岸地域 原三國時代 貝塚의 時期區分과 起源問題 - 出土遺物을 中心으로 - 」, 『호남고고학보』 4, 호남고고학회, 1996.

______, 「湖南地域 原三國時代 貝塚의 現況과 形成背景」, 『호남고고학보』 11, 호남고고학회, 2000.

______, 「초기철기~삼국시대 패총에 대한 고찰」, 『한국의 조개더미유적』 2, 한국문화재조사연구기관협회, 2010.

순천대학교박물관, 『寶城 鳥城里 遺蹟』, 2003.

안승모, 「長興 上芳村 炭化穀物의 經濟的 解釋」, 『한국상고사학보』 54, 한국상고사학회, 2006.

원광대학교마한 · 백제문화연구소 · 원광대학교박물관, 『노래섬(Ⅰ)』, 2002.

원광대학교박물관, 『띠섬貝塚』, 2001.

윤다정, 「초기철기시대 남한지역 흑색마연토기의 전개과정」, 『호남고고학보』 56

호남고고학회, 2017.
윤덕향, 「군산지역의 패총」, 『군산지역의 패총』 제3회 호남고고학회 학술대회 발표요지, 호남고고학회, 1995.
은화수, 「韓國 出土 卜骨에 對한 考察」, 『호남고고학보』 10, 호남고고학회, 1999.
이수연, 「삼한 · 삼국시대 영남지역 복골로 본 점복문화의 양상」, 『영남고고학』 79, 영남고고학회, 2017.
이정호, 「해남 군곡리 패총을 통해서 본 대외교류」, 『군곡리 패총 동아시아 해양교류의 시작』, 목포대학교박물관, 2019.
임설희, 「南韓地域 粘土帶土器의 登場과 擴散過程」, 『호남고고학보』 34, 호남고고학회, 2010.
장지현, 「호남지역 점토대토기문화의 전개양상과 특징」, 『호남고고학보』 51, 호남고고학회, 2015.
전남대학교박물관, 『寶城 金平 遺蹟』, 1998.
전남문화재연구원, 『南岳 新都市 遺蹟 - 新都市 開發豫定地域 內 試 · 發掘調査 報告書』, 2003.
________________, 『順天 左也 · 松山遺蹟』, 2011.
전라문화유산연구원, 『扶安 大項里 貝塚』, 2014.
전북대학교박물관, 『여방리 남전 A유적』, 1998.
________________, 『飛應島 · 駕島』, 2002.
전북문화재연구원, 『群山 屯德遺蹟』, 2006.
정유진, 「식물유체를 통해 본 원삼국시대 도작의 성격」, 『한국상고사학보』 69, 한국상고사학회, 2010.
최성락, 「原三國時代 貝塚文化 - 硏究成果 및 諸問題 - 」, 『한국고고학보』, 한국고고학회, 1993.
______, 「철기시대의 설정과 문제점」, 『박물관연보』 7, 목포대학교박물관, 1998.
______, 「전남 서남해지역의 해상교류와 고대문화」, 『전남 서남해지역의 해상교류와 고대문화』, (재)전남문화예술재단 전남문화재연구소, 2014.
______, 「호남지역 철기문화의 형성과 변천」, 『도서문화』 49, 국립목포대학교 도서

문화연구원, 2017.
최성락 · 김건수, 「철기시대 패총의 형성배경」, 『호남고고학보』 15, 호남고고학회, 2002.
최성락 · 김영훈, 「해남 군곡리 패총의 위상과 역할」, 『군곡리 패총 동아시아 해양교류의 시작』, 목포대학교박물관, 2019.
최종규, 「陶質土器 成立前夜와 그 展開」, 『한국고고학보』 12, 한국고고학회, 1982.
______, 「金海期 貝塚의 立地에 대해서」, 『고대연구』 2, 고대연구회, 1989.
______, 「한국 원시의 방어집락의 출현과 전망」, 『한국고대사논총』 8, 한국고대사회연구회, 1996.
최지향, 「한국 선사 · 고대 복골의 고고민속학적 연구」, 한남대학교 대학원 석사학위논문, 2018.
충남대학교박물관, 『駕島貝塚』, 2001.
________________, 『舒川 長岩貝塚』, 2008.
하진영, 「호남지역 경질무문토기의 편년과 성격」, 전북대학교 대학원 석사학위논문, 2015.
한국문화재조사연구기관협회, 2010, 『한국의 조개더미(貝塚) 유적 1』.
한옥민, 「출토토기로 본 군곡리유적의 고고학적 의미」, 『백제학보』 26, 백제학회, 2018.
한수영, 「군산지역 패총의 현황과 그 성격」, 『호남지역의 신석기문화』, 제6회 호남고고학회 학술대회 발표요지, 호남고고학회, 1998.
______, 「전북지역 초기철기시대 분묘 연구」, 전북대학교 박사학위논문, 2015.
호남문화재연구원, 『扶安 格下貝塚』, 2005.
有光教一, 「金海貝塚土器の上限と下限」, 『考古學雜誌』 40-1, 1954.

제4부 공백과 단절의 문제

'방사성탄소연대로 본 원삼국시대-삼국시대 토기편년'에 대한 반론

최성락 · 강귀형

Ⅰ. 머리말
Ⅱ. 방법론의 문제점
Ⅲ. 토기양상에 대한 문제점
Ⅳ. 맺음말

Ⅰ. 머리말

호남지역 타날문토기의 연대를 올려야 한다는 주장은 김장석(2009)에 의해 처음 제기되었다. 그는 김승옥(2000, 2007)의 호남 서부지역 경질무문토기 주거지 부재라는 견해를 바탕으로 호남지역 경질무문토기 부재설을 주장하였고, 이를 해결하기 위해서 타날문토기의 연대를 소급시켜야 한다고 보면서 그 근거로 방사성탄소연대를 제시하고 있다. 이 논고에 대해서는 이미 비판적인 견해가 제기된 바가 있다(이동희 2010; 최성락 2013a, 2013b). 즉 경질무문토기의 개념에 문제가 있으며, 그 공백을 메우기 위해 타날문토기의 연대를 소급하는 것은 적절하지 않다는 것이다.

이후 김장석과 김준규(2016)는 해남 군곡리 유적을 제외하고 각 토기의 선후관계가 층위를 통해 확인된 바가 없기 때문에 기존의 원삼국시대 토기편년 방법인 토기의 질과 제작방법에 의한 상대편년(경질무문토기-연질의 타날문토기-경질의 타날문토기)에 객관적인 검증이 필요하다는 전제하에 중부, 호서, 전북지역에서 수집된 방사성탄소연대를 통해 분석하면서 기존의 인식들을 부정하는 결론을 내리고 있다. 즉 (1) 경질무문토기-타날문토기 등의 등장 시점에 차이가 없다는 점. (2) 경질무문토기 단순기는 존재하지 않는다는 점. (3) 인구공백지대로 표현되는 지역에 인구공백이 실재하지 않았다는 점. (4) 승문타날토기와 격자문타날토기 간에 시차가 없다는 점. (5) 한성백제기 연질토기와 경질토기는 서로 대체되는 것이 아니라 장기간 공존하였다는 점 등을 주장하고 있다.

이 논문에서는 토기 편년에 방사성탄소연대를 이용하여 검증을 시도하고 있는 점이나 그 결과에 대한 해석도 논리적인 면에서 어느 정도 타당성이 있다고 생각된다. 또 당시에 다양한 토기가 공존하였던 것은 국가형성기로 사회복합화에 따른다는 시각 등은 고고학 연구에서 매우 바람직한 논의로 볼 수 있다.

하지만 이 논문에서는 방사성탄소연대를 취급하는 방법이나 당시 토기양상에 대한 해석 등에서 몇 가지 논의되어야 할 부분이 있다. 특히 경질무문토기의 개념이나 호남지역의 토기양상의 해석과 관련되는 부분은 여전히 논란의 대상이 되고 있다. 따라서 본고에서는 방사성탄소연대를 다루는 방법론적인 면과 호남지역 토기양상과 관련된 문제를 중심으로 비판적인 입장에서 살펴보고, 더불어 비판자들의 견해도 함께 제시해 보고자 한다.

Ⅱ. 방법론의 문제점

1. 방사성탄소연대

우선 이 논문에서 사용된 방사성탄소연대의 출처와 선택이 중요하다. 방사성탄소연대를 사용하기 위해서는 어느 연대가 경질무문토기의 연대이고, 어느 연대가 타날문토기의 연대인지 등 기본 데이터의 제시가 필요하다. 또 어떤 연대를 취하고, 어떤 연대를 제외하였는지도 밝혀야 하는데 이것은 그 선택이 주관적일 수 있기 때문이다. 따라서 논문에서 사용된 기본 데이터는 어떤 형태로든지 공개되어야 할 것이다.

각 유적에서 채집된 목탄으로 측정된 방사성탄소연대를 수집하여 사용하였다면 아무리 AMS연대라 하더라도 그 연대가 가지는 오차로 인하여 정밀한 토기편년에 적용하는 데에는 어려움이 있다. 경질무문토기와 타날문토기 혹은 승석문토기와 격자문토기의 선후관계와 같이 세밀한 편년을 위해서는 토기에 붙어있는 유기물을 직접 채집하여 연대를 측정하는 방법이 가장 이상적이다. 이것은 日本 國立歷史民俗博物館팀이 야요이시대의 상한 연대를 기원전 10세기경으로 올라갈 것으로 주장하였을 때 사용하였던 방법이다. 설사 이 경우도 방사성탄소연대의 취급상에서 여러 가지 문제점이 노출되고 있다(최성락 2006, 154-159쪽).[1)]

다음으로 저자들은 기존의 편년안을 전면 부정하면서 방사성탄소연대를 신뢰하는 편년안을 제시할 수 있다고 보지만 실제 방사성탄소연대를 그대로 받아들였을 때 원삼국시대의 문화를 제대로 해석할 수 있을지 의문이다. 예를 들면 영산강유역의 유적에서 측정된 방사성탄소연대를 그대로 채택한다면 기원후 3~5세기로 편년된 주거지가 기원전 3세기부터 기원후 2세기로 나타나고 있다. 결과적으로 기존의 편년과는 큰 차이가 날 뿐 아니라 유물의 형식학적 순서배열도 다르게 나타나고 있는 것이다(그림 1). 또 과거에 방사성탄소연대만으로 양평 양수리 고인돌을 신석기시대 중기 유적으로 주장한 경우(이융조 1975, 53-92쪽)도 있었고, 일찍 우리나라 무문토기의 시작연대를 기원전 2000년까지로 올려보기도 하였다(Nelson 1993). 이와 같이 방사성탄소연대만을 신뢰하는 편년안으로는 당시 문화현상을 제대로 해석해낼 수가

1) 문제점 중의 하나는 야요이시대 토기의 연대가 기원전 10세기경까지 올라간 반면 죠몬시대 토기의 연대가 오히려 기원전 10세기 이하로 내려가는 것이 다수가 있었다. 하지만 이를 근거로 歷史民俗博物館팀은 토기의 상대편년을 수정하여야 한다고 주장하지 않았다.

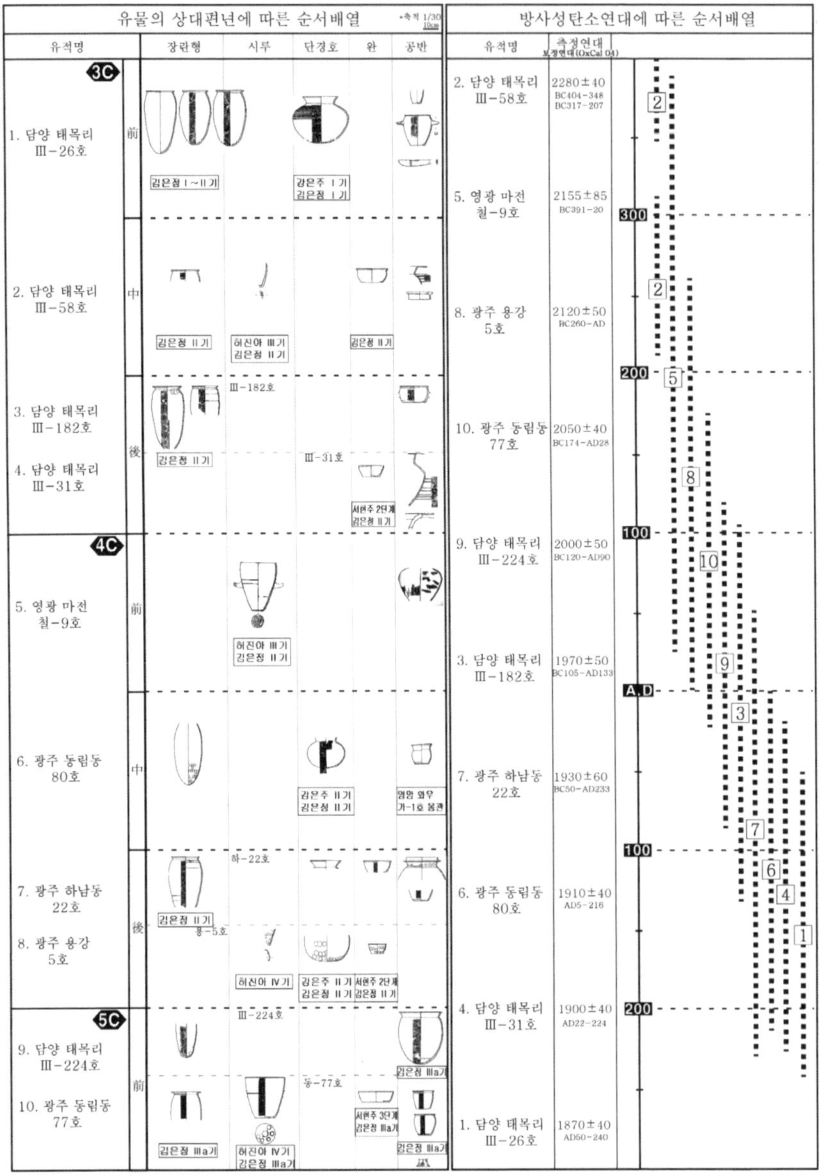

유물의 상대편년에 따른 순서배열 (축척 1/30, 10cm)						
유적명		장란형	시루	단경호	완	공반
3C 1. 담양 태목리 Ⅲ-26호	前	김은정 Ⅰ~Ⅱ기		강은주 Ⅰ기 김은정 Ⅰ기		
2. 담양 태목리 Ⅲ-58호	中	김은정 Ⅱ기	허진아 Ⅲ기 김은정 Ⅱ기		김은정 Ⅱ기	
3. 담양 태목리 Ⅲ-182호	後	김은정 Ⅱ기	Ⅲ-182호			
4. 담양 태목리 Ⅲ-31호	後			Ⅲ-31호	서현주 2단계 김은정 Ⅱ기	
4C 5. 영광 마전 철-9호	前		허진아 Ⅲ기 김은정 Ⅱ기			
6. 광주 동림동 80호	中			강은주 Ⅱ기 김은정 Ⅱ기		영암 와우 가-1호 옹관
7. 광주 하남동 22호	後	김은정 Ⅱ기	하-22호			
8. 광주 용강 5호	後	용-5호	허진아 Ⅳ기	강은주 Ⅱ기 김은정 Ⅱ기	서현주 2단계 김은정 Ⅱ기	
5C 9. 담양 태목리 Ⅲ-224호	前		Ⅲ-224호			김은정 Ⅲa기
10. 광주 동림동 77호	前	김은정 Ⅲa기	허진아 Ⅳ기 김은정 Ⅲa기	동-77호	서현주 3단계 김은정 Ⅲa기	김은정 Ⅲa기

방사성탄소연대에 따른 순서배열	
유적명	측정연대 / 보정연대(OxCal 04)
2. 담양 태목리 Ⅲ-58호	2280±40 BC404-348 BC317-207
5. 영광 마전 철-9호	2155±85 BC391-20
8. 광주 용강 5호	2120±50 BC260-AD
10. 광주 동림동 77호	2050±40 BC174-AD28
9. 담양 태목리 Ⅲ-224호	2000±50 BC120-AD90
3. 담양 태목리 Ⅲ-182호	1970±50 BC105-AD133
7. 광주 하남동 22호	1930±60 BC50-AD233
6. 광주 동림동 80호	1910±40 AD5-216
4. 담양 태목리 Ⅲ-31호	1900±40 AD22-224
1. 담양 태목리 Ⅲ-26호	1870±40 AD60-240

300 200 100 A.D 100 200

〈그림 1〉 유물의 상대연대에 기반으로 하는 영산강유역 주거지의 편년과
방사성탄소연대에 따른 편년과의 상이성

있을 것이다. 기존의 상대연대에 근거를 둔 편년이 절대불변의 것은 아니지만 층위나 공반관계를 통한 상대연대에 기초한 편년은 가장 기본적인 고고학 연구방법인 것이다. 따라서 기존의 편년안을 무작정 비판하기에 앞서 새로운 편년안을 통해 보다나은 문화해석이 가능하다는 것을 제시할 수 있을 때 저자들의 주장이 타당성을 가질 수 있다.

2. 통계적 분석

먼저 전북지역을 연구의 대상에 포함시킨 것은 통계적인 의미에서 문제가 있다. 전북지역에서는 경질무문토기 주거지 출토 방사성탄소연대가 하나도 없이 타날문토기 주거지 출토 방사성탄소연대만으로 분석한 것은 적절하다고 볼 수 없다. 통계적인 분석은 그 대상이 불충분하면 제외시키는 것이 바람직하다. 반면 '경질무문토기 단순기는 존재하지 않는다'라고 주장하면서 전남지역에서 경질무문토기가 출토되는 유적을 지극히 예외적인 것으로 보아 제외시켰는데 이것도 역시 잘못된 것이다. 즉 방사성탄소연대에서 일부 오차가 큰 연대를 제외시키는 것은 가능하지만 경질무문토기가 출토되는 유적들을 포기하는 것은 전혀 다른 차원인 것이다. 또 이것은 저자들의 주장을 강조하기 위하여 경질무문토기 출토 유적을 지엽적인 것으로 취급했다는 비판을 피하기 어렵다. 그리고 이와 같이 유적을 임의로 제외하는 것은 전지역이 동일한 문화양상이 아니라고 보는 저자들의 입장을 스스로 부정하는 것이다.

다음으로 가설 검증과정에서도 오류가 보인다. 저자들은 오른쪽 꼬리부분의 비율을 살피는 단측 검증을 통해 데이터를 해석하였다. 즉 귀무가설(경질무문토기가 타날문토기보다 빠르다, 승문이 격자문보다 빠르다 등의 기존 연구 성과)을 비판하면서 오른쪽 꼬리부분의 분포를 증거 데이터로 활용하고 있다. 양토기의 분포도에서 오른쪽 꼬리부분은 고고학적으로 경질무문토기 단순기의 존재, 토기질에 따른 대체적인 시간적 관계를 말해주는 중요한 영역이다.

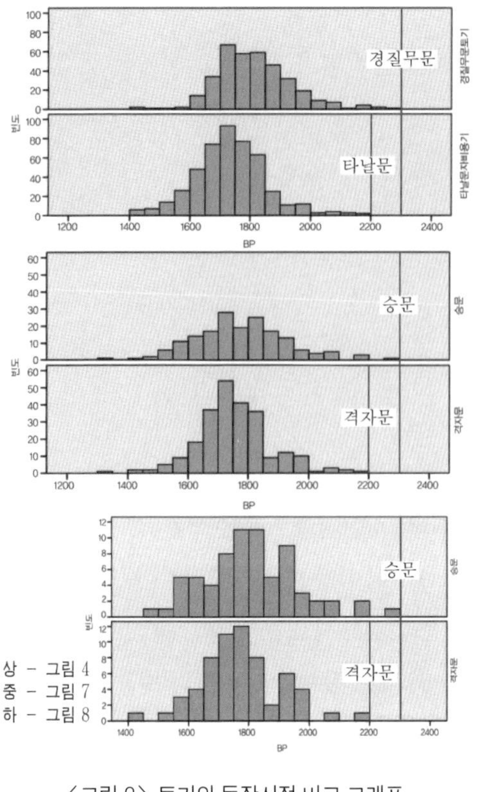

〈그림 2〉 토기의 등장시점 비교 그래프
(김장석 · 김준규 2016의 그림 4, 7, 8 재편집)

그러나 저자들은 〈그림 2〉에서 보이는 작은 차이를 모두 기각 영역으로 취급하고 있다. 단측 검증시 등장시점(2300 B.P.)에 서로 차이를 가지는 분명한 영역의 존재에도 불구하고 모두 무시하고 있다. 이 영역의 존재로 볼 때, 오히려 저자들의 연구 가설이 잘못되어 기각해야 하는 것은 아닐까 생각이 든다. 저자들은 방사성탄소연대에 근거하여 고고학적으로 시간적 서열을 갖는 기존의 연구가 잘못된 것으로 결론짓고 있다. 그렇다면 분명 어종 오류(거짓을 참으로 판단하는 오류)에 해당되는 것이다. 저자들의 견해를 인정하려면, 2300 B.P.경으로 보이는 데이터가 모두 불규칙성 때문에 생긴 현상으로 이해하고 있는가? 저자들의 논문 52페이지에서 언급했듯이 고고학적으로 받아들이기 어려운 이상측정치이므로 기각한 것인지? 되묻고 싶다. 왜냐하면 동일조건에서의 데이터의 결과는 인정되어야 하기 때문이다. 현재 한국고고학의 상황에서도 이 시기의 자료는 존재 자체만으로 민감한 사항으로 기각 영역으로 취급될 만큼 의미가 없는 자료는 아니라고 본다.[2)]

2) 경질무문토기와 타날문토기 사이에 연대적 차이가 없다고 주장하기 위해서 단순히 도표만을 제시할 것이 아니라 통계적인 방법을 사용하여야 한다. 즉 두 집단 사이에 유의적

Ⅲ. 토기양상에 대한 문제점

1. 경질무문토기 개념

기본적으로 저자들은 경질무문토기의 개념을 너무 축소시키거나 잘못 이해하고 있다. '경질무문토기 단순기'가 존재하지 않는다고 주장하기에 앞서 경질무문토기의 개념을 정확히 이해하고 사용하여야 한다. 처음 발표한 논고(김장석 2009)뿐만 아니라 이번 논고에서도 경질무문토기의 본래 개념과는 다르게 사용하고 있다.

실제로 저자들이 사용하는 경질무문토기의 개념은 처음 규정된 개념과 전혀 다르게 사용되고 있다. 우선 해남 군곡리 패총 발굴보고서(최성락 1987)에서는 단면 삼각형점토대토기 이후의 무문토기를 경질무문토기로 보았다. 또 경질무문토기가 처음 정의될 때 특정한 기형을 지칭하는 것이 아니라 청동기시대 무문토기에서 다소 변화 · 발전된 토기를 의미하였다. 이것은 중부지역에서 사용되었던 풍납리식 무문토기나 중도식 무문토기를 포함하고, 영남지역에서 언급되었던 종말기 무문토기(정징원 · 신경철 1987)와 거의 동일한 개념이다. 다시 말하면 경질무문토기는 청동기시대의 무문토기를 계승한 것으로 철기의 등장과 관련이 깊은 철기시대[3]의 무문토기이다.

또한 청동기시대 무문토기와 비교할 때 호남지역에서는 점토대토기가 유입되면서 새로운 제작방식과 특정 기능을 가진 토기들이 새롭게 등장한다. 특히 이러한 양상은 철기가 공반되는 삼각형점토대토기부터 더욱 뚜렷해지는 양상이다. 대표적으로 토기의 손잡이로 볼 수 있는 파수가 부착된다거나, 조리와 관

인 차이가 있는지는 평균값과 표준편차를 이용한 t-검증이 필요하다.

3) 철기시대의 시작 시점은 초기철기시대(원형점토대토기, 세형동검, 철 등의 사용 시기)와 다르게 삼각형점토대토기의 사용과 철기의 등장을 기점으로 하고 있다(최성락 2012). 호남지역에서 철기시대의 시작연대는 대체로 기원전 2세기 초로 추정된다.

련된 자비용기의 등장, 소형 배식기류로의 기능분화 등이 대표적이다〈표 1〉.

〈표 1〉 호남지역 토기유형 분류표

구분			기종															
시대	유형		내만호	외반호	뚜껑	옹	심발	발	완	파수부	장경호	고배	단경호	자비옹	시루	주구	미니어처	이중구연
청동기	후기 무문	송국리	●	●	●	●	●	●	●									
		원형 점토대			●	●	●	●	●	●	●	●						
철기	경질 무문	삼각형점토대					●	●	●	●				●	●	●	●	
		단순구연무문	●	●	●	●	●	●	●	●	●	●	●					
	타날문	타날문토기		●	●	●	●	●	●	●	●	●	●	●	●	●	●	●

이러한 내용은 해남 군곡리패총의 기층별 토기양상에서 보다 구체적으로 확인된다. Ⅰ기층에서 단순하였던 기종이 Ⅱ기층부터 상당히 다양한 기종이 출현하였다. Ⅳ기층부터는 연질의 타날문토기가 등장하기 시작하였고, Ⅴ기

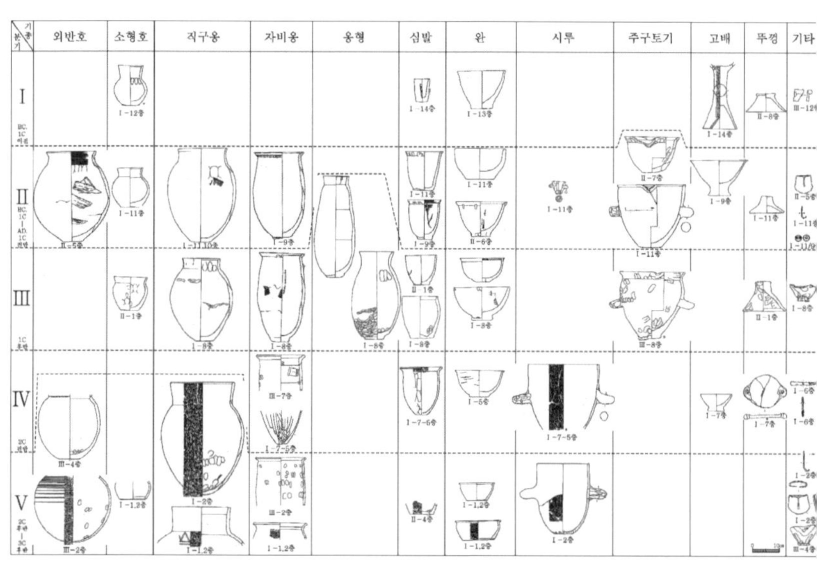

〈그림 3〉 해남 군곡리 패총 기층별 출토 토기 양상 (강귀형 2016 일부 수정)

층에서는 경질의 타날문토기도 보인다〈그림 3〉. 그런데 경질무문토기는 경질찰문토기를 거쳐 타날문토기로 변화되면서 토기제작기술에서 점차 발전되고 있음을 볼 수 있다(강귀형 2016, 52-54쪽).

이 사례는 저자들이 의문을 갖는 '토기질의 시간성'에 관한 내용이 고고학적인 층서관계를 통해 입증되는 사례로 볼 수 있다. 이를 배제하고 방사성탄소연대 데이터만을 기준으로 해석된다면 고고학적 조사방법과 연구방법론을 부정하는 꼴이 된다.[4]

반면 저자들은 해남 군곡리 패총에서 Ⅳ기층만을 주목하고 있고, Ⅱ~Ⅲ기층의 전형적인 경질무문토기를 그 개념에서 제외시키고 있다. 즉 저자들은 삼각형점토대토기를 제외하고 홑구연의 토기만을 경질무문토기로 인정하고 있다.[5] 따라서 경질무문토기라는 용어를 사용하기 위해서는 처음으로 사용된 개념을 받아들이든지 아니면 정확히 개념을 정리하는 것이 바람직할 것이다. 경질무문토기에 대한 정확한 이해도 없이 사용하는 것이 고고학 연구에 혼란을 주는 것이다.

경질무문토기가 출토되는 유적은 여러 지역에서 관찰된다. 중부지역을 시작으로 충청지역, 호남지역 등에서 경질무문토기의 유적이 나타나고 있으며, 심지어 영남지역에서도 대구 팔달동 유적을 비롯한 내륙지역의 유적과 사천

---

4) 저자들도 밝히고 있듯이 층서적인 발굴조사가 충분히 확보되지 않았기 때문에 토기유형 간의 객관적인 선후 관계를 제시할 수 없다는 부분은 공감된다. 다만 방사성탄소연대를 통한 토기편년을 제시하기 위해서는 방사성탄소연대로 본 토기유형의 상대서열과 고고학적 조사와 연구내용의 상대서열 간의 불일치되는 부분에 대한 검증이 필요할 것이다.

5) 이 시기를 삼한시대로 설정하는 연구자들은 경질무문토기 대신에 '종말기 무문토기'라 지칭하고 있는 반면에 초기철기시대와 원삼국시대로 구분하는 연구자들은 저자들과 같이 축소된 개념을 사용하고 있다. 이것은 점토대토기를 초기철기시대의 표지적인 토기로 인식하고 있는 데에서 기인하는 것으로 추정된다. 이와 같이 시대구분과 토기연구가 서로 관련된다는 것은 매우 흥미로운 점이다(최성락 2013a, 15-30쪽). 그런데 경질무문토기에 단면원형점토대토기를 포함시켜서 확대된 개념으로 사용하는 연구자(하진영 2015)가 있어 주목된다.

늑도 유적을 비롯한 해안지역의 패총 유적 등에서 다수 확인되었다. 그런데 경질무문토기는 중부지역과 남부지역에서 서로 다른 기형이 보여주고 있다. 중부지역에서는 소위 중도식무문토기로 알려진 반면에 남부지역의 경질무문토기는 기형이 매우 다양하다. 특히 주목되는 것은 점토대토기와의 관계이다. 원형점토대토기는 한강유역을 포함한 한반도 중·남부지역에 분포하고 있지만 단면삼각형점토대토기는 한강 하류지역과 호서 서해안지역에서 일부 나타나고 있지만 대체로 만경강유역과 대구지역을 경계로 그 남쪽지역에서 주로 나타나고 있다. 그래서 중부지역과 남부지역에서는 경질무문토기의 기형이 차이가 있는 것이다. 이 때문에 일부 연구자들은 두 지역의 경질무문토기를 다른 계통의 것으로 파악하기도 하고, 단면삼각형점토대토기를 경질무문토기에서 제외시키는 경우도 있다. 하지만 단면삼각형점토대토기는 일부 기종에 한정되고, 홑구연의 기종도 함께 공반되기 때문에 이 시기 토기명칭에 단면삼각형점토대토기와 홑구연 토기를 분리시킬 필요가 없다. 오히려 모두 철기문화가 유입된 이후에 사용된 토기이기 때문에 이전 시기를 대표하는 토기명칭인 '무문토기'와 구분시키고자 '경질무문토기'라 부르는 것이다.

2. 호남지역 토기양상

중부지역에서 '경질무문토기(즉 중도식무문토기)의 단순기'가 존재하는가 하는 문제는 이미 많은 연구자들이 논의한 바가 있다. 일부 연구자들은 그 존재를 인정하지만 다른 연구자들은 부정하고 있어 저자들의 주장과 일치한다.[6] 하지만 경질무문토기만 출토되는 주거지가 분명히 존재하고 있고, 타날

6) 중부지역에서는 경질무문토기 단순기(혹은 중도식무문토기 단순기)를 받아들이는 입장(이홍종 1991)도 있으나 이를 부정하는 견해들(최병현 1998; 송만영 1999; 유은식 2006, 2011; 노혁진 2004; 심재연 2011)도 다수 제기되고 있어 중도식무문토기의 기원문제와 더불어 여전히 논란의 대상이다. 다만 유은식(2011, 55-56쪽)은 영서지역에서 짧지만 경

문토기만이 나오는 유적에 비하여 다소 연대적으로 차이를 보이는 면이 있어 차후에 좀 더 세밀히 검토해 볼 문제이므로 본고에서는 논외로 한다.

그런데 전북지역에서는 경질무문토기의 단계가 공백이라는 저자들의 인식에 문제가 있다.[7] 저자들은 김승옥(2000, 2009)의 '경질무문토기 주거지의 부재'라는 주장을 '경질무문토기의 부재'로 확대 해석하면서 일정기간 공백이 있다고 주장하고 있다. 당시 주거지가 발견되지 않는다고 하더라도 무덤이나 다른 유구가 존재한다면 당시 사람들이 살았던 것이지 결코 공백의 시기가 아닌 것이다. 또 이것은 경질무문토기의 개념과 깊이 관련되는 문제로 단면삼각형점토대토기를 경질무문토기로 인식한다면 전북지역에 다수의 유적이 발견되고 있다. 최근 전북지역 경질무문토기의 연구사례를 보면 단면삼각형점토대단계(기원전 1세기 이후)에는 정형화된 주거지가 극히 적은 것이 사실이지만 패총과 무덤들이 적지 않게 발견되고 있다. 이것은 이 시기에 대한 연구들이 속속 이루어지면서 취락유적의 존재도 제시되고 있다(한수영 2015, 2016; 송종열 2015, 2016; 장지현 2015). 결국 저자들이 공백이라고 주장하는 것은 전북지역에 대한 잘못된 인식에서 출발 된 것이다〈그림 4〉.[8]

질무문토기 단순기가 존재할 가능성이 있음을 제시하고 있다. 그런데 중도식 무문토기를 포함한 경질무문토기에 대한 전반적인 문제에 대한 논의가 있었지만 중부지역에서 단순기의 존재에 대한 분명한 결론에 이르지는 못하였다(숭실대학교 박물관 2010).

7) 김승옥(2000, 2007)은 박순발(1989, 1997)의 중부지역 경질무문토기의 인식을 전북지역에 적용하면서 경질무문토기의 개념을 완전히 축소하였고, 김장석(2009)도 이를 따르면서 해남 군곡리 패총에서 언급된 경질무문토기의 개념을 제대로 이해하지 않았다. 이번 논문에서도 과거의 인식을 그대로 지속하고 있는 것이다. 이미 지적한 바가 있지만 김장석이 인용한 김승옥(2007)의 Ⅲ기의 그림은 잘못된 것이다. 이 그림에서는 전남 서부지역에 다수의 주거지를 포함한 경질무문토기 유적들이 빠져있다.

8) 전북지역을 바라보는 저자들과 비판자들 사이의 시각 차이는 경질무문토기의 개념에만 있는 것이 아니다. 저자들은 전북지역에서 경질무문토기 주거지가 없으므로 경질무문토기 단순기가 없다고 하지만 비판자의 시각에서 보면 오히려 전남지역의 양상과 유사하여 경질무문토기 단계의 유적이 적지 않게 분포하고 있어 '경질무문토기 단순기'도 존재한다고 보는 것이다.

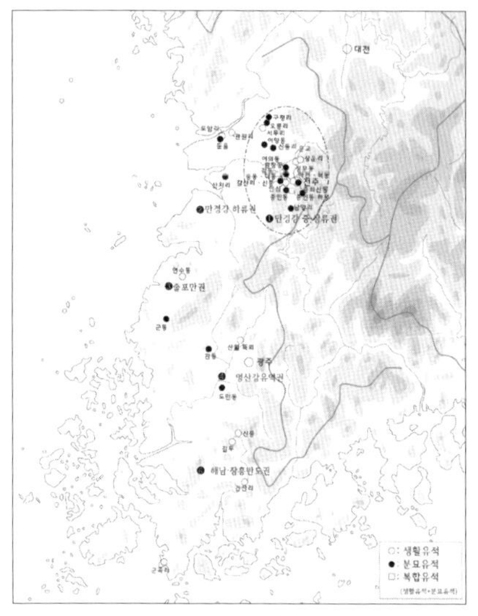

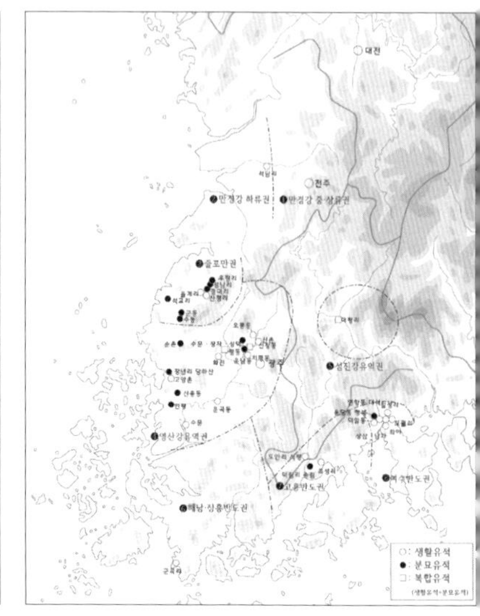

〈그림 4〉 호남지역에서 기원전 3~1세기(좌)와 기원전 1세기~기원후 1세기(우)의 유적 분포도 (하진영 2015, 인용)

그리고 가장 논란이 되는 문제는 저자들이 전북 서부지역에서 점토대토기 단계 이후에 연속적인 유적이 발견되지 않는다는 점을 극복하기 위하여 타날문토기의 연대를 기원전까지 올릴 것을 주장하는 것이다. 하지만 타날문토기의 연대를 올리는 것만으로 이 문제를 풀 수 있는 해결책이 될 수 없을 것이다. 이것은 지금까지 이 지역 연구자들이 수립한 기존의 편년관을 완전히 물거품으로 만드는 것이며, 고고학연구에서 상대편년의 중요성을 무시하게 되는 것이다. 물론 타날문토기의 연대가 다소 올라갈 수 있을 가능성은 있다. 그렇다고 호남지역에서 타날문토기가 경질무문토기와 처음부터 공존하였다는 주장은 받아들이기 어렵다. 다시 말하면 전북지역에서 경질무문토기는 분명하게 존재하였던 토기로 기원전후에 형성된 새로운 토기가 아니라 늦어도 철기문화가 형성되기 시작되는 기원전 2세기경부터 사용되었던 토기이다.

그런데 현재와 같이 기존의 상대적인 편년을 근간으로 하더라도 전북지역의 단절현상을 다르게 해석될 수 있다. 즉 전북 만경강유역에서 삼각형점토대토기 단계(경질무문토기단계) 이후에 갑자기 사라진 것은 어떤 사회적 변동으로 인하여 주민들이 이주하였을 것으로 해석되고 있다. 특히 토광묘를 축조하였던 철기 사용집단들은 전남지역과 영남지역 등으로 분산되었다고 볼 수 있다(최성락 2017, 105-146쪽). 또 점토대토기가 사용되었던 시기에 나타나는 지역적 공백과 삼각형점토대토기 이후에 나타나는 일시적인 공백은 타날문토기의 연대를 올려볼 것이 아니라 이미 김장석(2009, 52-54쪽)도 언급한 바가 있지만 지석묘나 송국리식 주거지의 존속 연대를 늦추어봄으로써 어느 정도 메울 수 있다고 본다(이동희 2010, 52쪽; 김진영 2018, 162-170쪽).

Ⅳ. 맺음말

경질무문토기 단순기 부재설은 김장석에 의해 처음 제기되었는데 호남 서부지역에서 그 공백을 메우기 위해 타날문토기의 연대를 올려야 된다고 하였다. 이에 대한 비판이 제기되자 김장석과 김준규는 방사성탄소연대를 이용하여 당시 토기양상과 관련된 기존의 여러 견해들을 부정하고 있다.

방사성탄소연대가 기존의 편년안을 변화시킬 가능성은 매우 크다. 실제 유럽의 사례나 세계 선사시대 연구에서 전파론적 사고를 불식시킨 사례는 얼마든지 있다. 하지만 방사성탄소연대에 의존하는 것만이 당시 문화를 합리적으로 설명할 수 있는 것은 아니다. 기존의 편년안을 비판하기에 앞서 방사성탄소연대를 기반으로 하는 새로운 편년안의 제시와 함께 의미 있는 문화해석이 할 수 있어야 한다. 더구나 역사시대에 속하는 원삼국시대-삼국시대의 토기편년에 방사성탄소연대를 사용하기 위해서는 더욱 신중하여야 한다. 오히려 상대편년에 기반으로 각 시대나 시기의 연대를 방사성탄소연대에 따라 제시하는 것이 더 합리적인 방안이 아닐까 생각한다. 저자들이 자료가 부족한 전북지역을 포함시키는 반면에 경질무문토기 유적이 다수 존재하는 전남지역을 제외시킨 것은 적절하기 못하다. 더구나 호남 서부지역에서 경질무문토기 단순기를 부정하면서 타날문토기의 연대를 올려야 한다는 주장은 결코 받아들일 수 없는 견해이다.

그리고 기존의 연구성과를 면밀히 검토하여 그 문제점을 개선하는 것은 좋겠지만 전면적인 부정을 앞세운다면 그 또한 시행착오를 범할 가능성이 매우 높고, 연구자로서 과욕일 수도 있다. 저자들의 주장과 같이 경질무문토기와 타날문토기의 등장 시점의 차이가 없고, 승문타날과 격자타날의 시차가 없으며 한성백제기에 연질토기와 경질토기가 장기간 공존하였다고 하는 등 여러 가지 견해를 한꺼번에 제시한다면 많은 혼란을 주는 것이다. 이보다는 하나의 소주제 별로 혹은 각 지역별로 세밀하게 검증하는 것이 더 바람직할 것으로 판단된다.

〈참고문헌〉

강귀형, 2016, 「군곡리 토기제작기술의 검토」, 『해남 군곡리 패총의 재조명-해남 군곡리 패총 발굴 30주년 기념 학술대회-』, 목포대학교박물관, 43-56쪽.

김승옥, 2000, 「호남지역 마한 주거지의 편년」, 『호남고고학보』11. 호남고고학회, 29-77쪽.

김승옥, 2007, 「금강유역 원삼국~삼국시대 취락의 전개과정 연구」, 『한국고고학보』65, 한국고고학회, 4-45쪽.

김장석, 2009, 「호서와 서부호남지역 초기철기시대 · 원삼국시대 편년에 대하여」, 『호남고고학보』33, 45-69쪽.

김장석 · 김준규, 2016, 「방사성탄소연대로 본 원삼국시대-삼국시대 토기편년」, 『한국고고학보』100, 한국고고학회, 46-85쪽.

김진영, 2018, 「영산강유역 철기시대 문화 연구」, 영남대학교대학원 박사학위논문.

노혁진, 2004, 「중도식토기의 유래에 대한 일고」, 『호남고고학보』19, 호남고고학회, 97-112쪽.

박순발, 1989, 「한강유역 원삼국시대 토기의 양상과 변천」, 『한국고고학보』23, 한국고고학회, 21-58쪽.

박순발, 1997, 「한강유역의 기층문화와 백제의 성장과정」, 『한국고고학보』36, 한국고고학회, 7-44쪽.

송만영, 1999, 「중부지방 원삼국문화의 편년적 기초」, 『한국고고학보』41, 한국고고학회, 37-71쪽.

송종열, 2015, 「만경강유역 점토대토기문화의 정착 과정」, 『호남고고학보』50, 호남고고학회, 52-69쪽.

송종열, 2016, 「점토대문화시기의 전북혁신도시」, 『고고학으로 밝혀 낸 전북혁신도시』, 호남고고학회, 105-120쪽.

숭실대학교 박물관, 2010, 『중도식무문토기의 전개와 성격』, 제7회 매산기념강좌.

심재연, 2011, 「경질무문토기의 기원-점토대토기문화와의 관련성을 중심으로」,

『고고학』10-1, 서울경기고고학회. 27-45쪽.

유은식, 2006,「두만강유역 초기철기문화와 중부지방 원삼국문화」,『숭실사학』19, 숭실대학교 사학회, 133-192쪽.

유은식, 2011,「동북계도기로 본 강원지역 중도식무문토기의 편년과 계통」,『한국기독박물관지』7, 숭실대학교 한국기독교박물관, 42-71쪽.

이동희, 2010,「"호서와 서부호남지역 초기철기-원삼국시대 편년"에 대한 반론」,『호남고고학보』35, 47-79쪽.

이융조, 1975,「방사성탄소연대측정과 한국선사시대편년」,『역사학보』68, 역사학회, 53-92쪽.

이홍종, 1991,「중도식토기의 성립과정」,『한국상고사학보』6, 한국상고사학회, 59-81쪽.

장지현. 2015,「호남지역 점토대토기문화의 전개양상과 특징-생활유적을 중심으로」,『호남고고학보』52, 호남고고학회, 32-55쪽.

정징원 · 신경철, 1987,「종말기 무문토기에 관한 연구」,『한국고고학보』20, 한국고고학회, 113-131쪽.

최성락, 1987,『해남 군곡리 패총』1, 목포대학교박물관.

최성락, 2006,「일본 야요이시대 연대문제에 대하여」,『한국고고학보』58, 한국고고학회, 154-159쪽.

최성락, 2012,「초기철기시대론에 대한 비판적 검토」,『21세기 한국고고학』V. 주류성, 233-254쪽.

최성락, 2013a,「경질무문토기의 개념과 성격」,『박물관연보』21, 목포대학교박물관, 15-30쪽.

최성락, 2013b,「호남지역 초기철기시대와 원삼국시대 연구현황과 전망」,『호남고고학보』45, 호남고고학회, 5-42쪽.

최성락, 2017,「호남지역 철기문화의 형성과 변천」,『도서문화』49, 목포대학교 도서문화연구원, 105-146쪽.

최병현, 1998,「原三國土器의 系統과 性格」,『한국고고학보』38, 한국고고학회, 105-145쪽.

하진영, 2015,「호남지역 경질무문토기의 변천과 성격」, 전북대학교대학원 석사학위논문.

한수영, 2015,「전북지역 초기철기시대 분묘 연구」, 전북대학교 박사학위논문.

한수영, 2016,「초기철기문화의 전개양상-전북혁신도시를 중심으로-」,『고고학으로 밝혀낸 전북혁신도시』, 제24회 호남고고학 학술대회, 호남고고학회, 123-136쪽.

Nelson, S. H., 1993, The Archaeology of Korea, Cambridge World Archaeology.

'호남지역 원삼국시대 편년과 지역성'에 대한 반론

최성락 · 이동희

Ⅰ. 서론

호남지역 초기철기시대~원삼국시대의 공백기 문제를 본격적으로 제기한 연구자는 김장석(2009)이다. 그는 세형동검의 등장으로부터 타날문토기의 출현에 이르기까지 호서와 서부 호남은 생활유적이 거의 발견되지 않아 최소한 300여년의 시간적 공백이 발생한다는 문제의식에서 출발하여 기존의 편년안을 재조정함으로써 공백을 메우고자 하였다. 즉, 그는 호서 및 서부 호남에서 경질무문토기 단순기가 존재하지 않는다고 보면서 타날문토기가 낙랑의 영향이 아니라 그 이전 전국계 토기 · 철기와 연계된다고 보아 그 연대를 기원전 2세기 후반까지 올려보는 파격적인 주장을 하였다.

이에 대한 비판들이 연이어 제기되었다(이동희 2010; 최성락 2013 · 2017). 특히 이동희는 송국리유형의 하한을 좀 더 내릴 수 있지만 기원전후 시기에 경질무문토기 단순기가 존재하였기에 타날문토기의 연대를 기원전으로 올릴 수 없음을 주장하였다. 또 그는 남한지역의 타날문토기가 전국계 제도기술에 기초할 뿐, 낙랑 설치 이전에 제도기술이 유입된 것이 아니며, 호서나 호남지역에서 재래의 무문토기 · 점토대토기 · 경질무문토기 등이 기원전후한 시기까지 사용되었다고 보았다.

이후 김장석 · 김준규(2016)는 좀 더 폭넓은 주장을 하고 있다. 그들은 호남지역에서 해남 군곡리 유적을 제외하고 각 토기의 선후 관계가 층위를 통해 확인된 바가 없기 때문에 기존의 원삼국시대 토기 편년 방법인 토기의 질과 제작방법에 의한 상대편년(경질무문토기-연질의 타날문토기-경질의 타날문토기)에 객관적인 검증이 필요하다는 전제하에 중부, 호서, 전북지역에서 수집된 방사성탄소연대를 통해 분석하면서 기존의 인식을 부정하는 결론을 내리고 있다. 즉 그들은 (1) 경질무문토기-타날문토기 등의 등장 시점에 차이가 없다는 점. (2) 경질무문토기 단순기는 존재하지 않는다는 점. (3) 인구공백지대로 표현되는 지역에 인구공백이 실재하지 않았다는 점. (4) 승문타날토기와 격자문타날토기 간에 시차가 없다는 점. (5) 한성백제기 연질토기와 경질토기는 서로 대체되는 것이 아니라 장기간 공존하였다는 점 등을 주장하고 있다. 이를 비판한 최성락 · 강귀형(2019a)은 방사성탄소연대에 의존하는 것만이 당시 문화를 합리적으로 설명할 수 있는 것은 아니고, 기존의 편년안을 비판하기에 앞서 방사성탄소연대를 기반으로 하는 새로운 편년안의 제시와 함께 의미 있는 문화해석을 할 수 있어야 한다고 하였다. 더구나 역사시대에 속하는 원삼국시대-삼국시대의 토기 편년에 방사성탄소연대를 사용하기 위해서는 더욱 신중하여야 하고, 기존의 연구성과를 면밀히 검토하여 그 문제점을 개선하는 것은 좋겠지만 전면적인 부정을 앞세운다면 그 또한 시행착오를 번할 가능성이 매우 크다고 하였다.

반면 이성주(2016)는 호남지역에서 기원후 1세기~3세기 전반대의 취락 자료가 극히 적다고 보면서 타날문토기의 상한을 기존 연대관보다 100년 정도 늦은 기원후 3세기(후반)대로 내려보는 견해를 제시된 바 있는데, 앞으로 충적지에 대한 발굴조사가 진전된다면 공백기를 메울 수 있다고 보았다. 이 견해에 대해서도 반론이 제기된 바 있다. 즉, 영남지역의 토기문화의 양상을 호남지역에 그대로 적용한 것은 지역성을 도외시한 것이고, 호남지역 타날문토기의 연대를 내려보는 것은 공백기를 더욱 조장하는 것이다(최성락 · 강귀형 2019b). 1990년대 이후에 호남지역에서는 다양한 입지의 유적들이 이미 발굴조사가 이루어졌기에 새로운 유적의 발견을 기대하기란 쉽지 않을 것이다.

이처럼, 호남지역의 공백기 문제와 관련되어 송국리문화의 하한 문제, 경질무문토기 단순기의 존재 여부. 타날문토기의 상한 문제 등이 중요한 화두로 대두되었다. 이러한 공백 문제가 생기는 것은 고고학 자료의 부재에만 있는 것이 아니라 연구자의 인식인 연구방법에도 문제가 있기에 방법론적 검토가 필요하다고 하였다(최성락 2019).

이러한 상황에서, 김장석 · 박지영(2020)은 해남 군곡리 패총에서 삼각형점토대토기/경질무문토기가 일정 기간 사용되었던 양상을 전남지역에서 어느 정도 인정하지만 전북 서부지역에서 기원전 1세기에서 기원후 2세기의 공백은 여전하다고 보면서 기존의 편년 방법이나 호남지역 편년관의 문제점을 지적하였다. 즉 가설적 추정에 머물 수밖에 없는 형식학적 편년이나 교차편년, 역사기록의 원용에 따른 절대연대 부여보다는 물리학적 원리에 근거하여 객관적으로 측정되는 절대연대측정법으로 현재 편년안을 재검토하는 도구로 사용하는 것이 합리적인 방법이며, 방사성탄소연대 자료가 충분히 축적되었음에도 기존의 추측에 의한 편년과 다르다는 이유만으로 수많은 연대를 부정하는 것은 옳지 않다는 것이다. 이러한 관점에서 그들은 이 시기의 공백 문제를 해결하기 위해서 그 동안 측정된 방사성탄소연대들을 분석한 결과, 전북 서부지역의 경우 타날문토기의 등장 시점을 기원전으로 올려볼 수 있으며 무문토기(점토대토기, 경질무문토기 포함)의 지속기간이나 타날문토기로의 완전 전환 과정이 지역에 따라 차이를 보인다고 하였다.

필자들은 김장석 · 박지영이 고고학 편년 방법에 대한 논의나 지역성의 인식에 대하여 일정 부분 공감하는 바가 있지만, 호남지역 원삼국시대 문화를 바라보는 시각이나 해석에서 동의할 수 없는 부분이 적지 않다. 따라서 본고에서는 이 시기 공백 문제와 관련되어 논란이 많은 송국리문화와 점토대토기문화의 양상, 타날문토기의 상한, 고고학 편년과 방사성탄소연대 등의 문제를 중심으로 검토해 보고자 한다.

Ⅱ. 논란의 쟁점

1. 송국리문화와 점토대토기문화의 양상

김장석 · 박지영(2020:13, 21)은 전북지역에서의 공백기를 메우기 위해 송국리문화 단계의 하한을 기원전 2세기로 하향시키자는 기존의 제안(김장석 2009)을 철회하면서 송국리문화의 하한을 늦추어 볼 수 있는 곳이 전남 동부권에 국한된다고 보았다. 또 그들은 전북지역과 호서지역에서 원형점토대토기 단일 주거지나 취락의 발견이 희소하고 주로 분묘, 구, 수혈 등이 발견되는 것이 아직도 의문이지만, 송국리문화 단계를 전 지역에 걸쳐 끌어내림으로써 이 문제가 해결되는 것이 아니라고 보았다. 한편 그들은 삼각형점토대토기/경질무문토기 단계가 뚜렷하지 않아 전북 서부지역에서 기원전 1세기~기원후 2세기 유적이 희소함을 강조하였다. 이에 대한 필자들의 반론은 다음과 같다.

1) 송국리문화와 점토대토기문화는 공존하였는가?

송국리문화(유형)는 송국리형 주거지, 송국리형 묘제(석곽묘, 석개토광묘, 옹관묘), 송국식 토기 등으로 구성된 유물복합체를 의미한다(김승옥 2006). 과거에 호남지역의 송국리문화는 점토대토기문화가 형성되면서 대체된 것으로 보았다. 과연 호남지역에 널리 자리잡았던 송국리문화가 일시적으로 소멸되거나 점토대토기에 흡수되었을까?

호남지역은 송국리문화의 점유지라고 볼 수 있다. 그만큼 점유의 분포지역이 넓고 점유기간이 길다는 의미이다. 이러한 배경에서 점토대토기의 등장은 매우 소략한 양상을 보이고 있다(이종철 2014). 호남지역에서 전형적인 원형 점토대토기 주거지(수석리유형)는 전주 중동, 대청Ⅳ, 완주 상운리, 갈산리 등 일부 유적에서만 발견되었다. 이 유적들에서는 방형계 주거지로부터 점토대토기, 흑도장경호, 고배(두형토기), 조합식우각형파수부호, 뚜껑, 삼각형석촉 등 다량의 유물들이 확인되었다(그림 1).

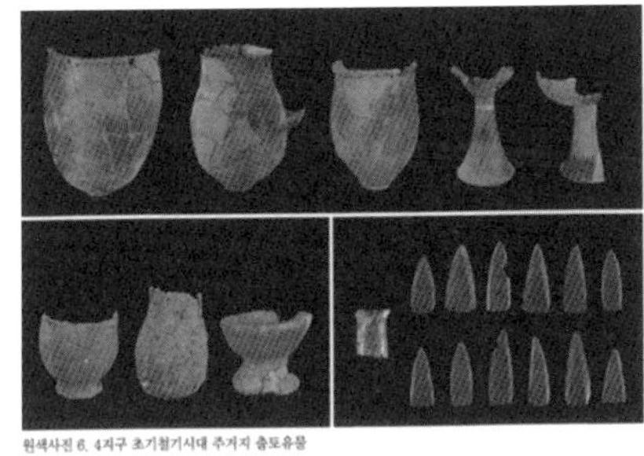

〈그림 1〉 전주 중동 점토대토기 주거지 및 출토유물(호남문화재연구원 2013)

점토대토기 주거지는 청동기시대나 원삼국시대 주거지와는 달리 평면형태나 내부시설 등이 정형성을 보이지 않는데 이러한 양상으로 보아 장기간 거주했던 곳이 아닌 단기간 활용 장소로 볼 수 있다(유철 외 2014). 이들 주거지에서 출토되는 유물은 송국리형 주거지에서 간헐적으로 출토되는 점토대토기에 비해 조합상에서 뚜렷하고 양도 많은 것이 특징이다. 이러한 점토대토기 주거지는 주거지 속성이나 유물상에서 요녕지역의 당시 주거지와 차이가 거의 보이지 않고, 그 수가 소수라는 점에서 토착민이 아닌 이주민의 주거지로 판단된다.

이러한 소수 사례를 제외하면 점토대토기가 출토되는 주거지는 대부분 송국리형 주거지이다. 이 시기의 송국리형 주거지는 군산 도암동, 전주 효자4, 고창 율계리, 광주 수문과 하남동, 장흥 갈두 유적 등에서 수혈유구와 함께 확인되었다(이종철 2015). 이러한 사례는 토착세력이 점토대토기문화를 수용했거나 이주민이 토착의 주거양식을 채택한 문화접변으로 볼 수 있는데, 호남 서부권에서 주로 발견된다(그림 2 참조).

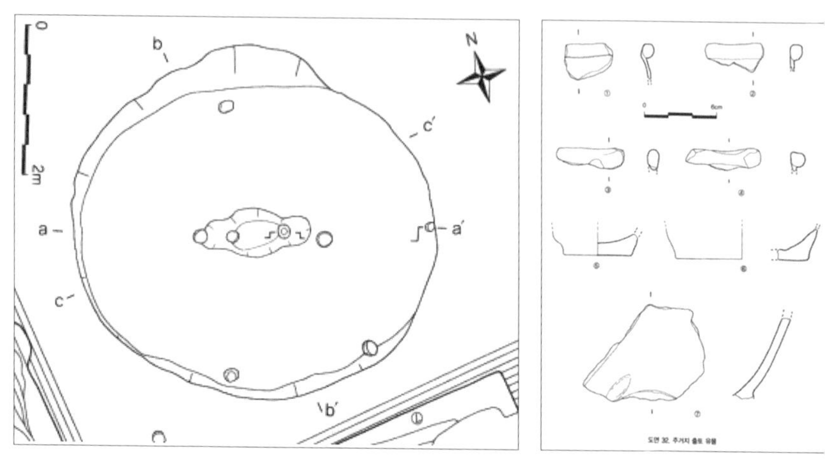

〈그림 2〉 원형점토대토기 출토 군산 도암리 송국리형 주거지(윤덕향 외 2001)

이처럼, 중국 동북지역과 연결시킬 수 있는 소수의 점토대토기 주거지인 완주 상운리나 전주 중동유적 등은 이주민 1세대에 한정된다고 본다면 해결될 수 있는 문제이다. 즉, 전북 서북부지역의 초기 이주민은 원 거주지에서처럼 옛 주거양식을 고수했을 것이지만, 이주민 후손들은 점차 토착 주거양식을 수용했을 가능성이 높다. 원형점토대토기 단계의 주거지가 준왕의 남천지라고 추정되는 전주 · 완주 일대에서만 확인된다는 점은 그러한 추정을 가능케 한다.『後漢書』東夷傳 韓條에 준왕의 후손들이 얼마 후 절멸했다는 기사[1]는 이

1) “準後絶滅 馬韓人復自立爲辰王”(『後漢書』東夷傳 韓條).

주민들이 토착세력에 동화되었음을 의미한다.

한편, 같은 시기에 소수의 점토대토기 주거지와 달리 점토대토기 유물이 부장된 토광묘가 다수 확인된 원인은 무엇일까? 즉, 만경강유역의 완주 신풍(81기)ㆍ완주 갈동(17기) 유적을 비롯한 전주ㆍ익산 등지에서 점토대토기 출토 토광묘가 집중적으로 확인되었다. 전북지역의 점토대토기 부장 분묘는 토광묘, 옹관묘, 적석목관묘 등인데 토광묘의 밀집도가 가장 높은 만경강 유역에서 적석목관묘가 잘 보이지 않는 점, 풍부한 철기류에 비해 청동기 부장이 다른 지역에 비해 빈약한 점이 특징이다. 무덤의 장축은 대개 등고선과 직교하며 늦은 단계일수록 차이 폭이 줄어드는 경향을 보인다(한수영 2015).

상기한 바와 같이, 만경강유역의 토광묘는 출토유물 이외에도 등고선과 직교하는 장축방향 등의 속성으로 보면 토착 청동기시대 무덤과는 상이하여 이주민과 관련짓는 것이 일반적이다. 다만, 세대가 내려가면서 토착인과의 혼인관계 등으로 통해 자연스럽게 묘제에서의 문화접변이 나타났을 것이다.[2)]

요컨대, 전형적인 원형점토대토기 생활유적이 이주민계의 소수 집단과 관련되고, 다수의 토착민은 재래의 송국리문화를 유지하였을 것이다. 보수적인 분묘에 비해 주거지의 수가 적은 것은 이주 후에 이주민들도 토착의 송국리형 주거문화를 수용한 탓으로 볼 수 있다. 한편 주거지와 달리 분묘는 가장 보수적인 문화요소이므로 이주민들이 원거주지에서의 형식을 고수했을 것이다.[3)]

---

2) 만경강유역에서 점토대토기 무덤의 입지는 청동기시대 무덤의 양상과 유사하다는 연구가 있다(한수영 2019). 즉 송국리문화가 유입되면서 만경강 본류를 경계로 북부권역은 석관묘가 주로 조성되고, 남부권역은 석개토광묘와 토광묘가 주묘제로 발전하는데, 유적의 입지와 묘광의 규모, 검의 부장양상 등이 송국리형 무덤에서 초기철기시대(점토대토기 단계) 토광묘로 이어진다고 한다. 그리고 적석목관묘에서도 송국리형 무덤과 점토대토기 무덤의 단절양상이 확인되지 않는다는 것이다. 이 연구에서는 두 무덤 집단에 대한 엄밀한 편년의 제시가 없어서 알 수 없지만 송국리형 무덤과 점토대토기 무덤 사이에 연속성이 인정된다면 일정한 기간 공존하였을 가능성도 충분히 있음을 추론하게 한다.

3) 전북서부지역의 만경강유역에서 점토대토기가 다량으로 출토된 溝나 竪穴도 확인되는데, 제사와 관련되는 것으로 파악되어 분묘와 같이 이주민의 보수적인 문화요소로 볼 수

즉, 이주민들이 2세대 이후 점차 토착의 주거 양식을 채용했겠지만, 분묘는 기원전 3-2세기를 중심으로 여러 세대에 걸쳐 토광묘를 지속적으로 사용했을 것이라는 점이다.

전북 서부지역에서는 기존의 송국리문화에 점토대토기문화가 유입되면서 점차 결합되었음을 여러 연구자들이 인식하고 있다(김승옥 2021; 김규정 2021; 한수영 2021). 특히 김승옥(2021)은 청동기시대 후기[4]에는 점토대토기문화가 유입되지만 송국리문화와 공존하다가 점차 결합되었다고 보고 있다.[5] 즉 외래계의 점토대토기문화와 토착문화인 송국리문화는 처음에 공간을 달리하여 공존하다가 점차 두 문화간에 접촉, 융합하였다는 것이다. 송국리문화는 '수계선호형'의 사회이고, 점토대토기문화는 '산지선호형'의 사회로 규정되며, 점토대토기문화는 장거리 교역을 통해 위신재의 획득이 활발하였던 반면에 대규모 농업공동체를 이룬 송국리문화와 대비된다는 것이다(김승옥 2016).

결국 원형점토대토기 단계는 대규모 취락보다는 단기간에 여러 지역으로 파급되면서 소규모의 취락을 형성했던 것으로 파악된다. 소규모의 취락을 이루었다는 것은 종래 송국리문화와 다른 것이다. 이는 소규모 취락을 이룬 이

있다.

4) 원형점토대토기의 등장을 초기철기시대의 시작으로 보는 견해도 있지만 최근 원형점토대토기의 등장을 청동기시대 후기로 설정하고, 철기의 등장을 초기철기시대로 보는 연구자도 있다. 따라서 시대구분의 혼란을 막기 위해 초기철기시대를 부득이 원형점토대토기 단계와 삼각형점토대 단계로 구분하고, 그 구분이 어려우면 점토대토기 단계로 사용한다. 다만 인용을 하는 경우는 필자의 시대구분을 따른다. 그리고 김장석 · 박지영(2020)이 사용한 원삼국시대는 그대로 사용하고, 그 연대를 기원전 1세기부터 기원후 3세기까지로 한다.

5) 실제로 재지적인 무덤에서 점토대토기가 나오는 사례도 있다. 즉 완주 반교리와 정읍 정토유적의 석개토광묘에서 원형점토대토기와 흑도장경호가 발견되었다(김승옥 2021). 또 전주 여의동 석계토광묘에서 조문경, 흑도장경호가 출토되었고, 익산 다송리 석곽묘(?)에서 조문경과 동포가 출토되었다(이종철 2019).

주민 집단과 대규모 취락을 이루던 재지 송국리문화 집단을 단계적 시기 차가 아닌 일정 기간 동시기로 보아야 할 것이다. 따라서 전북 서부지역은 기존의 송국리형문화와 점토대토기문화가 일정기간 공존하였을 것이다. 이러한 현상은 송국리문화가 자리잡았던 호서지역에서도 유사하게 나타나고 있다.[6]

2) 송국리문화의 전통과 지역성

(1) 호남 동부권

전남 동부권은 송국리문화의 전통이 다른 지역에 비해 훨씬 늦게까지 지속되었다고 판단하는 것은 이미 여러 연구자들에 의해 인정되고 있는 바이다(이동희 2017). 호남 동부권은 서부권보다 더 늦게 송국리문화에서 점토대문화로 전환되었다. 즉, 호남 동부권에서는 순천 연향동 대석유적이나 보성 도안리 석평유적(마한문화연구원 2011)을 보면 송국리형 주거지가 기원후 1-2세기까지 지속되고 기원후 2세기대에 늦은 시기의 삼각구연점토대토기가 나타났다가 소멸되며 기원후 2세기 후반-3세기가 되어서야 타날문토기가 공반된다. 특히 순천 연향동 대석 2호 송국리형 주거지(그림 3)에서는 삼각형점토대토기와 내만구연심발이 공반되었다. 이는 전통적인 무문토기의 잔흔이 경질무문토기와 일정기간 공존했음을 의미한다(이종철 2009). 요컨대, 지석묘가 집중된 전남지역 지석묘가 청동기시대 이후에도 지속되듯이 송국리형 주거지가 집중된 호남지역의 경우, 청동기시대 이후에도 지속적으로 존재하였다고 볼 수 있다.

---

6) 충청지역에서는 보령 교성리 유적을 제외하고 전형적인 점토대문화의 양상을 띠는 유적이 거의 없을 정도로 중부지방 중 가장 활발하게 재지문화와 점토대문화가 함께 확인된다. 충청지역에서 재지문화와 점토대문화가 공반되는 주거지는 2010년 기준으로 7개 유적 11기 주거지에 한한다(정여선 2010:100). 즉, 충청지역은 주거지의 구조, 유물의 조합상에 있어 전형적인 점토대토기문화 보다는 재지문화의 주도하에 점토대토기문화가 부분적으로 나타나는 것이 두드러진 지역이다.

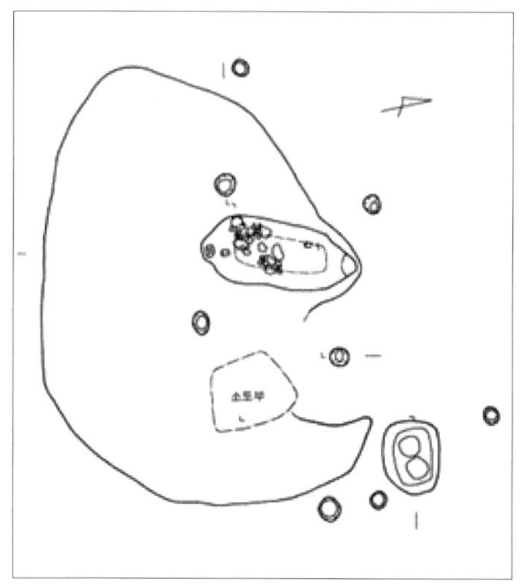

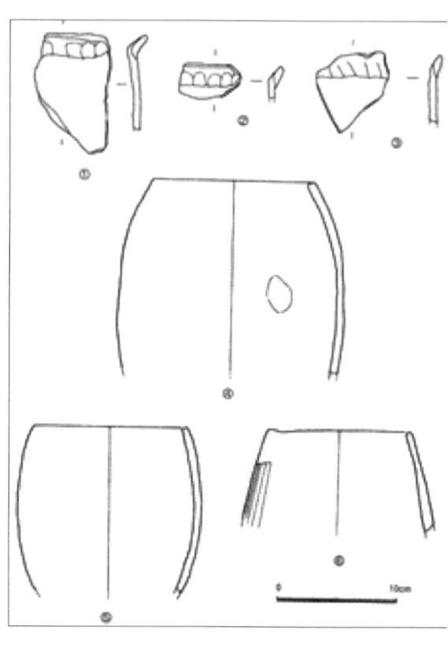

〈그림 3〉 순천 연향동 대석 2호 송국리형 주거지 및 출토유물(순천대박물관 1999)

전북 동 · 서부지역 점토대토기 출토 유적의 분포상을 비교해 보면, 2014년 기준으로 전북지역의 27개 유적 가운데 호남정맥 서쪽의 서부권에 26개 유적이 집중되어 있다(유철 외 2014). 특히, 전주 · 익산 · 고창 일대에서 집중성이 보인다. 이렇듯 서부권에 집중된 것은 점토대토기문화가 서부 평야지대를 중심으로 파급되고 동부권으로의 전파는 매우 제한적이었음을 의미한다.

이처럼, 호남 동부권에는 원형점토대토기의 유입이 늦어 종래의 무문토기가 오랫동안 지속되었다고 볼 수 있다. 간헐적으로 원형점토대토기의 유입은 있을 수 있지만 보성강유역의 주거지 변천양상을 보아도 토착집단이 원형점토대토기를 적극적으로 수용하지 않음을 알 수 있다. 보성강유역의 경우, 점토대토기문화가 빈약한 호남 동부권에서도 내륙 오지이어서 문화흐름에 더욱 더 둔감했던 것으로 보인다.

문화적 단절로 보지 않는다면 호남 동부권의 보성강유역에서 이른 시기의 삼각형점토대토기는 없고, 늦은 시기의 삼각구연점토대토기만 확인되는 것은 주목된다. 보성 석평유적이나 남원 세전리유적이 이를 대변한다. 즉, 송국리형 토기 다음 단계에 늦은 시기의 삼각형점토대토기만 보이는 것은 송국리형 주거지와 늦은 시기의 삼각구연점토대토기는 상호 계기성을 갖는다는 것이다. 이러한 현상은 경남 서부권에서도 나타난다.[7] 결국 호남 동부권은 점토대토기문화를 적극적으로 수용하지 않은 송국리형문화가 오랫동안 잔존했다는 논리가 가장 적합하지 않을까 한다.

(2) 호남 서부권

그렇다면 호남 서부권 송국리문화의 전통에 언제까지 지속되었는지 살펴볼 필요가 있다. 호남 서부권에서 점토대토기들이 반출된 늦은 단계의 송국리형 주거지 자료를 정리해 보면 다음과 같다.

〈표 1〉 호남 서부권에서 늦은 단계의 송국리형 주거지 자료

유적명	유구	보고자 편년	보고자의 편년 근거	보고자 편년 설정의 문제점
전주 송천동 2가	송국리형주거지 13기	청동기시대	방사성탄소연대 (기원전 8-5세기)	두형토기출토, 퇴화형의 송국리형 주거지
고창 산정리	송국리형주거지 8기, 수혈 30기	청동기시대	송국리형주거지	무문토기+삼각형점토대토기의 동반

7) 이창희(2013)는 삼각형점토대토기의 하한을 기원후 2세기까지로 보고 있다. 더구나 사천 봉계리 생활유적의 경우, 분묘유적과 달리 삼각구연점토대토기의 하한은 기원후 3세기대까지 내려온다고 한다(경남고고학연구소 2002). 사천 봉계리 취락에서는 주거지와 토기가마(요지)에서 삼각구연점토대토기가 출토되었다. 기종 구성으로 보면 사천 늑도 · 광주 신창동 · 해남 군곡리유적 등 전형적인 삼각형점토대토기 단계의 특징을 보이므로 동시기로 편년할 수도 있다. 그런데 삼각형점토대토기와 공반된 단경호 중에 격자타날된 것이 상당수 포함되며, 3호 가마내에서는 도질토기편이 출토되어 봉계리유적의 삼각형점토대토기의 연대는 후기 와질토기단계에서 도질토기 등장시점까지 내려올 것으로 파악된다. 아울러, 도질토기가 출토되는 주거지 내의 연질토기 중에는 평행 · 격자타날물토기들만 있는 것이 아니라 굵은 사립이 다량 포함된 거친 태토 · 두터운 기벽 · 대상의 저부 등 전 시기의 무문토기 제작전통이 그대로 남아 있는 토기들이 많다. 봉계리 유적을 비롯한 서부 경남지역의 생활유적에서 관찰되는 삼각형점토대토기는 영남동부지역 목관묘에 부장된 삼각형점토대토기의 존속시기와 다르게 더 오랜 기간 일상생활에 사용되었을 가능성이 높다(최종규 외 2002).

고창 율계리	송국리형주거지 5기	청동기시대	송국리형주거지	원형점토대토기+무문토기의 동반 초기철기시대 수혈과 청동기시대 주거지 유물이 거의 차이가 없음
	수혈 4기	초기철기시대	점토대토기 출토	
함평 소명	송국리형주거지 8기	청동기시대	송국리형주거지	3호에서 삼각형점토대토기 단계의 개와 함께 석촉, 석착, 석도, 유구석부 동반
광주 수문	송국리형주거지 31기	청동기시대	송국리형주거지	무문토기+삼각형점토대토기(5호) 퇴화형의 송국리형 주거지
나주 운곡동	송국리형주거지 75기	청동기시대	송국리형주거지 방사성탄소연대 (기원전 7-5세기)	Ⅰ-11호 주거지에서 삼각형점토대토기와 공반되는 뚜껑 출토 다-1호 지석묘에서 세형동검,주조철착, 석촉 공반
장흥 갈두	송국리형주거지, 지석묘 다수 동반	청동기시대	송국리형주거지 방사성탄소연대 (기원전 8-7세기)	3기 주거지에서 변형 원형점토대토기 출토: 기원전 2-1세기(임설희 2010) 점토대토기+무문토기 장흥, 강진 지석묘의 하한연대는 기원전후(조진선 2008)

〈표 2〉 호남 서부지역의 늦은 단계 송국리형 주거지의 특징

유적명	송국리형 주거지의 특징	비고
전주 송천동 2가	타원형 구덩이와 주공이 희소(13기 중 6기만 작업공 확인), 타원형 구덩이가 없는 주거지는 소형인 경우가 다수.	그림4
고창 산정리	주거지가 소형이고, 공반된 수혈유구 출토유물은 주거지 출토유물과 동일 30기의 수혈유구 중 7기에서 무문토기와 함께 삼각형점토대토기 출토	
고창 율계리	송국리형 주거지와 타원형 수혈은 소형. 수혈과 송국리형주거지는 인접하면서 중복되지 않아 동시대일 것	
함평 소명	송국리형 주거지가 소형이 다수이고 비정형적. 즉, 찌그러진 타원형구덩이가 많고 주공이 없거나 타원형구덩이가 중심이 아닌 한쪽에 치우쳐 있음	그림5
광주 수문	주공이 없는 타원형주거지가 주거지 한쪽에 치우쳐 위치(24,28호) 타원형구덩이의 변형(26호), 타원형구덩이와 주공이 미확인(29호)	그림6
나주 운곡동	퇴화형의 소형 송국리형 주거지 다수. 타원형 구덩이가 주거지 한쪽에 치우친 경우, 타원형구덩이가 소형이거나 타원형 구덩이 주변에 주공이 없는 경우, 타원형구덩이가 없는 경우	

상기한 바와 같이, 점토대토기가 출토되는 송국리형 주거지의 특징은 전형적인 청동기시대 송국리형 주거지에 비해 정형성이 떨어지는데, 그 특징을 정리해 보면 다음과 같다.

먼저, 타원형 구덩이가 없거나 소형화되고, 구덩이가 찌그러진 형태를 띠면서 중심이 아닌 주거지 한쪽에 치우친 경우들이 보인다. 또한, 타원형 구덩이 주변의 주공 형태는 외주공이거나 무주공식이 다수를 점한다. 금강유역권이나 영산강유역의 전형적인 내주공의 타원형 구덩이가 아니라 모두 외주공 또는 주공이 없는 타원형 구덩이만이 있는 경우이다.

대표적인 유적이 전주 송천동 2가 유적이다(전북대박물관 2004). 송천동 2가 유적에서는 퇴화된 송국리형 주거지가 다수인데 방사성탄소연대는 기원전 8~5세기에 해당한다. 그런데 송천동 8호 주거지에서 점토대토기와 자주 공반되는 두형토기와 함께 외반구연토기가 출토되었다. 광주 신창동 옹관묘 유적 등 호남 서부권에서 삼각구연점토대토기와 송국리형 외반구연토기가 공반된다는 점(그림 7)에서 전주 송천동 8호 주거지의 연대를 추정할 수 있다(그림 4). 송천동 2가 유적에서 두형토기가 출토되지 않았다면 방사성탄소연대를 그대로 수용했을 것이다.

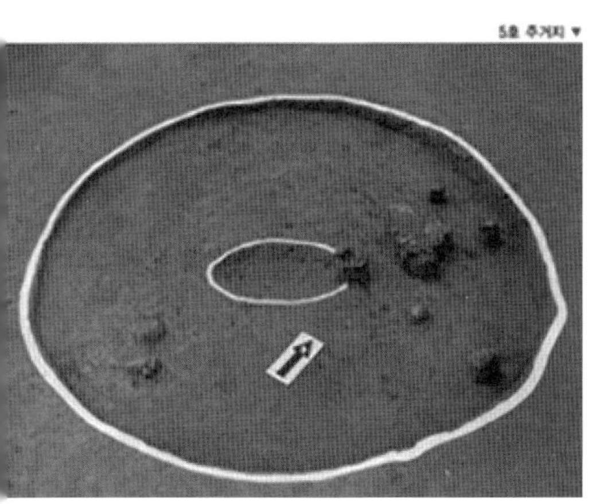

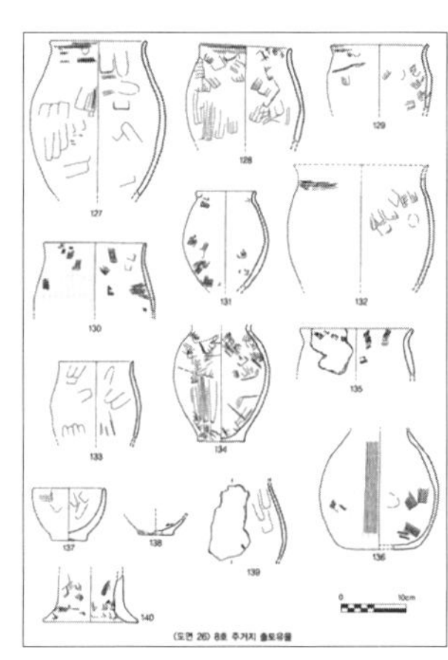

〈그림 4〉 전주 송천동 송국리형 주거지(퇴화형) 및 8호 출토유물(전북대박물관 2004)

그리고, 함평 소명 3호 송국리형 주거지에서 출토된 蓋(토기 뚜껑)는 광주 신창동 · 사천 늑도 · 창원 다호리 유적 등지에서도 출토되었는데(전남대박물관 2003), 삼각구연점토대토기와 관련지어 볼 수 있다(그림 5).

요컨대, 이 시기 송국리형 주거지의 특징은 타원형구덩이와 주공이 퇴화되어 보이지 않거나 전형적인 모습에서 이탈하는 양상을 보인다. 아울러, 타원형 구덩이가 없는 주거지는 규모상 소형인 경우가 많다. 즉, 내부에 아무런 시설이 확인되지 않아 토기 등 유물상으로 추정할 수 있는 경우이다. 이 시기의 송국리형 주거지는 삼각구연점토대토기 등이 확인되어 어느 정도 구분되는 경우이므로 실제로 그 수가 훨씬 더 많을 것으로 보인다.

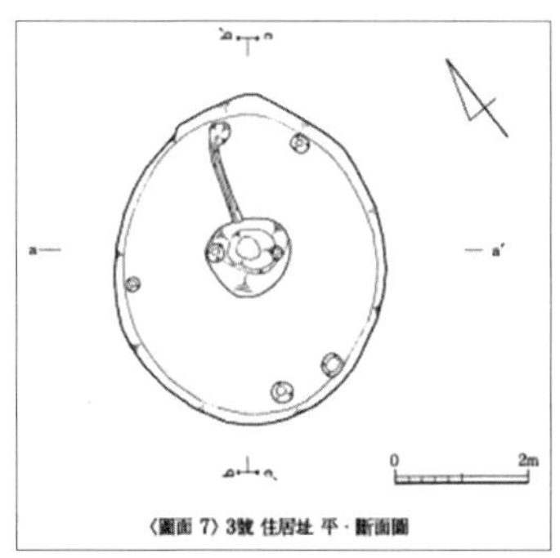

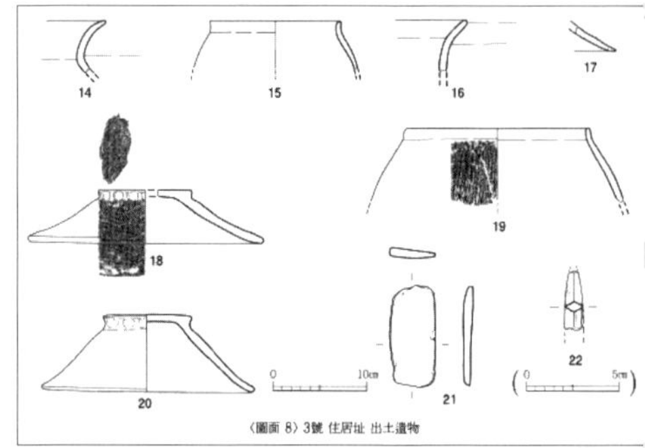

〈그림 5〉 함평 소명 3호 송국리형 주거지 및 출토유물(전남대박물관 2003)

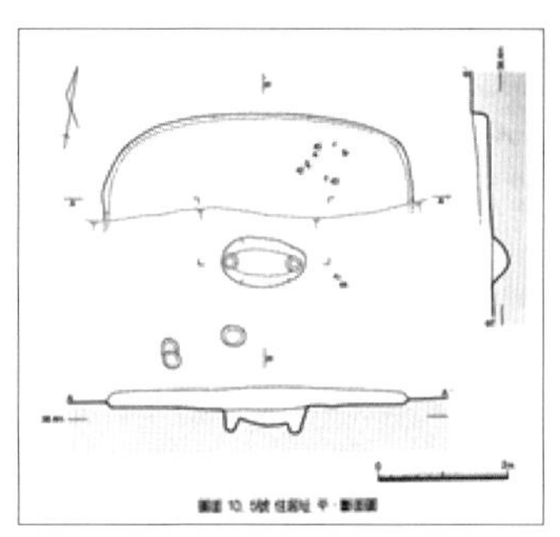
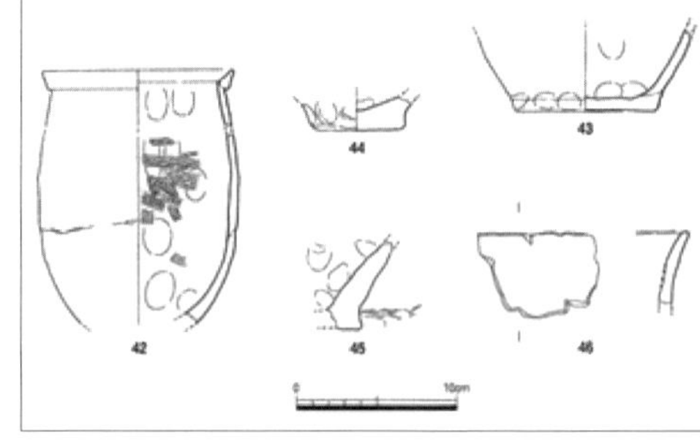

〈그림 6〉 광주 수문 5호 송국리형 주거지 및 출토유물(호남문화재연구원 2008)

이렇듯 비정형적이고 퇴화된 송국리형 주거지의 공반유물은 삼각형점토대토기가 적지 않게 출토되어 그 하한을 기원전후한 시기 혹은 일부 지역에서는 기원후 1~2세기까지 내려볼 수도 있다. 송국리문화의 전통은 분묘인 옹관묘에서 잘 드러난다. 이 시기 합구식 옹관묘는 광주 신창동 53기, 광주 운남동 2기, 무안 인평 1기, 함평 장년리 3기, 익산 어양동 1기 등이 조사되었는데, 합구식에 사용된 옹관은 대부분 송국리형 토기와 삼각구연점토대토기가 결합된 것이다(그림 7). 이와 같이 호남 서부권은 기원전 1세기경에 삼각구연점토대토기와 무문토기(송국리형 외반구연토기) 공반상을 보면, 점토대토기문화가 유입되었더라도 적어도 기층사회에서는 기원전후까지 송국리문화의 전통이 남아있었던 것이다.

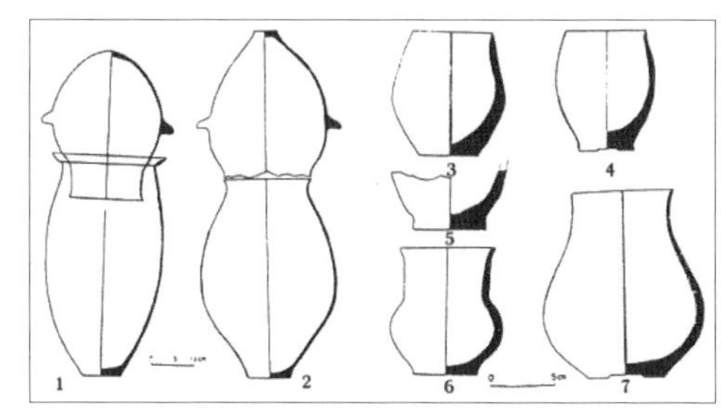

〈그림 7〉 광주 신창동 옹관묘(신경숙 2002)

3) 전북 서부지역 기원전 1세기~기원후 2세기의 공백기 문제

그간 전북지역에서 기원전 1세기에서 기원후 2세기에 대해 적절하게 설명하지 못한 것은 사실이다. 이러한 문제점을 인식한 연구자들의 노력도 적지 않다.

우선 원형점토대토기가 삼각형점토대토기와 함께 늦게까지 사용되었다는 것이다. 이른 단계의 삼각형점토대토기의 기형은 중기 무렵의 원형점토대토기와 차이를 보이지 않는다. 즉, 이른 단계의 삼각형점토대토기는 굽이 뚜렷하여 비교적 이른 시기의 원형점토대토기와 유사한 면이 있다. 이를테면, 가장 이른 단계(기원전 2세기대)의 삼각형점토대토기가 전북 서부권의 익산 신동리유적에서 출토되는 것은 우연이 아닐 것이다. 또한, 원형점토대토기의 동체부는 점차 세장화되고 있는데 삼각형점토대토기도 세장화된 형태로 출현하는 것이 아니라 원형점토대토기와 유사한 양상으로 점차 세장화된다(그림 8)(임설희 2010:20-21). 즉 삼각형점토대토기가 성행하였던 전남 서부권 · 남해안과 달리 전북 서부권에서는 변형된 원형점토대토기가 존속했을 가능성이 높다는 것이다. 이러한 점에서 보면, 삼각형점토대토기 미출토시역에서는 굽이 퇴화되거나 없어진 변형의 원형점토대토기가 여전히 지속되었을 것이며, 그 하한은 기원전후까지 내려볼 수 있다는 견해가 제시된 바 있다(임설희 2010:35).

점토대토기에서 원형과 삼각형 구연을 막론하고 c식 구연(동체부가 동최대경에서 구연부로 이어지면서 구연부 바로 아래쪽에 꺾임이 형성되어 외경하는 것)에 3식 저부(굽이 퇴화되거나 없어진 것)가 늦은 단계(그림8-左)이다(임설희 2010:11 · 35). 전북 서부권의 원형점토대토기 가운데 c식 구연에 3식 저부인 대표적인 경우는 전주 마전, 군산 띠섬유적이다. 전주 마전 유적의 경우, 비교적 이른 형식의 원형점토대토기단계부터 말기 형식까지 지속되는데

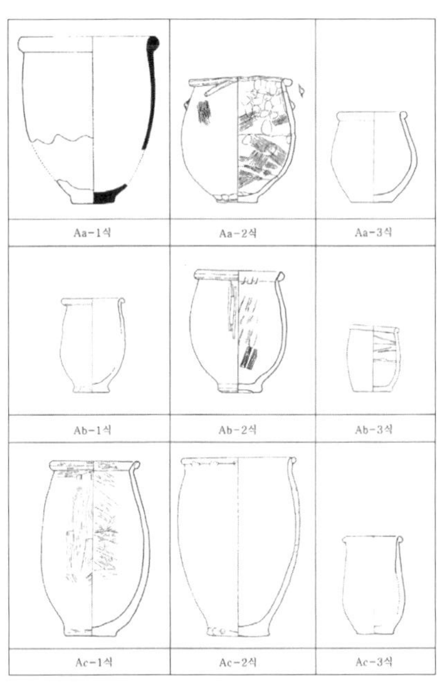

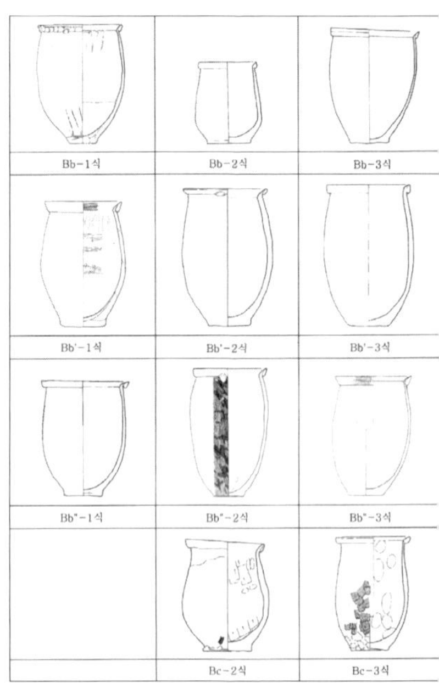

〈그림 8〉 원형점토대토기(左)와 삼각형점토대토기(右)의 형식(임설희 2010)

비해, 전북 서해안에 위치한 군산 띠섬이나 전북 서해안에 인접한 영광 군동 유적에서는 c-3식만 보인다(임설희 2010:11 · 35).

이후 전북지역에서 토광묘 유적이 집중적으로 확인되자 이를 연구한 한수영(2015)은 원형점토대토기 단계에서 삼각형점토대토기 단계를 포함하는 초기철기시대를 네 시기로 구분하였는데 3기와 4기를 삼각형점토대토기가 사용되었던 시기로 보았으며 그 연대를 기원전 2세기에서 1세기 전반으로 보아 그 이후에는 사라졌다고 보고 있다.[8)]

이러한 편년관은 기원전 1세기 이후를 설명하지 못한 원인이 되었다. 이와 같이 만경강유역에 일정 기간 공백기가 있다는 생각은 다른 연구자들의 인식에서도 엿볼 수 있다. 즉 하진영(2015)은 기원전 3세기에서 기원후 5세기대까지 토기가 점진적으로 변화되고 있음을 설명하고 있다. 즉 원삼국시대 초기에 해당하는 Ⅱ기(기원전 1세기에서 기원후 1세기)는 호남지역에서 삼각형점토대토기를 비롯한 경질무문토기가 자리잡고 호남 전역으로 확산해 가는 단계로, 만경강 중 · 상류권을 제외한 호남지역 전체에서 확인되지만 주 분포지역이 광주지역을 중심으로 한 영산강유역, 해남 · 장흥반도권, 전남 동부지역인 고흥반도권과 여수반도권 등이라고 한다. 이 연구에서도 역시 기원전 1세기에서 기원후 1세기까지 전북 서부지역에 대한 적절한 설명을 못하고 있다.

과연 기원전 1세기경 전북 서부권의 주민이 모두 이동하거나 절멸하였을까? 만경강유역에서 기원전 1세기경부터 집단적으로 나타나던 토광묘(목관묘)군이 더 이상 축조되지 않았다는 것은 무언가 당시 사회적인 변동을 의미한다.[9)] 하지만 당시 토광묘(목관묘)를 축조하였던 수장층이 이동하였다고 모

8) 그런데 만경강유역은 삼각형점토대토기의 발생지로 인식되고 있다. 일부 연구자들이 삼각형점토대토기의 발생지를 경남 사천지역으로 주장한 바가 있으나 완주 갈동 4호 토광묘에서 삼각형점토대토기가 출토된 것에 주목하고, 만경강유역이 가장 유력한 발생지로 보아 여기에서 남해안지역으로 파급되었다는 견해가 제시되었다(신경철 2012).

9) 기원전 1세기경 만경강유역에 자리잡았던 토광묘 집단이 갑자기 사라진 것은 그 집단이 어떠한 사회적인 요인으로 전남지역과 영남지역 등지로 이주하였을 것으로 추정된다

든 주민이 함께 이동하였는가는 여전히 의문이다.

그런데 현재의 편년관에 약간의 문제가 있어 보인다. 하나는 김장석 · 박지영(2020)의 지적과 같이 타날문토기가 출토되면 유구의 연대를 무조건 3세기 이후로 설정하는 점이고, 다른 하나는 삼각형점토대토기의 연대를 기원전 2세기~1세기로 한정시키면서 삼각형점토대토기 이후에 사용되었던 흩구연의 경질무문토기에 대한 인식이 부족하다는 점이다.

이러한 인식에서 벗어나 삼각형점토대토기의 연대를 기원전 1세기로 한정할 것이 아니라 전남지역과 같이 삼각형점토대토기와 함께 흩구연의 경질무문토기가 사용되었다고 가정한다면 기원전 1세기에서 기원후 2세기까지의 공백기를 어느 정도 메울 수 있다는 것이다.

최근 토광묘 연구에서는 삼각형점토대토기와 철기가 반출되는 유구의 연대를 기원전 1세기에서 기원전후로 편년하는 경향이 나타나고 있다. 즉, 이종철(2019)은 만경강유역 토광묘 중에서 익산 신동리, 어양동, 계문동 유적을 기원전 1세기대로 편년하고 있다. 또 익산 마동 유적에서도 토광묘와 옹관묘가 조사되었는데 점토대토기, 우각형파수, 두형토기와 청동기, 철기 등이 출토되고 있어 이 유적의 연대를 기원전 2세기에서 1세기 중엽경으로 보고 있다(전라문화유산연구원 2020). 이미 익산 신동리, 완주 갈동, 김제 서정리II 토광묘에서도 삼각형점토대토기가 출토된 바가 있다.

또한 김규정(2021)은 전북지역에서 기원전 4세기부터 기원전후까지의 마한 성립기에 해당하는 주거지를 잘 정리해 두고 있다. 이 중에서 삼각형점토대토기가 출토되는 유적들을 살펴보면, 만경강유역에 완주 덕동, 둔산리 서당 유적, 전주 중동 유적, 김제 석담리, 반월리 유적 등이 있다. 또 동진강 · 중서부지역에 부안 백산성, 원천리, 고창 율계리 유적도 있다. 패총으로는 군산 노래섬, 띠섬, 가도, 여방리 남전 패총 등이 있어 삼각형점토대토기와 경질무문

(최성락 2017).

토기가 출토되었다(김진영 2021; 박호성 2021). 특히 주목되는 것은 김제 반월리 유적에서 주거지, 수혈, 구 등이 조사되었는데 수혈에서 삼각형점토대토기와 더불어 다양한 기형의 경질무문토기와 소형토기 등이 확인되었다(군산대학교박물관 2009). 또 전북 동부지역에 속하지만 삼각형점토대토기와 경질무문토기가 다량으로 출토되는 남원 세전리 유적은 광주 신창동 유적이나 해남 군곡리 유적과 같이 이 시기를 대표하는 취락으로 주목된다.

이렇게 보더라도 전북 서부지역은 기원후 1세기에 대한 설명이 부족하다. 이것은 여전히 삼각형점토대토기의 연대를 기원전으로 한정시키고, 이로부터 변화되는 경질무문토기의 존재를 인식하지 못하고 있는데 문제가 있다. 김규정(2021:118)이 지적하듯이 원형점토대토기→삼각형점토대토기→경질무문토기의 변화를 받아들인다면 이 문제가 풀릴 수 있을 것이다.

이러한 점에서 만경강 유역과 호서지역의 문화양상은 서로 다르다. 왜냐하면 만경강유역은 점토대토기문화가 자리잡았던 중심적인 곳으로 원형점토대토기뿐만 아니라 삼각형점토대토기도 확인되는 지역이지만 호서지역은 원형점토대토기만 확인될 뿐 삼각형점토대토기가 거의 보이지 아니한 지역이기 때문이다. 앞으로 전북 서부지역은 공백기 문제에서 벗어나 당시 문화양상을 명확히 설명될 수 있는 시기가 곧 올 것으로 기대해 본다

2. 타날문토기의 상한

1) 전남지역 타날문토기의 상한

김장석 · 박지영(2020:11)은 해남 군곡리 패총에서 타날문토기가 출토된 Ⅴ기층의 연대의 결정과정을 자세히 검토하면서 이 패총의 타날문토기 연대를 호남 전지역에 일괄적으로 적용시킬 수 없음을 강조하였다. 또 그들은 광주 신창리 Ⅳ층에서 출토된 오수전으로 보아 이 유적의 연대가 기원전 1세기라는 의견(이영철 2017; 대한문화재연구원 2018)을 인용하면서 타날문토기

의 연대가 올라갈 수 있음을 주장하였고, 또 군곡리패총에서 무문토기와 타날문토기의 제작기술이 하나의 토기에 구현되었다고 생각할 수 있는 예로 경질찰문토기의 일부가 타날문토기의 제작기술을 반영하였다는 한옥민(2018)의 견해를 주목하고 있다.

해남 군곡리 패총의 연대 결정은 당시 비교할 수 있는 다른 지역의 연대들을 참고할 수밖에 없었고, 패각 시료를 통해 절대연대 측정을 하였지만 기대 연대에 비하여 너무 올라갔기에 고고학적 추정연대를 제시할 수밖에 없었다. 군곡리 패총의 연대에 대하여 여러 연구자들이 검토하였지만 대체로 보고서의 연대를 크게 벗어나지 않고 있다(이창희 2014; 한옥민 2019). 최근 해남 군곡리 패총 제6차 발굴성과를 보더라도 당시 연대관과 크게 차이가 없다. 즉, Ⅳ기층은 기원후 2세기경으로 Ⅴ기층은 기원후 3세기에서 5세기경으로 나와 군곡리 패총의 하한 연대가 기원후 5세기대까지 내려올 수 있음이 밝혀졌다(목포대학교박물관 2021).

해남 군곡리 패총에서는 Ⅱ기층에서 낙랑계 유물인 승문타날토기(그림 9)가 확인되었고, 같은 Ⅱ기층에서 경질무문토기의 동체부에 승문이 시문된 토기(그림 10)도 발견되었다. 하지만 한옥민(2019:234)이 지적하고 있듯이 Ⅱ기층에서 승문 타날된 토기가 보이지만 Ⅲ기층(1세기대)에는 다시 경질무문토기만 보이다가 Ⅳ기층(2세기대)에 이르러서야 연질타날문토기가 출현하는 것으

〈그림 9〉 승문타날토기(군곡리패총)

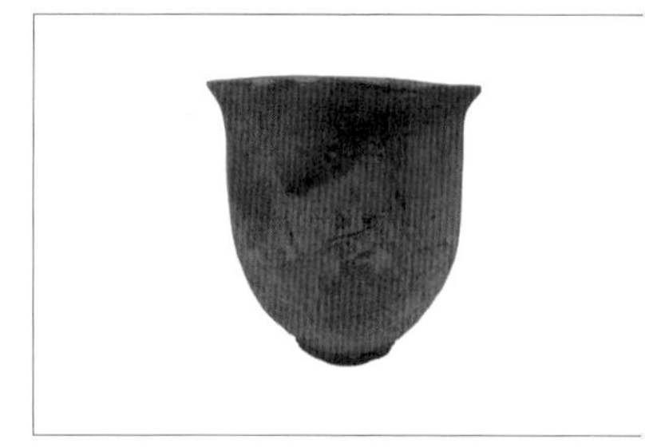

〈그림 10〉 승문이 시문된 경질무문토기(군곡리패총)

로 파악하였다. 이는 Ⅱ기층에서 승문타날이 시문된 토기가 극소수 있었다고 하더라도 전혀 지속성이 없었음을 의미한다. 타날문 기법을 아는 것과 그것을 수용하여 적극적인 제작과 실용화하는 것은 차원이 다른 문제이다. 즉, 군곡리 집단이 타날기법을 인지했을 가능성은 있다. 이 토기는 Ⅱ기층에서 출토된 심발형토기로, 동체부 하위부에 한정되어 승문타날이 일부 관찰된다.

그런데, 군곡리 Ⅱ기층에서 출토된 수많은 토기 자료 가운된 승문이 시문된 토기가 단 1점 뿐이라는 점에서 근본적인 문제가 있다. 더구나 군곡리의 타날된 심발형토기는 기형에서도 낙랑계 타날문토기와 달라, 일시적인 모방이 있을 수 있더라도 타날문토기가 군곡리일대에서 적극적으로 제작되었다는 증거는 전혀 없다. 결국 이 심발형토기는 승문이 시문된 경질무문토기라고 보는 것이 합리적이다. 군곡리 패총의 타날문토기의 상한은 군곡리패총 Ⅳ기층 단계의 어느 시점에 출현하여 Ⅴ기층부터 본격적으로 유행한다고 보았다. 해남 군곡리 패총이 우리나라의 최남단에 위치하므로 연대가 늦다고 보지 않는다. 당시 해로를 통해 사람의 이동과 문화요소의 전파가 이루어졌다고 본다면 결코 후진 지역이 아니라고 볼 수 있다.

다음으로 광주 신창동유적 출토 타날문토기의 문제이다. 광주 신창리 Ⅳ층(Ⅳ단계)에서는 오수전과 함께 다수의 경질무문토기와 공반된 타날문토기가 확인된다. 타날문토기 외면에 격자문이 타날되거나 집선문(평행문)+침선이 돌려진 것이 있으나, 이른 단계의 승문은 출토되지 않았다. 기존 연구에서는 승문이 기원전 1세기대에 등장하고 격자문은 기원후 2세기중엽경에 등장한다고 보는 것이 일반적이다. 발굴조사단에서는 오수전을 근거로 4층의 상한을 기원전 1세기~기원전후로 보았다(대한문화재연구원 2018:156-157).

필자들은 신창동 Ⅳ층 출토 타날문토기를 기원전 1세기대로 상향시키는 것에 대해 동의하지 않는다. 우선, 발굴조사단도 자인했듯이 타날문토기가 안정적인 유구가 아니고 소편 위주로 출토되어 구릉 사면부로부터 유입되었을 가능성이 높다. 설령, 교란되지 않았더라도 남부지역에서 격자타날문을 기원후

2세기 이전으로 올리기는 어렵다.

이처럼, 생활유적은 후대 교란 여부가 문제가 되므로 소수 예로서 타날문토기의 출현을 논하기는 어렵다. 따라서 전남지역에서 타날문토기는 기원후 2세기 이전에 등장하였다고 보여주는 적극적인 고고학 자료가 없다고 본다.

2) 전북지역 타날문토기의 상한

김장석 · 박지영(2020:17)은 "전북 서부지역에서 방사성탄소연대상 2100bp 이후로는 무문토기가 확인되지 않다가 300여년 뒤인 1825~1750bp 사이에 타날문토기와 경질무문토기가 공반되는 유구가 5건 확인되었는데, 김제 대청리 B1호 주거지, 전주 평화동 7호 수혈, 부안 백산성 1 · 6 · 7호 주거지이다. 그러나 토기의 출토상황과 공반유물로 보았을 때 이 유구들이 이 지역에서 무문토기가 지속되는 것으로 해석하기에는 무리가 있다. 이 5건의 사례를 제외한다면 전북 서부지역에서 무문토기(점토대토기와 경질무문토기를 포함)는 현재 자료상 대체로 2100bp경을 하한으로 한다."고 하면서 타날문토기의 연대가 기원전 1세기까지 올라가야 한다고 주장하였다

하지만 필자들은 타날문토기의 연대가 기원전 1세기로 올라간다는 주장에 동의할 수 없다. 먼저 전북지역에서 비교적 이른 단계의 원삼국시대 타날문토기가 출토된 부안 백산성 유적을 검토해 보기로 한다. 부안 백산성유적의 6 · 7 · 12호 주거지에서는 목탄이 아니라 탄화콩과 탄화미, 탄화밀 등이 출토되었고, 이들 종자로 방사성탄소연대가 측정되었다. 측정 결과, 6 · 7 · 12호 주거지는 A.D. 181~187±34로 서로 비슷한 연대가 도출되었다. 이 주거지들에서는 경질무문토기와 타날문토기가 공반되었다. 경질무문토기에는 장동옹, 시루(말각평저), 심발형토기 등이 있고, 타날문토기에는 단경호와 파수호 등이 확인되었다(그림 11). 이들 경질무문토기는 삼각형점토대토기에서 벗어나 타날문토기가 출현하기 시작한 기형들로 해남 군곡리 Ⅳ-Ⅴ기층과 비슷한 양상을 찾아볼 수 있다.

타날되지 않은 경질무문토기들이 출토되었으며 다른 무문토기들에 비해 현저히 늦은 연대가 나온 것이 아니라 적절한 연대이면서 호남지역 타날문토기의 상한은 기원후 2세기라는 것을 재확인해 준 셈이다. 그리고 탄화 종자가 목탄의 방사성탄소연대보다 더 정확하다는 것은 주지하는 바이다. 따라서 부안 백산성유적 주거지의 연대를 2세기 후반대로 편년하는 것은 적절하다(김은정 2016).

따라서 김장석·박지영의 주장과 같이 부안 백산성 등의 늦은 연대 몇 건을 제외하고는 무문토기와 타날문토기가 공존하는 시점이 매우 짧으며 급격하게 타날문토기로 대체된다는 견해도 받아들이기 어렵다.

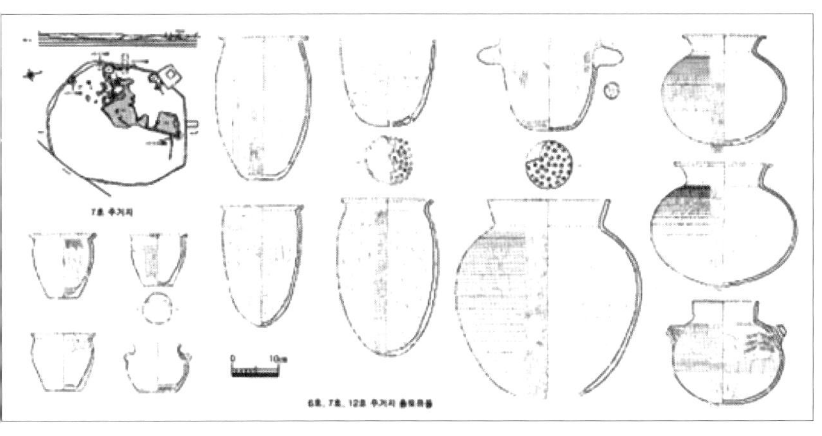

〈그림 11〉 부안 백산성유적 6·7·12호 주거지 출토유물(김은정 2016)

결국 호남지역에서는 삼각형점토대토기를 포함한 경질무문토기가 사용되는 가운데 기원후 1세기경에는 외부로부터 유입되는 타날문토기가 일부 보이지만 본격적으로 나타나는 것은 대체로 2세기 후반경이다(최성락 2017; 최성락·강귀형 2019a). 뒤에서 자세히 언급할 기년명 자료가 있는 호남지역 분묘유적에서 기원후 1세기대까지 타날문토기가 전혀 없다는 사실을 염두에 두어야 한다.

따라서 호남지역에서는 주변지역에서 파급된 새로운 토기제작기술에 대한 정보는 인지했을지라도 그것이 토기상에 적극적으로 발현되었다고 보기는 어렵다. 중부지역과 영남지역의 '승문타날'에서 2세기 중엽을 기점으로 '격자타날'로 변화되는 큰 흐름을 고려하면 격자타날기술이 유행하는 시기에 맞추어 호남지역에서도 변화의 움직임이 나타난 것으로 파악된다(최성락 · 강귀형 2019a:76-77).

필자들은 전남지역뿐만 아니라 전북 서부지역도 해남 군곡리 패총에서 나타나는 양상에서 크게 벗어나지 않는다고 생각한다. 즉 원형점토대토기에 이어서 삼각형점토대토기가 나타나고, 뒤이어 홑구연의 경질무문토기가 분포하고 있다. 따라서 전북 서부지역에서 타날문토기의 등장을 기원전 1세기까지 올려야 한다는 주장에는 동의할 수 없는 것이다.

3. 고고학 편년과 방사성탄소연대

김장석 · 박지영(2020)은 전북 서부지역에서 기원전 1세기에서 기원후 2세기의 공백을 메우기 위해 방사성탄소연대를 이용하고 있다. 우선 호남지역을 전북 서부, 전남 서부, 전남 동부 등 세 지역으로 구분하고, 각 지역에서 채집된 방사성탄소연대를 무문토기(무문토기, 원형점토대토기, 삼각형점토대토기 모두 포함), 무문토기+타날문토기, 타날문토기 별로 묶어 그 경향성을 봄으로써 전체적으로 무문토기에서 타날문토기로 변화되는 양상을 통해 전북 서부지역에서 타날문토기의 등장을 기원전 1세기임을 언급하고 있다. 하지만 이러한 연구에는 몇 가지 의문이 제기되고 있다. 하나는 방사성탄소연대의 신뢰성 문제이고, 다른 하나는 이 시기의 기년명 자료와 상치된다는 것이다.

1) 방사성탄소연대의 신뢰성 문제

한국고고학에 방사성탄소연대결정법이 소개된 이래로 그 신뢰성에 대하여 처음으로 언급된 것은 1960년대 후반으로 신석기시대 연대에 참고할 수 있으나 청동기시대의 편년에는 어렵다는 견해가 제시되었다(김원용 1968). 이후 방사성탄소연대가 축적되자 별다른 논란없이 신석기시대 편년에 방사성탄소연대가 적극적으로 활용되었다(임효재 1983), 그리고 신석기시대뿐만 아니라 청동기시대 이후의 연대에도 방사성탄소연대를 사용하여야 한다는 주장(최성락 1982)이 제기되었으나 실제로 적용된 것은 1990년대 후반부터이다. 특히 청동기시대 상한을 기원전 1500년경으로 받아들이는데 크게 논란이 될 수 없었던 것은 2005년부터 일본고고학에서도 야요이시대의 연대를 기원전 10세기경으로 보기 시작하였기 때문일 것이다.

2000년에 들어온 이후 발굴조사가 급증하면서 방사성탄소연대가 획기적으로 축적되자 초기철기시대와 원삼국시대의 편년에도 방사성탄소연대를 적용하려는 시도가 김장석(2009)과 이창희(2010) 등에 의해 시작되면서 그에 따른 논란도 적지 않게 이루어지고 있다.[10)]

방사성탄소연대는 고고학에서 가장 많이 사용되고 신뢰가 높은 절대연대결정법이다. 하지만 모든 절대연대결정법과 같이 그 연대가 가지고 있는 성격 때문에 사용하는데 많은 주의가 필요하다. 우선 방사성탄소연대는 통계적인 의미를 포함하고 있다. 즉 이 연대는 통산 1σ의 오차범위로 표현되고 있어 그 의미(±1σ의 범위 내에 연대가 존재할 확률이 66%)가 무엇인지 정확히 알고 있어야 한다. 다음으로 원인을 알 수 없는 이유로 오차가 발생한다는 점이다. 이것은 채집과정이나 측정과정에서 오염이나 오류가 나타날 수 있다. 따라서 방사성탄소연대를 편년에 사용할 때는 통계적으로 혹은 확률적인 의미를 충분히 인지하고 신중하게 적용하여야 한다.

---

10) 일본고고학에서도 방사성탄소연대의 적용에 대한 논란이 많았다. 1960년대 죠몬시대의 연대를 대폭 올리는 과정에서 크게 논란이 있었지만 2000년대에 야요이시대 상한연대를 기원전 10세기로 올리는 과정에서도 연구자들 사이에 많은 논쟁이 있었다(최성락 2006).

최근에 사용되고 있는 AMS연대는 그 정확도가 매우 높다고 하더라도 그 연대가 가지는 오차로 인하여 정밀한 토기편년에 적용하는 데에는 어려움이 있다. 토기 편년의 경우, 일반적으로는 유구에서 채집된 시료의 연대를 그 유구에서 수습된 토기의 연대로 상정하고 있어 교란이 있었거나 이차 퇴석이 일어날 경우, 시료의 연대가 토기의 연대를 직접적으로 나타내기 어려운 경우도 많다. 가장 신뢰성이 높은 방법은 바로 일본 역사민속박물관팀이 시도한 방법으로 토기에 붙어있는 유기물을 채집하여 이를 연대측정하는 것이다. 이 경우에도 역시 신뢰성에 대한 논란이 없지 않다(최성락 2006). 더구나 나이테 연대를 통해 검증되었다는 AMS방법에 의해 측정된 일본 고훈시대의 상한연대가 기존의 편년인 기원후 3세기 중엽이 아니라 기원후 2세기 중엽으로 나타나고 있어 약 100년의 오차를 보여주고 있다(森岡秀人 2005).

한국고고학에서도 흔히 이와 유사한 문제점들이 제기되고 있다. 원형점토대토기나 삼각형점토대토기가 출토되는 송국리형 주거지의 방사성탄소연대가 기원전 8~5세기까지 올라가고 있어 방사성탄소연대의 신뢰성에 문제가 제기되고 있다. 예를 들면 광주 수문유적(호남문화재연구원 2008)의 5호 송국리형 주거지에서 삼각형점토대토기와 무문토기가 공반되고 있는데 방사성탄소연대측정 결과, 보정연대가 기원전 820년 혹은 600년으로 나왔다. 이 주거지에서 삼각형점토대토기가 출토되지 않았으면 아무런 의심없이 이 편년을 받아들였을 것이다. 하지만 삼각형점토대토기를 감안하면 송국리형 주거지의 편년이 전반적으로 너무 상향되어 결과가 나온다는 것이다.

다음으로 완주 갈동 토광묘 유적을 들 수 있다. 이 유적에서는 출토유물상에서 상호간에 큰 차이를 찾아볼 수 없지만, 방사성탄소연대측정치는 2180±60BP부터 2650±60BP까지 큰 차이를 보이고 있어 그대로 신뢰하기에는 문제가 있어 보인다(임설희 2010). 갈동 유적의 방사성탄소연대 보정연대값은 기원전 360년~기원전 190년에 이르기까지 비교적 폭이 넓은 편이다(박수현 외 2009). 방사성탄소연대의 중앙값은 기원전 275년으로 기존의 고고학 편년인 기원전 2세기경보다는 너무 이르게 나타나는 것이 사실이다.

이러한 방사성탄소연대의 오차를 고목효과로 보는 견해도 있다. 즉 "동일 유구 또는 같은 시기에 속하는 유구에서 탄화종자와 목탄의 방사성탄소연대가 같이 보고된 예를 검토해 보면, 후자가 전자보다 연대가 상향되는 경우가 많았다. 이와 같이 목탄 방사성탄소연대가 종자나 고지자기 연대보다 상향하는 경우가 예외적이 아닌 일반적 현상으로 나타난다. 특히 청동기시대에서 원삼국, 삼국시대로 갈수록 통계학적 오차범위를 웃도는 예가 많아진다. 목탄 방사성탄소연대의 빠른 측정치를 인용하여 편년을 상향시키려는 주장에는 동의하기 어렵다. 방사성탄소연대는 가능한 늦은 연대를 수용하여야 한다. 원삼국 · 삼국시대의 목탄 방사성탄소연대가 실연대보다 크게 상향하는 것은 목재 벌채의 철부 사용, 인구증가와 더불어 주거지 존속 기간의 증대, 취락규모 확장으로 목재 재사용 증가, 고목 연료 사용 등으로 고목효과 유발 기회가 커진 데 있다. 나무 수명이 수 백년이면 연대 편차도 수 백 년까지 발생할 수 있고, 특히 수명이 길고 내한성 좋은 나무일수록 고목문제가 심각하다. 우리나라에서도 신석기시대부터 삼국시대까지 집중적으로 이용된 목재는 내부식성이 강한 참나무이기 때문에 목재 C14연대는 고목효과로 인해 건물 축조나 폐기시점보다 상향될 개연성이 높다."(안승모 2012)

결국 방사성탄소연대는 그 연대가 내포하고 있는 오차가 있음에 불구하고 선사시대의 연대를 측정할 수 있는 거의 유일한 방법이며, 세계적으로 통용되고 있다. 하지만 초기철기시대~원삼국시대는 방사성탄소연대에 내재하는 오차가 없지 않기 때문에 이를 염두에 둔 좀 더 신중한 편년 작업이 필요하다.

2) 방사성탄소연대와 기년명 자료의 간극

기년명 자료나 교차편년할 자료가 거의 없는 선사시대에는 방사성탄소연대가 아무런 제약없이 적용될 수 있다. 하지만 초기철기시대~원삼국시대의 방사성탄소연대를 그대로 신뢰하기에 여러 가지 문제점이 노출되고 있으므로, 기년명이나 漢鏡, 王莽錢과 같은 절대연대를 추정할 수 있는 유물들과의 교차 편년을 통해 신중한 편년안을 제시해야 할 것이다.

이와 관련하여 다음의 견해를 주목할 필요가 있다. "점토대토기(세형동검) 출토 유적에 대한 AMS 측정 사례가 상당히 축적되어 있다. 절대연대는 기원전 7-5세기에 집중되어 있다. 방사성탄소연대를 그대로 믿어도 되는지는 검토의 여지가 있다. 세형동검문화는 기년명문이나 漢鏡과 같은 절대연대가 확실한 유물들이 있고 이 유물들로 보아 기원전후경까지 존속하고 있는 것은 확실하다. 그러나 방사성탄소연대측정치에서 이러한 연대를 보이는 예는 찾아보기 어렵다."(조진선 2005)

또한 남한지역에서 청동기시대 중기를 대표하는 송국리유형과 검단리유형, 후기를 대표하는 점토대토기문화의 연대에 대한 논의도 주목될 만하다. 과거 송국리유형과 검단리유형은 기원전 4세기경에 점토대토기문화로 교체되었고, 점토대토기의 하한연대는 기년자료에 의해 기원전후까지 내려온다고 보았다. 그러나 송국리형 주거지에서 점토대토기가 출토되면서 그 하한연대 역시 기원전후경까지 내려오고(이종철 2015), 검단리유형의 하한연대도 와질토기문화가 등장한 기원전후까지 내려올 가능성이 크다는 것이다(이수홍 2019). 이처럼 송국리유형과 검단리유형의 하한연대를 기원전후까지 내려온다고 보는 이유는 기년자료에 의해 그 무렵의 유물들이 출토되기 때문이라고 한다(조진선 2020:80).

또 다른 사례는 동일한 유구에서 방사성탄소연대와 기년명 자료가 모두 있는 창원 다호리 유적이다. 즉, 기년명 자료(동경 · 오수전)뿐만 아니라 방사성탄소연대가 측정된 다호리 1호 목관묘는 매우 중요한 사례이다. 다호리 1호묘의 편년에 대해서 발굴조사 보고자는 성운문경과 오수전을 참고하여 기원전 1세기 후반으로 편년한 바 있다(이건무 외 1989). 반면 다호리 1호묘의 교정연대가 180~50B.C.(68.2%, 중심연대 115B.C.), 230B.C.~20A.D.(87.8%, 중심연대 105B,C.)이고, 다호리 유적 전체는 380B.C.~70A.D.(중심연대

155B.C.)로 나타나고 있다(이병철 2012:262~282). 다호리유적과 비슷한 문화양상을 보이는 울산 달천, 사천 늑도 · 방지리 유적 등의 방사성탄소연대도 200~1B.C. 사이에 가장 많이 분포하여 교정연대와 고고학 연대추정 결과와 다른 양상을 보인다(이재현 2016:36).

대체로 초기철기시대와 원삼국시대의 방사성탄소연대는 실연대보다 100년 정도 이르게 나타나는 경우가 많다. 따라서 방사성탄소연대와 기년명 자료가 서로 상충될 경우 방사성탄소연대를 일방적으로 따를 수는 없는 것이다.

3) 주거지와 무덤에 따른 연대 차이 문제

김장석 · 박지영(2020)이 사용하는 방사성탄소연대의 대부분은 주거지에서 채집된 시료를 측정한 연대이며 이를 근거로 타날문토기의 연대를 올려보려고 한다. 이것은 같은 시기 무덤에서 출토된 기년명 자료를 염두에 두지 않고 있어 오류가 발생할 수 있다.[11] 선사시대와 달리, 원삼국시대 이후에는 편

11) 이와 같이 유구에 따른 연대의 차이를 보여주는 사례로는 주거지에서 주로 출토되는 점토대토기와 무덤에서 주로 출토되는 세형동검이 있는데 편년상의 문제점이 다음과 같이 제기되고 있다. 즉 "20세기 말까지 동일 문화의 구성 요소로 인식되던 세형동검과 점토대토기의 남한지역 유입연대에 대해 근래 들어 다양한 견해가 제시되고 있다. 한반도에서 세형동검-점토대토기문화의 상한연대는 기원전 300년경으로 추정되어 왔으며, 세형동검문화의 상한연대는 여전히 이를 유지하고 있다. 그런데, 최근 방사성탄소연대가 일반화되면서 점토대토기문화의 상한연대는 기원전 7-6세기로 상향되었다(이창희 2016). 세형동검과 점토대토기의 상한연대가 분리되게 된 가장 큰 원인은 세형동검 등 청동기는 주로 무덤에서 출토되었고, 주거지에서는 점토대토기만 주로 출토되기 때문이다. 즉, 방사성탄소연대가 주거지에 집중되어 있는 것과 관련된다. 그 결과 중국 동북지역에서 동일 문화의 구성 요소였던 점토대토기와 세형동검이 한반도에는 어떤 이유에선가 시차를 두고 들어오게 되었다는 설명이 등장하였다. 방사성탄소연대가 점토대토기만 출토되는 주거지에서 주로 측정된 것을 감안하면 양자 사이에 형성된 300년 정도의 시기 차는 기년 자료와 방사성탄소연대 사이의 차이라고 볼 수도 있다."(조진선 2020:79-80) 이렇듯, 동일 시기의 유물이라도 방사성탄소연대가 주로 측정된 주거지와 기년 자료에 의해 편년된 무덤에서 출토된 경우에는 서로 수백년의 차이가 발생할 수 있다는 것을 의미한다.

년에서 50~100년 차이가 당시 문화를 전혀 달리 해석할 수 있기에 방사성탄소연대보다 기년명 자료가 우선적으로 고려되어야 한다. 더구나 주거지와 달리 무덤 출토 기년명 자료는 공반 유물과의 동시성이 확실하다는 점에서 신뢰성이 높다.

호남지역의 원삼국시대 기년명 자료들은 주로 무덤에서 나타나고 있다. 먼저 광주 복룡동 유적의 토광묘에서는 貨泉과 함께 삼각구연점토대토기를 포함한 경질무문토기가 출토되었다. 화천은 중국 新나라 화폐로 기원후 14년에 주조되기 시작하여 기원후 40년까지 통용된 화폐이다. 공반된 토기는 타날문토기가 아니고 모두 경질무문토기이다(동북아지석묘연구소 2018)(그림 12). 이러한 점에서 이 토광묘와 토기의 상한은 1세기 중엽으로 볼 수 있지만, 傳世를 감안하거나 삼각형점토대토기가 전형적인 예가 아니고 홑구연화가 진행되고 있어 하한은 2세기대까지 내려볼 수도 있다.

원색사진 6. 복룡동유적 2구역 1호 토광묘 출토유물 일괄

원색사진 8. 복룡동유적 2구역 2호 토광묘 출토유물 일괄

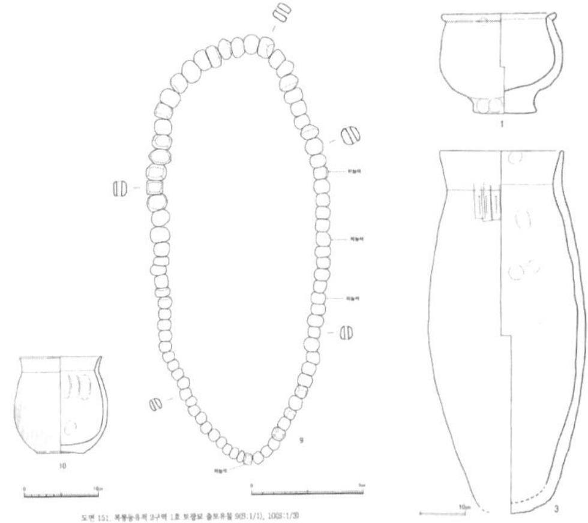

〈그림 12〉 광주 복룡동 1호(左上 · 中), 2호(左下, 右) 토광묘 출토유물(동북아지석묘연구소 2018)

해남 마등 4호 목관묘에서도 貨泉 꾸러미와 함께 경질무문토기 바리 1점과 흑도단경호 1점이 공반되었다. 흑색단경호는 해남 분토 2호 토광묘 출토품과

비교가 가능한데 보고자는 기원후 1~2세기대로 편년하고 있다(대한문화재연구원 2019).

한편, 나주 구기촌유적에서는 호남지역에서 기원전후한 시기에 가장 밀집된 토광묘군이 확인되었다(전남문화재연구원 2016). 오수전 · 한경 등 기년명 자료가 다수 확보된 창원 다호리 · 밀양 교동유적 등과의 교차편년이 가능한 구기촌유적은 기원전 1세기부터 기원후 1세기대를 중심연대로 파악되고 있다. 하지만, 구기촌 마지막 단계에서도 다호리 목관묘 등의 유적에서 적지 않게 보이는 타날문토기가 보이지 않고 삼각구연점토대토기를 포함한 경질무문토기만 확인된다.

그리고, 방제경이 출토된 영광 수동 토광묘의 경우에도 공반된 토기유물은 경질무문토기에 속한다(이기길 외 2003). 수동 토광묘에서는 방제경(2점), 조문청동기, 경질무문토기, 철도자 등이 출토되었다. 방제경을 토대로 보면 기원후 2세기대로 편년되고 있다(이양수 2010:121-129). 이 토광묘에서도 경질무문토기만 출토되고 타날문토기는 출토되지 않는다.

상기한 바와 같이, 대표적인 기년명 자료인 중국 新나라 화폐는 주조연대가 짧아 원삼국시대 초기의 편년에 중요한 기준이 된다. 호남지역에서 貨泉은 해남 군곡리 1점, 나주 랑동 2점, 광주 복룡동 50여점, 해남 흑천리 마등 화폐꾸러미 등이 출토되었다(김경칠 2020:52).[12] 또한 화천 출토 유적의 상한은 기원후 1세기 중엽까지 올릴 수 있지만 전세 기간을 고려하면 그 연대는 더 내려온다. 요컨대, 호남지역에서 기년명 자료와 함께 출토되는 토기 양상을 살펴보면 기원후 1세기경까지 경질무문토기가 공반될 뿐 타날문토기가 나타나지 않고 있다는 것이다.

12) 화천은 왕망 6년(기원후 14년)에 실시된 제4차 화폐개혁 때 발행된 것으로 후한 광무제 16년(기원후 40년)에 왕망전을 폐지하고 오수전을 부활시킬 때까지 유통되었으나 실제로는 상당기간 통용되었다(김경칠 2020:53).

4) 편년 방법과 방사성탄소연대

김장석 · 박지영(2020)은 기존의 편년 방법을 비판하고 그것이 가지는 모순을 극복하기 위해서 방사성탄소연대를 사용한다고 하였다. 기존의 편년법 중에서 단계론이 가지는 모순에 대한 지적은 전적으로 동의하고, 고고학 편년에 방사성탄소연대를 이용하는 것은 당연하고 바람직하다. 하지만 기존의 편년 방법인 형식학적 방법, 분기법, 기년 자료에 의한 교차 연대 등을 무시한 채 방사성탄소연대에만 의존한다면 또 다른 모순을 낳을 것이다.

원삼국시대의 고고학 편년을 위해서 두 가지 방안을 서로 배타적으로 보기보다는 상호보완적으로 활용되어야 한다. 즉 기존의 편년법에 절대연대를 어떻게 적용할지 더 고민하여야 할 문제일 것으로 보인다. 그래서 제안해 보고자 하는 것은 상대연대에 의해 어느 정도 시기를 구분하고, 각 시기의 연대를 절대연대로 제시하는 방안이다. 이 방안은 일본 고고학의 사례에서 찾아볼 수 있다. 일본고고학에서는 방사성탄소연대에 의해 야요이시대의 개시연대를 기원전 10세기경으로 올려보면서 조기 · 전기 · 중기의 연대가 모두 조정되었지만 야요이시대 후기의 연대(기원후 50~250년)의 경우, 거의 변동이 없었다(최성락 2006). 이것은 기년명 자료가 거의 확인되지 않는 야요이시대 조기~중기의 연대는 방사성탄소연대에 전적으로 의존할 수밖에 없지만 기년명 자료에 의한 교차연대가 가능한 야요이시대 후기의 경우 방사성탄소연대를 무작정 적용할 수 없기 때문일 것이다.

한편 타날문토기의 연대를 기존의 편년안보다 이르게 보려면 타날문토기와 관련이 깊은 유구의 방사성탄소연대를 묶어서 어떠한 패턴이 보이는지 살펴야 하고, 그 이전에 사용되었다고 추정되는 무문토기(송국리형토기), 원형점토대토기, 삼각형점토대토기(경질무문토기)와 관련된 방사성탄소연대의 양상이 어떠한지 분석한 후에 주장하여야 할 것이다. 타날문토기의 연대가 올라가면 사실상 원형점토대토기나 경질무문토기의 연대도 올라가는 것은 당연할 것이다. 기본적으로 기존의 편년 방법에서 얻어지는 상대연대를 근간으로 절대연대를 제시하여야 한다.

만약 김장석 · 박지영(2020)의 주장과 같이 전북 서부지역에서 타날문토기의 연대를 기원전 1세기로 올려본다고 가정한다면 과연 점토대토기를 사용하던 사람들이 어떻게 갑자기 타날문토기를 사용할 수 있었는지 설명할 수 있어야 하고, 또 기원전 1세기부터 고분이 등장하는 4세기까지의 편년을 어떻게 설정할 것인지도 제시할 수 있어야 한다. 타날문토기의 연대를 급작스럽게 올리게 되면 그간 호남지역 연구자들이 이루어 놓은 이 시기에 대한 연구성과를 일시에 부정하는 일일 뿐만 아니라 기원후 2~3세기의 새로운 공백을 초래할 수도 있다. 따라서 새로운 편년안을 제시하기 위해서는 호남지역의 원삼국문화의 형성과 변천을 설명할 수 있어야 한다. 단지 공백기를 메우기 위해 연대적인 배열만을 제시하는 것은 고고학 연구의 목적이 아니다. 고고학에서 편년은 고고학 연구를 위한 하나의 도구일 뿐이다.

Ⅲ. 결론

이상과 같이 논의한 결과를 정리하면 다음과 같다. 최근 김장석 · 박지영은 호남지역에서 기원전 1세기에서 기원후 2세기까지의 공백기를 해결하기 위하여 기존의 편년 방법에서 벗어나 방사성탄소연대의 분석을 바탕으로 타날문토기의 연대를 기원전 1세기로 올려봄으로써 해결할 수 있다고 주장하였다. 이에 필자들은 그들의 견해와 달리하는 부분을 검토해 보았다.

먼저, 송국리문화와 점토대토기문화를 바라보는 인식의 차이이다. 호남지역에서 송국리문화는 점토대토기문화가 유입되면서 대치된 것이 아니라 얼마간 공존하다가 결합되었다. 점토대토기문화의 주거지가 소수인 것은 이주민들이 처음 이주 당시의 주거지를 만들다가 점차 토착적인 송국리형 주거지를 사용하였을 것이다. 반면에 이주민들의 무덤인 토광묘와 옹관묘는 지속적으로 사용되었다. 토착적인 송국리문화에 점토대토기문화가 유입된 이후 서로 결합되는 양상은 각 지역에 따라 다른 지역성을 보여주고 있다. 전북 서부지역에서도 삼각형점토대토기와 경질무문토기가 출토되는 유적들이 확인되고 있어 기원전 1세기에서 기원후 2세기경의 공백은 점차적으로 메워지고 있다.

다음은 타날문토기의 상한연대 문제이다. 필자들은 전남지역에서 기원후 2세기 이전에 나타나는 타날문토기의 사례가 거의 없기에 해남 군곡리 패총의 양상을 그대로 적용될 수 있다고 본다. 전북지역에서도 타날문토기의 등장을 기원후 2세기대 이전으로 볼 수 있는 근거는 방사성탄소연대를 제외하면 없다. 따라서 타날문토기의 등장을 기원전 1세기까지 올려보아야 한다는 주장에는 동의할 수 없다.

마지막으로 고고학 편년 및 방사성탄소연대와 관련된 문제이다. 한국고고학에서도 방사성탄소연대의 신뢰성에 대한 논란은 없지 않았다. 방사성탄소연대는 고고학에서 가장 신뢰를 받는 절대연대로 고고학에서 널리 사용되는 연대이다. 선사시대의 연대는 대안이 없으므로 방사성탄소연대를 따를 수밖에 없으나 기년명 자료가 나타나는 원삼국시대 편년은 방사성탄소연대에만 의존할 수가 없다. 기존의 편년 방법을 무시하고 방사성탄소연대에 의존한 편년은 沙上樓閣의 위험성이 없지 않다. 고고학에서의 편년은 기존의 방법인 상대연대와 절대연대를 적절하게 공유하는 방안을 찾아야 한다. 어느 한쪽 방법만을 지나치게 강조한다면 여전히 모순된 결과를 낳을 것이다.

〈참고문헌〉

강귀형, 2019. 「경질무문토기에서 타날문토기로의 제작기술 변천」, 『군곡리패총-동아시아 해양교류의 시작』, 목포대학교박물관.

경남고고학연구소, 2002, 『사천 봉계리유적』.

군산대학교박물관, 2009, 『김제 반월리, 김제 석담리 봉의산, 김제 장신리-금강 II 지구 김제 1-1공구 내 문화유적 발굴조사 보고서』.

김경칠, 2020, 「호남지역에서 출토된 중국 新나라 화폐」, 『땅속 울림 · 역사 풀림 · 전시 알림』(2017-2019 호남고고학 성과전), 국립나주박물관 2020년 특별전.

김규정, 2021, 「호남지역 마한 성립기 주거지 일고찰」, 『호남고고학보』67, 호남고고학회.

김승옥, 2006, 「송국리문화의 지역권설정과 확산과정」, 『호남고고학보』24, 호남고고학회.

김승옥, 2016, 「만경강유역 점토대토기문화의 전개과정과 특징」, 『한국고고학보』99, 한국고고학회.

김승옥, 2021, 「호남지역 청동기시대 문화의 흐름과 특징, 그리고 쟁점」, 『호남지역 청동기시대 재조명』, 한국청동기학회 국제학술대회.

김원용, 1969, 「한국고고학에서의 방사성탄소년대」, 『고고학』2, 한국고고학회.

김은정, 2016, 「전북지역 원삼국시대 문화적 공백기에 대한 재검토」, 『중앙고고연구』19, 중앙문화재연구원.

김장석, 2009, 「호서와 서부호남지역 초기철기시대-원삼국시대 편년에 대하여」, 『호남고고학보』33, 호남고고학회.

김장석 · 김준규, 2016, 「방사성탄소연대로 본 원삼국시대-삼국시대 토기 편년」, 『한국고고학보』100, 한국고고학회.

김장석 · 박지영, 2020, 「호남지역 원삼국시대 편년과 지역성」, 『호남고고학보』66, 호남고고학회.

김진영, 2021, 「호남지역 마한시기 패총의 변천과 역사적 함의」, 『호남고고학보』67, 호남고고학회.

대한문화재연구원, 2018, 『광주 신창동유적Ⅲ』.

대한문화재연구원, 2019, 「해남 옥천-도암 도로개량구간내 문화유적정밀발굴조사 약보고서」.

동북아지석묘연구소, 2018, 『광주 원전동 · 복룡동 · 하산동유적』.

마한문화연구원, 2011, 『보성 도안리 석평유적』.

목포대학교박물관, 2021, 『해남 군곡리 패총 Ⅴ』.

박수현 외, 2009, 『완주 갈동유적(Ⅱ)』, 호남문화재연구원.

박호성, 2021, 「호남지역 철기시대 패총의 형성과정과 변천」, 목포대학교대학원 석사학위논문.

순천대학교박물관, 1999, 『순천 연향동 대석유적』.

신경숙, 2002, 『호남지역 점토대토기 연구』, 목포대학교대학원 석사학위논문.

신경철, 2012, 「三韓의 諸問題」, 신라문화유산연구원 강의자료.

안승모, 2012, 「종자와 방사성탄소연대」, 『한국고고학보』83, 한국고고학회.

유철 외, 2014, 『전주 안심 · 암멀유적』, 전주문화유산연구원.

윤덕향 외, 2001, 『도암리』, 전북대박물관 · 군산대박물관.

이건무 · 이영훈 · 윤광진 · 신대곤, 1989, 「창원 다호리유적 발굴진전보고(Ⅰ)」, 『고고학지』1, 국립중앙박물관.

이기길 외, 2003, 『영광 마전 · 군동 · 원당 · 수동유적』, 조선대학교박물관 .

이동희, 2010, 「"호서와 서부호남지역 초기철기-원삼국시대 편년"에 대한 반론」, 『호남고고학보』35, 호남고고학회.

이동희, 2015, 「호남지방 초기철기시대~원삼국시대 공백기 시론」, 『호남지방 초기철기~원삼국시대 문화』, 2015년 호남문화재연구원 학술세미나.

이동희, 2017, 「전남동부지역 초기철기~원삼국시대 유적의 편년」, 『사림』59, 수선사학회.

이병철, 2012, 「창원 다호리 유적의 방사성탄소연대측정」, 『창원 다호리유적 1~7차 발굴조사 종합보고서』, 국립중앙박물관.

이성주, 2016, 「초기철기시대와 원삼국시대 고고학 자료의 인식: 지역별 주거유적의 토기군과 자료의 공백」, 『고고학』15-2, 중부고고학회.

이수홍, 2019, 「울산지역 청동기시대 종말기의 지역상」, 『한국청동기학보』24, 한국청동기학회.

이양수, 2010, 『한반도 삼한 · 삼국시대 동경의 고고학적 연구』, 부산대학교대학원 박사학위논문.

이재현, 2016, 「늑도유적의 성격과 사회구조」, 『늑도와 하루노쓰지를 통해 본 동아시아 교류의 양상』(국제무역항 늑도와 하루노쓰지 연계 학술심포지움), 국립진주박물관.

이종철, 2009, 「호남 해안지역의 송국리형주거문화」, 『제3회 청동기학회 학술대회』, 한국청동기학회.

이종철, 2014, 「호남 · 제주지역」, 『청동기시대의 고고학 3-취락-』, 서경문화사.

이종철, 2015, 『송국리형문화의 취락체제와 발전』, 전북대학교대학원 박사학위논문.

이종철, 2016, 『청동기시대 송국리형문화의 전개와 취락체계』, 진인진.

이종철, 2019, 「청동기-초기철기시대 전북 지역의 정치세력」, 『전북지역 고대 정치세력과 가야 학술대회』, 전북사학회.

이창희, 2010, 「점토대토기의 실연대 : 세형동검문화의 성립과 철기의 출현연대」, 『문화재』43, 국립문화재연구소.

이창희, 2013, 「철기시대의 역연대」, 『주거의 고고학』, 제37회 한국고고학전국대회.

이창희, 2014, 「군곡리패총의 연대와 경질무문토기-타날문토기 소고」, 『영남고고학보』68.

이창희, 2016, 「청동기시대의 연대」, 『청동기시대의 고고학2: 편년』, 서경문화사.

이형원, 2016, 「忠淸 西海岸地域의 粘土帶土器文化 流入과 文化接變」, 『湖西考古學報』34, 호서고고학회.

임설희, 2010, 「남한지역 점토대토기의 등장과 확산과정」, 『호남고고학보』34, 호남고고학회.

임효재, 1983, 「방사성탄소연대에 의한 한국 신석기문화의 편년연구」, 『김철준박사화갑기념사학논총』, 11-35.
전남대학교박물관, 2003, 『광주 소명 주거지』.
전남문화재연구원, 2016, 『나주 구기촌 · 덕곡유적』.
전라문화유산연구원, 2020, 「익산 마동 테니스장 발굴조사 약보고서」.
전북대학교박물관, 2004, 『전주 송천동 2가 유적』.
조진선, 2005, 『세형동검문화의 연구』, 학연문화사.
조진선, 2008, 「탐진강유역 지석묘문화의 형성과 변천」, 『탐진강유역의 고고학』, 第16회 호남고고학회 학술대회.
조진선, 2020, 「금속유물로 본 한국 청동기~초기철기시대의 시기 구분」, 『청동기시대의 설정과 분기』, 국립청주박물관 · 한국청동기학회 공동학술대회.
최성락, 1982, 「방사성탄소측정연대 문제의 검토-이론적 검토 및 그 활용방법에 대하여-」, 『한국고고학보』13, 한국고고학회.
최성락, 2006, 「일본 야요이시대 연대문제에 대하여」, 『한국고고학보』58, 한국고고학회, 146-164.
최성락, 2013, 「호남지역 초기철기시대와 원삼국시대 연구현황과 전망」, 『호남고고학보』 45, 호남고고학회.
최성락, 2017, 「호남지역 철기문화의 형성과 변천」, 『도서문화』 49, 목포대학교 도서문화연구원.
최성락, 2019, 「고고학에 있어서 공백과 단절의 문제」, 『한국상고사학보』106, 한국상고사학회.
최성락 · 강귀형, 2019a, 「'방사성탄소연대로 본 원삼국시대-삼국시대 토기편년'에 대한 반론」, 『호남고고학보』61, 호남고고학회.
최성락 · 강귀형, 2019b, 「"초기철기시대와 원삼국시대 고고학 자료의 인식"에 대한 반론」, 『고고학』18-1, 중부고고학회.
최완규, 2009, 「마한묘제의 형성과 전북지역에서의 전개」, 『마한 숨쉬는 기록』, 국립전주박물관 기획특별전.
최종규 외, 2002, 『사천 봉계리 삼국시대 집락』, 경남고고학연구소.
하진영, 2015, 『호남지역 경질무문토기의 편년과 성격』, 전북대학교대학원 석사학위논문.

한수영, 2015,『全北地域 初期鐵器時代 墳墓 硏究』, 전북대학교대학원 박사학위논문.

한수영, 2019,「묘제를 통해 본 점토대토기 문화기 호남지역의 전통과 변형」,『동북아 초기 역사시대 물질문화의 접촉과 변용』, 한국학중앙연구원.

한수영, 2021,「호남지역 초기철기시대 문화」,『호남지역 청동기시대 재조명』, 한국청동기학회 국제학술대회.

한옥민, 2018,「타날문토기 등장과정에 대한 재해석-해남 군곡리유적을 중심으로」,『호남고고학보』58, 호남고고학회.

한옥민, 2019,「해남 군곡리패총의 연대론 재조명」,『군곡리패총 동아시아 해양교류의 시작』, 목포대학교박물관.

호남문화재연구원, 2008,『광주 수문유적』.

호남문화재연구원, 2013,『전주 중동유적』.

森岡秀人, 2005,「新しい年代論と新たなパラダイム」,『古墳のはじまりを考える』(金關恕 外), 學生社.

“초기철기시대와 원삼국시대 고고학 자료의 인식”에 대한 반론

최성락 · 강귀형

Ⅰ. 머리말

최근 초기철기시대와 원삼국시대의 토기양상을 다루면서 두 가지 파격적인 견해가 제시되었다. 하나는 ‘경질무문토기 단순기’ 부재설(김장석 2009, 김장석 · 박준규 2016)이고, 다른 하나는 타날문토기 연대를 낮추자는 이성주(2016)의 견해이다. 두 견해는 각각 나름의 근거로 주장되고 있지만 서로 배타적인 성격을 가지고 있다. 전자의 견해에 대해서는 이미 검토(이동희 2010; 최성락 2013a, 2013b)된 바가 있기에 여기에서는 후자의 견해를 중심으로 검토해 보고자 한다.

이성주(2016: 30-32)는 한반도 중남부지역에서 초기철기시대와 원삼국시대 토기 양상에 대한 문제점들을 지적하면서 대체로 타날문토기가 완성되는 연대가 영남지역을 제외하면 기존의 연대관보다는 100년 정도 늦게 잡아야 한다고 주장하고 있다. 이러한 주장은 그가 이전에 발표한 경질무문토기에 대한 논문(이성주 2010)을 근간으로 새로운 자료를 보완한 것이기도 하다. 그는 영남지역의 토기 양상에 대한 집중적인 연구(이성주 2014)를 바탕으로 각 지역의 토기 자료를 직접 답사하여 관찰하였고, 한편으로 여러 연구자들의 연구성과도 인용하고 있다. 따라서 이 논문이야말로 우리나라 초기철기시대-원삼국시대의 토기양상을 전체적으로 파악하고자 하는 대표적인 논고임이 틀림없다.

하지만 여러 지역의 토기양상을 파악하면서 자신의 관점을 지나치게 강조하거나 다소 성급한 주장들이 있어 검토되어야 할 부분이 없지 아니하다. 따라서 반론자들은 논문의 구성과 방법론적인 문제, 그리고 호남지역 토기양상의 인식 문제를 중심으로 살펴보면서 반론자들의 견해도 밝혀보고자 한다.

Ⅱ. 고고학 자료의 인식 문제

1. 고고학 자료의 공백

이성주는 원삼국시대 전후시기에 토기의 변화과정을 매끄럽게 서술하기 어렵다고 보면서 그 원인이 고고학 자료의 공백에 있고, 또 기존의 연구가 토기군의 연대 판단이나 편년에 오류가 있어 변화과정을 전반적으로 파악할 수 없다고 하였다. 이 시기의 공백 문제는 최근 각지역에서 논란의 대상이 되고 있는 것이 사실이다. 특히 호남지역에서는 이 시기의 공백문제가 제기된 이후 이를 해결하기 위한 노력들이 적지 않게 이루어졌고, 어느 정도 극복되고 있다. 하지만 그는 타날문토기의 연대를 100년 하향시킴으로써 그 공백을 메우려는 것이 아니라 오히려 더 확대시키고 있어 이것이 고고학 자료의 인식에 있어서 올바른 방향인지 의문이다.

고고학 연구는 어떻게 보면 한정된 고고학 자료를 가지고 과거의 문화를 합리적으로 해석하는 것이다. 과거 문화를 해석할 수 있는 완벽한 자료가 현재에는 물론 미래에도 우리 연구자들 손에 쥐여 주기가 쉽지 아니할 것이다. 그러므로 한정된 고고학 자료를 통해 시간적인 공백을 메워야 하기에 고고학 자료의 형식분류, 과학적 분석, 편년 등을 비롯하여 다양한 분석방법이 시도된다. 특히 고고학에서 편년은 시간적인 축으로 문화양상을 해석하기 위한 가설적인 틀이다. 고고학 연구에서는 편년을 좀 더 정교하게 할 필요성은 언제나 있지만 그러한 편년으로 더 합리적인 문화양상을 설명할 때 의미를 가지는 것이다.

2. 고고학 자료를 바라보는 관점과 편년

우선 고고학 자료를 바라보는 관점에 대한 문제이다. 그는 영남지역 토기양상을 누구보다도 많이 연구하였고, 나름대로 적절한 해석의 틀을 가지고 있다. 하지만 그의 논문에서 전반전으로 깔려있는 기본적인 관점은 영남고고학의 입장이라는 것이다. 예를 들면 그는 타날문 단경호가 먼저 출현한 이후에 타날문 옹과 발이 출현한다는 틀을 가지고 이를 다른 지역에 적용하려고 하고 있다. 또 그는 영남지역에서 나타나는 유적의 양상을 다른 지역에서는 쉽게 찾아볼 수 없다는 점을 강조하면서 다른 지역에서 고고학 자료의 부족과 토기 편년의 부당성을 언급하고 있다.

그런데 영남지역의 유적 양상이나 토기 양상은 다른 지역과 다르다. 영남지역에서는 초기철기시대에서 원삼국시대에 걸친 유적들이 연속적으로 나타나지만 다른 지역에서는 그러한 양상이 잘 보이지 않고 있다. 이처럼 다른 양상을 고고학적으로 어떻게 이해할 것인지에 대한 노력이 앞서야지 당시 유적의 부재만을 강조할 수는 없는 것이다. 또 각 지역에서 나타나는 토기 양상의 차이는 각 지역 주민들이 각기 독자적인 방법으로 토기를 만들어 사용하였을 것이기에 나타난 현상인 것이다. 토기의 양상은 하나의 소문화권 속에서 동일한 과정을 거쳤다고 가정할 수 있지만 보다 넓은 지역에서는 동일하게 변화되었다고 볼 수 없을 것이다. 하나의 사례만 들어보면 남부지역에 나타나는 삼각형점토대토기는 중부지역에서 쉽게 찾아볼 수 없기에 중부지역과 남부지역의 토기 양상은 서로 다르다고 볼 수 있다. 또 영남지역에서 많이 나타나는 와질토기가 다른 지역에서 잘 보이지 아니한 것은 영남지역의 특색이기 때문이다. 결국, 영남지역에서 얻어진 연구 관점을 다른 지역에 그대로 적용하려는 것은 다른 지역의 특성을 무시하는 것이다. 이러한 인식은 자칫 과거 와질토기론자들이 한반도 중남부지역 전체가 와질토기론으로 설명될 수 있다는 주장(신경철 1995)과 다를 바가 없게 된다.

다음으로 그가 제시한 토기의 연대는 근거 제시가 부족하다는 점이다. 고고학에서 토기 편년은 하나의 가설이다. 그러한 가설적인 연대를 다르게 주장하기 위해서는 절대연대와 같은 근거를 제시하여야 한다. 김장석(2009)은 비록 문제가 있지만, 방사성탄소연대를 정리하여 타날문토기의 연대를 소급시켜야 한다고 주장하고 있는 반면에 이성주(2016)는 영남지역에서의 토기 편년의 틀을 기준으로 연대를 제시하고 있다. 또한 그는 영남지역에서 타날문토기1)가 먼저 등장하고, 사용되었다는 점을 강조하고 있다. 이를 뒷받침하는 근거가 좀 더 제시되어야 할 것이다. 왜냐하면 타날문토기[1]가 등장하기 이전의 문화양상인 점토대토기의 등장이나 철기의 사용, 토광묘(목관묘)의 등장 등은 모두 영남지역보다도 중부지역이나 호남지역에서 먼저 시작되었던 점을 고려해 본다면 유독 타날문토기만 영남지역에서 먼저 사용되었다는 것에 의문이 제기되기 때문이다.

---

1) 타날문토기는 과거 원삼국시대를 대표하는 김해식토기를 대신하여 사용되고 있다. 김해식토기 속에는 여러 유형의 토기가 있지만 가장 특징적인 것이 타날문이 찍힌 토기이기에 타날문토기로 명명되었다(목포대학교박물관 1987). 그런데 1980년대에 강원도의 어느 신문기자가 김해식토기가 강원 지역에서 발굴되었다는 발굴조사기관의 발표를 인용하면서 김해에서 만들어진 토기가 강원에서 발견되었다고 기사를 작성한 바가 있었다. 이러한 혼란을 불식시키기 위해서도 김해식토기를 대신하여 타날문토기로 사용되는 것이 적절하다고 본다.

Ⅲ. 호남지역 토기양상의 인식에 대한 문제

1. 경질무문토기의 개념

이성주가 호남지역 토기양상을 바라보는 가장 큰 문제로는 경질무문토기의 개념과 인식에서 약간의 혼란을 보인다는 점이다. 그는 경질무문토기란 "타날법과 환원소성기술을 바탕으로 한 새로운 제도기술이 도입된 이후 무문토기 전통을 계승하되 무언가 변화가 도입되어 변모한 토기군"으로 인식하는 견해(최병현 1990)를 바탕으로 '원삼국시대에 존속하고 있는 무문토기의 전통'으로 정의하고 있다(이성주 2010: 73). 또한 그는 영남지역에서 종말기무문토기(정징원 · 신경철 1987)에 이어 일부 적색연질토기에 남아있는 무문토기 전통으로 인식하면서 이를 경질무문토기로 본 반면에 호남지역에서 경질무문토기의 시작이 삼각형점토대토기 단계임을 어느 정도 인정하고 있다(이성주 2010: 83-85). 하지만 그는 이번 논고에서 "초기철기시대의 점토대토기에서 경질무문토기를 거쳐 타날문토기로 토기가 발전된다"고 표현하면서 경질무문토기에서 삼각형점토대토기를 제외시키는 개념으로 사용하고 있다(이성주 2016: 25-29).[2] 다시 말하면 그는 초기철기시대의 점토대토기, 원삼국시대의 경질무문토기라는 틀을 사용하고 있어 반론자들의 경질무문토기 개념과는 차이가 있다.

해남 군곡리 패총 보고서에서 언급된 경질무문토기는 결코 초기철기시대와 원삼국시대의 시대구분에서 출발한 토기개념이 아니다. 이러한 시대구분

---

2) 경질무문토기의 개념에서 삼각형점토대토기를 제외하면 그것이 원삼국시대 경질무문토기가 될 수 있다는 이성주의 견해는 받아들이기 힘들다. 삼각형점토대토기의 상한은 기원전 3-2세기로 주장되고 있지만 대체로 기원전 1세기에서 기원후 1세기경에 집중적으로 사용되고 있다. 즉 원삼국시대의 대표적인 토기 중의 하나로 볼 수 있다. 이를 제외하는 개념이라면 기원후 2세기대 이후의 경질무문토기만을 언급하게 되어 반론자들이 보기에는 매우 불합리하다.

을 전남지역에 적용할 수 없었기 때문에 청동기시대에 뒤이어 철기시대[3]의 틀을 사용하고 있다. 다시 말하면 경질무문토기는 철기시대에 사용되었던 무문토기이므로 대체로 삼각형점토대토기의 등장을 기준으로 보고 있고, 이 개념 속에 중부지역의 중도식 무문토기도 포함된다(최성락 2013a).

한편 경질무문토기는 어느 시기에 갑자기 출현하는 토기가 아니라 청동기시대의 무문토기가 철기문화의 형성 시점을 기준으로 경질무문토기로 변화된 것이다. 이러한 성격으로 인하여 경질무문토기는 무문토기와 쉽게 구분하기도 어렵고, 아직 뚜렷하게 토기를 생산하였던 가마에서의 변화도 찾기 힘들다. 따라서 경질무문토기는 청동기시대 무문토기의 토기제작기술을 대체로 유지하였다고 볼 수 있다.

결국 이성주는 경질무문토기를 '원삼국시대 무문토기 전통'으로 인식함으로써 삼각형점토대토기를 포함할 것인지 아닌지가 불분명함에 따라 경질무문토기의 개념이 불확실하여 당시 토기 양상을 파악하는데 혼선을 야기하고 있다.

2. 취락자료의 부족과 편년

호남지역에서 초기철기시대 점토대토기단계에서 경질무문토기를 거쳐 타날문 옹과 발이 나타나는 시점까지 취락 자료가 극소하다는 점을 그가 여러 차례 강조하고 있지만 그것은 타당하지 않다[4]. 또 그는 전남지역의 대표적인

---

3) 철기시대는 기본적으로 초기철기시대와 원삼국시대를 통합하는 의미이지만 철기시대의 시작을 원형점토대토기의 등장으로 보지 않고, 삼각형점토대토기의 등장과 철기의 사용으로 설정하고 있다.

4) 이 시기에 해당되는 주거지를 파악하기 위해서는 중첩관계를 통한 시간성 파악이 우선 필요하나 출토유물 상태와 빈도가 상대적으로 빈약한 편이어서 어려움이 있다. 김승옥(2000: 48~49)은 공반관계를 근거로 주거지의 상대편년을 시도하면서 광주 뚝뫼 · 오룡동 · 쌍촌동 1군, 무안 양장리 1군을 1~3세기 초로 설정하였다. 이영철(2005: 74~79)은 비사주식의 방형계를 띠는 소형급 규모이면서 경질무문토기가 주류를 이룬다는 양상에

유적으로 광주 신창동, 평동, 담양 태목리 유적 등을 언급하고 있으나 이 지역의 유적 양상이나 토기 변천양상을 충분히 이해하였다고 볼 수 없다. 설사 그의 주장과 같이 당시 취락 유적이 많이 발견되지 않았다는 것을 인정한다고 하더라도 문화양상의 공백을 의미하는 것이 아니다. 이것은 취락 유적만으로 고고학 편년과 문화양상의 연구가 되는 것은 아니기 때문이다. 패총을 비롯하여 분묘[5]나 유물산포지 등을 통해 그 시기의 존재를 인식할 수 있고, 여기에서 출토된 고고학 자료만으로도 당시 문화양상을 얼마든지 설명할 수 있다.

따라서 호남지역에서는 기원전 3세기부터 기원후 3세기에 이르기까지 단절 없이 문화가 지속되었음을 알 수 있는 것이다. 이미 여러 연구자에 의해 호남지역에서는 비교적 자세한 고고학 편년이 수립되어 있다.[6] 기존 편년안에

근거하여 광주 명화동 2호 · 용봉동 1호 · 오룡동 11호 주거지를 2세기대로 설정하였다. 이들 주거지는 모두 구릉지에 자리하는 점이 공통적이다. 최근에 조사된 화순 삼천리(대한문화재연구원 2018)유적에서 기원후 1세기대가 중심인 주거지들이 조사되었는데, 충적지에 조성된 취락이다. 모두 단기성 취락이라는 양상을 띠고 있기는 하나, 3세기 이전의 양상을 파악할 수 있는 중요 자료이다. 입지 부분에서도 구릉성 취락과 평지성 취락 모두 존재했을 가능성이 높다.

5) 한편 그는 당시의 분묘를 다음과 같이 언급하고 있다. "주구묘-분구묘가 일찍부터 시작된 중부서해안지역, 원삼국 후기에 목곽묘에서 주구토광묘로 발전한 호서내륙지역, 원삼국 이후에 제형분구묘가 발전한 호남지역 등으로 구분된다."(이성주 2016: 11) 이를 통해서 보면 호남지역의 분묘에 대한 이해도 극히 낮다는 것임을 알 수 있다. 호남지역에서 철기시대의 분묘 변천은 적석목관묘-목관묘-주구토광묘(주구묘 혹은 분구묘) · 옹관묘 등 연속적으로 변화되고 있다. 목관묘가 유행하였던 철기시대 초기에는 일부 지석묘와 장방형 주구토광묘의 존재도 인지되고 있다.

6) 호남지역 편년에 대한 자세한 검토는 이미 다른 논고(최성락 2017)에서 언급되었기에 생략한다. 편년에 대한 연구는 하루아침에 이루어진 것이 아니다. 그것이 맞거나 틀리거나 간에 거의 고고학 연구와 함께 하고 있다. 또 기존의 편년 연구는 누증적으로 이루어졌기에 즉흥적으로 바꿀 수가 없다, 이를 바꾸는 것은 일종의 패러다임의 변화와 같은 것이다. 패러다임의 변화를 위해서는 뚜렷하게 입증할 수 있는 증거가 있어야 하고, 새롭게 제시된 문화양상에 대한 해석도 합리적이고, 타당성을 가져야 한다. 통상 연구자가 주로 연구대상으로 하는 지역이 아닌 지역의 편년안을 직접 제시하고자 하는 것은 다소

따르면 원형점토대토기에 이어 삼각형점토대토기가 사용되었으며 기원후 1세기경에는 외부로부터 유입되는 타날문토기가 일부 보이지만 본격적으로 나타나는 것은 대체로 2세기 후반경이라는 것이다〈그림 1〉.

그러나 이성수는 호남지역 연구자들의 연구성과를 일시에 부정하고 기존의 타날문토기 연대를 100년 정도 낮춘다면 새로운 공백이 생길뿐 당시 문화를 적절히 해석할 수 없게 된다. 또 그는 호남지역에서 '경질무문토기 단순기'를 인정한다는 점에서 김장석(2009)의 '경질무문토기 단순기 부재설'과 입장을 달리하고 있다. 하지만 타날문토기 연대를 더 낮추게 되면 경질무문토기의 존속기간은 더 길어질 수밖에 없게 된다. 더구나 이러한 공백의 원인으로 지금까지 충적지 주거지 조사 부족이라는 주장은 너무나 대책이 없는 공론일 뿐이다. 호남지역에서는 경질무문토기의 시작단계인 삼각형점토대토기로부터 타날문토기가 사용되기까지 연속적으로 나타나는 유적이 많지 않아 영남지역의 토기양상과 다른 면을 보여주는 것이지 결코 공백이 있었던 것은 아니다.

그런데 이성주(2016: 9-29)는 고고학 자료의 공백을 단순히 연대 맞추기 문제로 해결하기 보다는 점토대토기군에서 타날문토기군으로의 전환 과정을 기종 교체와 기종별 형식변화란 차원에서 매끄럽게 기술하는 일을 강조하면서 호남지역에서 타날문 단경호의 등장을 3세기 중엽 이후, 타날문 옹과 발을 4세기 중엽 이후로 보고 있다. 이러한 연대관에 대한 근거를 분명하게 제시하지 않고 있지만 대체로 다수의 방사성탄소연대를 불신하고 소수의 고고지자기연대를 취신하는 입장이다. 그러나 호남지역의 토기 편년은 방사성탄소연대를 기반으로 하고 있지 않는 반면에 고고지자기연대는 아직 우리나라 고고학연대에서 근거로 삼기에는 불안정적인 요소가 있다. 연대를 측정하기 위한 기준인 고고지자기 변천 곡선이 한국이 아니라 일본에서 만들어진 것을 기준으로 삼기 때문에 그 편차가 얼마인지 검증된 바가 없다. 그의 연대관은 전세

모험이기에 신중할 필요가 있다. 따라서 다른 지역의 편년을 직접 제시하기 보다는 그 지역 연구자들의 일반적인 편년을 받아들이는 것이 보다 위험을 줄이는 방안이다.

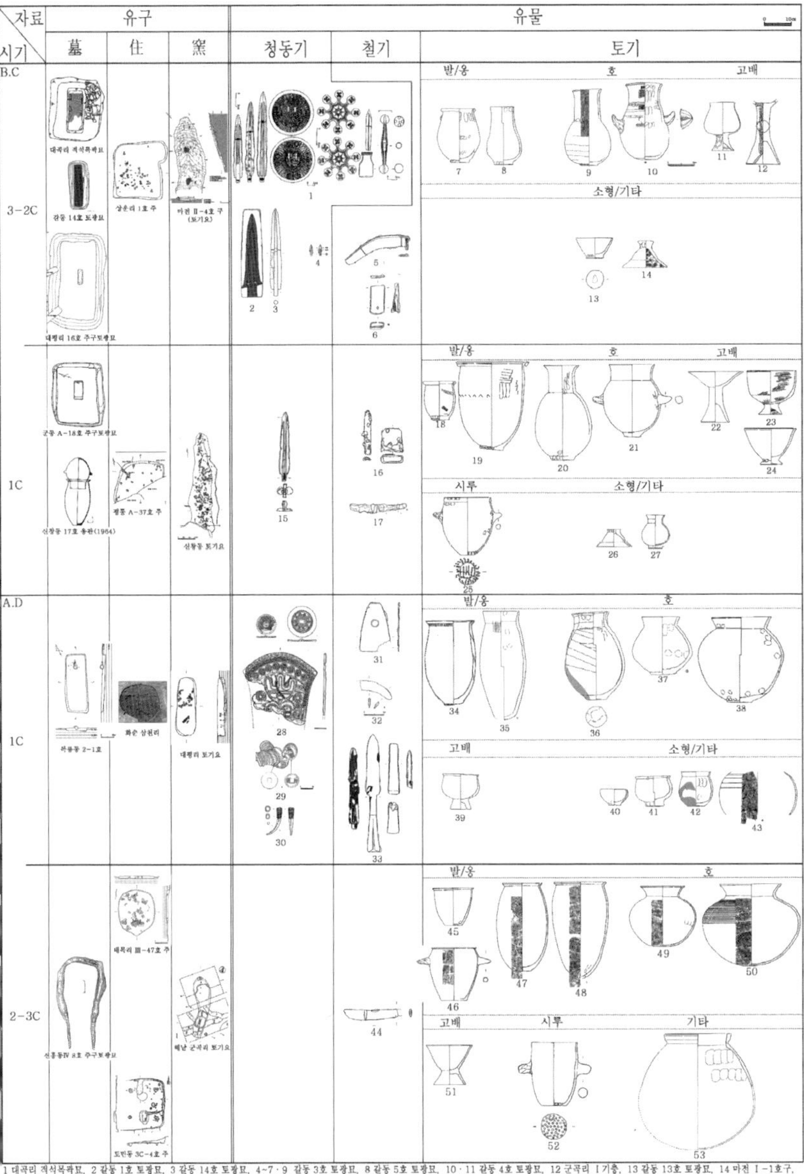

1 대곡리 적석목곽묘, 2 갈동 1호 토광묘, 3 갈동 14호 토광묘, 4~7·9 갈동 3호 토광묘, 8 갈동 5호 토광묘, 10·11 갈동 4호 토광묘, 12 군곡리 Ⅰ기층, 13 갈동 13호 토광묘, 14 마전 Ⅰ-1호구, 15·16 신동리 7-1호 토광묘, 17 신창동 토기요, 18 평동 A-369호 수혈, 19 평동 31호 주거지, 20 수문 1호 토광묘, 21 평동 A-5호 수혈, 24 평동 A-415호 수혈, 25 평동 A-414호 수혈, 26 평동 A-365호 수혈, 27 군동 A-18호 토광묘, 28·37 군동 토광묘(조), 29·42 복룡동 2-1호 토광묘, 30·36 구기촌 9호 토광묘, 31 구기촌 1호 토광묘, 32·35·40·41 복룡동 2-2호 토광묘, 33 구기촌 2호 토광묘, 34·43 군곡리 Ⅱ기층, 38 평동 A-10호 옹관, 39 복룡동 2-3호 토광묘, 44·46·50 태목리 Ⅲ-26호 주거지, 45·48·51 태목리 Ⅲ-67호 주거지 49·52 태목리 Ⅲ-47호 주거지, 53 신흥동 Ⅳ-8호 주구

〈그림 1〉 호남지역 유구 및 유물의 변천 양상

원(2016, 2017)의 논문에서 비교적 자세히 찾아볼 수 있다. 전세원은 해남 군곡리 패총 V기층의 연대를 낮추어 보면서 이를 태목리 유적과 연계시켜 타날문토기의 연대를 100년 정도 낮추고 있고, 역시 영산강유역에 1~3세기 주거지가 공백이라고 주장하고 있다.[7)]

타날문토기의 출현시점에 대한 논의는 중부지역을 비롯하여 각 지역에서 현재에도 뜨겁게 논의 중이다.[8)] 호남지역에서는 기원전 1세기~기원후 2세기대를 문화적 공백기로 인식하고, 그 간극을 메우기 위해 송국리유형의 하한을 조정하거나 타날문토기의 연대를 상향조정하려는 주장들이 늘어나고 있다(김장석 2009; 김장석 · 박준규 2016; 김은정 2017; 한옥민 2018). 특히 김장석은 방사성탄소연대에 근거하여 타날문토기의 연대를 기원전 2~1세기경으로 보아야 한다고 주장하고 있지만 대부분의 연구자들은 기원후 2세기경으로 보고 있다. 따라서 호남지역 타날문토기의 등장 시기를 기원후 3세기 중엽 이후라는 이성주의 주장은 단순히 영남지역 토기 편년의 틀이 아니라 이를 뒷받침할 수 있는 객관적인 연대를 근거를 제시하여야 할 것이다.

3. 토기제작기술과 생산체계

호남지역 토기제작기술과 생산체계에 대한 이성주의 인식 문제이다. 그

---

7) 전세원의 주장을 자세하게 비판하기 위해서는 별도의 논고가 필요하지만 방법론적으로 적절한지 의문이다. 보다 설득력을 가지려면 타날문토기가 출토된 주거지의 연대를 절대연대에 근거하여 제시하는 것이다. 특히 문제가 되는 것은 전세원의 연대관이 기본적으로 이성주의 인식을 바탕으로 한다는 것이다.

8) 중부지역의 경우, 2세기 후반대(김성남 2004; 한지선 2005), 기원후 3세기 이후(송만영 1999; 박순발 2003, 2004)로 추정한다. 영남지역에서는 고식와질토기에서 신식와질토기로의 전환과 연계되는데, 그 시점에 대해서는 대체로 김해 양동리 162호 後漢鏡을 토대로 2세기 중엽(이성주 1999)을 경계로 한다. 최근에는 격자타날이 고식와질토기 단계부터 등장하는 것으로 보아 기원후 1세기 전엽에 해당하는 견해(이원태 2016)도 있다.

는 각 지역의 토기제작기술과 생산체계의 변동에서 지역적인 차이가 있다는 점을 지적하였고, 또 기종의 변화가 삼각형점토대토기 단계에서 이루어졌고, 경질무문토기에서 타날문토기로 변화되면서 제작기술의 핵심요소인 환원소성과 물레질, 그리고 타날법이 순차적으로 채용되었다고 인식하고 있다. 즉 한강유역과 영남지역에서는 물레질과 타날법의 채용에 의해 단경호가 등장하는 데 영남지역에서 물레질이 다소 늦었고, 다음 단계에서 옹과 발 등 전 기종에 물레질과 타날법으로 제작되었다고 보고 있다(이성주 2016: 30).

그도 인식하고 있듯이 호남지역 토기유형의 변화는 (원형)점토대토기-경질무문토기-경질찰문토기[9]-타날문토기로 이행된다. 그 과정에서 나타나는 토기제작기술의 주된 특징은 타날문토기 제작기술이 본격화되기 전까지 무문토기제작의 기술적 속성이 오랫동안 지속하면서 느리게 변화해간다는 점이다. 타날기술의 정착과정에서도 외부로부터 완성된 타날문토기가 바로 유입되기 보다는 토착 도공이 타날기술을 서서히 채용하면서 제작되는 것으로 파악된다. 물레 기술의 발달 역시 그러한 과정이 반영된 결과로 볼 수 있다(강귀형 2016: 53-54).

이 시기 토기제작기술의 변화는 지역별로 세부양상에 차이가 인정된다. 호남지역만 놓고 본다면 토기제작기술 내용에는 '태토의 질', '회전 성형 기술', '성형/정형법', '소성 방식' 등의 차이로 구별된다. 제작기술의 차이는 토기유형으로 나타나는데, 경질무문토기-경질찰문토기-타날문토기가 그것이다〈표 1〉.

9) 경질찰문토기는 해남 군곡리 패총 발굴보고서(목포대학교박물관 1987)에서 처음 언급된 토기유형이다. 이러한 토기가 호서 · 호남지역에서는 경질무문토기와 타날문토기가 공반되는 시기에, 영남지역에서는 고식와질토기에서 신식와질토기로 이행하는 시기에 주로 관찰된다. 따라서 이 토기유형은 경질무문토기에서 타날문토기로의 전환과정에서 제작기술의 '과도기적 현상'을 보여주고 있다.

〈표 1〉 호남지역 토기제작기술의 변천 내용(강귀형 2016)

		경질무문토기	경질찰문토기	타날문토기
태토	태토질	조질	조질, 점질	점질
성형 및 정형	성형방법	테쌓기, 손빚기	테쌓기	테쌓기
	정형방법	·	·	타날
	구연형태	단면삼각형점토대	단순구연	단순구연→장식구연
	저부형태	굽평저	말각평저	말각평저→원저
	대칭여부	비대칭	대칭	대칭
	기벽두께	전체적으로 두껍고 불균일	저부 · 동체 불균일, 동체 균일	전체적으로 얇고 균일
	크기	비규격	규격	규격
	회전판	손물레	손물레, 발물레	발물레
정면	정면방법	목리, 물손질, 깎기	빗질, 목리, 물손질	물손질, 목리, 깎기
소성	색조	암적갈색	암적갈색	적갈색/회색
	소성분위기	산화염	산화염	산화염, 환원염

경질무문토기는 기존 무문토기 제작기술을 바탕으로 여러 형태의 기종들이 새롭게 추가되는 토기유형이다. 주로 배식기와 조리 · 저장과 같은 일상용기에 커다란 변화를 가져왔다. 경질무문토기 시기에 갖춰진 기종 구성은 점차 토기제작기술이 발달하고 새로운 제작기법이 적용됨에 따라 기형의 대칭화, 기벽의 균일화, 규격의 표준화 등으로 나타난다. 다만 그 변화가 급진적이지 않고 매우 서서히 진행되면서 토기 외형에 변화를 가져왔다. 이는 곧, 경질무문토기만으로 나타나는 문화기가 일정 기간 존재한다는 점을 시사하고 새로운 토기제작기술의 유입 역시 재지인들에 의한 점진적 채용을 의미하는 것이다.

이러한 내용은 중서부지역이나 영남지역과 분명 차이가 있는 부분이다. 북한강유역 가평 대성리나 임진강유역 포천 금주리에서 보이는 바와 같이 중도식 무문토기와 함께 승문타날 단경호가 기원전부터 동반되며, 금호강유역의 대구 팔달동과 성주 예산리에서도 고식와질토기와 함께 승문타날 단경호가 일찍 등장한다. 반면, 호남지역의 경우 현재까지 경질무문토기 시기에 승문타날이 확인된 예는 해남 군곡리 패총 Ⅱ기층에서 출토된 승문타날 단경호(목포대학교박물관 1987)와 경질무문토기에 승문이 부분적으로 찍힌 발형토기(한옥민 2016: 97-98), 함평 신흥동 주구 白陶(대한문화재연구원 2016) 등이 전부이다. 즉, 호남지역에서 경질무문토기 단계에 동반되는 (승문)타날문토기 존재는 자료가 매우 한정적이기 때문에 중부지역이나 영남지방에서 관찰되는 초창기 승문타날 단경호와의 동질성을 언급하기에는 무리가 있다. 이 시기 호남지역에서는 주변 지역에 파급된 새로운 토기제작기술에 대한 정보는 인지하였을지라도 그것이 토기상에 적극적으로 발현되었다고 보기는 어렵다.

한반도 남부에서 토기제작기술의 중대한 변화는 승문타날이 베풀어진 단경호의 유입과 함께 진행된다. 그러한 점에서 타날기법이 가장 먼저 접목되는 기종이 단경호라는 이성주의 지적은 충분히 공감되는 부분이다. 다만 그러한 내용은 호남지역을 제외한 지역에서 나타나는 현상이라 여겨진다. 더 나아가 그가 호남지역의 타날문토기 초현시기를 늦게 보는 관점 중 하나인 "무문 실용토기들과 타날문 단경호가 동반되는 단계를 거쳐 옹과 발을 비롯한 모든 실용토기가 물레질-타날기법으로 생산되기까지 어느 정도 기간은 필요했을 것"(이성주 2016: 31)이라는 전제는 지극히 영남지방 관점의 접근이라는 점을 강조하고 싶다. 그의 주장대로라면 호남지방에서 타날문토기 초현 기종이 단경호이며, 경질무문토기와 타날문 단경호만이 공존하는 시기가 약 100년가량 존재해야 하는 것이다. 그런데 실상은 태목리유적에서도 타날문 단경호와 타날문 옹과 발이 함께 출현하고 있다. 호남지역에서 처음 타날이 베풀어지는 기종이 단경호에 한정된 것이 아니라 일상용 토기에 전반적으로 적용된 것이다. 타날 문양에서도 차이를 보이는데 수직집선문이 짧은 시기 시문되다가 바로 격자 타날로 일변하는 양상이다(태목리 Ⅲ-33호 주거지 → 47호 주거지). 이는 중부지역과 영남지역의 '승문타날' 이후 '격자타날'이라는 토기 변화의 큰 흐름을 고려할 때 격자타날기술이 유행하는 시기에 맞춰 호남지역에

서도 변화의 움직임이 나타난 것이라 여겨진다.[10)]

Ⅳ. 맺음말

최근 한반도 중남부지역에서 초기철기시대와 원삼국시대 토기 양상에 대하여 다소 파격적인 견해들이 제안되고 있다. 그 중에 한사람인 이성주는 당시 토기양상의 전체적인 문제점들을 지적하면서 대체로 타날문토기가 완성되는 연대가 영남지역을 제외하면 기존의 연대관보다는 100년 정도 늦게 잡아야 한다고 주장하고 있다. 당시 토기 양상을 전체적으로 이해하려는 그의 주장은 매우 의미가 크다. 하지만 호남지역에 한정하여 살펴보면 문제가 없지 않다. 그가 호남지역 원삼국시대 취락이 극히 적다는 인식을 가지고 있음에도 불구하고 오히려 타날문토기의 연대를 낮추는 것은 그 시기의 공백을 더욱 조장하는 것으로 전혀 문제의 해결에 도움을 주지 못하고 있다. 편년의 체계를 바꾸기 위해서는 이를 방증하기 위한 객관적인 자료의 제시가 필요하고, 이를 바탕으로 더 나은 문화양상을 설명할 수 있을 때 가능하다.

또 영남지역 토기양상에 대한 그의 인식을 다른 지역에 그대로 적용할 수 없음이 분명하다. 문화의 변천은 문화권마다 다를 수 있다. 하나의 틀(모델)로 한반도 중남부지역의 전체 양상을 설명하는 것은 불가능하다고 할 수 있다. 특히 호남지역에서 토기 제작기술의 변천을 살펴보면 결코 영남지역과 동일하다고 볼 수 없다.

10) 한강유역 · 중서부지역 · 영남지역은 기원후 2세기 중엽을 기점으로 승문에서 격자문으로 대체된다고 보아 왔다(이성주 2000: 68; 박순발 2005: 95~96). 최근에는 탄소14연대에 근거할 시 승문과의 상대적인 순서가 나타나지 않으므로 영남지역 와질토기에서 보이는 승문→격자문 순서가 중부지역에서는 인정되지 않는다는 주장(김장석 · 김준규 2016; 이창희 2018: 114)도 있지만, 이 견해를 수용하기 위해서는 앞으로 좀 더 논의할 필요가 있다.

결국 타날문토기의 연대를 더 낮추어야 한다는 이성주의 견해는 적어도 호남지역 토기양상을 이해하는데 적절한 인식으로 보이지 않는다. 하지만 이를 계기로 이 시기의 토기 제작기술과 생산체계를 비롯한 토기 양상에 대하여 활발한 토론이 이루어지기를 기대한다.

〈참고문헌〉

강귀형, 2016, 「군곡리 토기제작기술의 검토」, 『해남 군곡리 패총의 재조명-해남 군곡리 패총 발굴 30주년 기념 학술대회-』, 목포대학교박물관, 43-56쪽.

경기문화재연구원, 2009, 『가평 대성리유적』.

김성남, 2004, 「백제 한성양식토기의 형성과 변천에 대하여」, 『고고학』3-1, 중부고고학회, 53-63쪽.

김승옥, 2000, 「호남지역 마한 주거지의 편년」, 『호남고고학보』11집, 호남고고학회, 29-77쪽.

김은정, 2017, 「전북지역 원삼국시대 문화적 공백기에 대한 재검토」, 『중앙고고연구』19호, 중앙문화재연구원, 33-69쪽.

김장석, 2009, 「호서와 서부호남지역 초기철기시대 · 원삼국시대 편년에 대하여」, 『호남고고학보』33, 호남고고학회, 45-69쪽.

김장석 · 김준규, 2016, 「방사성탄소연대로 본 원삼국시대-삼국시대 토기편년」, 『한국고고학보』100, 한국고고학회, 46-85쪽.

대한문화재연구원, 2016, 『함평 신흥동유적Ⅳ-고찰』.

목포대학교박물관, 1987, 『해남 군곡리 패총 Ⅰ』.

박순발, 2003, 「백제토기 형성기에 보이는 낙랑토기의 영향」, 『백제와 낙랑』-2003년도 백제연구 국내학술회의-, 충남대학교 백제연구소, 31-45쪽.

박순발, 2005, 「토기상으로 본 호남지역 원삼국시대 편년」, 『호남고고학보』 21, 호남고고학회, 89-105쪽.

세종대학교박물관, 2005, 『포천 금주리』.

송만영, 1999, 「중부지방 원삼국 문화의 편년적 기초 - 주거지의 상대편년을 중심으로-」, 『한국고고학보』 41, 한국고고학회, 37-71쪽.

신경철, 1995, 「와질토기문화론 : 그 성과와 과제」, 『한국고고학의 반세기』, 107-121쪽, 제19회 한국고고학전국대회, 한국고고학회, 107-121쪽.

이동희, 2010, 「"호서와 서부호남지역 초기철기-원삼국시대 편년"에 대한 반론」,

『호남고고학보』35, 호남고고학회, 47-79쪽.

이성주, 2000, 「타날문토기의 전개와 도질토기 발생」, 『한국고고학보』 42, 한국고고학회, 65-71쪽.

이성주, 2010, 「원삼국시대의 무문토기 전통-경질무문토기 발과 옹 제작의 지역성과 그의미-」, 『중도식 무문토기의 전개와 성격』제7회 매산기념강좌, 숭실대학교박물관, 69-100쪽.

이성주, 2014, 『토기제작의 技術革新과 生産體系』, 학연문화사.

이성주, 2016, 「초기철기시대와 원삼국시대 고고학 자료의 인식: 지역별 주거유적의 토기군과 자료의 공백」, 『고고학』15-2, 중부고고학회, 5-41쪽.

이원태, 2016, 「영남지방에서 격자문 전기 와질토기의 등장과 전개」, 『영남고고학』74호, 영남고고학회, 34-55쪽.

이영철, 2005, 「영산강유역의 원삼국시대 토기상」, 『원삼국시대 문화의 지역성과 변동』, 제29회 한국고고학전국대회, 한국고고학회, 67-90쪽.

이창희, 2018, 「탄소연대, 중부지역 원삼국시대 여명기 물질문화」, 『접점, 중부지역 원삼국시대의 여명』, 숭실대학교 한국기독교박물관.

전세원, 2016, 「영산강 상류역 원삼국-삼국시대 취락 연대의 재검토」, 경북대학교 대학원 석사학위논문.

전세원, 2017, 「영산강 상류역 원삼국-삼국시대 취락 연대 재고」, 『영남고고학』79, 영남고고학회, 63-100쪽.

정징원 · 신경철, 1987, 「종말기 무문토기에 관한 연구」, 『한국고고학보』20, 한국고고학회, 113-131쪽.

최성락, 2013a, 「경질무문토기의 개념과 성격」, 『박물관연보』 21, 목포대학교박물관, 15-30쪽.

최성락, 2013b, 「호남지역 초기철기시대와 원삼국시대 연구현황과 전망」, 『호남고고학보』45, 호남고고학회, 5-42쪽.

최성락, 2017, 「호남지역 철기문화의 형성과 변천」, 『도서문화』49, 목포대학교도서문화연구원, 105-146쪽.

최병현, 1988, 「충북 진천지역 백제토기요지군」, 『백제시대의 요지연구』, 문화재연구소, 33-94쪽.
崔秉鉉, 1990,「鎭川地域 土器窯址와 原三國時代」,『昌山金正基博士 華甲記念論叢』550-583쪽.
한옥민, 2016,「군곡리패총 연대론 재조명」,『해남 군곡리 패총의 재조명-해남 군곡리패총 발굴 30주년 기념 학술대회-』, 목포대학교박물관, 91-107쪽.
한옥민, 2018,「타날문토기 등장과정에 대한 재해석-해남 군곡리유적을 중심으로」,『호남고고학보』58, 호남고고학회, 108-125쪽.
한지선, 2005,「백제토기 성립기 양상에 대한 재검토」,『백제연구』41, 충남대학교 백제문화연구소, 1-27쪽.

고고학에 있어서 공백과 단절의 문제

최성락

Ⅰ. 머리말

고고학은 물질적인 자료를 통해 과거 문화를 연구하는 학문이다. 따라서 고고학은 획득된 고고학 자료를 바탕으로 연구하기 때문에 고고학 자료가 가지는 물질적인 자료로서의 한계 이외에도 지금까지 획득된 자료가 매우 제한적이고, 편향적이기에 과거 문화를 연구하는데 많은 제약이 따르기 마련이다.

한국고고학이 형성되는 과정에서 가장 큰 과제는 고고학 자료의 확보였다. 1980년대까지만 하더라도 전국적으로 이루어진 발굴조사가 수 십 건에서 백여 건에 지나지 않았고, 여기에서 획득된 자료만으로 한국의 선사 및 고대 문화를 설명하기에는 불충분하였다. 하지만 1990년대를 거쳐 2000년대에 접어들면서 발굴조사의 수는 급격히 증가하였고, 현재는 전국적으로 거의 모든 지역에서 다량의 고고학 자료가 획득된 것이 사실이다. 그럼에도 불구하고, 각 지역에서 선사 및 고대문화가 어떻게 형성되고 변천되었는지 제대로 설명하지 못한 채 논란만 계속되는 경우가 적지 않다. 그 원인을 여전히 고고학 자료의 공백에 있다고 봄으로써 문화적인 단절 현상은 방치되는 경향도 없지 않다.

일찍 전경수(1993)는 한국고고학에서 큰 관심 대상인 민족기원론의 이동설에서 벗어나 신고고학의 문화변동론에 관심을 가져야 한다는 주장과 함께 선사시대에 제염토기가 보이지 않지만, 필수품인 소금의 문제와 함께 즐문토기문화에서 무문토기문화로의 변동을 설명하였고, 또 고고학 자료의 '없음'과 문화적 '단절'의 문제를 처음으로 제기하였다. 이에 대해 김장석(1995)은 고고학이 기본적으로 고고학 자료를 바탕으로 언급하는 것이지 없는 부분을 채우기 위해 논리적으로만 접근할 수 없는 것이라고 반박하였다.[1] 이 논란은 단순히 고고학에서 공백의 문제뿐만 아니라 한국고고학의 연구방향에 대한 최초의 논쟁이라고 평가되지만 아쉽게도 이후 더 진전되지 못하고 일회성으로 끝나버린 듯하다. 다만 각 시대 사이의 전환기를 다루는 학술대회나 전시, 그리고 개인적인 연구를 통해 각 시대간의 단절 문제를 극복하려는 노력이 이루어지고 있다(한국상고사학회 1998, 1999, 2002; 최성락 2002; 국립김해박물관 2005; 영남고고학회 2017; 배진성 2017; 김장석 2018).

그런데 공백과 단절 문제를 다시 제기한 사람은 바로 김장석(2009)이다. 그는 호서 및 호남지역에서 초기철기시대와 원삼국시대 사이에 나타나는 유적의 공백과 문화적인 단절의 현상을 지적하면서 그 해결방안을 제시하였다. 이에 대한 반론과 재주장이 제기되는 등 논란은 지속되고 있다. 이 문제는 단순히 편년만으로 해결될 것이 아니라 고고학 방법론과도 연결된 거대 담론이므로 한국고고학에서 반드시 다루어야할 중요한 과제 중의 하나인 것이다. 따라서 본고에서는 우선 최근 논란이 되고 있는 이 시기의 공백 문제를 자세히 살

1) 김장석은 전경수의 논리실증주의, 신진화론, 일반체계이론적 입장과 연역적 방법론을 자세히 비판하면서 지나친 이론화에 집착한다고 경계하였지만 한국선사문화연구를 반성하고 개선되어야 할 부분이 있음을 공감하고 있었다.

펴보고, 고고학에서 공백과 단절이 왜 나타나는지, 그리고 공백 문제를 어떻게 풀어갈 것인지 검토해 보고자 한다.

Ⅱ. 공백과 단절의 논란

먼저 중부지역에서의 공백 문제이다. 이 시기 중부지역 토기는 청동기시대 무문토기와 초기철기시대 점토대토기가 사용되다가 뒤이어 원삼국시대 경질무문토기(중도식무문토기)가 등장하여 일정 기간 사용되었다(박순발 1989), 이 중에서 가장 논란이 되었던 문제는 경질무문토기의 계통이 어디이며, '경질무문토기 단순기'가 존재하였는지에 대한 것이다. 경질무문토기 단순기의 존재여부에 대하여 여전히 관심의 대상이 되고 있으며 그 등장 시점은 연구자에 따라 기원전 2세기에서 기원후 1세기까지 다양하게 제시되고 있다(유은식 2018의 표 3). 최근 원삼국시대 중도유형 취락의 형성과 변천을 종합적으로 정리한 박경신(2018)은 중도식무문토기, 呂·凸자형 주거지, 적석분구묘 등을 특징으로 하는 중도유형의 출현을 기원전 1세기 전반으로 정리하고 있다.

그런데 중부지역에서는 과거 기원전 300년경에 출현한 것으로 추정되었던 원형점토대토기가 방사성탄소연대에 근거하여 기원전 500년경(박진일 2007; 이창희 2010; 이형원 2011)으로 올려보게 되었고, 그 뒤를 잇는 삼각형점토대토기는 주로 한강 하류지역에만 분포하고 있다. 그밖에 지역에서는 중도식무문토기(경질무문토기)가 등장하기 이전까지인 기원전 3세기에서 2세기대가 공백으로 인식되고 있다. 이에 대하여 서길덕(2018)은 삼각형점토대토기가 분포하지 않는 지역의 경우, 청동기시대의 역삼동식 토기가 기원전 3세기까지 지속되었을 것으로 추정하였다. 반면에 방사성탄소연대에 근거를 두는 이창희(2019)는 중도식무문토기의 시작연대를 기원전 2세기대로 올려보면서 그 이전인 기원전 4~3세기에 해당하는 절대연대가 빈약하여 어떤 토기가 존재하였는지 여전히 의문이라고 하였다. 따라서 중부지역에서는 삼각형점토대토기가 분포하지 않는 지역에서 일정 기간 공백 현상이 나타나고 있지만 이에 대한 의문은 여전히 풀리지 못하고 있다.

다음은 호서 및 호남지역에서의 공백 문제에 대한 논란이다. 기원전 1세기에서 기원후 1~2세기 사이에 고고학 자료의 공백이 있음을 몇몇 연구자들은 인지하고 있었다. 즉 김승옥(2000, 2007)은 이 시기에 호서 및 호남 서부지역에 '경질무문토기 주거지 부재'라는 견해를 제시한 바 있다. 이에 김장석(2009)은 이 시기 호서 및 호남지역 '경질무문토기 단순기 부재'를 주장하였고, 이를 해결하기 위해서 송국리유형의 하한연대를 낮추어 보는 한편 타날문토기의 연대를 기원전 2세기 후반대까지 소급시켜야 한다고 주장한 것이다.

이 주장에 대하여 이동희(2010)는 우선 김장석의 주장 중에서 송국리유형의 연대를 다소 낮추어 보는 점에 동의하였지만 타날문토기의 연대를 올리는 점에 반대하였다. 즉 그는 우선 경질무문토기의 개념이 다른 점을 지적하면서 타날문토기의 연대를 올려볼 수 있는 근거가 미비하다는 점을 여러 가지 면에서 비판하였고, 실제로 방사성탄소연대의 근거도 부족하다고 하였다. 또한 필자도 역시 경질무문토기의 개념에 문제가 있다고 보면서 타날문토기의 연대를 지나치게 올려서는 안된다고 하였다(최성락 2013a, 2013b).

김장석이 사용한 경질무문토기의 개념은 해남 군곡리 패총 발굴보고서(최성락 1987)에서 사용된 개념과 전혀 다르다. 그는 중부지역의 경질무문토기 개념을 호남지역에 그대로 적용하려는 것이기에 호남지역의 토기 양상을 제대로 이해하였다고 볼 수 없다. 왜냐하면 삼각형점토대토기를 제외한다고 하더라도 홑구연의 경질무문토기가 호남지역에서 넓게 분포하고 있기 때문이다. 또한 중부지역의 경질무문토기는 타날문토기와 공반되는 사례가 많지만 호남지역의 경질무문토기는 타날문토기가 출현하기 이전에 집중적으로 사용되다가 점차 타날문토기로 변화되는 양상을 보여주고 있다. 따라서 경질무문토기 단순기를 부정하고, 타날문토기의 연대를 소급시켜야 한다는 그의 주장은 납득할 수 없는 것으로 호남지역에서 그동안 이루어놓은 고고학 편년체계(최성락 1993b; 김승옥 2000; 박순발 2005; 이영철 2005)를 뒤흔들어 놓게 되는 것이다.

반면에 호서 및 호남지역 타날문토기 연대를 기존의 연대관에서 100년 정도 낮추어야 한다는 이성주(2016)의 견해가 제시되었다. 또 그는 이 시기의 공백을 당시 유적의 미조사로 인하여 발생한 것으로 보았다. 이에 대하여 최성락과 강귀형(2019b)은 이성주의 견해가 호남지역의 공백 문제를 해결하려는 것이 아니라 오히려 그 공백을 더욱 조장하는 것으로 영남지역에서의 제도기술에 대한 그의 인식을 호서 및 호남지역에 그대로 적용할 수 없는 것이고, 이 시기 공백을 유적의 미조사로도 볼 수 없다고 반박하였다.

그리고 김장석과 김준규(2016)은 김장석(2009)의 견해를 보강하면서 좀 더 폭넓은 주장을 하고 있다. 즉 그들은 호남지역에서 해남 군곡리 유적을 제외하고 각 토기의 선후 관계가 층위를 통해 확인된 바가 없기 때문에 기존의 원삼국시대 토기 편년 방법인 토기의 질과 제작방법에 의한 상대편년(경질무문토기-연질의 타날문토기-경질의 타날문토기)에 객관적인 검증이 필요하다는 전제하에 중부, 호서, 전북지역에서 수집된 방사성탄소연대를 통해 분석하면서 기존의 인식들을 부정하는 결론을 내리고 있다. 즉 (1) 경질무문토기-타날문토기 등의 등장 시점에 차이가 없다는 점. (2) 경질무문토기 단순기는 존재하지 않는다는 점. (3) 인구공백지대로 표현되는 지역에 인구공백이 실재하지 않았다는 점. (4) 승문타날토기와 격자문타날토기 간에 시차가 없다는 점. (5) 한성백제기 연질토기와 경질토기는 서로 대체되는 것이 아니라 장기간 공존하였다는 점 등을 주장하고 있다.

이 논고를 재차 비판한 최성락과 강귀형(2019a)은 토기 편년에 방사성탄소연대를 이용하여 검증을 시도하고 있는 점이나 그 결과에 대한 해석도 논리적인 면에서 어느 정도 타당성이 있다고 보면서 당시에 다양한 토기가 공존하였던 것을 국가형성기로 사회복합화와 연결짓는 것도 고고학 연구에서 매우 바람직한 논의로 평가하였다. 하지만 방사성탄소연대에 의존하는 것만이 당시

문화를 합리적으로 설명할 수 있는 것은 아니고, 기존의 편년안을 비판하기에 앞서 방사성탄소연대를 기반으로 하는 새로운 편년안의 제시와 함께 의미 있는 문화해석을 할 수 있어야 한다고 하였다. 더구나 역사시대에 속하는 원삼국시대-삼국시대의 토기 편년에 방사성탄소연대를 사용하기 위해서는 더욱 신중하여야 하고, 기존의 연구성과를 면밀히 검토하여 그 문제점을 개선하는 것은 좋겠지만 전면적인 부정을 앞세운다면 그 또한 시행착오를 범할 가능성이 매우 크고, 연구자로서 과욕일 수도 있다는 것이다.

호남지역에서는 이 시기의 공백 문제를 나름대로 해소하고자 하는 노력도 적지 않게 이루어지고 있다. 우선 점토대토기 등장 이후에서 타날문토기가 사용되는 시기까지 문화가 지속되었음을 보여주고 있고(하진영 2015; 장지현 2015; 김은정 2017), 영산강유역의 철기문화 형성과정(김진영 2018)과 마한의 형성과 변천에 관한 논의(이동희 2017: 서현주 2019)도 이루어졌다. 이 과정에서 다수의 연구자가 받아들이는 점은 점토대토기가 등장한 이후에도 그 이전의 송국리유형이 지속되었다는 것이다. 다른 하나는 이 시기의 연대 문제를 재검토하기 시작하였다는 점이다. 일부 연구자들은 과거 기원후 2세기 혹은 3세기경에 출현하였다고 보는 타날문토기의 연대를 다소 소급하여야 한다는 견해(허진아 2011; 한옥민 2018)를 제시하고 있다.

그리고 필자는 호서 및 호남 서부지역에서 경질무문토기 단순기의 부재(공백)로만 볼 것이 아니라 만경강유역에서 기원전 1세기에서 기원후 2세기 사이에 해당하는 고고학 유적이 극히 적어진다는 사실을 다르게 해석하였는데 기원전 1세기경을 전후에 어떠한 사회적 동인으로 토광묘를 축조하였던 주민들이 전남지역이나 영남지역으로 이동하였다고 보았다(최성락 2013b, 2017).

반면 호서지역에서는 기원전 1세기에서 기원후 1세기경의 공백 문제를 여전히 풀지 못하고 있다. 즉 김장석(2009)의 견해에 대하여 본격적으로 반론하는 논고를 찾아보기 힘들다. 이것은 호서지역에서는 삼각형점토대토기가 발견되지 않고 있어 이 시기에 해당하는 유적이 거의 조사된 바가 없기 때문이기도 하다. 다만 몇몇 연구자들이 그 공백을 어떻게 메울 것인지 조심스럽게 논의하고 있다. 최근 국립청주박물관에서 열린 호서지역 마한 특별전의 도록과 학술대회에서는 그 공백을 메울 수 있는 고고학 자료들이 일부 언급되었다(국립청주박물관 외 2019: 국립청주박물관 · 한국상고사학회 2019). 즉 연구자들은 공주 수촌리 출토 철기(김상민 2019)나 원형점토대토기가 소형화된 홑구연의 옹(박진일 2019)을 이 시기에 속한다고 보거나 유개대부토기가 출토된 아산 용두리 진터 토광묘(목관묘)의 연대를 기원후 1세기 후반경으로 비정하면서 호서지역에서 영남지역으로 파급되었다고 주장하였다(박형열 2019).[2)]

마지막으로 영남지역에서의 공백 문제이다. 영남지역은 삼각형점토대토기 이후 와질토기와 도질토기 등이 연속적으로 출현하고 있다. 다만 원형점토대토기 단계의 유적이나 수장층의 무덤이 빈약한 편이다(이성주 2015). 이에 대하여 영남의 동남부지역에서는 전 시기의 검단리유형이 지속되었을 것으로 파악하고 있다(이수홍 2007;48).

이와 같이 논란의 출발은 청동기시대의 무문토기, 초기철기시대의 점토대토기, 원삼국시대의 중도식무문토기(경질무문토기) 혹은 와질토기라는 구도가 전국적으로 자리 잡고 있는 데에서 비롯된다. 다시 말하면 이 문제는 삼각형점토대토기와 와질토기가 연속적으로 출현하는 영남지역을 제외한 다른 지역에서 와질토기가 거의 출현하지 않고, 삼각형점토대토기도 일부 지역에만 분포하고 있어 유적의 공백으로 인식되는 데에서 출발하였다. 이에 호남지역에서는 타날문토기의 연대를 올려 보자는 견해와 이를 부정하는 견해 사이에 일차적인 논쟁이 있었고, 반대로 타날문토기의 연대를 낮추자는 주장이 있

2) 최근 발굴조사의 결과를 바탕으로 유개대부토기와 청동대구가 영남지역 보다도 호서지역에서 먼저 만들어졌을 것이라는 견해가 제시된 점은 큰 연구성과로 생각된다. 앞으로 호서지역의 공백문제를 풀기 위해서는 중부지역에서와 같이 경질무문토기(중도식 무문토기)가 출토된 주거지와 토광묘에 주목할 필요가 있다. 통상 경질무문토기는 제작기법에서 무문토기와 크게 차이가 없기 때문에 무문토기로 분류될 가능성이 많이 있다.

자 이에 대한 반론도 있었다. 한편으로는 기존의 연대관으로 혹은 소폭 수정하면서 공백의 문제에서 벗어나 문화의 양상을 설명하려는 견해들도 적지 않게 제시되었다.[3)] 하지만 각 지역에서 논란이 되는 공백의 문제를 총체적으로 언급하는 논고가 없었기에 그 원인과 극복방안을 찾아보고자 한다.

Ⅲ. 공백과 단절이 왜 나타날까?

고고학 연구자들은 고고학에서 공백과 단절의 가장 큰 원인을 유적의 부재나 미조사로 돌리고 있다. 그런데 공백의 원인은 유적의 부재나 미조사에만 있는 것이 아니라 고고학 연구자들이 '없다'고 인식하는 데에도 문제가 있어 이를 자세히 검토해 보고자 한다.

1. 고고학 자료가 없는 경우

고고학 자료가 없는 것은 사람들이 살지 않아 유적의 부재이거나 유적의 미조사로 볼 수 있다. 먼저 당시 유적이 부재인 경우는 사람들이 살기 시작하기 이전 시기이거나 사람들이 살다가 어떠한 사유로 사람들의 거주가 중단되었기 때문이다. 후자의 경우에는 환경의 변화, 생업의 변화, 전쟁 등 여러 가지 사유로 사람들이 다른 곳으로 이주하였으므로 공백이 될 수밖에 없을 것이다. 예를 들면 영산강유역에서는 구석기시대 전기 유적이 확인되지 않고 있다. 가장 이

3) 이러한 논의과정에서 연구자들이 사용하는 고고학 용어의 개념이 정리되어야 한다. 우선 경질무문토기의 개념이 연구자들 사이에 서로 다른 것이 분명하고, 시대구분에 대한 인식 차이가 있어 고고학의 문제를 논의하는데 장애요소로 작용하고 있다. 특히 이 시기를 표현하는데 용어로는 초기철기시대와 원삼국시대 혹은 철기시대로 사용하거나 점토대문화시기, 경질무문토기 사용시기, 마한형성기 등으로 표현하고 있어 혼란스럽다. 따라서 이러한 고고학 용어들에 대한 논의와 정리가 필요하다고 본다.

른 유적이 구석기시대 중기에 속하고 있어, 그 이전에는 사람들이 살지 않았다고 볼 수 있다(이헌종 2006; 이기길 2019). 비교적 철저한 지표조사가 이루어졌지만 전기에 해당하는 유물이 수습된 바가 없다. 앞으로 발견될 가능성이 전무하다고 판단할 수는 없지만, 현재까지의 결론으로는 구석기시대 전기에 사람들이 살지 않았다고 생각해 볼 수 있다. 반면에 영산강유역에서의 신석기시대 유적은 극히 빈약한 반면에 대부분 도서지역이나 해안지역에 분포하고 있다. 영산강유역에서는 간혹 빗살문토기편이 확인되고 있지만 신석기시대 유구가 확인된 경우가 손꼽을 정도에 지나지 않는다. 신석기시대 유적이 좀 더 조사될 가능성이 없지 않지만 이렇게 희소해진 이유는 환경의 변화와 함께 신석기시대 사람들의 생업 변화가 하나의 원인일 것으로 추정된다.

다음은 유적의 미조사로 인하여 고고학 자료의 부재이다. 과거 한국고고학이 시작되고 1950년대를 거쳐 1960년대만 하더라도 청동기시대의 존재를 잘 파악할 수 없었던 것은 당시 유적에 대한 조사가 미비하였기 때문이다. 하지만 최근에는 전국적으로 많은 발굴조사가 행해지면서 이러한 공백 문제를 유적의 미조사로 돌릴 수 없는 것이다. 1999년 문화재보호법의 개정으로 사전조사가 법제화되기 이전에는 인위적인 파괴로 유적이 사라지는 경우가 적지 않았을 것이다. 하지만 2000년대 이후에는 활발해진 구제발굴로 인해 대부분 지역의 유적이 조사되었다고 볼 수 있다. 이 경우에도 선사시대 취락에 비하면 통일신라시대 이후의 취락은 그다지 많이 조사되지 못하였다, 이것은 통일신라시대 이후의 취락이 대부분 현재 거주지와 겹치기 때문일 것이다. 하지만 취락이 아닌 유구들, 즉 산성과 읍성, 고분과 민묘, 경작지, 가마, 성곽 등을 통해 당시의 생활상의 일부를 복원할 수 있다. 한편 한반도 중남부지역에 비하면 북부지역의 고고학 자료가 부족하다고 할 수밖에 없다. 이것은 1960년대 중반 이후 북부지역에 대한 발굴조사가 극히 미진하였기 때문일 것이다.

그밖에 고고학 자료를 획득하는 과정에서의 장애와 오류로 고고학 자료를 확보하지 못한 경우도 있다. 관련 전공자가 없거나 이전에 조사 사례가 없는 경우에는 유구와 유물의 성격을 파악하지 못한 채 지나칠 수 있다. 과거의 사례를 들자면 일제 강점기에 함북 동관진에서 구석기시대 타제석기가 확인되었지만 당시 구석기시대 전공자가 없었고, 이를 정식적으로 조사할 의지도 없었기 때문에 구석기문화의 양상을 파악할 수 없었던 것이다(한창균 2014).

2. 연구방법론의 문제

고고학에서 공백은 연구자들의 잘못된 인식에서 기인할 수 있다. 즉 고고학 연구자들의 인식 틀인 연구방법론, 특히 편년법과 고고학 자료의 해석 과정에서 공백이 나타날 수 있다. 여기에는 어떠한 문제가 있는지 살펴보고자 한다.

우선 고고학 연구의 가장 기본적인 방법인 형식분류(Typology, 형식학)와 이를 바탕으로 하는 편년법에 문제가 있다.[4] 형식학적 방법(typological method)에서 벗어나지 못하였던 1970~80년대는 유구와 유물에 대한 형식분류를 시도하고, 각각의 형식을 각 시기를 대표하는 것으로 인식하였기 때문에 각 형식이 출현하지 아니한 지역에 대한 설명이 제대로 되지 못하였다(최성락 1984). 예를 들면 일찍 윤무병(1972)은 요령식동검에 뒤이어 나타난 세형동검을 크게 1식과 2식으로 나누고, 요령식동검과 함께 청동기문화 1~3기로 편년하였다. 이와 같은 경우에는 각 형식이 출현하지 아니한 지역에서 자연적으로 시간적인 공백이 생기게 마련이다.[5] 이것은 바로 고고학 연구의 기본 전제인

---

4) 한국고고학에서 형식, 형식분류, 형식학적 방법 등 형식(type)과 관련된 개념과 의미가 정리될 필요가 있다. 과거 필자가 형식을 形式으로 표기한 바가 있었으나 잘못된 것으로 이것은 형식의 상위의 개념인 器種과 같은 것이고, type의 개념은 型式으로 사용하는 것이 적절하다. 한국고고학에서는 유물이나 유구를 분류할 때 型式이라는 개념 대신에 類型이라는 용어도 일부 사용되고 있으나 이는 적절한 용어가 아니다.

5) 이러한 편년법은 몬텔리우스의 형식학적 방법에 기초하고 있다. 한국고고학에서는 특정 유물이나 유구를 중심으로 시기구분이 이루어진 바가 있었으나 점차 유물의 공반관계에 근거하여 청동기시대의 시기구분(이청규 1983)이 이루어졌다.

동일한 유물이나 유물 조합이 동일한 시기를 나타낸다는 입장에서 보면 같은 유물이나 유물 조합이 보이지 아니한 어떤 지역이 당연히 공백일 수밖에 없다.

또한 여러 논문에서 많이 사용되고 있는 분기법에도 역시 문제가 있다. 분기법은 각 유물 사이의 조합 혹은 유물과 유구의 조합에 따라 시기구분 혹은 단계구분을 통해 상대편년을 하는 것이다. 이 경우에는 비교적 넓은 지역에서 각 시기에 해당되는 유구와 유물이 있어 당시 문화양상을 설명할 수 있다. 하지만 이를 몇 개의 소문화권으로 나누고 보면 모든 시기 혹은 단계를 채울 수 있는 고고학 자료가 없을 경우가 생기고, 일부 시기는 공백으로 인하여 문화의 연속성을 설명할 수 없게 된다. 예를 들면 남부지역 신석기시대 중기를 대표하는 수가리 I 식 빗살문토기[6]는 호남지역에서 잘 보이지 않는다. 그렇다면 호남지역에서는 그 시기가 공백이여서 당시 주민들이 살지 않았는지, 아니면 당시 수민들이 이전 형식의 토기를 그대로 사용하였는지 검토되어야 한다.

반면 절대연대법만으로 연대를 설정하는 경우에서도 공백을 야기시킬 수 있다. 일찍 양수리 고인돌의 방사성탄소연대가 기원전 4,480년으로 측정되므로 신석기시대 중기까지 올라간다고 주장하는 경우(이융조 1975)나 빗살문토기에서 무문토기의 교체 시기를 기원전 2000년~1000년까지 각 지역별로 차이가 난다고 주장하는 경우(Nelson, S. H. 1982; 531-543)에 각각 연대적인 공백이 생기면서 그 이후의 문화적인 양상을 제대로 설명하지 못하는 것이다.

다음으로 시대구분[7]과 관련된 공백 문제이다. 한국고고학에서는 시대구분

---

6) 남부지역 신석기시대 중기를 대표한다고 보는 태선침선문토기, 즉 수가리 I 식(하인수 2006)는 "특징적인 토기의 一群을 연대상의 단위인 一型式"으로 본 山內淸男(1964)의 '型式編年'論과 유사하게 된다. 이것은 토기의 型式(하나의 기종에서 분류되는)이라기보다 樣式(일군의 토기 특징을 보여주는)에 가까운 개념이다.

7) 시대구분은 단순히 편년의 차원과 다르다. 어쩌면 한국고고학의 시대구분은 연구자들에게 과거 문화를 바라보는 하나의 시각(도구)으로 작용하고 있다. 필자는 삼시대법에 기초한 현 시대구분이 너무 고착화되면 과거 문화를 바라보는 다양한 해석을 방해할 수 있다고 본다. 따라서 시대구분에 대한 논의도 당연히 이루어져야 할 것이다.

을 어떻게 할 것인가 하는 논란도 여전하지만 더 큰 문제는 시대별 전공자가 양산되면서 그 시대만을 연구하는 경향이 있다. 더구나 시대별로 학회 혹은 연구회가 만들어져 활동하고 있다. 이로 인하여 다른 시대와의 관계나 통시적인 접근이 부족한 경우가 많아 앞선 시대와의 사이에 단절을 초래하기도 한다. 특히 구석기시대와 신석기시대, 신석기시대와 청동기시대 사이에 어떠한 문화변동이 이루어졌는지에 대한 연구가 소홀히 취급되고 있다.

한편 연속적인 문화가 시대구분으로 인하여 단절되는 경우도 있는데 바로 초기철기시대와 원삼국시대이다. 이 시대구분은 1973년에 처음 제시되었으나 한 차례 초기철기시대가 청동기시대 후기로 편입되었다가 다시 살아난 바도 있었고, 원삼국시대의 시작연대를 기원전 100년으로 올려봄으로써 초기철기시대의 연대폭이 200년에 지나지 않아 청동기시대에서 철기시대 혹은 원삼국시대로 넘어가는 전환기에 지나지 않게 된다. 또 원삼국시대는 나름대로 의미가 없는 것은 아니지만 역사적으로 보아 삼국시대로 편입시켜야 하는 시기이다. 무엇보다도 가장 큰 문제점은 연속적인 시기를 두 시대로 구분함으로써 철기문화의 변동을 제대로 설명하지 못하고 있다는 것이다. 이 때문에 일부 연구자들은 두 시대를 대신하여 삼한시대나 철기시대를 사용하기도 한다. 한국고고학에서는 대승적인 차원에서 문헌사와 함께 사용할 수 있는 시대구분을 모색하여야 할 것이다(최성락 2013c).

마지막으로 고고학 자료의 해석에서도 공백을 야기시킬 수 있다. 한국고고학에서 전파론은 매우 중요한 위치를 차지하고 있지만 역시 문화의 연속성을 설명하는데 역시 한계가 있다는 것이다. 과거 한국고고학에서는 우리 문화의 기원에 대한 연구가 큰 비중을 차지하고 있다. 이를 해결하기 위해서는 전파론 혹은 계통론이 주로 이용되었다(이성주 1995). 그런데 전파론은 문화요소가 어디에서 왔는지에 대한 관심이 큰 문화이론이지만 그 문화가 어떻게 그리고 왜 변화되었는지에 대한 관심이 부족하다(최성락 1995). 단순히 전파론이나 계통론의 시각에서 과거 문화를 해석하게 되면 역시 공백을 야기시킬 가능성이 매우 많아진다.

Ⅳ. 공백을 어떻게 메울 것인가?

고고학 연구에서 공백과 단절을 극복하는 기본적인 작업은 정밀한 발굴조사를 통해 양질의 고고학 자료를 확보하는 것이다. 고고학 자료의 확보 없이 무작정 공백을 메우자는 것은 무모한 주장일 수 있지만 어느 정도 고고학 자료가 축적된 경우에는 그 공백을 메울 필요가 있다는 것이다. 비유를 하자면 바둑판에서 프로기사들은 포석단계에서 바둑판 전체를 메울 수 있는 수읽기를 할 수 없지만 중반전에 접어들면 나머지 공간에 대한 수읽기를 통해 형세판단을 할 수 있다고 한다. 고고학 연구자도 공백을 메우고자 하는 목적을 가지고 바라본다면 무엇인가로 채울 수가 있겠지만 아무런 생각도 없이 기존의 선입관만을 따른다면 쉽게 공백을 메울 수 없는 것이다.

고고학 연구는 기본적으로 충분하지 못한 고고학 자료를 바탕으로 문화해석을 시도하는 작업이다. 또 고고학 자료는 단편적일 수밖에 없다. 단편적인 자료에서 복원할 수 있는 과거 사람들의 행위 또한 단편적인 것이다. 예를 들면 인류는 유인원에서 분리되어 고인류를 거쳐 현생인류가 출현하기까지 수백 만년동안 발견된 인골은 수 십 개에 지나지 않는다. 그 중간에 빠진 부분을 소위 잃어버린 고리(missing link)라고 하지만 그럼에도 불구하고 인류의 발생과정을 진화론의 입장에서 설명하고 있다. 그런데 신석기시대 이후가 되면 비교적 많은 고고학 자료가 확보되어 있고, 각 시기의 문화성격만이 아니라 문화가 어떻게 그리고 왜 변화되었는지 설명할 수 있어야 한다. 이러한 연구경향은 1960년대 미국고고학을 중심으로 등장한 신고고학(과정고고학)의 연구목적이라고 볼 수 있다. 이러한 연구목적을 지향하는 것은 바로 공백과 단절을 극복하려는 인식의 전환이라고 볼 수 있다.

고고학 연구에 있어서 가장 기본 작업은 시간적인 축에 대한 연구이다. 이를 고고학에서는 편년법이라고 하는데 상대연대법과 절대연대법으로 구분된다. 상대연대법은 고고학에서 사용되는 가장 기본적인 방법으로 유물의 속성이나 형식(즉 형태변이)을 기준으로 선후관계를 결정하는 것이다. 상내연대법에는 층서법, 형식학적 방법, 교차연대법, 순서배열법 등이 있는데 현대고고학에서는 층서법과 순서배열법만을 중시한다. 한국고고학에서 상대연대법은 이미 여러 연구자들에 의해 면밀한 검토가 이루어졌다(이희준 1883, 1864, 1986; 최성락 1984; 권학수 1995; 김장석 2014).

그런데 상대연대법에 있어서 가장 중요한 점은 형식학적 방법의 인식에서 벗어나야 한다는 것이다. 다시 말하면 여러 형식들이 한 시기에 중복될 수 있다는 개념과 한 형식이 등장한 이후 점차 유행하다가 사라졌다는 빈도의 개념이 포함되어야 한다. 이와 같이 형식학적 방법의 인식을 극복하려는 것이 바로 페트리의 계기연대법이고, 뒤이어 나타난 것이 순서배열법이다(Rouse 1967; 이희준 1983)(그림 1).

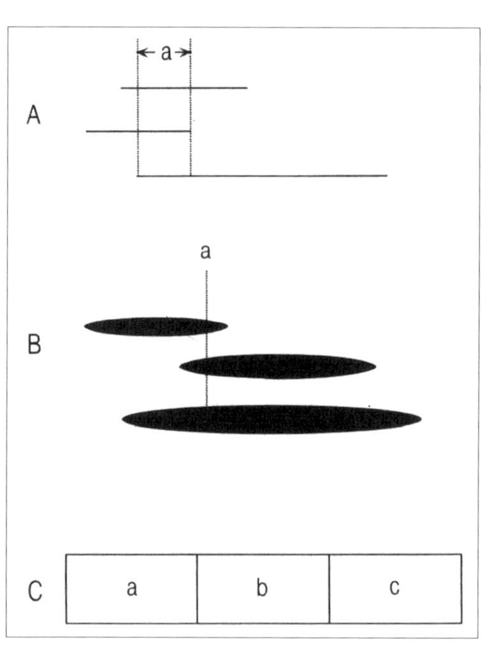

(그림 1) 형식학적 방법의 개념(C)와 순서배열법의 중복 개념(A)과 빈도 개념(B)

이러한 개념을 새삼 강조하고자 하는 것은 한국고고학에서 아직도 사용되고 있는 분기법, 즉 시기구분을 일부 연구자들이 여전히 단계구분으로 인식하고 있기 때문이다. 단계구분은 시기구분과 다른 의미를 함축하고 있다, 즉 단계구분은 고고학 자료가 서로 다른 조합성을 기준으로 그룹을 나누고, 단계별로 변화된다고 보는 것이다. 이 때 각 단계가 시간적으로 중첩되지 않다고 보는 경우와 중첩된다고 보는 경우로 나누어진다. 각 단계가 시간적으로 중첩되지 않는다고 본다면 그것은 바로 형식학적 방법이 된다(그림 2의 C). 만약 각 단계가 시기적으로 중첩된다고 본다면 이것은 一群의 고고학 자료를 나타내는 유물 조합으로 시기구분과 거리가 멀다. 따라서 단계 구분이라는 인식은 결코 형식학적 방법에서 크게 벗어나지 못한 것이기에 이러한 용어를 사용하거나 적용하는 것은 바람직하지 못하다. 유물의 형식뿐만 아니라 유물 조합 간에도 중복의 개념이 포함되어야 할 것이다. 예를 들면 1980년대 초에 와질토기론이 처음 발표되면서 김해패총의 연대를 기원후 3세기 이후로 보았고(신경철 1982; 최종규 1982), 와질토기가 출토되지 않는 사천 늑도패총을 기원전 2세기 말에서 1세기 중엽까지로 추정함과 동시에 해남 군곡리 패총의 연대도 기원후 1~3세기가 공백이라고 주장된 바가 있었다(안재호 1989). 이로 인하여 와질토기가 출토되지 아니한 남해안의 패총들은 기원후 1~2세기경이 공백이라는 인식이 한동안 자리잡았다. 이것은 영남지역 연구자들은 당시 종말기무문토기(경질무문토기) - 와질토기 - 도질토기라는 단계적인 변화를 받아들였기 때문이다. 이에 필자는 해남 군곡리 패총이 연대적으로 단절될 수 없으며 남해안지역의 패총 연대도 재검토되어야 한다고 비판한 바 있고(최성락 1993a, 1993b), 영남지역 연구자들도 김해 패총의 연대관이나 늑도패총의 연대관을 수정하면서 종말기무문토기(경질무문토기)와 와질토기가 일정기간 영남지역에서 공존한다는 사실을 받아들이게 된 것이다(이재현 2003; 80~84).

또한 절대연대를 편년에 적용하는 과정에서 혼란을 극복하여야 한다. 한국고고학에서 방사성탄소연대가 본격적으로 측정되면서 신석기시대 연대는 1970년대부터 적용되었던 반면에 청동기시대 연대는 이 보다 늦은 1990년대 후반부터 적용되었다. 최근에는 철기문화(초기철기시대~원삼국시대)의 연대에도 일부 적용되면서 다소 논란이 야기되고 있다. 2장에서 살펴본 사례에서와 같이 이 시기의 연대에 절대연대를 적극적으로 사용하는 연구자도 점차 많아지고 있다(김장석 2009; 김장석 · 김준규 2016; 이창희 2010, 2019). 특히 김장석(2014)은 한국고고학에서 계통론과 형식학적 편년법, 교차연대법 등을 자세히 검토하면서 그 모순점을 지적함과 동시에 이를 김징하기 위해서 절대연대법의 보완이 필요하다고 강조하였다.

그런데 절대연대는 이 시기의 편년 문제를 해결하는 꼭 필요한 것임에 틀림없지만 절대연대만으로 이 시기의 편년이 가능할지 의문이다. 왜냐하면 이 시기는 문헌기록이 없는 선사시대와 달리 원사단계이거나 역사시대에 속한다고 볼 수 있어 절대연대에 근거를 둔 고고학 편년이 타당한지 검증될 필요가 있기 때문이다. 일본고고학에서는 AMS 연대에 의해 야요이시대의 시작연대를 기원전 10세기경으로 올리면서 조기, 전기, 중기의 연대가 모두 조정되었지만 후기의 연대(기원후 50~250년)가 크게 변경되지 않았고, 각 시기에

西暦	中國	韓國	九州北部	従来の年代	西暦
2500 2000 1500 1000 500 紀元前 紀元後 250	仰韶 龍山 夏 商 1027 西周 770 春秋 403(453) 戰國 221 秦 206 前漢 8 新 25 後漢	櫛目文土器時代: 中期 / 後期 水佳里Ⅲ / 晚期 無文土器時代: 早期 ※突帶文土器 / 前期 ※孔列文土器 / 中期 ※先松菊里式 ※松菊里式 / 後期 水石里式 勒島式 原三國時代	繩文土器: 中期 / 後期 ※南福寺式 西平式 ※三万田式 広田式 / 晚期 ※黑川式 弥生時代: 早期 ※山の寺式 ※夜臼Ⅰ式 ※夜臼Ⅱa式 / 前期 ※夜臼Ⅱb式 ※板付Ⅰ式 ※板付Ⅱa式 ※板付Ⅱb式 ※板付Ⅱc式 / 中期 ※城ノ越式 ※須玖Ⅰ式 ※須玖Ⅱ式 / 後期 ※高三潴式 ※下大隈式 西新式	繩文土器: 中期 / 後期 / 晚期 弥生時代: 早期 / 前期 / 中期 / 後期	2500 2000 1500 1000 500 紀元前 紀元後 250

*은 연대를 계측한 토기형식

(그림 2) AMS방법에 의한 야요이시대 연대의 변화
(國立歷史民俗博物館 2004)

속하는 개별 토기형식을 그대로 인정되고 있다(그림 2). 그리고 3세기 중엽경으로 보는 고분의 등장연대가 실제로 AMS로 측정해 본 결과 2세기 중엽경(森岡秀人 2005)으로 나오고 있어 약 100년의 오차를 보여주고 있지만 이를 일본고고학에서는 받아들이지 않고 있다. 따라서 이 시기의 편년은 기존의 상대연대의 틀을 유지하면서 각 시기의 연대에 절대연대를 반영하는 것이 가장 합리적인 방안일 것이다(최성락 1989),

다음으로 시간축에서의 공백과 같이 동일한 유물이나 유물 조합이 나타나지 않는 지역은 공백인 것이다. 여기에서는 공백을 인위적으로 메운다기 보다는 그 공백을 남겨 두고도 어떻게 당시 문화를 해석할 것인가에 초점을 맞추어야 한다는 의미이다. 공간적인 공백을 극복하는 방안으로는 우선 각 지역별, 즉 소문화권별로 문화양상이 다르다는 점을 인식하여야 한다. 동일한 문화가 모든 지역에서 동일하게 분포할 수는 없는 것이다. 한반도가 대륙에 비하여 면적이 넓지 않지만 내부적으로 북부지역, 중부지역, 남부지역의 문화양상은 서로 다르다. 또 남부지역에서도 서남부지역과 동남부지역의 문화양상이 적지 않게 차이를 보이고 있다. 예를 들면 영남지역의 와질토기가 한반도 중남부지역의 전체에 확산되었을 것이라는 주장이 있었으나 실제로는 호서지역에서 일부 출현한 것 외에는 호남지역에서 전혀 나타나지 않는 것이 사실이다.[8]

또 문화의 중심지와 주변지역과의 관계를 고려해 보는 것이다. 문화의 중심지는 주변지역에 비하면 문화의 변화속도가 빠르고, 새로운 문화요소가 먼저 등장하였다. 이러한 현상은 바로 사회계층화의 문제와도 관련된다. 청동기시대 이후로 사회가 점차 계층화되면서 수장층이 등장하였고, 고대국가로

8) 현재 한국고고학에서는 각 지역별로 구성된 학회를 중심으로 그 지역에 대한 연구가 활발한 반면에 여러 지역을 함께 살펴보는 연구가 부족한 경향도 있다. 심지어 각 지역별로 서로 사용하는 고고학 용어가 달라 소통의 어려움도 있고, 과거 문화를 바라보는 시각에서도 차이가 난다.

발전하는 과정에서 계층간에 차별화가 더욱 심화되었을 것이다. 즉 수장층의 무덤에는 위신재뿐 아니라 교역을 통해 들어오는 새로운 유물들이 집중적으로 출토되는 반면에 낮은 계층에서는 전시기의 유물이 그대로 사용될 수 있다. 예를 들면 영암 방대형 고분의 사례를 보면 고분의 주매상시설은 5세기 중엽경의 횡구식 석곽이지만 주변에 추가장된 옹관을 보면 이 보다 시기가 앞서는 옹관형식이 매장되어 있었다(국립나주문화재연구소 2012, 2015). 따라서 각 문화권의 지역성을 받아들이고, 문화의 중심지와 주변지역을 구별하면서 계층화가 이루어진 점을 인식한다면 어느 정도 공간적인 공백이 극복될 수 있을 것이다.

그 다음으로 시간축과 공간축에서 나타나는 패턴을 분석하여 인간의 행위, 즉 문화를 해석하여야 하는 것이다. 이를 위해서는 우선 고고학에서 문화의 개념을 명확히 정의하여야 하고, 고고학 자료의 분석과 연구를 통해 문화를 복원하여야 한다. 하지만 한국고고학에서는 개별유물이나 유구에 대한 연구가 우선시 되면서 문화의 개념에 대한 논의나 고고학의 연구방법론과 연구목적에 대한 논의가 충분하지 못하다. 고고학적 문화는 유물복합체(assemblage)에서 추출된 추상적인 개념이며 유물복합체란 유구와 유물의 결합된 개념이다. 고고학적 문화는 기술적 문화, 사회적 문화, 정신적 문화 등 3범주로 나누어지는데 기술적 문화에는 기술, 환경, 생활형태 등이, 사회적 문화에는 교환체계, 사회구조 등이, 정신적인 문화에는 종교, 상징, 언어 등이 있다(Sharer and Ashmore 1993:447-448). 고고학적 문화는 과거 물질문화로 한정하여 인류학에서 정의한 문화의 개념과 다르게 보기도 하였으나 후기과정고고학 단계에 이르면 거의 동일한 개념으로 쓰이고 있다(최성락 1996). 문화의 특징 중에 하나는 일시적인 유행이 아니라 유형화된 행위인 것이다. 즉 문화란 사람들의 삶 자체이지만 단절적이 아니라 지속되었다는 점을 전제하고 있다.

문화의 연속성은 표지유물인 토기뿐 아니라 다양한 유물과 유구를 통해 찾아보아야 하는 것이다. 하나의 유물이나 유구에서 단절이 생긴다고 하더라도 다른 유물과 유구에서 연속성을 찾을 수 있으면 당시 문화가 지속되었다고 볼 수 있다. 반면에 유물복합체가 완전히 새롭게 등장하였거나 전혀 연속적이지 못하고 단절을 보여줄 경우에는 그 원인이 무엇인지 검토해 보아야 할 것이다. 전자의 경우는 새로운 문화의 유입을 상정해 볼 수 있고, 후자의 경우는 여러 가지 요인으로 주민들의 다른 지역으로 이동을 고려해 볼 수 있다.

고고학 자료의 시간축과 공간축에 대한 분석이 이루어지면 시간축을 근거로 문화 변동을 설명할 수 있는 것이고, 공간적인 분포를 바탕으로 이동과 전파, 교류와 교환, 문화접변 등을 설명할 수 있는 것이다. 공간축에 대한 해석에는 전파론이나 이주론이 적용되고, 시간축에 대한 해석에는 신진화론이 필요하다. 한국고고학에서 많이 사용되었던 전파론적 해석은 문화의 기원을 파악하는데 유익한 반면에 한 문화권의 내부적인 변화발전에 관심을 두는 신진화론적 해석도 필요한 것이다. 따라서 두 문화이론은 과거 문화를 복원하는데 상호보완적이라고 볼 수 있다.

그런데 공백의 문제는 결코 시간축과 공간축에서만 있는 것은 아니다. 과거 사람들의 삶을 다양한 관점에서 바라본다면 아직까지 밝혀지지 못한 문화적인 공백은 무수히 존재하고 있는 것이다. 이러한 다양한 측면의 문화는 고고학 연구자들이 각자 밝히고자 하는 특정 부분의 문화를 연구목적으로 삼고, 정밀한 발굴조사를 통해 얻어진 고고학 자료들을 여러 가지 분석 방법과 적절한 문화이론의 틀을 바탕으로 접근해야만 복원할 수 있는 것이다.

그리고 고고학 자료의 해석은 합리적이고 논리적으로 이루어져야 한다. 더구나 계속적으로 증가되는 고고학 자료를 완벽하게 해석할 수 있는 학설은 존재하지 않는다. 일찍 고고학의 명제가 단정적일 수 없다는 데이비드 엘 클라크(Clarke, D. L. 1972)의 언급이 있었듯이 현재까지 고고학 자료를 바탕으로 이루어진 주장은 매우 확률적일 수밖에 없다. 나아가서 고고학에서 주장은 하나의 가설이다. 가설은 일시적인 진실일지라도 영구적인 진실일 수는 없다는 켄

트 플래너리(Kent Flannery)의 다음과 같은 말을 꼭 음미해 볼 필요가 있다.

"과정 이론가들은 진실(Truth)이 단지 가장 통용하는 가설이고, 그들이 지금 믿는 무엇이든지 그들 생애나 그 이후에 결국 잘못된 것으로 밝혀진다는 것을 가정한다. 그들의 이론(가설)은 그들에게 자식과 같은 것은 아니어서, 그들의 이론(가설)이 잘못되었을 때 상처를 덜 받는다(Flannery 1967:122)".

V. 맺음말

고고학에서 공백과 단절의 문제는 단순히 편년만으로 해결될 문제가 아니라 연구방법론과 관련된 중요한 담론이다. 이 문제를 다루기에 앞서 필자는 각 지역에서 논의되고 있는 초기철기시대와 원삼국시대의 공백 문제를 검토해 보았다. 특히 호남지역에서의 논란은 공백을 극복하기 위하여 고고학 편년을 수정하여야 한다는 입장과 기존의 편년관으로 연속적인 문화양상을 설명하려는 입장 사이에서 생긴 것이다.

고고학에서 공백인 이유로는 우선 고고학 자료의 부재와 유적의 미조사로 볼 수 있다. 즉 사람들이 살지 않았거나 다른 지역으로 이동하였기 때문에 유적이 확인되지 않은 경우와 유적이 파괴되거나 미조사로 인하여 고고학 자료가 없는 경우가 있다. 다른 이유로는 고고학 연구자의 인식 틀인 연구방법론에도 문제가 있을 수 있다. 즉 형식분류를 바탕으로 하는 편년법과 고고학 자료를 해석하는 과정에서도 나타날 수 있다.

이러한 공백과 단절을 극복하기 위해서 고고학 연구자들은 이 문제를 방치할 것이 아니라 좀 더 적극적으로 해결하려는 문제의식을 가져야 할 것이다. 이를 위해서는 시간축인 편년과 공간축에 대한 연구를 기반으로 합리적인 문화해석이 시도되어야 한다. 고고학 연구자들은 과거 문화를 연구할 수 있는 충분한 고고학 자료를 현재는 물론 미래에도 제공받지 못할 것이다. 그럼에도 불구하고 고고학 연구자들은 과거 문화의 편년적 양상뿐 아니라 문화 변천을 비롯한 다양한 측면을 설명할 수 있어야 한다.

〈참고문헌〉

국립김해박물관, 2005, 『전환기의 선사토기』.

국립나주문화재연구소, 2012, 『영암 옥야리 방대형고분 -제1호분 발굴조사보고서-』.

국립나주문화재연구소, 2015, 『영암 옥야리 방대형고분 Ⅱ-분구조사-』.

국립청주박물관 외, 2019, 『호서의 마한』, 2019 국립청주박물관 특별전 도록.

국립청주박물관 · 한국상고사학회, 2019, 『호서 마한의 대외 관계망 형성』.

권학수, 1995, 「다차원척도법을 통한 상대연대측정법의 개선연구」, 『한국고고학보』35, 한국고고학회.

김상민, 2019, 「호서지역 초기철기와 마한 그리고 진한」, 『호서의 마한』, 2019 국립청주박물관 특별전 도록.

김승옥, 2000, 「호남지역 마한 주거지의 편년」, 『호남고고학보』11, 호남고고학회.

김승옥, 2007, 「금강유역 원삼국~삼국시대 취락의 전개과정 연구」, 『한국고고학보』65, 한국고고학회.

김은정, 2017, 「전북지역 원삼국시대 문화적 공백기에 대한 재검토」, 『중앙고고연구』19호, 중앙문화 재연구원.

김장석, 1995, 「소금, 인류학, 그리고 고고학」, 『한국고고학보』32, 한국고고학회.

김장석, 2009, 「호서와 서부호남지역 초기철기시대 · 원삼국시대 편년에 대하여」, 『호남고고학보』33.

김장석, 2014, 「한국고고학의 편년과 형태변이에 대한 인식」, 『한국상고사학보』83, 한국상고사학회.

김장석, 2018, 「한국 신석기-청동기시대 전환과 조기 청동기시대에 대하여」, 『한국고고학보』109, 한국고고학회.

김장석 · 김준규, 2016, 「방사성탄소연대로 본 원삼국시대-삼국시대 토기편년」, 『한국고고학보』100, 한국고고학회.

김진영, 2018, 「영산강유역 철기시대 문화 연구」, 영남대학교대학원 박사학위논문.
박경신, 2018, 「원삼국시대 중도유형 취락의 편년과 전개」, 숭실대학교대학원 박사학위논문.
박순발, 1989, 「한강유역 원삼국시대 토기의 양상과 변천」, 『한국고고학보』23, 한국고고학회.
박순발, 2005, 「토기상으로 본 호남지역 원삼국시대의 편년」, 『호남고고학보』21, 호남고고학회.
박진일, 2007, 「점토대토기, 그리고 청동기시대와 초기철기시대」, 『한국청동기학보』1, 한국청동기학회.
박진일, 2019. 「서기 전후 미지의 200년」, 『호서의 마한』, 2019 국립청주박물관 특별전 도록.
박형열, 2019, 「원삼국시대 토기로 본 중서부와 영남지역의 대외교류」, 『호서 마한의 대외 관계망 형성』, 국립청주박물관 · 한국상고사학회.
배진성, 2017, 「전환기 고고학에 대한 학사적 검토」, 『한국상고사학보』98, 한국상고사학회.
송종열, 2015, 「만경강유역 점토대토기문화의 정착 과정」, 『호남고고학보』50, 호남고고학회.
서길덕, 2018, 「점토대토기, 중부지역 원삼국시대 여명기 물질문화」, 『중부지역 원삼국시대의 여명』, 숭실대학교 한국기독교박물관.
서현주, 2019, 「마한 문화의 전개와 변화양상」, 『호남고고학보』61, 호남고고학회.
申敬澈, 1982, 「釜山 · 慶南出土 瓦質系土器」, 『한국고고학보』12, 한국고고학회.
안재호, 1989, 「3. 삼각형점토대토기의 성격과 연대」, 『늑도주거지』, 부산대학교박물관.
영남고고학회, 2017, 『영남의 전환기 고고학』, 제26회 영남고고학회 학술대회.
유은식, 2018, 「중도식무문토기, 중부지역 원삼국시대 여명기 물질문화」, 『중부지역 원삼국시대의 여명』, 숭실대학교 한국기독교박물관.
윤무병, 1972, 「한국 청동유물 연구」, 『백산학보』12, 백산학회.
이기길, 2018, 『호남 구석기문화의 탐구』, 혜안.

이동희, 2010,「“호서와 서부호남지역 초기철기-원삼국시대 편년”에 대한 반론」,『호남고고학보』35, 호남고고학회.

이동희, 2017,「영산강유역 마한 초현기의 분묘와 정치체의 형성」,『호남고고학보』57, 호남고고학회.

이성주, 1995,「帝國主義時代 考古學과 그 殘迹 古文化」47, 한국대학박물관협회.

이성주, 2015,「초기철기시대 · 원삼국시대-총설」,『영남고고학』(영남고고학회편), 사회평론.

이수홍, 2007,「동남부지역 청동기시대 후기의 편년 및 지역성」,『영남고고학』40, 영남고고학회.

이영철, 2005,「영산강유역의 원삼국시대 토기상」,『원삼국시대 문화의 지역성과 변동』, 제29회 한국고고학전국대회 발표집, 한국고고학회.

이융조, 1975,「방사성탄소연대측정과 한국선사시대 편년」,『역사학보』68, 역사학회.

이재현, 2003,「변 · 진한사회의 고고학적 연구」, 부산대학교대학원 박사학위논문.

이창희, 2010,「점토대토기의 실연대-세형동검문화의 성립과 철기의 출현연대」,『문화재』43-3, 국립문화재연구소.

이창희, 2019,「중도식무문토기의 출현연대 재검토」,『한국상고사학보』103, 한국상고사학회.

이청규, 1982,「세형동검의 형식분류 및 그 변천에 대하여」,『한국고고학보』13, 한국고고학회.

이헌종, 2006,「영산강유역 구석기시대의 편년」,『영산강유역의 구석기 고고학과 4기 지질학』(이헌종 외), 학연문화사,

이형원, 2011,「중부지역 점토대토기문화의 시간성과 공간성」,『호서고고학』24, 호서고고학회.

이희준, 1983,「형식학적 방법의 문제점과 순서배열법(seriation)의 검토」,『한국고고 학보』14 · 15, 한국고고학회.

이희준, 1984,「한국고고학 편년연구의 몇가지 문제」,『한국고고학보』16, 한국고고학회.

이희준, 1986,「상대연대결정법의 종합고찰」,『영남고고학』2, 영남고고학회.

장지현, 2015,「호남지역 점토대토기문화의 전개양상과 특징-생활유적을 중심으로」,『호남고고학보』52, 호남고고학회.

전경수, 1993,「선사문화의 변동과 소금의 민속고고학-한국고고학의 이론화를 위한 시론-」,『한국학보』71, 일지사.

최성락, 1984,「한국고고학에 있어서 형식학적 방법의 검토」,『한국고고학보』16, 한국고고학회.

최성락, 1987,『해남 군곡리 패총』1, 목포대학교박물관.

최성락, 1989,「한국고고학에 있어서 연대문제」,『한국고고학보』 23, 한국고고학보.

최성락, 1993a,「원삼국시대 패총문화-연구성과 및 제문제」,『한국고고학보』29, 한국고고학회.

최성락, 1993b,『한국 원삼국문화 연구-전남지역을 중심으로-』, 학연문화사.

최성락, 1995,「한국고고학에 있어서 전파론적 해석의 검토」,『한국상고사학보』 19, 한국상고사학회.

최성락, 1996,「고고학에 있어서 문화의 개념」,『한국상고사학보』22, 한국상고사학회.

최성락, 2002,「전환기고고학의 의미와 과제」,『전환기의 고고학1』(한국상고사학회편), 학연문화사.

최성락, 2006,「일본 야요이시대 연대문제에 대하여」,『한국고고학보』58, 한국고고학회.

최성락, 2012,「초기철기시대론에 대한 비판적 검토」,『21세기 한국고고학』V, 주류성.

최성락, 2013a,「경질무문토기의 개념과 성격」,『박물관연보』 21, 목포대학교박물관.

최성락, 2013b,「호남지역 초기철기시대와 원삼국시대 연구현황과 전망」,『호남고고학보』45, 호남고고학회.

최성락, 2013c,「시대구분론」,『한국고고학의 새로운 방향』, 주류성.

최성락, 2017, 「호남지역 철기문화의 형성과 변천」, 『도서문화』49, 목포대학교 도서문화연구원.

최성락 · 강귀형, 2019a, 「'방사성탄소연대로 본 원삼국시대-삼국시대 토기편년'에 대한 반론」, 『호남고고학보』61, 호남고고학회.

최성락 · 강귀형, 2019b, 「"초기철기시대와 원삼국시대 고고학 자료의 인식"에 대한 반론」, 『고고학』18-1, 중부고고학회.

최병현, 1998, 「原三國土器의 系統과 性格」, 『한국고고학보』38, 한국고고학회.

최종규, 1982, 「陶質土器 成立前夜와 그 展開」, 『한국고고학보』12, 한국고고학회.

하인수, 2006, 『남해안지역의 신석기문화연구』, 부산대학교대학원 박사학위논문.

하진영, 2015, 「호남지역 경질무문토기의 변천과 성격」, 전북대학교대학원 석사학위논문.

한국상고사학회, 1998, 『전환기 고고학 1』, 제20회 한국상고사학회 학술대회.

한국상고사학회, 1999, 『전환기 고고학 2』, 제22회 한국상고사학회 학술대회.

한국상고사학회, 2002, 『전환기의 고고학 Ⅰ』, 학연문화사.

한옥민, 2018, 「타날문토기 등장과정에 대한 재해석-해남 군곡리유적을 중심으로」, 『호남고고학보』58, 호남고고학회.

한창균, 2014, 「일제강점기에 있어 한국 구석기시대의 인식」. 『한국구석기학보』29, 한국구석기학회.

허진아, 2011, 「주거자료를 통해 본 호남지역 원삼국시대 지역성」, 『한국상고사학보』74, 한국상고사학회.

國立歷史民俗博物館, 2004, 『彌生農耕の起源と東アジア』, 國立歷史民俗博物館國際研究 集會 2004-3.

山内清男, 1964, 「繩文式土器總論」, 『日本原始美術』Ⅰ.

森岡秀人, 2005, 「新しい年代論と新たなパラダイム」, 『古墳のはじまりを考える』(金關恕 外), 學生社.

Clarke. D. L., 1968, *Analytical Archaeology*, Methuen, London.

Flannery, K.V. 1967, "Culture History vs Culture Preocess: A debate in American Archaeology", *Scientific American* 217: 119-122.

Nelson, S. M., 1982, The Effects of Rice Agriculture on Prehistoric Korea, *Jounal of Asian studies* Vol. XL I , No.3.11

Nelson, S. M., 1993, *The Archaeology of Korea*, Cambridge World Archaeology.

Rouse, I., 1967, "Seriation in archaeology," *American Historical Anthropolgy*, (eds. C. L. Riley and W. W. Taylor), Essays in Honor of Leslie Spier, Southern Illinois Univ. Press.

Sharer, R. J. and W. Ashmore, 1993, *Archaeology*, Mayfield.

점토대토기의 연구현황과 과제

최성락

Ⅰ. 머리말

점토대토기는 중국 동북지역에서 한반도의 중남부지역을 거쳐 일본지역에 이르기까지 동아시아지역에 넓게 분포하고 있는 특징적인 토기이다. 점토대토기에 대한 연구는 1970년대부터 부분적으로 이루어졌지만 2000년에 들어서면서 발굴된 고고학 자료들이 증가함에 따라 다양한 측면에서 연구가 이루어졌고, 그 성격이 어느 정도 파악되었다고 볼 수 있다. 처음 등장한 원형점토대토기는 중부지역에 넓게 사용되었으며 뒤이어 나타난 삼각형점토대토기는 주로 서해안지역과 남부지역에 집중적으로 분포하고 있다. 또 점토대토기는 세형동검 등 청동기와 함께 적석목관묘에 부장되었고, 뒤이어 철기와 함께 토광묘(목관묘)에 부장되었다. 점토대토기는 청동기시대 후기부터 초기철기시대를 거쳐 원삼국시대까지 사용되었는데 이 토기에서 변화된 토기(홑구연의 경질무문토기)의 경우, 타날문토기가 등장한 시기에도 여전히 남아있었다.

하지만 지금까지 여러 연구자들의 노력에도 불구하고 합치된 의견이 도달하지 못한 부분이 없지 않다. 이것들은 점토대토기의 기원과 시작연대, 점토대토기의 유입 경로, 원형점토대토기와 삼각형점토대토기 사이의 관계 등이다. 이와 더불어 점토대토기가 어느 시대에 속하는 토기인지에 대한 논란도 있다. 즉, 원형점토대토기의 등장을 청동기시대 후기로 보는 견해와 이를 초기철기시대 혹은 삼한시대의 시작으로 보는 견해로 나누어진다. 그리고 점토대토기를 한 시대 혹은 한 시기를 대표한다는 인식이 강하게 작용함에 따라 이것이 존재하지 않은 지역은 자연스럽게 문화적인 공백으로 받아들이는 경향도 없지 않다. 이와 같이 논란이 되거나 혼란스러운 문제들을 중심으로 점토대토기의 연구현황을 정리해 보는 것은 나름대로 의미가 있다고 판단된다.

따라서 본고에서는 먼저 점토대토기에 대한 인식 문제를 정리해 보고, 점토대토기의 기원과 연대, 점토대토기의 변천 등을 중심으로 살펴보면서 여기에서 제기되는 문제점과 과제도 검토해 보고자 한다.

Ⅱ. 점토대토기에 대한 인식

1. 점토대토기 관련 용어 문제

점토대토기를 연구하는 데에 있어서 가장 기본적인 문제는 점토대토기를 어떻게 정의할 것인가 하는 것과 이와 관련된 용어들이다. 연구자들에 따라 사용하는 개념과 용어가 각기 달라 혼란스럽기에 이를 정리해 보고자 한다.

첫째는 점토대토기의 개념이다. 점토대토기는 점토띠토기, 돌대띠토기, 덧띠토기 등으로 지칭되는데 토기의 구순에 원형 혹은 삼각형의 점토대를 붙인 토기이다. 원형점토대토기의 기형이 발형(심발형)으로 비교적 단순하지만 삼각형점토대토기의 기형은 발형(심발형), 옹형, 호형 등으로 다소 다양해진다.

점토대토기가 처음 언급된 것은 경기도지역의 무문토기와 마제석기를 다루었던 이백규(1974)에 의해 청동기시대 후기의 무문토기로 인식되었고, 이후 연구자들도 대체로 한국과 일본 九州지역에 분포하는 무문토기 중의 하나로 인식하였다(後藤直 1979; 한상인 1981). 이후 점토대토기가 중부지역에서 발생한 것이 아니라 그 기원이 중국 요령지역에 있다는 주장이 제기되었다. 박순발(1993b)은 요령지역의 점토대토기가 세형동검과 함께 중부지역으로 유입되었다고 보았다. 이러한 유입설이 제기된 이후에는 요령지역의 점토대토기에 대한 관심이 많아지면서 세밀한 검토도 이루어졌다. 배현준(2011)은 요서지역에서 비파형동검과 함께 이중구연토기가 사용되었는데 이것이 점차 변화되어 요동 정가와자유적에서 원형의 점토대토기가 출현하였다고 보았다. 김민경(2014)도 요령지역 점토대토기의 양상을 정리하고 있는데 요서지역에서 초기에 나타나는 이중구연토기를 점토대토기의 개념에서 제외하였다. 반면 다른 연구자들은 요서지역의 이중구연토기도 점토대토기에 속하는 것으로 이해하지만 요동지역의 점토대토기를 한국의 점토대토기와 직접 관련이 있는 것으로 보고 있다(박순발 2015; 진영민 2015).

한편 점토대토기의 범위를 어디까지 잡을 것인가 하는 문제도 있다. 점토대토기는 대체로 원형에서 삼각형을 거쳐 홑구연으로 변화되었다. 점토대의 흔적이 남아있는 경우만을 한정한다면 점토대토기와 함께 사용되었던 홑구연의 토기나 삼각형에서 변화된 홑구연의 토기들을 어떻게 볼 것인가 하는 문제가 남았다. 중부지역에서는 삼각형점토대토기를 뒤이어 나타나는 무문토기를 중도식무문토기 혹은 경질무문토기로 보고 있으나 이러한 토기가 점토대토기와의 관련성이 적은 것으로 인식되고 있다. 그리고 영남지역에서 삼각형점토대토기에 뒤이어 와질토기가 등장되었다고 보고 있지만 와질토기가 나타나지 않는 경남 서부지역에서는 홑구연화된 무문토기로 변화되는데 이를 종말기무문토기에 포함시키거나 적색연질토기로 분류되기도 한다. 전남지역에서는 삼각형점토대토기로부터 변화된 홑구연화된 무문토기가 점토대토기와의 관련성이 매우 높다. 이러한 홑구연의 무문토기를 점토대토기로 부를 수는 없다고 하더라도 점토대토기로부터 변화된 것임을 주목하여야 한다.[1)]

그리고 점토대토기를 무문토기의 범주 속하는 토기로 볼 것인가 아니면 별개의 토기로 인식할 것인가 하는 문제이다. 초기 연구자들의 인식과 달리 점토대토기를 무문토기의 범주에서 분리시켜 보려는 인식도 나타나고 있다. 즉 점토대토기가 사용되었던 시기를 청동기시대가 아닌 초기철기시대나 삼한시대로 보는 연구자의 경우는 무문토기문화와 점토대토기문화를 분리하여 바라보고 있다(서길덕 2018, 2019). 반면 초기 연구자들과 같이 여전히 무문토기의 범주로 인식하는 경우도 있다. 예를 들면, 이형원(2018)은 고조선 연구에서 미송리형토기와 팽이형토기와 함께 점토대토기를 포함시키고 있다. 이것은 고조선을 바라보는 시각에서 점토대토기도 무문토기의 범주에 속한다고 보는 것이다. 그런데 점토대토기 이후에도 중도식무문토기, 경질무문토기 등의 용어가 사용되고 있고, 점토대토기의 제작기법이 무문토기의 제작기법에서 크게 벗어난 것이 아니기 때문에 기본적으로 무문토기의 범주에 속한다고 볼 수 있다. 하지만 이것은 연구자에 따라 다르게 볼 수 있는 것으로 중요하게 취급될 문제가 아니다. 반면에 점토대토기의 개념과 범위를 어떻게 설정할 것인지 하는 것은 분명하게 정리될 필요가 있다.

두 번째는 점토대토기가 사용되었던 시기를 지칭하는 용어 문제이다. 이 시기를 '점토대토기 시대'(박진일 2000), '점토대토기 단계'(송만영 2011), '점토대토기 문화기'(이동희 2002), '점토대토기 시기'(황외식 2008) 등이 사용되고 있다. 이것은 점토대토기를 다루면서 연구자들이 특정 시대를 언급하기 불편함이 있기 때문에 다양하게 표현한 것으로 이해된다.

---

1) 필자는 이 문제를 해결하는 방법의 하나로 이 시기 토기를 삼각형점토대토기로 보는 것이 아니라 경질무문토기로 부르고 있다. 이 시기에는 삼각형점토대토기에서 홑구연으로 변화되기도 하지만 삼각형점토대토기와 더불어 홑구연의 토기도 함께 사용되기 때문이다.

먼저 점토대토기 시대와 같이 고고학 시대구분의 명칭으로 사용되는 것은 매우 부적절한 것이며 실제로도 널리 사용되지 않는다. 점토대토기와 관련된 시대구분은 다음 절에서 자세히 다루고자 한다.

다음으로 점토대토기 단계는 고고학 용어라기보다는 편의적으로 사용되는 것으로 볼 수 있다. 단계라는 용어는 점토대토기 사용 시기의 전체를 언급할 뿐만 아니라 그 시기를 다시 몇 단계로 나누어 사용되는데 문제가 있다. 즉, 점토대토기 사용 시기를 몇 단계로 나누고, 각 단계를 각 시기로 보는 경우(박진일 2007, 2013)와 각 단계가 약간의 중복을 보여주는 경우(진영민 2015)로 나눌 수 있다. 전자의 경우는 편년의 대상을 각 시기별로 배치하여 각 단계가 바로 시기를 나타내고 있어 두 용어가 같은 개념으로 사용되고 있다. 후자의 경우는 시기를 나타내는 것이 아니라 하나의 유물조합 혹은 유물복합체를 의미한다. 또 각 유물조합 혹은 유물복합체가 일정 시기 중복되면서 변화된다고 보는 것이다. 이 경우에 단계라는 용어를 대신하여 유형이라는 용어를 선택한 사례도 있다(전일용 2006).

그런데 전자와 같이 특징적인 요소가 결합된 편년의 대상을 바로 선후관계로 보고, 각 시기를 나타낸다고 보는 단계론은 한국고고학 연구자들이 일반적으로 가장 많이 사용하고 있어 편년법의 하나인 시기구분법과 동일한 것이다. 이러한 단계론은 고고학에서 가장 기본적인 연구방법인 몬텔리우스의 형식학적 방법을 잘못 이해한 데에서 출발한 것이다.[2] 그런데 이러한 단계론의 문제점은 문화요소들이 단절적으로 변화되는 것이 아니라 중복되면서 변화된다는 것이다. 즉, 일부 문화요소가 일찍 사라질 수도 있고, 반면 일부 문화요소는 보다 오랫동안 지속될 수도 있다는 것이다. 또한 문화요소들은 등장한 이후 크게 유행하다가 점차 소멸되어가는 성질을 가지고 있다. 이러한 특성을

2) 단계론의 시작은 고고학에서 기본적인 방법인 형식학적 방법일 것이다. 이 방법은 일본고고학에서 형식편년이라는 형태로 변화되었고, 다시 한국고고학에 알려지면서 단순화되어 단계론으로 인식되었을 것이다.

잘 담고 있는 연구방법이 페트리의 계기연대법(seqeunce dating)이고, 이것이 다시 순서배열법(seriation)으로 발전되었다. 지금도 많이 사용되는 순서배열법은 바로 중복의 개념과 빈도의 개념을 포함하는 것이다. 따라서 고고학에서 상대편년을 단계로 표현하기보다는 시기로 표현하는 것이 더 합당하다고 생각된다.

한편 점토대토기 문화기와 점토대토기 시기 등이 있는데 이중 점토대토기 문화기는 점토대토기문화의 시기를 의미하는 것으로 앞서 언급한 점토대토기 시대와 같이 편의적인 용어에 지나지 않는다. 또한 점토대토기 시기도 역시 점토대토기가 사용되었던 시기를 의미하는 편의적인 용어이다.

세 번째는 '점토대토기문화'의 문제이다. 점토대토기를 다루는 거의 모든 연구자들은 점토대토기가 빗살문토기와 무문토기와 같이 특정 시기를 대표한다는 의미에서 점토대토기문화를 사용하고 있다. 특히 점토대토기를 초기철기시대의 시작으로 보거나 삼한시대의 시작과 관련된다고 보는 연구자들은 이러한 의미에서의 점토대토기문화를 받아들이고 있다.

하지만 고고학적 문화의 개념은 고고학 자료인 유물복합체(assemblage)에서 추출된 추상적인 개념으로 어느 한 유물이나 유적에 문화를 붙이는 것은 적절하지 못하다. 예를 들면, 청동기시대만 하더라도 팽이형토기, 공열토기, 송국리식토기, 역삼동식토기 등에 모두 토기에 문화를 붙일 수 없는 것이다. 더구나 토기뿐 아니라 다른 유물 혹은 유적에 문화를 붙인다면 혼돈이 생길 수밖에 없다. 또 빗살문토기문화나 무문토기문화는 한국고고학의 통상적인 시대구분에 따라 신석기문화나 청동기문화로 대치되고 있기 때문에 점토대토기문화가 비록 한 시대를 대표한다고 하더라도 적절한 용어로 볼 수 없다.

그럼에도 불구하고 점토대토기문화를 사용하게 된다면 몇 가지 문제가 생길 수 있다. 먼저 기존의 사회에 점토대토기가 일부 유입되었을 경우, 이를 점토대토기문화로 볼 수 있을까 하는 의문이 든다. 엄격하게 말하면 점토대토기가 일부 사용하였다고 하더라고 그것이 바로 점토대토기문화로 부를 수 없는 것이다. 고고학에서의 문화란 '유물과 유구가 결합된 유물복합체'를 언급하기 때문에 점토대토기와 함께 이 토기와 관련이 깊은 특징적인 주거지나 분묘를 묶어서 언급할 때, 비로소 점토대토기문화로 볼 수 있는 것이다.

그런데 원형점토대토기가 비교적 남한지역에 넓게 분포하고 있지만 대부분 기존의 무문토기와 공존하는 현상을 보여주고 있는 반면에 삼각형점토대토기가 사용되는 지역은 서해안지역과 남부지역에 한정되어 있기에 원형점토대토기와 삼각형점토대토기가 사용된 시기 전체를 점토대토기문화로 규정한다면 많은 모순이 생길 수밖에 없다. 다시 말하면 점토대토기문화만을 너무 강조하다보면 공존하였던 다른 문화요소나 유물복합체를 도외시되는 위험도 없지 않다는 것이다. 더구나 삼각형점토대토기가 발견되지 않은 지역은 그 시기가 공백처럼 비춰질 위험성도 있는 것이다.

한편 문화를 붙이는 대신에 유형이나 유물복합체를 붙이는 경우도 있다. 대표적으로 정인성(2014)은 영남지역의 당시 토기문화를 점토대토기유형과 와질토기유형을 나누었다. 이것은 마치 중도문화를 중도유형으로 지칭하는 것과 유사한 것으로 상위개념인 문화를 붙이는 것보다는 다소 하위개념으로 유형을 붙이는 것으로 이해된다. 한편 최정화(2011)는 점토대토기문화 대신에 '점토대토기 유물복합체'이라는 용어를 사용하고 있는데 점토대토기와 공반되는 유물과 유구를 포괄하는 의미로 사용하였다.

그런데 類型은 생물학에서 종의 분류에서 시작된 개념이다. 중국고고학에서는 유물이나 유구의 분류에서의 유형이 형식(type)과 같은 개념으로 사용되고 있다. 또 文化類型은 중국고고학자인 蘇秉琦의 區系類型論에서 비롯된다. 그는 중국에서 선진적인 中原文化가 주변지역으로 전파되어가는 맥락에서 파악할 것이 아니라, 각각 지역적인 구분을 하고(區), 지역별로 문화의 시간적인 변천을 세운 후(系), 주변의 여러 지역 유적과 비교하여 동질성을 보이는 문화를 類型으로 설정하는 것이다(蘇秉琦外 1981). 이 유형론은 단지 중원 일변도로 나아가던 고고학적 연구방법에서 탈피, 각 지역별 문화를 강조하고, 각 지역별로 발전 및 교류를 중요시하는 계기가 되어서 중국고고학계의 흐름에 큰 전환을 이루는 계기가 되었고, 각 지역에서는 다양한 문화유형들이 설정되었다(강인욱 1996). 하지만 구계유형론은 문화, 유형, 계통에 대한 방법론적 논의가 아니라 고대문명의 발달과정을 제시하는 논의이다(강인욱 2005). 실제로 중국고고학에서는 크게 문화와 문화유형(유형)을 구분하고 있는데 대체로 넓은 지역에서 어느 시기를 대표하는 문화적인 양상에 문화를 붙이고, 비교적 한정된 지역에 나타나는 것을 유형이라 하지만 연구자들간의 엄격한 기준이 없이 사용되고 있다. 이와 같이 우리 연구자들도 중국 동북지역의 문화를 다루면서 자연스럽게 문화와 유형의 개념을 차용하여 사용하지만(김미경 2009) 역시 뚜렷한 구분없이 사용됨에 따라 혼란을 주고 있는 것이다.

결국 필자는 기본적으로 점토대토기에 문화를 붙이는 것에 부정적인 입장이지만 이를 받아들인다고 하더라도 '점토대토기문화'를 '점토대토기가 사용되었던 시기의 모든 문화'가 아니라 '점토대토기로 대표되는 유물복합체'로 한정하고자 한다.[3] 이를 박영구(2010: 66쪽 주6)는 다음과 같이 정의하고 있다. 즉, "점토대토기문화란 일반적으로 원형점토대토기와 공반된 일련의 유물군 - 세형동검 및 동반 청동기류, 흑도장경호, 두(豆), 유구석부, 삼각형석촉과 유구 -(장)방형의 주거지 및 수혈유구, 적석목관묘(석관묘) 및 토광묘-를 총칭한다." 다만 유구석부는 요동지역의 점토대토기 유적에서 출토되지 않는 유물임이 지적되고 있다(박순발 2015, 66-67). 따라서 점토대토기문화가 점토대토기가 사용되었던 시기의 문화라는 시각에서 당시 사회를 바라보게 되면 그것과 공존하였던 다른 문화요소 혹은 유물복합체를 간과해버릴 가능성이 많다는 점을 염두에 두어야 한다.

3) 이렇게 정의하게 되는 배경에는 다음과 같은 이유가 있다. 즉 원형점토대토기 시기에는 기존의 토착적인 문화와 공존하였기에 기존의 문화들을 배제하고 점토대토기와 함께 유입된 문화만을 지칭하여야 한다는 것이고, 삼각형점토대토기 시기에는 이미 토착문화와 융합되었지만 매우 한정된 지역에서만 분포하고 있다는 것이다.

2. 시대구분의 문제

점토대토기가 어느 시대에 속하는 토기로 보아야 할까? 많은 연구자들이 점토대토기를 다루면서 이와 관련된 시대구분의 문제를 언급하고 있지만 여전히 혼란스러운 상태이다. 이러한 논란을 간략히 살펴보고자 한다.

초기 연구에서는 점토대토기를 청동기시대의 후기를 대표하는 토기로 보았다(이백규 1974). 하지만 김원용(1973)은 점토대토기, 세형동검, 철기의 등장을 묶어 초기철기시대의 시작으로 비정하였고, 한차례 청동기시대 후기(김원용 1977)로 변경한 바가 있으나 다시 초기철기시대로 되돌려 놓았다(김원용 1983). 반면 초기철기시대와 원삼국시대를 통합하여 삼한시대로 보는 연구자들은 점토대토기가 이 시대에 속하는 것으로 보았다.

그런데 박진일(2007)은 원형점토대토기를 청동기시대 후기로 보고, 세형동검의 시작부터 초기철기시대로 보자고 제안하면서 초기철기시대의 시작연대를 기원전 400년경으로 보고 있다.[4] 또한 원형점토대토기와 세형동검을 초기철기시대가 아닌 청동기시대 후기로 보자는 견해는 이청규(2007)에 의해 먼저 주장되었다. 뒤이어 이창희(2010)와 이형원(2011)은 철기의 유입을 기준으로 초기철기시대로 설정하자고 하였다. 이러한 개념은 일찍 이남규(1982)에 의해 초기철기시대를 규정한 바가 있었고, 박순발(1993a)도 세형동검기를 전기와 후기로 나눈 뒤에 세형동검기 후기를 초기철기시대로 보았다.

반면 원형점토대토기의 시작연대를 기원전 300년경이 아니라 기원전 500년경으로 올려보는 서길덕(2018, 2019)이나 시대구분의 기준을 사회경제적

4) 최근 박진일(2020)은 청동기학회 학술대회에서 점토대토기와 세형동검을 청동기시대 후기로 보는 것을 받아들임과 함께 '초기철기시대 폐기'를 주장하면서 한시적으로 원삼국시대의 상한을 올리고, 점차 고조선의 도입과 같이 역사적인 시대구분을 고려하자고 하였다. 이 역시 앞으로 논의되어야 할 과제일 것이지만 초기철기시대만 폐기할 것이 아니라 원삼국시대도 함께 검토되어야 한다. 왜냐하면 고조선과 같은 역사적인 시대구분을 도입하고자 한다면 당연히 원삼국시대는 삼국시대에 편입시켜야 하기 때문이다.

연결망으로 보자는 송만영(2011)은 여전히 원형점토대토기의 등장을 초기철기시대의 기준으로 잡고 있다.[5] 만약 초기철기시대의 개념을 수정하지 않고 그대로 사용하려고 한다면 점토대토기의 상한연대가 올라감에 따라 초기철기시대의 시작연대도 기원전 500년으로 올려야 하는 것이 합리적일 것이다. 따라서 기존의 견해와 같이 초기철기시대를 기원전 300년에서 100년까지로 고정할 필요가 없는 것이다. 왜냐하면 고고학적 시대구분은 연구성과에 따라 그 연대가 유동적일 수 있기 때문이다.

이러한 논란을 해결하기 위해서는 우선 고고학적 시대구분의 개념이 무엇인지 논의되어야 할 것이다. 톰센의 삼시대법은 도구, 즉 석기, 청동기, 철기를 기준으로 시대를 설정하였고, 이것이 고고학적 시대구분의 근간이 되었다. 이후에 등장하는 서구고고학에서의 시대구분은 문화양상이나 사회구조의 발전단계를 기준으로 나누는 것이다. 반면 동아시아 고고학에서는 여전히 삼시대법이 적용되고 있지만 국가별로 역사시대의 시작을 다르게 정의되고 있다.

다음으로 고고학적 시대구분과 역사적 시대구분과 사이에 근본적인 차이가 있다는 점을 인식하여야 한다. 즉 역사적 시대구분은 역사적인 사건을 근거로 설정되기에 각 시대의 연대가 거의 고정되어 있는 반면에 고고학적 시대구분은 고고학 자료, 즉 고고학적 문화의 변화에 따라 결정된다. 따라서 고고학적 시대의 연대는 다소 유동적으로 새로운 근거가 나오면 수정될 수 있다.

이러한 관점에서 보면 현재 논란이 되고 있는 초기철기시대의 문제점은 이

5) 점토대토기 단계를 시대명 대신에 자주 사용하는 송만영(2011)은 초기철기시대나 원삼국시대의 구분을 사회경제적 연계망의 변화로 정하자는 제안을 하고 있다. 이것은 시대구분이 도구의 명칭에서 벗어나야 한다는 점에서는 바람직한 제안이다. 하지만 사회경제적 연결망이 시대구분의 기준이 되기 위해서는 구석기시대부터 삼국시대에 이르기까지 이 부분에 대한 체계적인 연구가 이루어져야 한다. 즉 시대구분의 기준을 각 시대마다 다르게 설정한다면 다양한 시대구분이 만들어져 혼란을 초래할 수밖에 없다. 19세기 톰센의 삼시대법이 여전히 사용되고 있는 것은 그 기준이 비교적 분명하여 논란의 여지가 적기 때문일 것이다. 서구고고학에서는 당시 문화와 사회에 대한 연구가 많이 이루어졌기 때문에 삼시대법에서 벗어나 사회발전단계설 등 다양한 관점에서 시대구분이 되고 있다.

시대의 문화적인 특징으로 삼았던 점토대토기, 세형동검, 철기의 등장 시점이 각기 다르다는 것이 밝혀짐에 따라 이를 통합하여 하나의 시대로 설정하기가 부적합하다. 또 원삼국시대의 시작을 기원전 100년경으로 받아들이고 있음에 따라 초기철기시대의 기간이 불과 200년으로 지나치게 짧아졌다는 점이 문제점으로 지적되고 있다(최성락 2012). 이러한 문제점으로 인하여 한국고고학에서도 충실히 삼시대법을 따라서 철기가 사용되기 시작한 시점에서 고분이 출현하기까지를 철기시대로 설정하는 것이 적절할 것으로 판단된다(최성락 1995). 다만 한국사의 관점에서 역사적 시대구분을 받아들인다면 청동기시대의 어느 시점부터 고조선으로 설정하여야 하고, 고조선 이후부터는 역사적 시대구분을 따르는 것이 바람직할 것이다(최성락 2008).

따라서 점토대토기의 등장을 기준으로 시대를 설정하는 것은 한국고고학에 있어서 시대구분의 원칙에 맞지 아니한 것으로 보아야 한다. 비록 신석기시대가 빗살문토기를 기준으로 설정되고 있고, 청동기시대도 무문토기를 기준으로 설정되고 있다고 해서 점토대토기도 당연히 새로운 시대의 시작점이 되어야 하는 것이 아니다. 다시 말하면 시대구분의 기준을 결코 토기로 결정할 수 없다는 것이다. 시대구분의 원칙에 맞게 청동기시대는 청동기의 등장을 기준으로, 철기시대는 철기의 등장을 기준으로 삼는다면 문제가 없는 것이다. 결국 원형점토대토기는 청동기시대 후기로, 삼각형점토대토기는 철기시대 혹은 초기철기시대로 설정하는 것이 고고학적으로 무리가 없을 것이다. 다만 철기시대 혹은 초기철기시대는 이미 역사시대로 접어든 시기이기에 한국사의 시대구분을 어떻게 할 것인가를 앞으로 역사학자들과 함께 진지하게 논의되어야 할 필요가 있다.[6]

결국 점토대토기는 청동기와 철기 등과 함께 사용되었으며, 당시 수장층이

6) 필자가 한국고고학의 시대구분 문제를 거듭 언급하는 것은 현재 초기철기시대와 원삼국시대의 개념에 대한 혼란이 지속되기 때문이기도 하지만 한국사의 시대구분과 서로 달라 학생들이나 일반인들에게 역시 혼란을 초래하기 때문이다.

형성되었던 사회의 일면을 시사하는 하나의 문화요소로 받아들여야 한다. 따라서 점토대토기를 한 시대의 표지적인 유물로 인식하는 것은 매우 적절하지 못한 것으로 판단된다.

Ⅲ. 점토대토기의 기원과 연대

점토대토기의 기원과 전파경로, 연대 문제 등을 중심으로 그 동안의 연구성과를 살펴보고자 한다.

1. 점토대토기의 기원과 전파경로

한상인(1981)은 원형점토대토기가 중부지방, 삼각형점토대토기가 남부지방에 수로 국한되는 점을 근거로 한강유역이 점토대토기의 발생지일 가능성이 높다고 보았다. 또한 그는 동북한과 서북한의 문화영향으로 성립 발달한 경기도지방의 기존 무문토기문화(이중구연수법, 꼭지형파수)에 만주지방 동검문화의 재유입과 확산되는 송국리문화(굽이 높고 배부른 동체) 등의 제요소가 융합된 곳이 한강유역으로 보았다.

이후 이건무(1994)는 한국식동검문화를 대표하는 점토대토기, 다뉴조문경, 마디가 있는 요령식동검 등이 중국의 朝陽, 瀋陽, 本溪지역에 집중 출토되므로 이 지역이 한국식동검문화와 가장 밀접한 관련이 있다고 하였다. 또 그는 전파경로에 대해서 중국의 朝陽-瀋陽지구를 중심으로 한 요령식동검문화에서 분기된 새로운 동검문화가 해로를 통해 한반도 중서부지역으로 곧바로 들어왔을 것으로 보았으며, 그 근거로 점토대토기가 분포되어 있지 않은 중부 이북지역에 아직까지 한국식동검문화의 초기 유적이 발견되지 않고 있으며, 일부 서북해안지역(세죽리, 몽금포유적 등)에서 환형파수나 조합식우각형파수호 등이 소량 출토되나 이 시기 서북부지역이 강한 전통을 지닌 팽이형토기(각형토기)문화로 인해 요령지역의 신문화 유입이 힘들었기 때문으로 보았다.

이에 박순발(1993b, 2004)은 요령지방의 세형동검을 초기세형동검, 대동강유역 이남의 세형동검을 전형세형동검으로 설정하고, 이 중 전형세형동검을 요령지방의 초기세형동검과 바로 연결되지 않는 것으로 보면서 요령지방 및 한반도지역의 세형동검 및 원형점토대토기의 분포를 A~C 3지역으로 구분하였다. 또 그는 요령지역에서 확인된 점토대토기 유적과 한반도에서 확인된 점토대토기 유적을 검토한 결과, 일부 압록강이나 대동강유역에 유입되었으나 그 영향이 지속적이지 못하였고, 기원전 300년에 燕과 古朝鮮의 무력충돌로 요령 점토대토기인들이 한반도로의 이동이 있었으며, 그 유입경로가 서해안과 함께 압록강유역-청천강유역-원산만을 경유한 해로와 육로가 동시에 활용된 것으로 보았다.

박진일(2000)은 평양지역의 원형점토대토기를 팽이형토기의 일종으로 판단하였고, 점토대토기의 유입경로가 서해연안의 해로일 것으로 보았다. 또 그는 이 지역에서 가장 이른 시기의 유적인 수석리 유적과 백령도 유적이 한강유역을 포함한 중서부해안지역에서 최초 도래지일 가능성이 높다고 하였고, 낙동강 유역에서도 이른 시기의 유적이 확인되는 것으로 보아 남해를 통해서도 유입된 것으로 보았다.

이화종(2004)은 압록강유역-청천강유역-원산만을 경유한 육로, 서북지방에서 한강지역에 이르는 육로, 서해안을 통한 해로 모두의 다양한 경로를 이용한 것으로 보았으나 그중에서 육로를 이용한 경로가 가장 유력하다고 보았다. 또 그는 무문토기문화의 유입양상을 통해 한강유역과 영동지역이 이미 청동기시대 전기부터 서북지방과 연결된다고 언급하면서 원형점토대토기문화 중 육로를 이용한 유입경로가 이전의 무문토기문화의 유입경로와 같다고 하였다.

이성재(2007)도 역시 해로와 육로를 이용하였다는 박순발의 견해를 지지하였는데, 현재 북한지역에서 확인된 개성지역의 점토대토기 수습자료와 평양 신성동 유적의 발굴성과 등으로 볼 때, 압록강지역을 통한 육로로의 유입 가능성이 충분하다고 보았다. 이형원(2015)도 박순발의 견해와 같이, 평양 남경 유적의 점토대토기를 토착토기(팽이형토기)와 결합된 점토대토기로 보면서 육로와 해로를 통해 유입된 것으로 보았다.

진영민(2015)은 점토대토기의 유입을 세 단계로 설명하고 있는데, Ⅰ단계의 유물조합상이 중부지방에서 지역적 편차가 낮고 고루 분포하고 있는 반면, 요령지역에서 지역적인 편차가 크다고 파악하였다. 그리고 이러한 현상은 곧 이주 집단의 원거주지가 요령지방 내에서도 한정된 지역에 국한하고 있었음을 시사하며, 현시점에서 그 기원지로서 가장 가능성이 높은 지역이 太子河 유역의 本溪縣을 중심으로 한 遼東 南部지역으로 상정한다는 것이다. 반면 요서 북부지역과 요서 남부지역은 한반도 점토대토기문화와 같은 이중구연의 점토대토기를 공유한다는 것을 제외하고는 서로 다른 이질적인 문화라고 볼 수밖에 없어 이 지역을 기원지가 될 가능성은 희박하다는 것이다.

이밖에 오강원(2020)은 최근 색다른 견해를 제시하였다. 즉, "중국 동북 지역의 점토대토기는 내몽고 동남부 敖漢旗의 저산구릉지대 집단이 기후 변화에 따라 유발된 새로운 생태환경에 적응하기 위한 방편으로 토기 기종을 최소한의 생활 수요를 담당할 수 있는 수준으로 대폭 축소하는 한편, 실용성에 초점을 맞추어 기존의 이중구연심발형토기를 개량하는 과정에 출현하게 되었다. 水泉유형에서 처음으로 출현한 점토대토기는 이후 내몽고 동남부의 인접지역과 요서 지역으로 확산되었고, 요서 지역의 점토대토기는 다시 요하 중류역의 정가와자유형권으로 확산되었으며, 주변의 다른 지역은 다시 정가와자유형 중심의 교류 관계를 통해 관련 토기가 확산되었다. 그리고 중국 동북지역의 점토대토기는 발생 순서만을 놓고 볼 때, 타원형→원형→삼각형의 순서로 변천되었음을 알 수 있다."

이상과 같이 점토대토기의 기원에 대해서는 한강유역에서 발생했다는 자생설과 요령지방에 기원한다는 유입설이 있으나 요령지방의 점토대토기가 알려지면서 현재 요령지방 유입설이 정설로 받아들여지고 있다. 그 기원지는 정가와자 유적으로 대표되는 요동 북부지역을 많이 언급하고 있으나 요동 남부지역으로 보는 견해도 있다. 결국은 정가와자 유적을 중심으로 형성된 점토대토기가 요동 남부지역을 거쳐 중부지역으로 유입되었을 것이다. 그리고 요동지역에서 중부지역으로 유입된 점토대토기는 육로나 해로 또는 양자 모두에 의해 이루어진 것으로 보고 있다. 또 서북지역에는 점토대토기가 분포하지 못한 이유가 미송리식토기나 팽이형토기가 강하게 자리잡고 있었기에 때문이라는 것이다. 이것은 점토대토기를 가진 집단이 서북지역에 자리잡지 않았음을 보여주는 것으로 해석된다.

초기의 원형점토대토기는 대체로 두형토기, 흑도장경호, 파수형토기 등과 공반되는데 요동지역에서의 토기 조합상이 중부지역과 다른 양상을 보여준다. 즉 정가와자유역에서는 이들 토기와 더불어 미송리형토기, 타날문토기 등이 함께 출토되지만 중부지역의 수석리 유적에서는 이러한 토기들이 보이지 않는다. 이것은 중부지역으로 점토대토기의 유입이 이주민들에 의해 이루어졌다고 하더라도 한층 발전된 제도기술을 가진 토기가 쉽게 유입되지 못하고 있음을 보여주는 것이다.

2. 점토대토기의 상한과 하한

점토대토기와 관련된 가장 논란이 되는 것은 점토대토기의 상한과 하한 문제이다. 먼저 점토대토기의 상한 문제이다. 중부지역에서 점토대토기의 시작연대는 기원전 7세기경에서 기원전 4세기경까지 다양하게 주장되고 있다. 이것은 기본적으로 고고학 연대를 어떻게 설정할 것인가 하는 문제와 관련이 있어 연구자별 인식 차이가 크다. 가장 큰 차이는 절대연대를 적극적으로 도입하여야 한다는 입장과 이를 부정하면서 중국 동북지역의 고고학 편년을 참고하여야 한다는 입장으로 나누어진다(표 1).

(표 1) 중부지역 점토대토기의 개시연대

연구자		연대	근거
박순발	(2004)	B.C. 4C 후반	세죽리 교란층 및 유물조합상, 역사기록(燕의 東進) 남한지역
	(2015)	B.C. 6C	凉泉유형, 심양 정가와자 연대
이화종(2006)		B.C. 7C	방사성탄소연대측정치
전일용(2006)		B.C. 7C	방사성탄소연대측정치
김미경(2009)		B.C. 6C~5C	凉泉유형, 심양 정가와자 3지점 및 6512호 묘 연대
이청규(2000)		B.C. 6C~5C	점토대토기 초기에는 세형동검 부재 심양 정가와자 6512호 묘 연대
박진일(2006)		B.C. 6C~5C	심양 정가와자 6512호 묘 연대 역사기록(燕의 요서 진출)
이성재(2007)		B.C. 6C~5C	심양 정가와자 6512호 묘 연대
이형원	(2005)	B.C. 500	심양 정가와자 연대
	(2011)	B.C. 6C~5C	심양 정가와자 6512호 묘 연대
이창희(2010)		B.C. 6C~5C	방사성탄소연대측정치
中村大介(2008)		B.C. 6C~5C	심양 정가와자 3지점 및 6512호 묘 연대
김민경(2014)		B.C. 4C전	심양 정가와자 3문화층, 점토대토기+두형토기
임설희(2009)		B.C. 4C후	점토대토기 형식분류(괴정동 단계)
진영민(2015)		B.C. 4C	요동 남부지역 점토대토기 연대
오강원(2020)		B.C. 4C	요령지역 점토대토기 연대

지금까지 주장된 점토대토기의 시작 연대에 대한 인식은 크게 세 그룹으로 분류될 수 있다. 첫 번째는 기원전 4세기경으로 보는 전통적인 연대관이다. 이는 점토대토기를 연구되면서 제시되었던 연대관으로 1990년대까지 지속되었다고 볼 수 있다. 이후 2000년대에 들어와서 임설희(2009)는 점토대토기와 세형동검이 같은 시기에 유입되었다고 보고 기원전 4세기 후반으로 설정하고 있다. 또 진영민(2015)도 점토대토기가 중국 요동 남부지역에서 유입되었을

것으로 추정하고 요동지역의 편년을 고려하여 기원전 4세기 이전으로 올라갈 수 없다고 판단하였다. 또 그는 점토대토기가 요동 남부지역의 특징 지역으로부터 일시적으로 들어왔으며 한국 점토대토기의 시작연대가 중국의 점토대토기에 비해 늦을 것으로 보았다. 그런데 두 연구자는 모두 절대연대를 수용하지 않았다는 점과 점토대토기와 세형동검이 함께 유입되었다는 인식을 같이하고 있다. 즉 이들의 문제점은 방사성탄소연대에 의하면 점토대토기와 세형동검의 연대에서 차이가 나는 점을 부정하고 있다는 것이다. 특히 진영민의 경우, 그가 제시한 요동 남부지역의 편년이 과연 현재 통용되는 연대관인지 의문이고, 요동의 남부지역보다 한국의 점토대토기가 결코 빠를 수 없다는 단정적인 판단도 의문이 제기된다.

그런데 오강원(2020)은 점토대토기의 편년을 다음과 같이 설정하였다. "중국 동북 지역의 점토대토기는 제I기(기원전 5세기) 敖漢旗 水泉유형에만 분포하다가, 제II기(기원전 4세기)에 이르러 한편으로는 오한기와 객라심좌익 몽고족자치현 및 寧城縣을 잇는 삼각상 지대로 확산됨과 동시에 다른 한편으로는 요하 이동지역으로 확산되어 심양시를 중심으로 하는 정가와자유형권에도 주분포권이 형성되었고, 제III기(기원전 3세기)에는 요령성과 길림성에 조양을 중심으로 하는 요서권, 본계 만족자치현의 태자하 중상류역권, 구하~동요하 중상류역권, 휘발하 중하류권에 주분포권이 형성되었으며, 제IV기(기원전 2~1세기)에는 요동 동부와 길림 중남부의 일부 유적에만 점점이 분포하다 소멸된다." 즉 그는 정가와자유적의 연대를 기원전 4세기로 보고 있어 중부지역 점토대토기의 상한이 기원전 4세기 이전으로 올라갈 수 없음을 주장하였다.

두 번째는 기존의 연대관을 일부 수정하여 연대를 올려보는 견해이다. 이러한 관점은 이청규(2000)에 의해 처음 제기되었는데 점토대토기가 세형동검보다 이른 시점에 등장하였다는 것이다. 뒤이어 김범철(2001)도 중부지역 점토대토기가 분묘에서 나타나는 것보다 이른 기원전 5세기경에 유입되었을 것으로 보고 있다. 이러한 인식은 뒤이어 많은 연구자들이 동의하고 있다. 이형원(2005, 2011)은 점토대토기의 유입연대를 방사성탄소연대와 심양 정가와자 유적의 연대를 고려하여 기원전 5세기경으로 올라갈 가능성이 있음을 제기하였고. 뒤이어 그는 좀 더 구체적으로 점토대토기의 연대를 검토하면서 세형동검의 등장보다도 이를 시기인 기원전 500년경에 유입되었을 것으로 주장하고 있다. 박진일(2007)은 기본적으로 방사성탄소연대를 부정하지만, 중국, 한국, 일본의 고고학적 편년을 폭넓게 참고하여 중부지역의 점토대토기가 세형동검보다 이르게 유입되었다고 보았다. 이러한 그의 연구는 바람직한 편년작업이라 할 수 있다. 다만 일본의 편년은 큐슈지역 연구자들(橋口達也, 武末純一)의 인식을 바탕으로 하였는데 최근 방사성탄소연대에 의해 일본 야요이시대의 시작연대가 더 올라가고 있어 이에 따라 한국의 점토대토기의 연대도 다소 조정될 필요성을 남기고 있다.

이후 中村大介(2008)와 김미경(2009)는 凉泉유형(정가와자문화)의 연대를 검토하면서 기원전 6세기경으로 제시하였고, 박순발(2015)은 점토대토기의 기원을 요령지역의 양천문화에 두면서 기원전 6세기에서 5세기경에 시작되었다고 보았다. 서길덕(2018)도 점토대토기문화기의 분묘를 종합적으로 정리하면서 Ⅰ기에 속하는 평양 신성동 돌덧널무덤의 연대를 후기 비파형동검단계로 보아 기원전 500년경으로 보고 있다.

세 번째는 방사성탄소연대를 적극적으로 수용하는 입장으로 점토대토기의 시작연대를 기원전 7~6세기경으로 보는 입장이다. 즉 이화종(2006)과 전일용(2006)은 방사성탄소연대를 그대로 받아들이자는 편이다. 또한 이창희(2010)도 방사성탄소연대문제의 세밀한 분석을 바탕으로 점토대토기의 연대가 세형동검의 연대보다 이르다는 점을 밝히고 있다. 즉 사천 방지리 유적의 원형점토대토기 연대를 방사성탄소연대에 근거하여 기원전 5세기경으로 보고, 중부지역의 점토대토기를 기원전 6세기경으로 보지만 기원전 7세기경까지 올라갈 수도 있다고 하였다.

이상에서 보듯이 점토대토기의 시작연대를 기원전 4~3세기경으로 보는 견해는 기본적으로 점토대토기가 분묘에서 출토되는 청동검과 같이 이주민들에 의해 유입되었다는 것을 전제하고 있다. 그런데 점토대토기가 이주민들에 의해 일시적으로 유입되었다고 보는 견해에는 의문이 생긴다. 당시 점토대토기가 일시적으로 유입되었다는 특별한 이유가 제시될 수 없었다면 문화요소의 유입은 시차를 두고 몇 차례 나누어서 들어올 수도 있는 것인데 이러한 가능성을 배제하는 주장이 되는 것이다.

반면 점토대토기의 시작연대를 기원전 7~6세기경으로 보는 견해는 방사성탄소연대를 그대로 수용하는 입장이다. 2000년대에 들어와서 청동기시대의 시작연대가 방사성탄소연대를 근거로 기원전 1500년경으로 설정되고 있어 점토대토기의 상한도 절대연대를 근거로 소급하자는 주장은 어느 정도 타당성이 있다고 볼 수 있다. 다만 현시점에서 점토대토기 연대를 급격한 올려보는 것은 마치 일본 야요이연대의 시작으로 기원전 10세기로 올려보는 것과 같이 다소 파격적인 것으로 보일 수 있다는 점에서 아직은 그대로 수용하기 어려운 면이 있다. 또 하나는 요령지역 점토대토기의 편년을 무시하고 한국의 점토대토기의 연대만을 올린다면 자칫 점토대토기의 자생설과 연결될 수 있는 문제로 이에 대한 검토가 이루어져야 한다.[7] 가장 바람직한 연대는 한국 주변 지역에서의 편년이나 한국 청동기시대 토기의 상대편년에서 크게 무리가 되지 않는 연대이어야 할 것이다.

결국 고고학의 연대는 역사학에서의 연대와 달리 유동적인 것으로 새로운 증거에 의해 변경이 가능한 것이다. 고고학의 연대는 절대연대를 적용하더라도 상대적인 성격을 지녔다고 보아야 한다. 고고학에서는 연대를 결정하기 전에 여러 제반 조건들을 모두 살펴보아야 하고, 추정된 연대로 합리적인 해석

7) 중국 동북지역에서 미송리형토기 단계(비파형동검 단계)의 이중구연토기가 점차 원형점토대토기로 변화되었다고 본다면 한국 중부지역에서 팽이형토기와 가락리식토기와 같은 이중구연토기에서 점토대토기로 변화되었을 가능성을 전혀 배제할 필요가 없지만 현재 이를 주장하는 연구자는 전혀 없다.

을 할 수 있어야 한다. 따라서 점토대토기의 시작연대를 다수의 연구자들이 제시한 바와 같이 기원전 500년경으로 설정해 보는 것이 가장 무난할 것으로 판단된다. 다만 아직도 기원전 4세기대를 주장하는 견해들이 여전히 존재하는 반면에 설대연대에 의해 점토대토기의 시작연대가 좀 더 올라가야 한다는 견해도 제시되고 있다는 점에서 앞으로 좀 더 논의되어야 할 것이다.

다음으로 점토대토기의 하한 문제이다. 중부지역에서 삼각형점토대토기가 일부 사용되다가 중도식무문토기(경질무문토기)로 전환된 것은 그 시점이 기원전 2세기에서 기원전 1세기경으로 보고 있다. 이후 등장한 중도식무문토기는 타날문토기와 함께 기원후 3~4세기경까지 지속되었다. 전북지역에서 삼각형점토대토기는 이것이 출토된 토광묘의 연대에 근거하여 그 하한을 기원전 1세기대로 보고 있다. 반면 전남지역에서의 양상은 전북지역과 다른 면이 있다. 해남 군곡리 패총에서 중국 新의 화폐인 貨泉과 함께 출토하고 있어 삼각형점토대토기의 존재가 기원후 1세기경까지 확인된다. 더구나 여기에서 변화된 홑구연의 무문토기는 기원후 2~3세기경까지 지속되었다. 특히 전남 동부지역에서는 삼각형점토대토기를 포함하는 경질무문토기가 기원후 3~4세기경까지 남아있다(이동희 2006).

영남지역에서 점토대토기는 와질토기가 등장된 이후인 기원전후에 소멸되었다고 보는 것이 일반적이다(박진일 2013; 서길덕 2018). 하지만 삼각형점토대토기가 주로 출토되는 사천 늑도 패총의 하한이 기원후 2세기경으로 보고 있어(이재현 2003) 경남 서부지역이나 남해안지역에서는 다른 양상을 보여주고 있다. 한편 제주도에서는 점토대토기의 하한을 2세기경으로 보는(김경주 2018) 반면 홑구연의 무문토기, 즉 용담동식토기나 곽지리식토기로 대표되는 타날문이 없는 토기는 기원후 8~9세기까지도 존속되었다.

이처럼 삼각형점토대토기의 하한 연대는 지역적인 편차를 가진다. 또 삼각형점토대토기의 개념을 어떻게 설정할지가 일차적인 문제이지만 구연부에 점토대의 흔적이 조금이라도 남아있는 토기로 규정한다면 그 연대는 남해안지역이나 제주도 등지에서 기원후 1~2세기경으로 추정된다. 더구나 삼각형구연에서 변화된 홑구연의 무문토기는 더 늦게까지 사용되었다.

Ⅳ. 점토대토기의 변천 양상

1. 원형점토대토기에서 삼각형점토대토기로의 변천

원형점토대토기에서 삼각형점토대토기로의 변화는 구연부를 꺽기나 누르기를 하여 삼각형의 모양이 만들어지고, 최후에 꺽기만 남긴 채 외반되는 형태가 된다. 또 원형점토대토기가 중남부지역에 넓게 분포하는데 비하면 삼각형짐토대토기는 서해안지역과 남부지역에 한정되어 분포하고 있어 차이를 보여준다.

현재까지도 논란이 되는 것은 어떻게 원형점토대토기에서 삼각형점토대토기로 변화되었는가 하는 문제이다. 일찍 원형점토대토기에서 삼각형점토대토기로 변화되었다는 견해가 제시되면서 기본적인 인식으로 자리잡았다(한상인 1981; 後藤直 1979). 그런데 남부지역에서 삼각형점토대토기가 집중적으로 확인됨에 따라 새로운 의견들이 제시되었다. 정징원 · 신경철(1987)은 늑도유적, 군곡리패총, 중도유적의 검토를 통해 이 시기의 토기를 '종말기 무문토기'로 설정하였고, 원형점토대토기 문화와 삼각형점토대토기 문화가 각기 문화적 배경을 달리하는 것으로 보았다. 즉 삼각형점토대토기 단계에서 남부지방은 철기가 일반화되었고, 이는 위만조선의 개시와 연관지을 수 있다고 하였다. 나아가 안재호(1989)는 늑도유적 발굴보고서에서 삼각형점토대토기가 원형점토대토기에서 변화한 것이 아니라 다른 계통의 문화전파에 의해 철기문화와 함께 요동지방 혹은 청천강 이북지방에 서남해안으로 직접 유입된 것이라고 보았다. 이에 박순발(1993b)은 중국 동북지역의 원형점토대토기가 고조선과 燕의 무력충돌에 의해 대동강유역 및 한강유역으로 파급되었고, 이후 대동강유역의 원형점토대토기가 삼각형점토대토기로 변화되었는데, 여기에서 성립된 삼각형점토대토기가 명사리식토기와 함께 한반도 남부지역으로 전파되는 것으로 추정하였다.

반면에 삼각형점토대토기가 유입된 것이 아니라 자체적으로 변화되었다는 견해들이 주로 제시되었다. 즉 이홍종(1996)은 후기무문토기를 재래계와 외래계로 구분하였는데 점토대토기를 외래계토기로 규정하였고, 최초의 원형점토대토기집단이 남한지역에 세형동검문화를 파급하였으나 이어서 등장한 철기집단에 의해, 그 입지가 남부 해안지역으로 축소되면서 삼각형점토대토기가 형성된 것으로 보았다.

이재현(2004)은 삼각형점토대토기문화가 철기문화의 확산과 밀접하게 관련된다고 보았다. 즉 그는 앞선 시기의 송국리형토기와 원형점토대토기에 고조선의 명사리식토기가 결합되면서 삼각형점토대토기가 발생되었는데, 남부지방으로의 본격적인 철기문화의 파급을 그 발생원인으로 추정하였고, 합구식옹관묘, 철기 및 청동기의 양상으로 보아 漢初의 고조선을 둘러싼 사회변동에 의해 삼각형점토대토기가 발생할 가능성이 크다고 하였으며 출현시기를 기원전 2세기 말~1세기 전반 무렵으로 보았다.

박진일(2001)은 낙동강유역으로 도래한 점토대토기문화가 기원전 3세기 중엽 이후 영남 해안지방과 내륙지방에서 지역색을 보이며 달리 발달하였다고 보아서 각각 해안양식과 내륙양식으로 나누었고, 김해 대청3호 주거지에서 출토된 점토대토기를 영남지역에서 점토대토기의 조형으로 보았다. 또 그는 토착적 기형에 일본 야요이토기의 일부 요소를 채용하여 늑도유적에서 처음으로 삼각형점토대토기가 발생하였으며 이후 영남내륙에 해안양식의 영향이 미치게 된 것으로 보았다.

임설희(2009)는 원형점토대토기가 여러 지역으로 확산되면서 다양한 방식으로, 토착세력이 비교적 약한 지역에서 정착화를 시도하였고, 이 과정에서 삼각형점토대토기가 출현한 것으로 추정하였다. 또 그는 삼각형점토대토기 집단이 특정 지역에 정착하면서 취락을 형성했을 가능성이 크며 주로 해안에서 발견되는 것도 이를 반영한다고 주장하였다.

이정은(2011)은 동남해안지역 점토대토기의 형식분류를 통해 점토대토기가 변화하는 과정을 살펴보고, 이를 토대로 주거지와 무덤의 공반유물 등을 검토하여 이 지역 점토대토기문화의 변천과정과 성격을 파악하고자 하였다. 그는 점토대토기의 변천을 제작방식의 변화에 주목하였고, 이를 근거로 점토대토기가 출토되는 주거지와 분묘의 단계별 양상을 고찰하여 3단계로 설정하였다. 특히 2단계 이후 대규모 주민이 동남해안지역으로 유입되었고, 많은 주민의 사용에 따라 제작의 용이성이 강조되어 점차 원형점토대토기에서 삼각형점토대토기로 변화한 것으로 추정하였다.

최정아(2011)는 서울 · 경기지역의 삼각형점토대토기 유물복합체를 대상으로 하여 구연부 점토대의 단면형태와 내면형태를 기준으로 분류하였고, 이를 중심으로 서울경기지역 삼각형점토대토기 유물복합체와 남부지방의 해남 군곡리패총과 늑도패총 유적을 비교하였다. 그는 서울 · 경기지역에서 원형점토대토기 이전 문화의 발달이 미약하여 원형점토대토기 문화가 크게 확산되어 삼각형점토대토기단계까지 지속되었고, 서해안 일부지역에서만 원형점토대토기 유물복합체를 기반으로 한 삼각형점토대토기 유물복합체가 발생한 것으로 보았다. 반면 점토대토기문화 유입 이전의 문화의 영향이 강하게 지속된 경남 · 전남지역에서는 원형점토대토기 단계가 발달하지 못한 채 삼각형점토대토기 단계가 시작되었는 것이다.

그리고 신경철(2012)은 완주 갈동 유적 4호묘에서 출토된 삼각형점토대토기에 주목하여 완주지역에서 처음 등장한 삼각형점토대토기가 대구 · 경산지역으로 전파되었다고 보았다. 박진일(2013)는 사천 방지리유적의 층위별 양상을 통해 영남 해안지역의 삼각형점토대토기는 원형점토대토기로부터의 연속적 변천과정을 거쳐 출현한다는 이른바 '남해안지역 자생설'을 주장하였다.

구숙현(2019)은 '사천 방지리 유적'을 중심으로 제작패턴을 통해 제작의도를 도출하고 정신적 범형(mental template)의 개념을 적용하여 점토대토기 구연부 제작수법에 대해 본격적으로 접근하고자 하였다. 이를 통해 원형점토대토기와 삼각형점토대토기의 제작은 밀접한 관계 내에서 이루어지며 점토대토기간 변화하는 과정에서 제작기법이 유지 · 증가 · 감소 등의 양상을 보인다는 것을 확인하였다.

그렇다면 삼각형점토대토기의 발생을 어떻게 바라보아야 할까? 여기에서 주목할 점은 삼각형점토대토기가 서해안지역과 남부지역(호남 및 영남지역)에 한정되어 나타나면서 적석목관묘, 토광묘(목관묘), 옹관묘 등의 분묘나 패총의 분포와도 밀접한 관계를 보여주고 있다는 점이다. 또한 삼각형점토대토기는 새로이 들어온 철기문화와 결합되는 양상을 보여주고 있어 유입설은 나름대로 근거가 있다. 반면에 원형에서 삼각형으로 변화가 연속성을 찾을 수 있다는 점에서 자체적인 발생 가능성도 컸을 것으로 보인다. 이 경우에 가장 유력한 곳은 만경강유역이다. 이곳에서 발생하여 남부지역으로 파급되었던 것으로 보면 어느 정도 설명된다. 다만 이 경우에 경기 서해안지역의 삼각형점토대토기를 설명하기 어려운 문제가 남는다. 따라서 삼각형점토대토기의 발생은 외부적인 유입과 자체적인 발생 가능성을 모두 고려되어야 한다고 보지만 자체적인 발생에 더 비중을 두고자 한다.

그런데 삼각형점토대토기의 발생과정에서는 원형점토대토기와 다르게 새로운 주민들의 이동이 적극적으로 주장되지 않고 있다. 이 시기의 변화는 문화의 유입이나 문화교류에 의한 것으로 보아야 할 것이다. 이 시기에 새로운 문화요소의 유입에 크게 기여한 것은 바로 해상교류가 활발해진 점이다. 중국에서 한국을 거쳐 일본에 이르는 해로가 형성됨으로써 중국으로부터 새로운 문물을 한국과 일본지역에 빠르게 전달할 수 있었다. 이 시기에 들어서면 중국 화폐를 비롯한 각종 중국계 유물들이 남부지역에서 발견되고 있다. 이처럼 철기를 다루는 기술이나 타날문토기와 같은 새로운 제도기술이 들어오면서 주민의 이주 가능성을 전혀 배제할 수 없는 것이다.

한편, 원형에서 삼각형의 변화를 설명하는데 있어 제작규범의 변화로 파악한 구숙현(2019)의 연구가 주목된다. 즉 그는 점토대토기의 점토대는 상징적인 의미가 부여된 부분으로 집단을 표현하는 하나의 요소로 생각하였다. 원형점토대토기는 상징적인 의미가 담긴 원형의 점토대를 부착하는 제작규범 하에서 제작되었고, 삼각형점토대토기로의 변화는 이러한 제작규범의 약화로 이해할 수 있는 것이다. 즉 '단면 원형의 표현'이라는 제작규범이 '점토대 부착 자체'로 약화됨으로써 변화가 일어난 것으로 생각된다는 것이다. 더이상 '원형'의 점토대가 상징적인 의미를 가지지 않으며 점토대 자체로 의미를 충족하게 되어 형태가 고려되지 않는다는 것이다. 이러한 제작규범의 약화는 점토대토기 구연부에 대한 제작집단의 관념과 점토대토기 구연부 제작의 편의성에 대한 인식이 맞물려 일어나는 것으로 추정되었다. 시간의 흐름과 사회적 변화에 따라 단면 원형에 부여되던 상징적인 의미는 약화되고 구연부를 보다 쉽게 제작하고자 하는 욕구는 증대되어 변화의 요인이 되었다는 것이다. 결국 이 논고에서는 제작규범의 변화를 독특한 분석방법을 사용하여 설명하고 있는데 그 변화가 당시 점토대토기를 사용했던 주민들의 현지 적응과정으로도 볼 수 있을 것이다.

원형점토대토기보다 삼각형점토대토기가 남부지역에서 폭발적으로 증가하는 것은 새로운 집단의 유입이라기보다는 기존의 무문토기(역삼동식토기나 송국리식토기)를 사용하였던 집단까지도 삼각형점토대토기를 적극적으로 수용하였음을 보여주는 것일 수 있다. 이를 최정아(2011)는 다음과 같이 설명하고 있다. 즉 "경남 · 전남지역은 점토대토기 이전 단계의 고고학적 양상이 뒤 시기까지 이어지면서 서울 · 경기지역과 같은 원형점토대토기 유물복합체의 발달은 나타나지 않았다. 그러나 삼각형점토대토기단계에는 송국리유형 및 검단리유형 등의 쇠퇴로 삼각형점토대토기 유물복합체가 급속히 확산될 수 있었던 것으로 보인다. 특히 이전 단계의 유물복합체와 토기의 형식 및 기종, 철기의 등장 등 여러 가지 측면에서 큰 차이점이 보이고, 새로운 형식의 주거지와 분묘가 축조되었기 때문에 종종 새로운 문화의 등장으로 해석될 수 있었다." 이러한 변화를 필자가 재해석한다면 남부지역에서 삼각형점토대토기가 등장하면서 기존의 무문토기가 사라진 것이 아니라 기존의 무문토기와 서로 결합된 양상을 보여준다는 것이다. 즉 남부지역에서는 삼각형점토대토기의 발생과 함께 일부 기종에서는 홑구연의 토기가 처음부터 존재하면서 삼각형점토대토기가 점차 홑구연으로 변화되었다.

2. 각 지역별 변천

1) 중부지역

일찍 박순발(2009)은 중부지역에서 청동기시대 무문토기에 뒤이어 초기철기시대의 점토대토기가 사용되다가 원삼국시대의 경질무문토기(중도식 무문토기)가 등장하였는데 일정 기간 사용되다가 점차 타날문토기로 변화된다는 견해를 제시하였다. 그런데 원형점토대토기가 중부지역에 처음 등장한 것은 청동기시대 후기로 인식되었고, 원형점토대토기가 등장하였던 시기에 기존의 무문토기도 일부 사용되었을 것으로 여러 연구자들이 인식하고 있다(이화종 2004, 2007; 박영구 2010; 이형원 2015b; 서길덕 2019). 특히 원형점토대토기가 약하게 나타나는 영동지역의 경우 그 현상을 더욱 강하게 보인다. 무문토기와 점토대토기가 결합되는 사례로는 평양 남경유적과 춘천 현암리 유적에서 점토대토기에 팽이형토기의 특징인 단사선이 나타나고 있다. 또 부천 고강동 유적에서 구순각목문토기 기법이 결합된 점토대토기도 나타나고 있다(이형원 2015a). 최근 중부지역에서 일부 지역에서 삼각형점토대토기가 확인되고 있는데 대체로 중도식 무문토기보다는 일찍 등장한 것으로 인식되고 있다. 두 유형의 토기가 공반하는 대표적인 사례로는 양수리 537-1 유적을 비롯하여 춘천 우두동, 동해 송정동 Ⅲ유적 등이 있다(서길덕 2018).

그런데 중부지역의 점토대토기의 변천과 관련된 논쟁점으로는 삼각형점토대토기의 부재에 따른 공백기의 문제, 경질무문토기의 단순기의 존재 여부와 계통 문제 등이 논란되고 있다. 먼저 삼각형점토대토기의 부재에 따른 공백기의 문제이다. 중부지역에서는 과거 기원전 300년경에 출현한 것으로 추정되었던 원형점토대토기가 방사성탄소연대에 근거하여 기원전 500년경(박진일 2007; 이창희 2010; 이형원 2011)으로 소급됨에 따라, 삼각형점토대토기가 분포하는 한강 하류지역을 제외하면 중도식 무문토기(경질무문토기)가 등장하기 이전인 기원전 3세기에서 2세기대가 공백으로 인식되고 있다. 반면에 방사성탄소연대에 근거를 두는 이창희(2019)는 중도식 무문토기의 시작연대를 기원전 2세기대로 올려보면서 그 이전인 기원전 4~3세기에 해당하는 절대연대가 빈약하여 어떤 토기가 존재하였는지 여전히 의문이라고 하였다. 따라서 삼각형점토대토기가 분포하지 않는 대부분 중부지역에서 일정 기간 공백현상이 나타나게 되는 것이다. 이 시기의 공백 문제에 대하여 서길덕(2018)은 삼각형점토대토기가 분포하지 않는 지역의 경우, 청동기시대의 역삼동식 토기가 기원전 3세기까지 지속되었을 것으로 추정하였다.

반면 원형점토대토기에서 바로 경질무문토기로 넘어갔다는 견해도 있다. 즉 박순발(2009)은 경질무문토기의 형성이 중국 동북지역의 원형점토대토기가 한반도로 파급되면서 삼각형점토대토기를 거쳐 외반구연토기인 명사리형토기로 기형이 변화한다고 보았지만, 강원지역의 경우에 경질무문토기(중도식 무문토기)의 계보를 점토대토기에서 구하였다. 뒤이어 심재연(2011)은 원형점토대토기가 삼각형점토대토기를 거치치 않고 바로 중도식무문토기로 넘어갔다고 보아도 문제가 없다는 것이다. 즉 그는 외반구연 경질무문토기의 조형을 점토대토기문화에서 찾을 수 있으며 기원전 2세기 초-전엽경에 정형화되었다고 보았다. 이것은 중도식 무문토기의 형성과정에서 원형점토대토기의 잔재가 일부 남아 있고, 기형에서도 유사성이 있어 다른 지역에서 나타나는 원형→삼각형→홑구연이라는 과정을 반드시 거쳤다고 볼 필요가 없다는 것이다.

이러한 현상은 원형점토대토기를 사용하였던 주민들이 삼각형점토대토기를 인식하지 못하고, 바로 중도식무문토기와 같이 외반구연의 토기로 전환되었다고 볼 수 있다. 실제로 중도식무문토기의 초기에 원형점토대토기의 흔적인 일부 보이고 있다. 즉 외반구연토기에 점토대구연이 결합된 토기가 춘천 현암리 유적 등에서 나타나고 있다(이형원 2015a). 또한 삼각형점토대토기가 유행하는 시기에 나타나는 소형토기들이 중도식 무문토기와 함께 출토되는 양상을 확인할 수 있다.

다음은 경질무문토기 단순기 논쟁이다. 박순발에 의해 주장된 경질무문토기 단순기(혹은 중도식무문토기 단순기)의 존재를 받아들이는 입장(이홍종 1991)도 있으나 이를 부정하는 견해들(최병현 1998; 송만영 1999; 유은식 2006, 2011; 노혁진 2004; 심재연 2011)도 다수이다. 다만 유은식(2011, 55-56)은 영서지역에서 짧지만 경질무문토기 단순기가 존재할 가능성을 제시하고 있다. 그런데 경질무문토기 단순기를 부정하는 인식에 크게 영향을 미친 것은 바로 중도식 무문토기가 타날문토기의 영향을 받아 출현된 토기로 보는 최병현(1998)의 견해이다. 즉 그는 타날문토기가 전국계이고, 전국계 타날문토기가 수용되는 계기가 세죽리-연화보유형 문화의 서북한지역으로의 파급이며, 이 무렵 재지의 토기문화인 명사리형토기와 타날문토기 사이에는 시차를 인정하기 어려우므로 명사리형 토기와 같은 한강유역의 경질무문토기 혹은 중도식 무문토기와 타날문토기가 처음부터 공존한다고 주장하였다. 하지만 경질무문토기와 타날문토기 사이에는 제작기술의 차이가 크기에 일부 공반되는 사례가 있다고 하더라도 동시에 시작되었다고 보기는 어렵다.

그런데 이러한 경질무문토기 단순기의 논쟁은 중도식토기의 계통론과도 연결되어 있다. 먼저 자체발전설이다. 김원용(1977)은 풍납동식 무문토기가 기존의 무문토기가 개량된 것으로 보았다. 또한 이홍종(1991)은 중도식토기의 시작연대를 삼각형점토대토기 보다도 이른 기원전 3세기경으로 보면서 그 기원을 충청권의 송국리식 토기로 설정한 바 있었다. 그러나 대부분 연구자들은 이를 부정하면서 삼각형점토대토기가 중도식 무문토기에 비해 이른 것으로 보고 있다. 다음은 서북지방 기원설로 앞서 언급된 박순발(1989)과 최병현(1998) 등이 주장하였다. 김일규(2007)도 낙랑토기 영향으로 중도식 무문토기가 출현하였다고 보았다.

마지막으로 동북지방 기원설이다. 중도유적의 발굴보고서(국립중앙박물관 1980)에서 처음으로 외반구연 심발형 무문토기가 동북지역 무문토기와 관련된다고 언급된 이래로 노혁진(2004)은 외반구연 심발형 무문토기와 더불어 타날문토기, 독특한 주거지(凸字形, 呂字形 주거지), 철기 등이 모두 동북지역과 관련되었으며 이것이 단순한 영향이 아니라 주민의 이동으로 보았다. 또 유은식(2006, 2011)은 중도식 무문토기의 제작기법이나 다양한 기종이 두만강유역의 초기철기시대 토기와 관련된다고 보지만 두만강유역에서 유행하는 두형토기가 중도식 무문토기에서는 보이지 않고, 외반구연옹, 심발, 완 등이 명사리유적에서도 보이므로 다소 유보적인 입장을 취하고 있다. 또 그는 영서지역이 기원전 1세기 전반에, 영동지역이 기원 1세기 후반에 중도식 무문토기가 시작되었다고 보면서 중도식 무문토기 단순기에 속하는 유적의 연대가 모두 기원후의 것임을 주장하였다. 그런데 중도식 무문토기(경질무문토기)의 등장 시점은 연구자에 따라 기원전 2세기에서 기원후 1세기까지 다양하게 제시되고 있다(유은식 2018의 표 3).

이상과 같이 중부지역 토기의 변천을 살펴보면 원형점토대토기가 등장하는 시기에는 기존의 무문토기가 공존한 것으로 추정된다. 뒤이어 나타나는 삼각형점토대토기는 서해안지역이 제한적으로 분포한 것으로 보아, 나머지 지역에서는 원형점토대토기에 뒤이어 중도식 무문토기가 사용되었다고 볼 수 있다. 중도식 무문토기가 형성되는 과정에서 동북지역의 무문토기 영향을 무시할 수 없지만 중부지역에서 기존의 무문토기나 점토대토기와 새로이 유입된 전국계 타날문토기, 낙랑토기 등 다양한 제도기술의 영향을 받아서 형성되었던 토기일 것이다. 토기 편년에 대한 논란이 여전하긴 하지만 삼각형점토대토기가 존재하기 않는다고 공백이라는 인식은 적절하지 못하다. 또 토기의 계통성을 연구함에 있어 토기의 기종뿐만 아니라 제작기법을 세밀히 검토할 필요가 있다.

2) 호서지역

호서지역도 중부지역과 유사한 면이 있다. 원형점토대토기가 다수 확인되지만 삼각형점토대토기가 거의 확인되지 못한 현상을 보인다. 하지만 호서지역의 송국리형 주거지에서는 점토대토기가 송국리형토기와 공존하고 있다. 이러한 사례로는 보령리 유적에서 외반구연타날문옹과 점토대토기옹의 결합된 양상도 확인된다(이형원 2015a).

원형점토대토기는 충남지역이나 전북지역에서 청동기와 함께 무덤에서 발견되는 사례가 많다. 즉 원형점토대토기는 세형동검의 등장과 깊은 관계를 맺고 있다. 반면 송국리유형권에 유입된 점토대토기의 경우, 독자적인 입지를 가진 경우도 있지만 송국리형 주거지에서도 출토되고 있어 두 토기가 혼합되는 경향을 보여주기도 한다.

그런데 호서지역에서 기원전 2세기에서 기원후 1세기까지 공백이라는 김장석(2009)의 지적에 대하여 본격적으로 반론하는 견해를 찾아보기 힘들다. 이것은 호서지역에서는 삼각형점토대토기가 발견되지 않고 있어 이 시기에 해당되는 유적이 거의 없다고 인식하기 때문이다. 다만 몇몇 연구자들이 그 공백을 어떻게 메울 것인지 조심스럽게 논의하고 있다. 국립청주박물관에서 열린 호서지역 마한 특별전의 도록과 학술대회에서는 그 공백을 메울 수 있는 고고학 자료들이 일부 언급되었다(국립청주박물관 외 2019: 국립청주박물관 · 한국상고사학회 2019). 즉 박진일(2019)은 원형점토대토기가 소형화된 홑구연의 옹을 이 시기에 속한다고 보았고, 박형열(2019)은 유개대부토기가 출토된 아산 용두리 진터 토광묘(목관묘)의 연대를 기원후 1세기 후반경으로 비정하면서 호서지역에서 영남지역으로 파급되었다고 주장하였다.

따라서 호서지역의 경우 삼각형점토대토기가 보이지 않아 이 시기를 설명하는데 어려움이 많은 것은 사실이다. 그렇지만 원형점토대토기에서 타날문토기로 바로 전환되었다고 보기는 어렵고, 더구나 타날문토기의 연대를 올려 보는 것만으로 해결되지 못할 것이다. 원형점토대토기의 사용기간이 다소 길어졌을 것으로 추정되고, 한편으로 기존의 무문토기에서 변화된 중도식 무문토기(경질무문토기)가 사용되었다고 추정해 볼 수 있다.

3) 호남지역

호남지역에서의 토기의 변화양상은 어느 정도 정리되어 있다. 일찍 해남 군곡리패총에서 층서적으로 발굴조사된 성과를 바탕으로 원형점토대토기→삼각형점토대토기(경질무문토기)→홑구연의 경질무문토기→타날문토기 등의 변천이 이루어졌음이 알려져 있다. 또한 원형점토대토기가 유입되는 시기에도 송국리형토기가 공존되었을 것으로 보고 있다(김승옥 2016, 2021; 김규정 2021; 한수영 2021). 특히 김승옥(2021)은 청동기시대 후기에는 점토대토기문화가 유입되지만 송국리문화와 공존하다가 점차 결합되었다고 보고 있다. 즉 외래계의 점토대토기문화와 토착문화인 송국리문화는 처음에 공간을 달리하여 공존하다가 점차 두 문화가 접촉, 융합하였다는 것이다.

다만 전북지역에서는 경질무문토기의 부재에 따른 공백 문제가 김장석(2009)에 의해 제기된 이래로 치열한 논란이 이루어지고 있다. 즉 그는 이 공백을 메우기 위해서 타날문토기의 연대를 올려보자는 견해를 계속 주장하였고(김장석 · 김준규 2016; 김장석 · 박지영 2020), 이에 대한 반론도 만만찮게 제기되었다(이동희 2010; 최성락 2013b · 2017 · 2019; 최성락 · 강귀형 2019; 최성락 · 이동희 2021)

그런데 전북지역은 호서지역과 다르게 원형점토대토기에 뒤이어 삼각형점토대토기가 나타나고 있다. 단지 전남지역에 비하면 상대적으로 출현의 빈도가 적다는 점과 삼각형점토대토기의 연대를 기원전으로 한정시키는 데에 문제가 있다. 또 다른 문제는 경질무문토기에 대한 연구자들의 인식이 적어 그 존재를 잘 알지 못한 것이 문제이다, 최근 삼각형점토대토기가 확인되는 유적이 점차 많아지고, 이로부터 변화된 홑구연의 경질무문토기에 대한 인식(김규정 2021)도 이루어지면서 이 시기 공백문제도 어느 정도 해결되었다고 생각된다.

한편 호남지역에서는 삼각형점토대토기를 경질무문토기로 불려지고 있다. 사실상 호남지역의 경질무문토기는 중부지역의 경질무문토기(중도식 무문토기)와 다르게 점토대토기에서 변화된 토기이다. 다만 원형점토대토기가 청동기시대 후기의 토기로 인식되고, 삼각형점토대토기를 철기가 등장하는 이후의 것으로 보았기 때문에 삼각형점토대토기를 경질무문토기에 포함시키고 있는 것이다. 즉 경질무문토기는 삼각형점토대토기에서 변화된 홑구연의 무문토기까지를 포괄하는 의미이며 호남지역에서 타날문토기가 사용되기 이전에 경질무문토기가 광범위하게 사용되었다고 보는 것이다.

이와 같이 중부지역과 서남부지역 사이의 경질무문토기는 그 양상이 다소 다른 것이 사실이다. 중부지역에서는 타날문토기와 거의 함께 나타나지만 서남부지역에서는 타날문토기보다도 앞서 나타나는 점, 두 지역 토기의 정면기법에서 차이가 나는 점 등은 서로 다른 계통으로 보는 근거가 된다. 하지만 두 지역에서 경질무문토기가 가지는 공통적인 점은 바로 철기문화가 유입된 이후에 변화된 무문토기라는 점이다. 또한 일부 연구자들이 주장한 바와 같이 삼각형점토대토기로부터 중도식 무문토기로의 변화를 인정하게 된다면 남부지역에서의 변화양상과 차이가 없어지게 된다. 따라서 경질무문토기는 청동기시대의 무문토기에서 기술적으로 발달된 것으로 타날문토기로 변화되는 과도기적인 토기로 보는 것이다(최성락 2013a).

4) 영남지역

영남지역에서의 토기 변천은 비교적 잘 설명되고 있다. 이것은 그간 이 지역 연구자들의 노력으로 신뢰를 받을 수 있는 토기 편년이 확립되었다고 볼 수 있다. 이를 살펴보면 영남지역에서 원형점토대토기는 크게 유행하였다고 볼 수 없다. 기존의 무문토기인 송국리형토기나 검단리형토기가 비교적 늦게까지 공존하였을 것이다(이수홍 2007). 이후 삼각형점토대토기는 영남지역에서 비교적 넓게 분포하였고, 뒤이어 기원전 1세기경에는 와질토기가 등장하게 된다. 와질토기는 낙동강유역을 중심으로 분포하고 있는 반면에 와질토기가 보이지 아니한 남해안지역이나 경남 서부지역은 여전히 삼각형점토대토기가 계속적으로 사용되었다고 볼 수 있다(이성주 2015). 또 삼각형점토대토기에서 변화된 홑구연의 무문토기도 사용되었는데 이를 영남지역에서는 종말기무문토기나 적갈색 연질토기로 부르기도 한다.

3. 점토대토기 부재에 따른 공백 문제

지금까지 점토대토기 연구와 관련이 깊은 연구방법은 앞서 언급한 단계론과 소위 기원론 혹은 계통론 등이 있다. 이 가운데 단계론은 상대편년법과 구분되어야 하지만 혼용되어 사용되고 있다. 또 기원론 혹은 계통론은 점토대토기의 기원지가 어디이면 어떤 경로를 거쳐 유입되었는지에 초점이 맞춰져 있다. 하지만 더 관심을 가져야 할 문제는 점토대토기가 등장한 이후 어떻게 변화되었으며, 기존의 토기와 어떻게 결합되었을까 하는 것이다. 한편 점토대토기에만 초점을 맞추면서 그것과 공존하는 토기의 양상을 도외시하는 경향이 없지 않았다. 이로 인하여 삼각형점토대토기가 확인되지 못한 지역에는 시간적인 공백 문제가 제기되기도 한다.[8]

이러한 문제점을 극복하기 위해서는 과거 문화를 바라보는 새로운 해석의 틀이 필요하다. 새로운 해석의 틀이란 귀납적 사고가 아닌 연역적 사고를 바

8) 고고학에서 공백과 단절의 문제는 이미 전고에서 자세히 다룬 바가 있다(최성락 2019). 여기에서는 당시에 미처 언급하지 못한 부분, 즉 연역적인 사고에 대한 부분을 언급해 본다.

탕으로 한다. 즉, 당시 주민들이 남긴 유물을 중심으로 과거 문화를 복원하는 것이 아니라 유물을 만들고 사용하였던 사람들을 중심으로 생각해 보자는 것이다. 그래서 특정 유물이나 유물조합이 나타나지 않을 경우, 특별히 어떠한 사회적인 이유(전쟁이나 이주 등)로 당시 사람들이 갑자기 사라질 이유를 찾을 수 없다면 단순히 시간적인 공백으로 볼 것이 아니라 다르게 설명되어야 한다는 것이다.

그런데 이러한 가정을 설정하기 위해서는 몇 가지 전제가 필요하다. 먼저 그 지역에서 어느 정도 유적 조사가 이루어졌다는 전제이다. 유적 조사가 극히 적게 이루어진 1990년대 이전에 비하면 2000년 이후에는 사전조사가 시행되면서 전국적으로 개발에 따른 구제발굴이 이루어짐에 따라 조사가 미비되었다고 보기 어려울 정도로 많은 유적들이 발굴되었다. 따라서 특정 지역에서의 시간적인 공백을 무조건 유적의 미조사로만 원인을 돌릴 것이 아니라 현재까지 알려진 고고학 자료만으로 당시 문화를 설명할 수 있어야 한다.

다음으로 특정 유물이나 유물조합은 지역에 따라 사용 시기의 차이를 보여줄 수 있다는 전제이다. 고고학에서 상대연대법은 특정한 문화요소의 변화를 기준점으로 선후관계를 파악해야 하는 고고학에서 가장 기본적인 연구법으로 받아들이지만 문화요소 중에는 변화가 없거나 늦어질 수 있기에 획일적으로 변화되지 않는다는 것이다. 또 고고학 자료의 변화가 상부 계층이나 문화의 중심지에서 먼저 일어나는데 반면에 주변지역이나 낮은 계층에서는 과거의 유물과 유구를 그대로 사용되었을 수 있다. 예를 들면, 현재에도 선진국과 후진국 사이에, 문화의 중심지인 도시지역과 농촌지역 사이에 문화적인 격차가 나타나고 있는 현상과 같은 것이다.

이러한 새로운 시각에서 바라본다면 토기의 부재에 따른 시기적인 공백 문제는 어느 정도 해결될 수 있는 것이다. 즉, 삼각형점토대토기가 보이지 않는다면 그 이전에 사용되었던 토기들이 그대로 사용되거나 그 전통을 유지하는 토기가 사용되었다고 볼 수 있다. 다시 말하면 삼각형점토대토기가 없는 중부지역에서는 기존의 무문토기나 원형점토대토기가 일정기간 사용되었을 수도 있고, 이후 상기 토기로부터 변화된 중도식 무문토기로 발달되었을 것이다. 남부지역에서는 비교적 변천에 대한 설명이 쉽지만 삼각형점토대토기가 적게 나타나는 전북 서부지역은 역시 기존의 무문토기나 원형점토대토기가 좀 더 늦게까지 사용되거나 홑구연의 경질무문토기가 사용되었고, 영남지역에서는 삼각형점토대토기와 더불어 와질토기가 사용되었다. 따라서 삼각형점토대토기가 없다고 해서 그 시기가 공백이라고 인식할 필요가 없다는 것이다.

다만 이러한 공백 시기에 새로운 문화요소의 출현이 있었는지는 당연히 검토되어야 한다. 예를 들면, 외부와 활발한 문화교류나 이주민들의 유입이 급격히 이루어졌다면 한층 기술적으로 발달된 토기가 사용될 수도 있다. 이와 같은 사례로는 중부지역의 낙랑계 혹은 전국계 타날문토기의 등장을 들 수 있다.

V. 맺음말

이상과 같이 점토대토기와 관련된 연구성과들을 정리해 보면서 그 문제점과 과제를 제시해 보았다. 먼저 용어의 문제로 점토대토기의 개념을 정리할 필요성이 있고, 점토대토기를 시대구분의 기준으로 삼을 수 없으며 흔히 사용되는 점토대토기문화도 적절한 용어가 아니다. 점토대토기는 청동기와 철기가 등장하는 과정에서 공반되는 토기이면서 무문토기에서 타날문토기로 넘어가는 과도적인 성격의 토기이며, 중국 동북지역-한국-일본지역을 하나로 묶는 해상교류가 시작되는 시기에 각 지역에서 공통적으로 나타나는 토기이다.

다음으로는 점토대토기 연대, 점토대토기의 기원과 전파경로, 원형점토대토기에서 삼각형점토대토기로의 변천 등의 연구현황을 살펴보았다. 점토대토기는 요동지역에서 중부지역으로 이주민과 함께 유입되었는데 해로와 육로를 통해 파급되었다고 본다. 또 점토대토기의 상한은 여러 견해가 있지만 대체로 기원전 5세기경으로 추정되고, 하한은 기원후 1~2세기까지 지속되었다고 볼 수 있다. 그리고 삼각형점토대토기에서 변화된 홑구연의 경질무문토기를 거쳐 타날문토기로 변화되었다.

마지막으로 점토대토기의 변천양상에 대하여 다루면서 앞으로의 연구과제도 언급하였다. 원형점토대토기에서 삼각형점토대토기로의 변화는 외부적인 영향 아래 서해안과 남해안지역에서 발생되었다고 본다. 그리고 삼각형점토대토기가 나타나지 아니한 지역에서는 원형점토대토기가 기존의 무문토기와 공존하면서 서로 영향을 주고받았는데 다음 시기의 토기인 중도식무문토기, 남부지역의 경질무문토기, 와질토기 등의 탄생에 기여한 바가 적지 않다고 생각한다. 즉, 점토대토기는 각 지역에서 기존의 무문토기와 결합되면서 다양한 형태로 변화되는 양상을 보여주는 것이다.

그런데 본고에서는 점토대토기 시기의 문화양상을 포함하여 다루고자 하였으나 방대한 논고를 섭렵하기가 쉽지 않고, 작성할 원고의 분량도 너무 많아지기에 이를 분리하여 다음에 다루고자 한다.

〈참고문헌〉

강인욱, 1996,「요령지역 비파형동검에 대한 일고찰」,『한국상고사학회』21, 한국상고사학회.

강인욱, 2005.「구계유형론과 중국 동북지방의 고고학 -중국 동북지방 고고학에 대한 이론적 접근」,『한국고고학보』56, 한국고고학회.

구숙현, 2019,「점토대토기 구연부 제작패턴의 연구」, 부산대학교 대학원 석사학위 논문.

국립청주박물관 외, 2019,『호서의 마한』, 2019 국립청주박물관 특별전 도록.

국립청주박물관 · 한국상고사학회, 2019,『호서 마한의 대외 관계망 형성』.

고민정, 2007,「Ⅴ. 고찰」,『泗川芳芝里遺蹟 Ⅲ』, 경남발전연구원 역사문화센터.

김경주, 2018,「제주지역 점토대토기문화의 정착과 변천과정」,『한국청동기학보』22, 한국청동기학회.

김규정, 2004,「호남지방 점토대토기문화의 검토」, 연구원논문집, 호남문화재연구원.

김규정, 2021,「호남지역 마한 성립기 주거지 일고찰」,『호남고고학보』67, 호남고고학회.

김미경, 2006,「美松里型 土器의 변천과 성격에 대하여」,『한국고고학보』60.

김미경, 2009,「遼東地域 靑銅器時代 土器文化圈 설정에 관한 再檢討」,『호서고고학』21.

김민경, 2014,「遼寧地域 粘土帶土器文化의 편년과 변천」, 부산대학교 대학원 석사학위논문.

김민경, 2014,「遼寧地域 粘土帶土器文化의 변천과 파급」,『한국청동기학보』15.

김범철, 1996,「漢江流域 後期無文土器 硏究 -粘土帶土器文化의 展開樣相을 中心으로-」, 서울대학교 석사학위논문.

김범철, 2001,「남한지역 후기무문토기문화의 성격 연구 - 서울지역 연구를 위한 시론적 고찰 -」,『서울학연구』16.

김승옥, 2016, 「만경강유역 점토대토기문화의 전개과정과 특징」, 『한국고고학보』 99, 한국고고학회.

김승옥, 2021, 「호남지역 청동기시대 문화의 흐름과 특징, 그리고 쟁점」, 『호남지역 청동기시대 재조명』, 한국청동기학회 국제학술대회, 한국청동기학회.

김원용, 1973, 『한국고고학개설』(1판), 일지사.

김원용, 1977, 『한국고고학개설』(2판), 일지사.

김원용, 1986, 『한국고고학개설』(3판), 일지사.

김장석, 2009, 「호서와 서부호남지역 초기철기시대-원삼국시대 편년에 대하여」, 『호남고고학보』33, 호남고고학회.

김장석 · 김준규, 2016, 「방사성탄소연대로 본 원삼국시대-삼국시대 토기 편년」, 『한국고고학보』100, 한국고고학회.

김장석 · 박지영, 2020, 「호남지역 원삼국시대 편년과 지역성」, 『호남고고학보』66, 호남고고학회.

노혁진, 2001, 「粘土帶土器文化의 社會性格에 대한 一考察」, 『한국고고학보』45, 한국고고학회.

노혁진, 2004, 「중도식토기의 유래에 대한 일고」, 『호남고고학보』19, 호남고고학회.

도유호, 1962, 「신천 명사리에서 드러난 고조선 독널에 관하여」, 『문화유산』 62-3.

박순발, 1993a, 「한강유역의 청동기 · 초기철기문화」, 『한강유역사』, 민음사.

박순발, 1993b, 「우리나라 初期鐵器文化의 展開過程에 對한 약간의 考察」, 『고고미술사학』 3, 충북대학교 고고미술사학과.

박순발, 1997, 「한강유역의 기층문화의 백제의 성장과정」, 『한국고고학보』36, 한국고고학회.

박순발, 2004, 「遼寧 粘土帶土器文化의 韓半島 定着 過程」, 『금강고고』創刊號, 충청문화재연구원.

박순발, 2015, 「점토대토기문화의 기원과 전개」, 한국청동기학회 학술대회.

박영구, 2010, 「嶺東地域 粘土帶土器文化의 展開樣相」, 『한국청동기학보』7, 한국청동기학회.

박진일, 2000, 「圓形粘土帶土器文化 硏究 : 湖西 및 湖南地方을 中心으로」, 『호남

고고학보』12, 호남고고학회.
박진일, 2001, 「嶺南地方 圓形粘土帶土器 文化 試論」, 『한국상고사학보』35.
박진일, 2006, 「서울 · 경기지방 점토대토기문화 試論」, 『고고학』 5-1, 중부고고학회.
박진일, 2007, 「粘土帶土器 그리고 靑銅器時代와 初期鐵器時代」, 『한국청동기학보』창간호.
박진일, 2013, 「韓半島 粘土帶土器文化 硏究」, 부산대학교 고고학과 박사학위논문.
박진일, 2019. 「서기 전후 미지의 200년」, 『호서의 마한』, 2019 국립청주박물관 특별전 도록.
박진일, 2020, 「'초기철기시대' 폐기 제안」, 『청동기시대의 설정과 분기』, 국립청주박물관 · 한국청동기학회.
박형열, 2019, 「원삼국시대 토기로 본 중서부와 영남지역의 대외교류」, 『호서 마한의 대외 관계망 형성』, 국립청주박물관 · 한국상고사학회
배현준, 2011, 「중국 요서지역 점토대토기 연구-이중구연토기 및 요동지역 점토대토기와의 관계를 중심으로」, 한양대학교 문화인류학과 석사학위논문
배현준, 2018, 「비파형동검문화 성립 이후 요서지역의 토기문화 시론-점토대토기와의 관계를 중심으로-」, 백산학보 113, 백산학회
배현준, 2019, 「점토대토기 집단의 확산과 네트워크」, 한국고고학전국대회 발표문, 한국고고학회
서길덕, 2006, 「원형점토띠토기의 변천과정 연구」, 세종대학교대학원 석사학위논문.
서길덕, 2018, 『한국 점토띠문화기 무덤 연구』, 세종대학교대학원 박사학위논문.
서길덕, 2019, 「점토대토기문화와 초기철기 연구의 쟁점」, 중부고고학회 학술대회.
송만영, 1995, 『中期 無文土器時代 文化의 編年과 性格』, 숭실대학교 대학원 석사학위논문.
송만영, 1999, 「중부지방 원삼국문화의 편년적 기초」, 『한국고고학보』41, 한국고고학회.
송만영, 2011, 「中部地方 粘土帶土器 段階 聚落 構造와 性格」, 『한국고고학보』80, 한국고고학회.

송만영, 2018,「중부 지역 청동기시대~점토대토기 단계 지역성과 의미」,『숭실사학』41, 숭실사학회.

송종열, 2008,「錦江流域 圓形粘土帶土器文化 硏究」, 전북대학교대학원 석사학위논문.

송종열, 2016,「점토대토기문화의 정착과정과 사회분화-전북 서부지역 토광묘를 중심으로-」,『야외고고학』26, 한국문화재조사연구기관협회.

신경숙, 2002,「湖南地域 粘土帶土器 硏究」, 木浦大學校大學院 석사학위논문.

신경철, 2012,「三韓의 諸問題」, 신라문화유산연구원 강의자료.

심수연, 2011,「嶺南地域 豆形土器 硏究」, 영남대학교대학원 석사학위논문.

심재연, 2011,「경질무문토기의 기원-점토대토기문화와의 관련성을 중심으로-」,『고고학』10-1, 중부고고학회.

안재호, 1989,「Ⅴ. 고찰」,『勒島住居址』, 부산대학교박물관.

오강원, 2020,「중국 동북 지역 점토대토기의 연대와 전개」,『영남고고학보』87, 영남고고학회.

유은식, 2006,「두만강유역 초기철기문화와 중부지방 원삼국문화」,『숭실사학』19, 숭실대학교 사학회.

유은식, 2011,「동북계토기로 본 강원지역 중도식무문토기의 편년과 계통」,『한국기독박물관지』7, 숭실대학교 한국기독교박물관.

이건무, 1994,「韓國式銅劍文化의 性格-成立背景에 대하여-」,『東아시아의 靑銅器文化』, 國立文化財硏究所.

이남규, 1982,「남한 초기철기문화의 일고찰」,『한국고고학보』13, 한국고고학회.

이동희, 2006,「전남 동부지역 복합사회 형성과정의 고고학적 연구」, 성균관대학교 대학원 박사학위논문.

이동희, 2010,「"호서와 서부호남지역 초기철기-원삼국시대 편년"에 대한 반론」,『호남고고학보』35, 호남고고학회.

이백규, 1974,「京畿道 無文土器 · 磨製石器」,『고고학』3, 한국고고학회.

이성재, 2007,「중국동북지역 점토대토기문화의 전개과정 연구」, 숭실대학교 대학원 석사학위논문.

이성주, 2015,「초기철기시대 · 원삼국시대-총설」,『영남고고학』(영남고고학회 편), 사회평론.
이수홍, 2007,「동남부지역 청동기시대 후기의 편년 및 지역성」,『영남고고학』40, 영남고고학회
이숙임, 2007,「강원지역의 점토대토기문화 고찰」,『고문화』69, 한국대학박물관협회.
이재현, 2003,『弁 · 辰韓社會의 考古學的 硏究』, 부산대학교대학원 박사학위논문.
이정은, 2011,「영남 동남해안지역 점토대토기문화의 변천」, 경북대학교대학원 석사학위논문.
이창희, 2010,「점토대토기의 실연대 - 세형동검문화의 성립과 철기의 출현연대-」,『문화재』43-3, 국립문화재연구소.
이청규, 2000,「遼寧 本溪縣 上堡村 출토 銅劍과 土器에 대하여」,『고고역사학지』16, 동아대학교박물관.
이청규, 2007,「선사에서 역사로의 전환-원삼국시대 개념의 문제-」,『한국고대사연구』46, 한국고대사학회.
이형원, 2005,「松菊里類型과 水石里類型의 接觸樣相-中西部地域 住居遺蹟을 中心으로-」,『호서고고학』12, 호서고고학회.
이형원, 2010,「중부지방 점토대토기문화의 시 · 공간적 정체성」,『중부지방 고고학의 시 · 공간적 정체성(Ⅰ)』, 2010년 중부고고학회 정기학술대회.
이형원, 2011,「中部地域 粘土帶土器文化의 時間性과 空間性」,『호서고고학』24, 호서고고학회.
이형원, 2015a,「粘土帶土器文化 流入期 模倣土器의 社會的 意味」,『숭실사학』16, 숭실사학회.
이형원, 2015b,「住居文化로 본 粘土帶土器文化의 流入과 文化變動—江原 嶺東 및 嶺西地域을 中心으로—」,『한국청동기학보』16, 한국청동기학회.
이형원, 2016,「忠淸 西海岸地域의 粘土帶土器文化 流入과 文化接變」,『호서고고학보』34.
이형원, 2018,「토기로 본 고조선 연구의 비판적 검토—비파형동검 시기를 중심으

로-」, 『한국고고학보』 106, pp. 76~103.

이홍종, 1991, 「中島式土器의 成立過程」, 『한국상고사학보』 6, 한국상고사학회.

이화종, 2004, 「중부지방 점토대토기문화 연구」, 한양대학교대학원 석사학위논문.

이화종, 2006, 「江原地域 圓形粘土帶土器文化의 特徵과 檢討」, 『江原考古學報』7 · 8합.

임설희, 2009, 「韓國 粘土帶土器의 變遷過程 硏究」, 전남대학교대학원 석사학위논문.

임설희, 2010, 「호남지역 점토대토기의 등장과 확산과정」, 『호남고고학보』34.

장지현, 2015, 「호남지역 점토대토기문화의 전개양상과 특징」, 『호남고고학보』51.

전일용, 2006, 「충남 지역의 원형점토띠토기 출토 생활유적 연구」, 한남대학교대학원 석사학위논문.

정여선, 2010, 「中部地方 圓形粘土帶土器文化의 展開過程 硏究」, 충남대학교대학원 석사학위논문.

정징원 · 신경철, 1987, 「終末期無文土器에 관한 硏究-南部地方을 중심으로 한 예비적 고찰-」, 『한국고고학보』 20, 한국고고학회.

진영민, 2015, 「한반도 점토대토기문화의 편년과 개시연대 연구」, 고려대학교대학원 석사학위논문.

최병현, 1998, 「원삼국토기의 계통과 성격」, 『한국고고학보』38, 한국고고학회.

최성락, 1988, 「원삼국기 토기의 편년과 문제점」, 『영남고고학』5, 영남고고학회.

최성락, 1995, 「한국고고학에 있어서 시대구분론」, 『아세아고문화-석계황용훈교수정년기념논총』, 학연문화사.

최성락, 1998, 「철기시대의 설정과 문제점」, 『박물관연보』7, 목포대학교박물관.

최성락, 2008, 「한국고고학 선 · 원사 시대구분 재론」, 『한국고고학보』67, 한국고고학회.

최성락, 2012, 「초기철기시대론의 비판적 검토」, 『21세기의 한국고고학』V, 주류성.

최성락, 2013a, 「경질무문토기의 개념과 성격」, 『박물관연보』21, 목포대학교박물관.

최성락, 2013b, 「호남지역 초기철기시대와 원삼국시대 연구현황과 전망」, 『호남고고학보』 45, 호남고고학회.

최성락, 2017, 「호남지역 철기문화의 형성과 변천」, 『도서문화』49, 목포대학교 도서문화연구원.

최성락, 2019, 「고고학에 있어서 공백과 단절의 문제」, 『한국상고사학보』106, 한국상고사학회.

최성락 · 강귀형, 2019, 「'방사성탄소연대로 본 원삼국시대-삼국시대 토기편년'에 대한 반론」, 『호남고고학보』61, 호남고고학회.

최성락 · 이동희, 2021, 「'호남지역 원삼국시대 편년과 지역성'에 대한 반론」, 『호남고고학보』69, 호남고고학회.

최정아, 2011, 「서울 및 경기도 지역 삼각형점토대토기에 대하여」, 서울대학교대학원 석사학위논문.

하진영, 2015, 「호남지역 경질무문토기의 편년과 성격」, 전북대학교대학원 석사학위논문.

한상인, 1981, 「粘土帶土器文化性格의 一考察」, 서울대학교대학원 석사학위논문.

황외식, 2008, 「粘土帶土器時期의 聚落類型 硏究」, 경남대학교대학원 석사학위논문.

後藤直, 1979, 「朝鮮系無文土器」, 『三上次男博士頌壽記念東史考古學論集』.

中村大介, 2008, 「靑銅器時代와 初期鐵器時代의 編年과 年代」, 『한국고고학보』68.

蘇秉琦外, 1981, 「關于考古學文化的區系類型問題」, 『文物』81-5.

점토대토기 시기의 문화양상과 사회성격

최성락

Ⅰ. 머리말

점토대토기는 청동기시대 후기(혹은 초기철기시대)에서 철기시대(혹은 원삼국시대)에 걸쳐서 사용된 토기로 많은 연구가 축적된 반면에 여전히 논란되고 있는 부분도 없지 않다. 이에 필자는 전고에서 점토대토기 관련 용어와 시대구분 문제, 기원과 전파경로, 연대 문제 등을 정리하면서 점토대토기의 변천과정을 살펴보았고, 또 점토대토기를 당시 표지적인 토기로 인식함으로써 나타나는 문제점도 검토해 보았다.

또한 필자는 우리 학계에서 일반적으로 사용되고 있는 '점토대토기문화'가 적정한 용어인가 하는 의문을 제기하였다. 점토대토기문화는 빗살문토기문화, 무문토기문화 등과 같이 통용되고 있다. 이것은 한 시대의 표지적인 토기이므로 통상 토기명칭 뒤에 문화를 붙이는 관습에서 시작된 것이다. 그러나 엄격히 말하면 유적, 유구, 유물 등 개별적인 고고학 자료에 문화를 붙이는 것은 문화의 개념을 잘못 적용하는 것이다. 따라서 점토대토기문화라는 용어는 적절하지 못하다고 판단하지만 이를 받아들인다 해도 그 개념이 '점토대토기가 사용되던 시기의 문화'가 아니라 '점토대토기로 대표되는 유물복합체(assemblage)'로 한정하여야 할 것이다(최성락 2022).

실제로 점토대토기가 사용되었던 시기에는 점토대토기문화만이 존재하였던 것이 아니라 기존의 토착문화가 공존하였고, 점차적으로 서로 통합되는 양상을 보여주었다. 이에 본고에서는 점토대토기문화가 아니라 점토대토기가 사용되었던 시기의 문화양상에 대한 연구현황을 생활유구와 무덤을 중심으로 살펴보고, 더불어 당시 사회성격의 연구현황도 검토해 보고자 한다.

Ⅱ. 생활유구를 통해서 본 문화양상

점토대토기 시기[1]의 생활유구 중에서 주거지, 패총을 중심으로 당시 문화양상을 살펴보고자 한다.

1. 주거지

먼저 점토대토기 시기의 주거지에 대한 연구이다. 이화종(2004)은 중부지역 점토대토기 시기의 주거지, 수혈유구, 패총, 환호, 환구 등을 종합적으로 검토하면서 다음과 같이 언급하고 있다. "중부지방 원형점토대토기 유적의 경우 立地는 구릉의 정상부와 사면을 선호하는 것이 유사하지만, 한강지역의 유적에서 나타나는 고지형의 입지는 특징적이다. 유구에서는 방형의 주거지나 수혈유구 등이 확인되고 있으며, 남부지방과는 달리 매장유구가 확인되지

1) 점토대토기 시기란 중부지역에서 점토대토기가 처음 사용된 기원전 5세기경부터 남부지역에서 삼각형점토대토기가 소멸되는 기원후 1~2세기까지를 의미한다.

않는다. 유물에서는 원형점토대토기+豆+흑도장경호+유구석부+삼각형석촉의 양상으로 유사한 면을 보이지만, 매장유구가 확인되지 않아 공반되는 청동기 역시 출토되지 않는다. 석기의 양상에서는 유구석부와 삼각형석촉을 제외하고 공반되는 경우, 이전 무문토기 시기와 유사한 양상을 보인다. 중부지방 삼각형점토대토기 유적은 해안을 중심으로 분포한다. 남부지방의 삼각형점토대토기 유적 역시 해안을 중심으로 분포하지만, 내륙지방으로의 진출을 확인할 수 있다. 그러나 중부지방의 경우 적극적인 내륙진출의 증거는 확인되지 않는다. 유구에 있어서는 패총유적이 확인되며, 유물은 삼각형점토대토기+豆+철기이다."

황외식(2008)은 점토대토기 시기의 주거지를 세 단계로 설명하고 있다. 즉 1단계는 전형적인 원형점토대토기가 반출되는 시기의 주거지로 노지와 벽구를 갖추고 있으며 벽구가 점차 사라진다. Ⅱ단계는 원형점토대토기와 타원형점토대토기의 과도기로 주거지에서 노지와 벽구가 전 단계에 비하면 확연히 줄어든다. Ⅲ단계는 삼각형점토대토기가 확인되는 시기로 주거지에서 노지와 벽구가 확인되지 않고, 늑도유적과 같이 아궁이와 고래를 갖춘 주거지가 확인된다. 또 이 시기의 취락은 구릉성 취락으로 구릉의 정상부에 상징적인 장소를 설정하여 공백지로 조성하거나 제사시설을 갖추고 있는 특징을 보여주고 있다.

한편 점토대토기 시기의 취락은 청동기시대 취락과 같이 고지성 취락이면서 일부 유적에서는 환호를 동반하고 있다. 환호는 청동기시대 전기부터 등장하지만 점토대토기 시기에는 큰 규모의 취락을 둘러싸거나 단독으로도 나타나고 있다(손정미 2022). 이 중에서 취락의 구획(경계) 또는 방어시설로서 주거공간을 두르는 원형 또는 타원형의 도랑을 환호로, 주거공간을 에워싸지 않는 의례공간에 축조된 도랑을 환구로 구분해서 부르기도 한다(이형원 2012; 김권구 2012). 한편 진주 대평리 유적에서는 점토대토기 시기에 앞서 이미 환호, 목책, 토루 등으로 구성된 방어성 환호취락이 존재하였으나 대홍수에 의해 해체된 것으로 추정된다(배덕한 2022).

중서부지역에서 주거지 양상을 집중적으로 다룬 이형원(2005)은 재지적인 관창리형 취락과 외래적인 교성리형 취락을 분석하여 재지집단과 외래집단 사이에 교류를 통해 서로 문화요소들이 수고 받았음을 언급하면서 섬토대토기 집단이 재지집단과 마찰을 피하기 위해 고지에 취락을 형성하였고, 선주 주민들과 꾸준한 접촉을 시도하였다고 보았다. 또 이형원(2015a, 2015b)은 강원지역에서 점토대토기와 재지토기를 분석하면서 외래 주거지와 재지 주거지 사이의 관계를 검토하고 있다. 즉 그는 영동 및 영서지역의 점토대토기 출토 유적이 대부분 재지문화와 외래문화가 상호작용하면서 상대방의 문화를 상황에 따라 적극적으로 혹은 소극적으로 받아들였고, 혼인과 같은 인적교류도 활발하게 이루어진 것으로 보았는데, 그 근거로 토기 한 개체에 재지계 요소와 외래계 요소가 함께 나타나는 절충 혹은 모방토기의 존재한다는 것이다. 즉 강릉 방동리유적에서는 재지인이 외래계 토기를 모방한 양상이, 춘천 현암리유적에서는 외래인이 재지계 토기를 모방한 양상이 있다는 것이다.

전일용(2006)은 충남지역의 원형점토대토기 시기의 주거지를 세 유형으로 구분하였다. 1유형은 원형의 송국리형 주거지로 내부에 타원형 수혈이 남아있는데 원형점토대토기와 송국리형토기가 함께 출토된 경우이고, 2유형은 방형 혹은 장방형 주거지로 원형점토대토기가 출토된 경우이며, 3유형은 부정형, 원형, 타원형 등 다양하나 별다른 시설이 없는 수혈의 형태를 띤 경우이다. 각 유형의 출현 시기는 1유형-2유형-3유형 순이라고 한다.

호남지역에서의 양상도 충청 서부지역과 유사하다. 장지현(2015)는 호남지역 점토대토기 시기의 주거지를 세 시기로 구분하였다. Ⅰ기(기원전 5세기 전반~4세기 후반)는 호남지역에 점토대토기문화가 등장하고 재지의 송국리문화와 접촉을 시작하는 시기로, A유형의 주거지(송국리형 주거지)와 함께 일부 유적에서는 수혈유구 및 구상유구가 확인된다. Ⅱ기(기원전 3세기 전반

~2세기 중반)는 호남지역에서 점토대토기문화가 급속도로 확산되는 시기로, A유형의 주거지가 극히 일부 확인되며, B유형의 주거지가 유행하게 된다. 또한 이 시기에는 B유형 주거지(방형에 중앙부에 노지가 있거나 없는 주거지)와 함께 수혈유구와 대형 구상유구가 본격적으로 조성되게 된다. Ⅲ기(기원전 2세기 후반~기원후 2세기 전반)에는 C유형의 주거지(방형에 부뚜막이 있거나 원형주거지)가 조성되는데, 가장 큰 특징은 순천지역을 중심으로 한 전남 동부지역에서는 평면형태 원형 또는 부정형의 주거지가 조성된다는 점이다. 주거지 구조에 있어서는 여전히 주공 등의 내부시설은 확인되지 않지만 광주 평동 A-44호, 순천 연향동 대석유적 6호 주거지에서는 부뚜막과 노지로 추정되는 시설이 확인된다.

김규정(2021)은 호남지역 마한 성립기인 기원전 3세기에서 1세기경의 주거지를 검토하면서 다음과 같이 언급하였다. “점토대토기 유입기의 주거지는 주로 송국리형 주거지로 청동기시대 중기 후반과 큰 차이가 없지만 어느 시점부터 벽에 치우친 화덕(壁附爐)이 발견되고 있다. 실례로, 삼각형점토대토기가 출토된 김제 반월리 2호 주거지의 북동쪽 벽가에 치우쳐 소토층이 발견된 것으로 보아 벽부노가 설치되었을 것으로 상정할 수 있다. 이러한 벽부노는 중국 公主屯 后山 1호 주거지에서 발견된 바가 있어 외래적인 것으로 볼 수 있고(송만영 2019, 344쪽). 중앙의 장축 노시설도 외래적인 것으로 보고 있다(이형원 2016, 8쪽)”

호남지역에서 점토대토기 주거지(수석리식 주거지)는 전주 중동, 대청Ⅳ, 완주 상운리, 갈산리 등 일부 유적에서만 발견되었다. 이 유적들에서는 방형계 주거지로부터 점토대토기, 흑도장경호, 고배(두형토기), 조합식우각형파수부호, 뚜껑, 삼각형석촉 등 다량의 유물들이 확인되었다. 수석리식 주거지는 평면형태나 내부시설 등에서 정형성이 보이지 않는데 이러한 양상으로 보아 장기간 거주했던 곳이 아닌 단기간 활용 장소로 볼 수 있다(이종철 2014). 반면 점토대토기가 간헐적으로 출토되는 송국리형 주거지는 군산 도암동, 전주 효자4, 고창 율계리, 광주 수문과 하남동, 장흥 갈두 유적 등에서 수혈유구와 함께 확인되었다(이종철 2015).

한수영(2021a, 2021b)은 호남지역에서 점토대토기 시기에 송국리형 주거지와 수석리식 주거지가 공존하였다고 보았다. 이 가운데 송국리형 주거지의 평면형태는 원형에서 말각방형으로 바뀌며, 바닥중앙에 타원형 수혈과 중심주공이 있는 전형적인 형태에서 중심 주공이 없어지고 타원형 수혈만 있다가 이마저도 소멸되는 양상이고, 일부 주거지에서 타원형 수혈 자리에 노지로 추정되는 소토부가 확인되고 있다. 또 만경강유역에서는 원형에서 말각방형으로 변화가 나타나는 반면, 영산강유역에서는 말각방형이 많은데, 이는 금강유역에서 멀어질수록 상대적으로 방형이 증가하는 양상을 보이는 것이다. 수석리식 주거지의 평면형태는 말각장방형에서 방형으로 바뀌고, 내부에 장축선상을 기준으로 1기에서 2기 내외의 노지가 있으며, 소형 주공과 부분적으로 벽구가 시설되어 있다. 그리고 타원형 주거지는 송국리형 주거지가 퇴화된 형태로 호남 동부지역에 많이 분포하고 있다. 또 이 시기에는 주거지 이외에 수혈유구나 구가 많이 발견되고 있다.

한편 영남지역 점토대토기 시기의 주거지 양상은 김나영(2007)의 연구가 있다. 즉 원형점토대토기 시기(삼한 전기 전반)는 원형과 방형의 주거지가 공존하다가 삼각형점토대토기 시기(삼한 전기 후반)에 들어서면 방형의 무시설형 주거지가 나타나 와질토기문화가 등장하기 이전까지 성행한 것으로 추정하였다. 이것은 이주민의 새로운 환경의 적응과 정착의 과정을 보여주는 것으로 파악하였다. 또 와질토기 확산 시기(삼한 후기)에는 기존 방형의 무시설형 주거지가 점차 소멸하고, 원형의 부뚜막식 주거지로 대체되면 기둥과 벽체의 설치가 활발해지는 것으로 판단하였다.

제주지역의 경우, 김경주(2018)는 기존의 송국리문화 바탕 위에 점토대토기문화가 유입되었다고 설명하고 있다. 즉 제주 서북부지역에서는 두 문화가 융합과정을 거쳐 대규모 취락을 형성한 반면 서남부지역에서는 상위권 계층에서만 교류가 있었을 뿐, 직접적인 융합은 없었다. 한편 원형점토대토기 단계에서는 서북부지역을 중심으로 송국리형 취락이 성행하였고, 삼각형점토대토기 단계에 이르러 동북부지역에 거점을 확보하였으나 서남부지역으로 확산되지 못한 것으로 파악하였다.

이처럼 원형점토대토기 시기에는 외래계의 수석리식 주거지와 기존의 토착적인 주거지가 공존하면서 서로 영향을 주고받으면서 점차 통합되는 양상을 보여주지만 각 지역에 따라 그 변화가 다르게 나타난다. 다만 한수영(2021a)은 박순발(2004)의 연구를 바탕으로 이형원(2015a)이 제시한 수석리식 주거지의 개념을 재검토할 필요가 있다고 하였다. 즉 요령지방 점토대토기 주거지는 공주둔 후산유적을 제외하고 비교자료가 없는 실정이므로 이것이 점토대토기 주거지를 대표한다고 보기에는 무리가 있다는 것이다. 또 이것이 점토대토기 주거지의 유형으로 설정될 당위성이 충분히 있으나 벽부노뿐만 아니라 장축노까지 확대하고, 노지가 없는 주거지까지 포함시키는 것은 외래계 주거지에 대한 좀 더 명확한 개념정의가 필요하다는 것이다. 더구나 이주민이 처음 당도한 서해안지역과 멀리 떨어진 울산지역의 경우, 외래 주거지인지 재지 주거지인지 그 구분이 명확하지 못하다. 즉 원형점토대토기는 주로 방형계 주거지에서 출토되는데, 그것이 재지의 방형계 주거지(울산식, 검단리유형)인지 새롭게 유입된 주거형태인지 모호한 경우가 있고, 이주민들로만 구성된 취락이 존재할지도 의문이라는 것이다(이창희 · 구숙현 2021, 126쪽).

2. 패총

남해안지역의 패총에 대한 연구가 일찍부터 있었지만 점토대토기와 관련된 연구는 해남 군곡리 패총과 사천 늑도 패총이 발굴조사되면서 본격화되었다고 볼 수 있다. 최성락(1993)은 남해안지역 패총의 발굴성과를 정리하면서 이 시기의 패총이 철기문화의 유입과 더불어 경질무문토기(삼각형점토대토기 포함)가 사용되는 시점에 형성되기 시작하였고, 이후 지속적으로 발달되었다고 주장하였다.

서현주(1996)는 남해안지역 패총을 출토유물을 중심으로 정리하면서 크게 두 시기로 나누었는데 전기의 패총이 기원후 1세기에서 2세기에 속하고, 후기의 패총이 기원후 3세기를 중심으로 형성되었다고 한다. 또 서현주(2000, 2010)는 남해안 패총의 기원 문제를 다루면서 夏家店上層文化와 관련된 원형점토대토기문화에서 계보를 찾으면서 군산지역의 패총에서 원형점토대토기가 출토되는 것으로 보아 서해안을 거쳐 서남해안으로 유입되었을 가능성이 높다고 보았다. 하지만 그는 원삼국시대에 들어 패총이 도서지역 및 해안지역에 다수 위치하는 것에 주목하여, 이를 채집경제의 비중이 높아진 것으로 보고『三國史記』와『增補文獻備考』등의 문헌자료와 중국과 일본의 고기후 연구를 참고하여 기원후 2~3세기를 한랭기로 추정하였다. 그 과정에서 원삼국시대 패총이 기원후 2~3세기대에 해안가에서 집중적으로 확인되는 시기와 한랭기가 대체로 일치하는 것에 주목하고, 당시 한랭기는 농업생산량의 감소를 가져왔으며 상대적으로 해양자원의 의존도가 높아짐에 따라 원삼국시대 패총이 짧은 시간 동안 도서지역뿐만 아니라 해안지역까지 넓게 분포하게 된 것으로 파악하였다. 하지만 이 연구에서 한랭기에 대한 연구가 적절하다고 하더라도 남해안지역 패총 형성의 중심연대를 너무 늦게 보는 것은 문제가 있다.

한편 최성락 · 김건수(2005)는 철기문화의 시작과 더불어 발달된 해로에 따라 해안지역으로 주민이 이동함으로써 함께 인구가 증가하였고, 바다로부터 식량자원을 획득함에 따라 패총이 자연스럽게 형성되었을 것으로 보았다. 즉 남해안지역에서 패총이 본격적으로 형성되는 시기는 여러 패총에서 삼각형점토대토기가 발견되고 있어 기원전 1세기경에서 기원후 1세기경으로 추정하였다.

송만영(2009)은 동해안 일대의 패총이 원삼국시대의 늦은 시기인 2세기말

~3세기초 무렵에 출현하였고, 이른 시기 취락과 달리 좀 더 바닷가와 가까운 곳에 형성되는 점과 함께 서해안 일대의 패총 시기를 고려하여 원삼국시대의 늦은 시기에 나타나는 패총 폭증을 기후 한랭화라는 자연환경 변화와 관련하여 이해하고 있다.

최성락 · 박호성(2022)은 호남지역 철기시대 패총의 편년을 원형점토대토기가 출토되는 Ⅰ기(기원전 4세기경에서 기원전 2세기 중엽), 경질무문토기(삼각형점토대토기 포함)가 출토되는 Ⅱ기(기원전 2세기 후반에서 기원후 1세기 후반), 경질무문토기와 경질찰문토기가 출토되는 Ⅲ기(기원후 1세기 말에서 기원후 2세기 중엽), 격자문계 타날문토기가 출토되는 Ⅳ기(기원후 2세기 후반부터 기원후 3세기 말) 등 네 시기로 구분하였다. 각 시기의 형성배경을 다음과 같이 설명하고 있다. 즉 Ⅰ기의 패총은 주로 전북 서해안지역에 분포하였는데 중국 동북지역에서 원형점토대토기가 유입된 것과 연결되고, Ⅱ기와 Ⅲ기의 패총은 주로 서남해안과 남해안지역에 분포하였는데 주민들의 이주와 교역이 활성화되면서 해로의 발달로 설명될 수 있으며, Ⅳ기의 패총은 전 지역으로 확산되었는데 기후의 한냉화와 더불어 철기문화의 발전에 따른 것이라고 한다. 결국 원형점토대토기 시기의 패총은 군산지역을 비롯하여 서해안지역에 형성되기 시작하였으며 삼각형점토대토기 시기에는 남해안지역까지 널리 확산되었음을 알 수 있다.

이외에도 패총에서 출토된 유물에 대한 개별적인 연구와 함께 해상교류에 대한 연구가 있다. 특히 해상교류는 점토대토기 시기에 형성된 해로의 발달과 깊은 관계가 있다. 각 지역에서 이루어졌던 국지적인 해상교류와 함께 중국-한국-일본에 이르는 장거리 교역도 본격화되기 시작된 것이다(최성락 · 김영훈 2019). 이 부분에 대한 연구들(한국고고학회 2002; 윤명철 2014; 전남문화재연구소 2014; 한국해양재단 2013)은 적지 않게 이루어졌으나 이를 자세히 소개할 수가 없어 생략한다.

Ⅲ. 분묘를 통해서 본 문화양상

먼저 점토대토기 시기의 분묘의 분류와 명칭 문제이다. 이경순(1994)은 세형동검문화기의 무덤을 상부구조의 적석상태, 벽석상태 등 구조적인 면에서 포괄적 의미의 土壙積石墓와 土壙圍石墓로 구분하고 단계별 특징과 계통에 대해 논의하였다. 이동희(2002)는 호남지역을 중심으로 점토대토기 시기의 무덤을 積石石槨墓, 石蓋土壙墓, 支石墓, 積石木棺墓, 土壙(木棺)墓, 甕棺墓, 周溝墓 등으로 세분하였는데, 원형점토대토기 시기에 지석묘, 석개토광묘 이외에 새로이 출현하는 적석목관묘, 목관묘(토광묘), 주구묘 등이, 삼각형점토대토기 시기에 목관묘, 옹관묘, 주구묘 등이 사용되었다고 보았다.

이건무(2003)는 요령식동검문화기의 주된 묘제로 支石墓, 石蓋(木蓋)土壙墓, 石棺墓, 甕棺墓 등이 있고, 한국식동검문화기에 들어서면서 積石石棺墓와 積石木棺墓가 새로이 출현하였다고 보았다. 그는 적석석관묘를 석관묘 계통이면서 상부에 할석을 쌓은 무덤(연화리, 괴정동, 남성리)으로, 적석목관묘를 목관과 묘광 사이에 돌을 채우고, 목관의 상부 또는 목개의 상부에 할석을 쌓은 무덤(초포리, 대곡리, 남양리)으로 정의하였다.[2] 이를 바탕으로 한국식동검문화기의 변천을 세 시기로 구분하여 설명하였다.

조진선(2004)은 세형동검이 출토된 무덤으로 적석목관묘와 목관묘가 중심이지만 옹관묘와 지석묘도 일부 관련이 있다고 보았다. 특히 積石木棺墓는 목관 안치 후 목관과 토광 사이 또는 목관 위까지 돌로 충전한 구조로 일반적인 木棺墓와 다르다고 보면서 積石木棺墓를 바닥석, 개석, 개석 상부 적석의 유무로 세분하였다. 이현우(2004)는 서북한지역 초기철기문화의 묘제에 대해 검토하면서 크게 石材 사용과 토광묘로 구분하고, 석재 사용을 石蓋石棺墓,

---

2) 세형동검이 반출된 무덤을 석관묘 혹은 석곽묘로 불렀으나 이를 적석목관묘 혹은 적석석관묘라고 처음으로 지칭한 것은 함평 초포리 발굴보고서(이건무 · 서성훈 1988)이다. 반면 초포리 무덤을 박진일(2013)은 적석석관묘로 보고 있다.

木蓋石棺墓, 積石木棺墓 등으로, 토광묘를 土壙直葬墓, 土壙木棺墓, 土壙木槨墓 등으로 세분하면서 그 변천을 5단계로 설명하였다. 정여선(2010)은 원형점토대토기 시기의 무덤이 상부에 적석 시설이 있는 경우에 대부분 파괴되어 본래의 모습을 확인하기 어렵고, 목개, 석개 혹은 석관, 목관 등 다양한 형태를 나타내고 있어 혼란의 여지가 많음을 지적하면서 이 시기 중부지역 무덤을 적석목관묘, 토광위석묘, 토광목관묘 등으로 분류하였다.

최우림(2014)은 점토대토기가 출토되는 중서남부 지역의 무덤을 적석의 유무와 묘광 내부의 석재 사용 어부, 토광묘의 목관 종류에 따라 모두 5형식으로 나누었다. a1식은 적석하고 매장주체부에 석재를 쌓은 것, a2식은 적석하지 않고 매장주체부 주위에 석재를 두른 것, b1식은 순수토광묘, b2식은 통나무관묘, b3식은 판재목관묘로 세분하였다. 이 형식들은 점토대토기가 등장한 초기에는 모두 사용되있으나 시산이 지남에 따라 b식만 사용한 것으로 이해하였다.

한수영(2015)은 전북지역의 점토대토기 부장 분묘를 분석하면서 분묘의 종류를 토광묘, 옹관묘, 적석목관묘 등으로 나누었다. 이 중 토광묘가 가장 보편적인데, 장축을 대개 등고선과 직교하며 늦은 단계일수록 차이 폭이 줄어들고, 묘광은 이른 시기에는 소형이 많지만 점차 중 · 대형화되며, 형태는 세장방형에서 장방형으로 변한다는 것이다. 적석목관묘는 장수 남양리 유적의 경우, 묘광의 깊이가 깊지 않아 금강이나 영산강 유역의 전형적인 적석목관묘와 차이가 나고 있지만 만경강 유역과 금강 유역 적석석관묘의 영향을 받은 것이라 해석하였다. 분포적인 면에서는 토광묘의 밀집도가 가장 높은 만경강 유역에서 적석목관묘가 없는 점, 풍부한 철기류에 비해 청동기 부장이 다른 지역에 비해 빈약한 점을 특징으로 들었다. 다만 그의 주장과 달리 적석목관묘는 만경강유역인 전주 만성동 · 여의동, 익산 다송리 등지에서도 확인되었다.

김규정(2017)은 목관묘와 옹관묘를 제외한 이 시기의 분묘를 석재 사용 분묘라는 개념으로 인식하였다. 구체적으로는 ①삼국시대 석곽묘와 같은 견고

한 구조의 석곽묘, ②목관과 묘광 사이를 할석을 이용하여 뒤채움한 유사석곽형, ③목관과 묘광 사이에 판석을 석관처럼 가로로 세워 놓은 석관형, ④묘광의 장벽이나 단벽을 따라 목관을 고정하기 위해 몇 매의 석재를 듬성듬성 놓은 위석형으로 세분하였다. 석재사용 분묘가 다양한 구조로 확인되는 것은 중국 동북지역의 주민 이주가 일회성에 그치지 않은 점을 나타내는 것으로 해석하였으며, 특히 호서와 호남지역에서 다량의 의례용 청동기가 출토되는 점으로 미루어 보아 상당한 위계를 가진 집단이 이주한 결과로 이해하였다.

서길덕(2018)은 점토대토기 시기의 무덤을 지석묘, 석곽묘, 석관묘, 적석석관묘, 적석목관묘, 적석토광묘, 옹관묘, 토광묘, 주구토광묘, 패총묘 등 10종류로 세분하였다. 또 무덤 부장품의 조합을 기준으로 일곱 시기로 세분하였는데 1~5기는 원형점토대토기가, 6~7기는 삼각형점토대토기가 출토되는 시기이다. 절대연대는 1기의 상한을 서기전 500년을 전후한 시점으로, 7기의 하한을 서기 전후로 설정하였다. 10종류의 묘제 중, 지석묘, 석곽묘, 석관묘는 이전 청동기시대부터 존재하고 있었던 묘제이어서 재지계라 볼 수 있고, 토광묘는 통나무관, 판재관, 뒤채움관 등 세 종류로 구분하는데 뒤채움관은 1기(서기전 5세기 전반)부터, 통나무관과 판재관은 2기(서기전 5세기 후반)부터 등장한 것이라 하였다. 또 적석목관묘는 2단 굴광과 1단 굴광으로 나누었는데 3기(서기전 4세기 전반)부터 나타난 묘형으로 인식하였다.

박진일(2019)은 무덤의 속성을 자세히 분석하여 속성의 조합에 따라 네 단계로 나누고 있다. 점토대토기가 부장되는 무덤은 초기 '1단굴광+조립식목관+충전석+충전토+적석無' 형식에서 상부에 적석이 부가되는 형태인 적석목관묘로 발전하는 것으로 판단하였다. 이것은 재지 사회에 성공적으로 적응한 점토대토기 집단이 규모가 큰 무덤을 만들 수 있는 여건이 조성된 결과로 이해하고 있다. 또 적석목관묘에서는 나팔형동기, 방패형동기나 원개형동기처럼 그들의 故地인 요중 지역에서 만들었던 청동의기를 충실히 복원해 부장하는 점에서도 점토대토기 집단의 여건 개선을 추정해 볼 수 있다. 매장주체부 상부의 적석 역시 그들의 요중 지역 무덤의 전통을 충실히 복원한 결과일 것이다. 이후에 충전석을 듬성듬성 놓던 방식에서 정연한 석벽을 구축하는 방식으로 발전한다. 대표적인 사례로 장수 남양리 유적의 분묘나 청주 가경동, 논산 원북리 나1호 적석석관묘가 있다. 한편 이런 적석석관묘는 2단계에서 4단계까지 꾸준하게 조성되지만, 무덤의 수 자체는 적석목관묘에 비해 급격히 줄어든다. 이러한 양상은 점토대토기 집단이 축조한 무덤이 현지에서 변형된 결과로 이해할 수 있겠다. 더불어 완주 갈동이나 신풍 유적처럼 군집 목관묘가 등장하는데, 전국계 철기의 파급과 연동하여 서남한지역에 새롭게 등장한 무덤 형태이다. 이런 방식은 이후 대구 월성동 유적이나 경주 하구리 유적처럼 영남지역의 초기 군집 목관묘에도 영향을 미치게 된다는 것이다. 다만 그의 주장 중에서 적석목관묘가 적석석관묘 보다 먼저 등장하였다는 것은 일반적인 견해와 다른 것이다.

이처럼 연구자마다 분류의 기준으로 선택된 속성이 다르고, 그 변화양상을 다르게 파악하고 있으며 그에 따라 명칭도 달라질 수밖에 없다. 더구나 점토대토기 시기에 새로운 무덤이 유입되면서 정착하는 과정에서 다소 불규칙한 면이 있기 때문에 분류가 어렵기도 하다. 이러한 혼란을 피하기 위해서는 무덤 객관적인 분류와 적절한 명칭의 부여가 필요하다고 본다.

이에 무덤의 분류 문제를 다루어 보고자 한다. 무덤을 객관적으로 분류하기 위해서는 다음과 같은 원칙이 필요하다. 첫째, 무덤 분류에서 가장 중요한 속성인 매장주체부를 중심으로 석관, 목관, 옹관 등으로 나눌 수 있다. 다만 매장주체부가 없거나 불확실한 경우에 한정하여 토광을 쓸 수 있다. 여기에서 제외되는 무덤으로는 지석묘, 주구묘, 패총묘 등이 있다.

둘째, 매장주체부 다음으로 중요한 속성으로 적석을 분류 기준으로 삼을 수 있다. 다만 적석과 위석은 개념적으로 구분되지만 이를 통합하여 적석으로 하여도 무리가 없을 것이다. 반면 석개와 목개는 다소 덜 중요한 속성이기에 무덤의 세부적인 분류 기준으로 삼는다. 그래서 일부 사용되는 석개석관묘나 목개석관묘는 석관묘로, 석개토광묘나 목개토광묘 등은 토광묘로 분류한다. 목관을 통나무관, 판재관으로 구분하는 것도 목관의 세분적인 분류 기준이다.

셋째, 주구를 가진 무덤의 문제이다. 주구를 가진 무덤에는 주구석관묘, 주구토광묘, 주구묘, 주구목관묘, 주구목곽묘 등이 있다. 이를 간략히 정리해보면 세장방형 주구에 매장주체부가 석관인 청동기시대의 주구석관묘는 춘천 천전리를 비롯하여 몇몇 유적에서 발견되었다, 점토대토기가 유입된 이후에는 장방형의 주구에 매장주체부가 토광인 주구토광묘가 곡성 대평리 유적과 함평 자풍리 신풍유적에서 조사되었고, 뒤이어 충청 내륙지역과 서해안지역에서 주구를 가진 무덤들이 다수 발견되었다. 서해안지역에서 발견된 주구를 가진 토광묘를 주구묘 혹은 분구묘로 지칭되는 반면 충청 내륙지역의 무덤을 주구토광묘로 부르기도 한다(최완규 2000).[3] 하지만 이를 통합하여야 한다는 견해도 적지 않다. 필자는 주구를 가진 토광묘의 매장주체부가 주로 목관이지만 주구토광묘로 명명하는 것을 제언한 바 있다(최성락 2013). 넷째, 무덤의 명칭은 주요 속성 + 매장주체부를 원칙으로 하고, 예외적인 경우에는 널리 사용되는 명칭을 사용한다.

이러한 원칙에서 무덤의 분류를 정리해보면 점토대토기가 등장하기 이전부터 존재하였던 무덤에는 지석묘, 석관묘(석개 혹은 목개), 옹관묘(단옹에 직치), 토광묘(석개 혹는 목개, 토광직장묘, 순수토광묘), 주구석관묘 등이 있다. 다음으로 점토대토기가 유입되면서 새로이 나타나는 무덤은 크게 석관묘계와 목관묘계로 구분된다. 석관묘계는 적석석관묘, 위석석관묘, 석곽묘(유사석곽묘) 등으로, 목관묘계는 적석목관묘, 목관묘, 목곽묘, 주구토광묘(주구묘, 주구목관묘, 주구목곽묘) 등으로 세분된다. 기타 무덤으로는 옹관묘(합구에 횡치), 패총묘 등이 있다(표 1).

---

3) 일반적으로 주구묘를 분구묘에 포함시키고 있는데 최근 김낙중(2022)은 장방형 주구에 매장주체부가 토광묘인 곡성 대평리 16호 무덤이나 영광 군동 A-14호 무덤 등을 분구묘와 구분하여 다시 주구묘로 부르자고 제안한 바가 있다.

〈표 1〉 점토대토기 시기의 무덤 분류

출현시기 매장주체부	점토대토기 등장 이전	점토대토기 등장 이후
지석묘	지석묘	묘역식 지석묘
석관묘	석관묘(석개, 목개)	적석석관묘, 위석석관묘, 석곽묘
목관묘		적석목관묘, 목관묘, 목곽묘
옹관묘	옹관묘(단옹직치)	옹관묘(합구횡치)
토광묘	토광묘(직장묘)(석개, 목개)	
주구묘	주구석관묘	주구토광묘(주구묘, 주구목관묘)
기타		패총묘

다음은 무덤의 변천양상에 대한 연구이다. 대체로 청동기시대의 무덤인 지석묘와 석곽묘에서 점토대토기가 등장한 이후 적석석관묘, 적석목관묘, 목관묘 등으로 변화된다. 이미 언급한 서길덕(2018)의 연구와 같이 점토대토기 시기의 무덤의 형태가 10여 종에 달하고 그 변화과정이 지역적으로 달라 매우 복잡한 양상을 보여주고 있다.

중서부지역에서는 이 시기의 무덤과 관련한 연구가 상대적으로 부진한데, 이것은 동 시기의 주거지에 비해 조사사례가 부족한데 기인한다. 이와 달리 만경강유역을 중심으로 하는 호남지역이나 영남지역에서는 점토대토기 시기의 무덤 변천양상이 상대적으로 잘 관찰되어 지역별로 차이가 나고 있다. 이 가운데 만경강유역의 분묘를 집중적으로 연구한 한수영(2011, 2015, 2019)은 점토대토기 시기 무덤의 입지가 청동기시대 무덤의 양상과 유사함을 언급하고 있다. 즉 송국리형문화가 유입되면서 만경강 본류를 경계로 북부권역은 석관묘가 주로 조성되고, 남부권역은 석개토광묘와 토광묘(목관묘)가 주묘제로 발전하는데, 유적의 입지와 묘광의 규모, 검의 부장양상 등을 통해 송국리형 무덤에서 초기철기시대 토광묘(목관묘)로 이어진다고 보았다. 이어서 한수영(2021b)은 만경강유역의 점토대토기 시기의 무덤 변천을 다음과 같이 언급하고 있다. Ⅰ기(원형점토대토기 유입)에는 석관묘, 석개토광묘 등이 적석목관묘, 목관묘 등과 공존하고, Ⅱ기(원형점토대토기 발전)에는 적석목관묘, 목관묘가 공존하면 Ⅲ기(삼각형점토대토기 발전과 철기 출현)와 Ⅳ기(삼각형점토대토기 소멸)에는 목관묘와 옹관묘가 공존한다고 보고 있다.

그런데 호남지역에서는 청동기시대 무덤인 지석묘가 점토대토기 시기에도 여전히 남아있다고 보는 연구자들이 적지 않다. 특히 이동희(2015)는 전남 동부지역의 경우, 점토대토기 문화가 외부로부터 유입된 반면 토착적인 문화가 별다른 변화가 없이 그대로 전승되었다는 것이다. 이러한 사례로는 곡성 대평리 유적에서 일부 송국리형 주거지의 방사성탄소연대가 기원후 1세기경으로, 보성 송곡리 지석묘나 여수 화동리 안골 지석묘의 방사성탄소연대가 기원전 1세기로 확인되었다. 이것은 탐진강유역의 지석묘 하한연대를 기원전후까지 보거나 해남반도 지석묘의 하한연대를 기원후 1~2세기경으로 보는 견해(조진선 2008, 2022)와도 일치한다. 이처럼 원형점토대토기가 등장하였던 시기에는 그 이전부터 사용되었던 무덤인 지석묘나 석관묘가 공존하였음을 알 수 있다. 아후 삼각형점토대토기 시기에도 무덤의 양상이 많이 변화되었지만 전남지역에서는 일부 지석묘가 남아있었다.

또 이동희(2017)는 영산강유역에서 마한 초현기의 위계화를 점토대토기 시기의 무덤 변천을 통해 살펴보았다. 즉 1단계(기원전 3세기~2세기경)는 원형점토대토기와 관련된 시기로 토착적인 지석묘에 외래의 적석목관묘와 석관묘 등이 공존하지만, 삼각점토대토기가 출토되는 2단계(기원전 1세기에서 기원후 1세기경)에 이르러 토광묘(목관묘), 옹관묘, 주구토광묘 등이 축조되었는데 부장유물에서 이 시기의 무덤이 세 단계의 위계화가 이루어졌던 것으로 추정하였다.

강진표(2022)는 전남지역 지석묘 유적에서 점토대토기가 출토된 5개소와 세형동검이 출토된 2개소 유적을 분석한 결과, 점토대토기문화 집단들이 처음에 지석묘 축조집단과 어울려 그들이 축조한 지석묘를 활용하여 제의를 행하였고, 점토대토기를 매장하거나 세형동검을 부장한 것으로 보아 지석묘 축조집단이 점토대토기문화를 영위한 집단과 마찰 없이 조화롭게 생활하였던 것으로 추정하였다. 이것은 경주지역에 들어온 이주민들이 지역에 안정적으로 정착하기 위해 재지민의 무덤을 의례용 제단으로 이용한 것(이수홍 2020)과 유사하다는 것이다.

송종열(2016)은 전북 서부지역의 분묘를 통해 당시 사회의 구조를 언급하고 있다. 이 지역의 점토대토기 유적은 총 7개의 거점권역으로 구분할 수 있는데 각각의 거점권역에서 1개소의 상위 유력자의 무덤이 있다. 거점권역의 위계화 정도는 토광묘의 상대적 크기와 위신재의 비교를 통해 가장 큰 차이를 보이고 있는데 동경이 확인된 원천권과 기양천권, 원평천권을 최고 위계의 거점권역으로 설정할 수 있다. 이러한 최고 위계의 거점권역은 점토대토기가 등장하는 시기에는 원천권과 기양천권을 중심으로 형성되었지만, 철기가 등장하면서 원천권을 중심으로 재편이 이루어지는 양상이 보인다. 이것은 원천권에 대규모 군집 토광묘가 구릉을 달리하며 조성되었는데 각각의 군집 내에서는 상위 유력층의 분묘에서 출토된 위신재를 통해 피장자의 성격을 알 수 있고, 이를 통해 계층화를 추정할 수 있다는 것이다. 또 이러한 계층화는 기원전 4세기 이후 고조선의 관료체계와 관련이 깊을 것이고, 거점권역 주변의 재지계 묘제 속에서 외래계 유물이 확인되는 분묘는 재지계 지방 세력으로 보는 것이 타당하다는 것이다.

영남지역의 경우, 박진일(2013)은 원형점토대토기 시기에 석관묘, 옹관묘, 목관묘, 직장묘 등이, 삼각형점토대토기 시기에서 옹관묘, 목관묘, 직장묘 등이 각각 축조되었다고 보았다. 하지만 이수홍(2020)은 원형점토대토기 시기에 묘역식 지석묘와 적석제단이 여전히 남아있었다고 한다. 나아가 이동희(2022)는 원형점토대토기 시기에 해당하는 창원 덕천리 지석묘가 있고, 삼각형점토대토기 시기에 해당하는 경주 전촌리 지석묘와 김해 구산동 지석묘 등이 있는데 이들의 성격을 토착 수장묘로 볼 것이 아니라 제단식 지석묘로 보아야 한다는 것이다. 또 그는 이러한 제단식 지석묘가 축조된 배경으로 새로이 유입되는 점토대토기문화를 만난 토착 우두머리들이 개인의 능력과 사적

소유를 강조하는 새로운 이데올로기를 수용하기보다는 종래 사회구조를 지탱하였던 공동체 유형을 강화하는 방향을 선택하면서 제단기능을 갖는 대규모 묘역식 지석묘를 축조하였던 것으로 보았다.

그밖에 이 시기 무덤의 부장양상에 관한 연구이다. 먼저 中村大介(2009)은 상층부장에 대해 다음과 같이 언급하고 있다. "상층부장은 원래 中國 東北地方을 포함한 점토대토기문화에는 없는 부장방법이었다. 그러나 馬韓 故地의 남부에서 다뉴세문경 단계 말경(Ⅲ기 후반부터 Ⅳ기)부터 부장방법이 변형되어 상층부장이 출현하였다. 상층부장은 마한지역뿐만 아니라 진한에서도 확인된다. 원삼국시대가 되면 한반도 동남부지역의 진한과 변한을 중심으로 상층부장이 증가한다. 이 상층부장이 夫餘에서 보이는 상층부장과 관련성에 대해서는 앞으로 검토되어야 할 연구과제인데, 현시점에서는 漢文化의 주변에서 보이는 공통된 풍습이자 漢文化의 장제와의 구별되는 현상으로 이해하고자 한다. 한편 마한지역에서는 원삼국시대 이후에 상층부장이 거의 채용되지 않게 된다. 樂浪과 관련이 있는 토기가 출토된 加平 達田里나 기원후 2세기대의 주구묘에도 관외의 단벽 쪽에 토기를 배치하는 양상이 많이 보인다. 이 부분은 樂浪木槨과 공통된 점으로 그 영향을 상정할 수 있다. 이러한 사례를 고려할 때 원삼국시대가 되면 상층부장은 진한과 변한을 중심으로 한 지역성이라 생각해도 좋을 것이다." 그런데 이에 대한 연구는 새로운 시도로 앞으로 더 이루어져야 하겠지만 다른 사례로 상층부장된 원통형토기의 경우, 중서부지역에서 호남지역으로 전파되었다가 다시 이것이 일본지역으로 확산되었을 가능성이 있는 것이다(최성락 2015).

정현진(2015)은 한국 남부지역에서 점토대토기 단계 목관묘의 매장의례를 분석하였다. 목관의 축조유형과 매장의례 사이에는 상관관계가 있다고 보았으며, 매장의례 유형 내에서 단계별 선호도가 뚜렷하게 나타나고, 의례 단계는 저마다 의미를 가진다는 것으로 판단하였다. 1단계 의례는 망자의 안치를 산신에게 고함, 2단계 의례는 지신에 대한 제의, 3단계 의례는 망자에 대한 예우,

4단계 의례도 망자에 대한 예우, 5단계 의례는 망자와의 분리 · 단절, 6단계 의례는 완전한 분리 및 사회 개편의 것으로 추정하였다. 매장의례 유형과 유물의 의미를 함께 고찰한 결과, 동서를 막론하고 시간이 흐르면서 분묘 축조집단이 정치+종교적 이념기반→정치+경제적 이념기반의 성격으로 변해간다는 것을 알 수 있었고, 매장의례는 목관묘 군 내에서 한 두 기를 제외하고는 점차 망자보다는 남은 분묘 축조자들을 위한 의례 위주로 행해짐을 알았다. 군(群)내에서 두드러지는 목관묘는 종래에 단독으로 입지하여 축조되었던 목관묘와 그 성격이 비슷하다고 볼 수 있겠다. 시간이 내려올수록 무덤을 쓸 수 있는 사람이 많아졌다는 것을 의미할 수도 있으나, 단정하긴 어렵다는 것이다.

Ⅳ. 시기구분과 사회성격

1. 시기구분

많은 연구자들이 시기별 혹은 단계별 문화양상을 설명하고 있는데 대표적인 사례를 살펴보면 다음과 같다. 먼저 중부지역을 중심으로 한 연구결과이다. 김범철(1996)은 점토대토기와 공반유물의 분류를 통해 1~5군의 유적군으로 분류하고 유적의 분포상태에 따라 단계를 설정하였다. Ⅰ단계는 주로 한강, 금강유역 및 아산만 일대를 포함하는 중서부지역에 산발적으로 분포하며, Ⅱ단계는 Ⅰ · Ⅲ 단계의 요소가 공존하는 단계로 한강유역에 집중분포하나 후기로 갈수록 분포밀도가 감소하고 남부지역으로 중심지가 이동하면서 한강유역에서 쇠퇴 · 소멸된다. Ⅲ단계는 한강유역에서 발견되는 것은 없으며 대부분 영호남의 남부해안지역 특히 패총유적에서 집중적으로 형성되었다.

박순발(2004)은 점토대토기의 한반도 정착과정을 설명하기에 앞서 요령지역의 점토대토기 유적의 검토를 통해 변천과정을 설명한 후 이와 대비시켜 한반도의 점토대토기 단계를 설정하였다. 요약하자면, 요령지역의 Ⅰ단계는 기원전 800~600년경으로 비파형동검 전기와 병행되는 시기로 단면원형점토대토기와 미송리형토기가 공반된다. Ⅱ단계는 기원전 600~300년경으로 凉泉文化의 점토대토기로 대표되는데 미송리형토기 대신 고병두, 환형 또는 조합우각형파수부, 흑색마연장경호 등이 등장한다. Ⅲ단계는 燕 秦開의 동침 시점인 기원전 300년경 이후부터 기원전 200년경의 前漢初까지로 원형과 삼각형점토대토기가 새로이 모습을 보이며 타날문토기와 철기가 사용되는 시기이다. 한반도에서의 Ⅰ단계는 평양 남경유적 출토유물로 볼 때, 미송리형토기와 점토대토기가 공반되던 어느 시기에 유입된 것이며, Ⅱ단계는 한강유역의 수석리, 교성리 유적 등과 낙동강유역의 합천 영창리유적 등이 해당된다.

박진일(2007)은 발생순서에 의한 유물 조합을 통해 중서부지방의 점토대토기 단계를 1~5단계로 구분하였다. 1단계는 점토대문화의 등장시기로 다른 지역으로 파급되지 않는 단계로 점토대토기, 환상파수부장경호, 삼각형석촉, 유구석부 미공반, 2단계는 재지문화와 접변을 시작하는 단계로 점토대토기, 환상파수 및 조합우각형파수부장경호, 단각과 공심형 장각 두형토기, 유구석부 공반, 3단계는 한국식동검 등 청동기가 나타나는 시기로 환상파수부장경호가 사라지는 단계, 4단계는 전국계 철기문화와 2구식 정문경이 등장하며, 삼각형점토대토기가 나타나는 시기로 한국식동검문화가 점차 쇠퇴하는 시기이다. 마지막으로 5단계는 점토대문화에 새로운 철기와 토기문화가 더해지는 시기로 영남지방에서 단조철기가 나타나는 시기이다.

이형원(2011)은 중부지역 점토대토기문화를 크게 세 시기로 구분하고 있다. 즉 그는 박진일의 5단계 중 원삼국시대에 속하는 마지막 단계를 제외하고, 비파형동검시기(1 · 2단계)-세형동검시기(3단계)-초기철기시기(4단계) 등으로 구분하였다. 또 그는 환형파수 단순기의 존재가 아직 미약하고, 재지문화와 접변을 나타내는 유구석부도 외부에서 유입된 것으로 보이지만 이를 묶어서 비파형동검시기로 하고, 세형동검시기 다음에 초기철기시기로 설정하였는데 비파형동검시기와 세형동검시기를 청동기시대로, 철기의 유입부터 초기철기시대로 구분하자고 제안하였다.

임설희(2009)는 점토대토기와 공반유물의 관계를 통해 네 시기로 구분하였다. 즉 1기(서기전 4세기 후반~3세기 후반)는 원형점토대토기가 유입된 시기이고, 2기(서기전 3세기 말~서기전 2세기 후엽)는 새로운 양식의 원형점토대토기가 금강유역을 중심으로 등장하고, 이 시기 말에는 삼각형점토대토기가 등장한다. 3기(서기전 2세기 말~서기전 1세기 중엽)는 원형점토대토기가 남한 전역으로 확산되는 한편 삼각형점토대토기도 각지에서 확인되는 시기이고, 4기(서기전 1세기 중엽~서력기원 전후)는 원형점토대토기 소멸기로 추정하였다.

다음은 각 지역별 연구현황이다. 이화종(2006)은 강원지역 원형점토대문화를 출토유물과 유구의 양상에 따라 네 시기로 구분하였다. 1기는 기원전 7세기경으로 청동기시대 주거지에서 원형점토대토기가 출토되고, 2기는 기원전 6~5세기경으로 원형점토대토기 취락이 나타나고, 3기는 기원전 5~4세기경으로 본격적으로 원형점토대토기문화가 확산되는 시기이다. 4기는 기원전 4~3세기로 이전 시기와 다른 기형의 토기가 등장하고 환호나 소성유구 등의 유구가 등장하는 시기이다. 이숙임(2007)은 강원지역 점토대토기문화가 기존의 무문토기문화와 일정기간 병존하였으며 철기문화의 유입과 함께 새로운 문화로 흡수되었으며 점토대토기문화의 유입이 영동과 영서지역이 서로 달랐던 것으로 추정하였다.

신경숙(2002)은 호남지역의 점토대토기를 세 시기로 구분하였다. Ⅰ기는 기원전 3세기~1세기 전반으로 금강유역의 점토대문화가 남하한 영향으로 점토대토기 등장하는 시기이다. Ⅱ기는 기원전 1세기 전반~기원후 1세기 후반까지로 점토대 시루와 뚜껑이 새롭게 등장하는데 무문토기 전통과 점토대토기 요소가 결합하는 시기이다. Ⅲ기는 기원후 1세기 후반~2세기 후반으로 구연부의 홑구연화가 성행하는 시기이다. 송종열(2008)은 금강유역을 중심으로 4개 권역으로 구분하고, 주거지와 분묘유적, 토기류와 청동기 및 철기의 유물조합에 따라 기원전 5세기 후반~기원전 4세기 후반의 원형점토대토기 유입 시기인 Ⅰ단계, 기원전 4세기 후반~기원전 2세기 초반의 원형점토대문화가 발전하는 Ⅱ단계, 기원전 2세기 초반~기원전 2세기 후반으로 원형점토대토기가 쇠퇴하고 철기가 중심이 되는 Ⅲ단계로 구분하였다. 한수영(2021a, 2021b)은 만경강유역 점토기문화의 변천을 네 시기로 구분하였다, 즉 Ⅰ기는 원형점토대토기 유입, Ⅱ기는 원형점토대토기의 발전과 청동기의 최성기, Ⅲ기는 삼각형점토대토기의 발전과 철기의 출현, Ⅳ기는 삼각형점토대토기의 소멸 등이다.

신영애(2011)는 영남지역 점토대토기문화의 변천을 세 단계로 구분하였다. 즉 1단계는 재지 무문토기문화+원형점토대토기문화로 기원전 4세기말~기원전 2세기 전후이고, 2단계는 재지 무문토기문화+원형점토대토기문화+삼각형점토대토기문화로 기원전 2세기 전후~기원전 2세기 중후반이며, 3단계는 삼각형점토대토기문화로 기원전 2세기 중후반~기원전 1세기 중후반이다. 이정은(2012)은 영남 동남해안지역의 점토대토기문화를 세 단계로 구분하였다. 1단계는 원형점토대토기가 확인되는 단계이고, 2단계는 원형점토대토기와 삼각형점토대토기가 확인되는 단계이며, 3단계는 삼각형점토대토기가 확인되는 단계이다. 덧붙여 영남 동해안지역의 점토대토기문화는 송국리문화, 야요이문화 등 주변의 문화와 교류하면서 변화한 것으로 보았다.

이상과 같이 여러 연구자들에 의해 제시된 점토대토기 시기는 비록 연구자별, 지역별로 연대관에서 약간의 차이를 보여주고 있지만 대체로 네 시기로 나누어진다. Ⅰ기는 원형점토대토기가 처음 유입되는 시기로 기존의 무문토기 사용 집단과 다른 입지에 위치하거나 다른 형태의 주거지(수석리식 주거지)를 사용하고 있어 두 집단이 공존하였음을 알 수 있다. 또 중부지역에서는 무덤이 발견되지 않지만 남부지역에서는 여전히 지석묘와 석관묘가 축조되었다.

Ⅱ기는 원형점토대토기와 세형동검이 사용되던 시기로 적석석관묘, 적석목관묘와 같은 새로운 분묘가 등장하는데 특히 호서 및 호남 서부지역에서 두드러진 양상이다. 원형점토대토기가 빈약한 지역은 여전히 토착문화가 잔존하였다. 영남지역에서는 묘역식 지석묘가 등장하였고, 서해안지역에서는 일부 패총이 형성되었다.

Ⅲ기는 삼각형점토대토기 외 철기가 공반되는 시기로 무덤으로 목관묘가 출현하였다. 특히 전북 만경강유역에서는 목관묘와 옹관묘의 집단적으로 축조되는 양상을 보여주고 있다. 이후 전남지역으로도 일부 파급되었지만 그 주류는 영남지역으로 확산되었다. 또 서해안지역뿐만 아니라 남해안일대에 널리 패총이 형성되기 시작하였다.

Ⅳ기는 철기가 각 지역으로 확산되는 시기로 지역별로 다른 양상을 보여준다. 중부권에서는 점토대토기가 소멸되면서 중도식무문토기, 타날문토기, 적석총 등을 특색으로 하는 중도유형이 넓게 자리잡았다. 영남지역에서는 점토대토기가 와질토기로 점차 변화되면서 목관묘에 철기가 대규모로 부장되는 등 수장층의 무덤이 등장한다. 반면 호남지역에서는 삼각형점토대토기가 홑구연으로 변화되었고, 목관묘에 뒤이어 옹관묘와 주구토광묘가 등장하였다. 이밖에 각 지역에서는 패총이 형성됨과 함께 해양교류가 본격적으로 이루어진다.

2. 사회성격

먼저 점토대토기 시기의 생계경제에 대한 논의이다. 노혁진(2001: 114)은 점토대토기 단계의 생계경제를 잡곡농사를 포함하는 식물 경작, 어로와 사냥 등이 혼합된 복합적인 생계경제로 이해하였다. 이에 대하여 실물자료의 분석과 보완이 필요하다고 지적한 송만영(2011)은 점토대토기 단계에 관찰되는 고지 중심의 사회경제적 연결망이 청동기시대 중기 이래 대형 취락의 해체와 함께 형성되기 시작하여 수계 중심의 사회경제적 연결망을 대체해 갔다고 보았다. 또 그는 이러한 연결망의 변화 배경이 근본적으로 생계경제와 관련될 것으로 추정하였지만, 이에 대한 연구가 충분치 않아 앞으로 생계경제와 관련하여 거점 취락의 해체에 대한 사례 연구의 필요성을 역설하였다.

고은별(2012)은 경남 서부지역의 점토대토기 시기의 생계경제를 분석한 결과, 다른 지역에 비해 다양한 식료자원을 다양한 루트를 통해 전략적으로 획득 이용함으로써 안정된 생계를 유지하였고, 이와 더불어 교역망의 중요성이 증대됨에 따라 늑도유적이 등장하였다고 보았다.

이창희(2018)는 철기문화의 유입에 따라 도작 중심의 선택적 생업구조와 농경사회의 변화가 일어나는데 이에 따라 복합적 생업구조의 취락이 증가하게 되었다고 보았다. 구체적으로 삼각형점토대토기문화 시기에 삼림철기문화, 해안철기문화가 전개되는데 이는 식료의 획득에 있어서 해안 어로가 중요해지는 복합적 생업구조이다. 이러한 생업형태에 따라 줄어들었던 패총이 다시 출현하게 된 것으로 보았다. 이와 관련된 모델은 다음과 같다(그림 1).

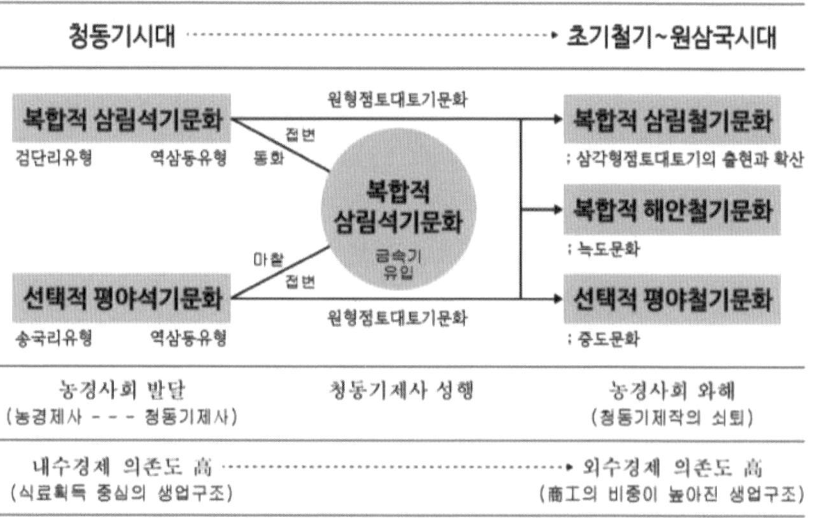

(그림 1) 점토대토기 유입에 의한 취락과 생업구조의 변화 모델(이창희 2018)

다음은 점토대토기 시기의 사회성격에 대한 논의이다. 점토대토기 집단의 이주설을 처음 제시한 박순발(1997)은 한강유역과 충청남도의 서해안에 원형점토대토기가 출현한 배경으로 燕 秦開의 고조선 공략을 계기로 요령 지역의 고조선 주민이 한반도 서해안을 따라 이주한 결과로 이해하였다. 또한 한강유역에 이주한 주민들은 재지인들과의 일정한 기간 공존하면서 갈등 관계를 유지하지만, 곧 재지인들을 기층민으로 재편하면서 세형동검기에 지석묘사회보다 광역의 지역 통합이 이루어졌다고 보았다.

김범철(2001)은 후기무문토기론(점토대토기론)을 비판하면서 당시 문화양상을 설명하고 있다. 즉 그는 전기무문토기-점토대토기문화-중도식토기문화 등 단선적인 변화가 아니라는 점을 강조하면서 점토대토기문화가 고조선계 유이민 집단에 의해서 형성되었고, 이것이 수용 · 변천 · 소멸양상이 지역별로 다르다고 보고 있다. 즉 한강유역에서는 점토대토기문화가 전기무문토기문화와 공존하다가 중도식토기문화로 변화되었고, 남해안지역에서는 송국리형문화에 의해 수용된 이후 더욱 확고하게 자리잡고 원삼국문화의 형성에 중심이 되었다는 것이다.

박진일(2013)는 고조선계 유민의 이주와 교류로 점토대토기문화를 설명하고 있다. 즉 점토대토기문화가 한반도 중서부지방에 등장한 이후 한국식동검으로 대표되는 청동기문화나 燕식 철기문화를 공반된 무덤들이 한반도 남부지역에 등장하게 되고, 이런 양상은 요하 일대에서 파급된 점토대토기문화인들이 자신들의 故地인 고조선과 꾸준히 교류한 결과로 보는 것이다. 또 삼한시대의 한반도 남부지방 물질문화의 정체성은 기원전 5세기대에 이루어진 고조선계 유이민의 한반도 남부지방 이주와 그에 따른 점토대토기문화의 등장 그리고 그 이후 전개되는 고조선과의 교류가 중요한 역할을 하였다는 것이다.

송만영(2011)은 점토대토기 사회를 바라보는 시각을 갈등론과 재편론으로 구분하여 정리하고 있다. 먼저 갈등론을 다음과 같이 설명하고 있다. "점토대토기 단계의 취락들에 대한 발굴조사가 이루어지면서 처음으로 '고지성'이라는 취락의 새로운 입지 유형이 제안되었고, 그 연장선상에서 이러한 취락들이 집단간의 갈등을 반영하는 것으로 보았다(정징원 1991; 송만영 1995; 권오영 1996). 점토대토기 단계의 갈등론은 이주 집단과 재지 집단 간의 영역 다툼을 전제로 등장한 것이었다. 따라서 점토대토기 출토 유적들의 평범하지 않은 高所 입지가 초기 점토대토기 집단의 정착지를 반영한 것으로 보았다. 최근에는 이주한 점토대토기 집단과 선주민인 송국리문화 집단 간에 청동기시대와는 차원이 다른 대규모의 전쟁이 빈번하게 발생하였다는 견해(손준호 2009)에까지 이르렀다."

다음으로 재편론에 대한 설명이다. "한강유역의 경우, 점토대토기 이주민이 우월한 기술과 선진 정치 · 사회적인 경험을 토대로 토착 지석묘사회를 장악하고 새로운 사회질서에 의해 재지민을 재편된 결과, 점토대토기 사회는 청동기시대 사회와는 다른 보다 광역의 지역적 통합이 이루어졌다는 것이다(박순발 1997: 22-25쪽). 이와 같은 재편론은 호서지역의 경우에도 똑같이 적용되었는데, 송국리유형이 외래의 수석리유형 중심으로 재편되었다는 견해(이형원 2005, 26쪽)와도 상통된다. 점토대토기 사회가 영역의 확장으로 고지성의 취락이 발생하였다고 본 노혁진(2001, 117쪽)은 기층 사회가 본격적인 계급적 복합사회 수준으로 발전하였다고 보았다. 그래서 한반도의 청동기문화는 '점토대토기 문화의 유입'에 의해 해체되었다고 보는 견해(中村大介 2008, 78쪽)도 등장하게 되었다.

그러나 송만영(2011)은 주민의 이주로 인한 재지민과의 갈등과 경쟁은 불가피하겠지만(김장석 2002), 점토대토기 사회를 집단 간의 갈등과 재편으로만 해석하기에는 관련 고고학 자료에 잘 부합되지 않은 측면도 많다고 보았다. 특히 취락을 대상으로 살펴볼 경우, 고지성이라는 입지를 제외하면 갈등을 단적으로 보여주는 고고학 자료는 확인되지 않는다. 더욱이 최근에 중부지방에서 조사된 고지성 유적들이 제의와 관계있다는 견해가 늘어나고 있음을 참고할 때, 입론 자체를 원점에서부터 검토할 필요성이 있다. 또한 중부지방 점토대토기 사회가 청동기시대와 비교하여 보다 광역의 지역적 통합과 계층화된 사회로 진전되었다고 보는 견해도 실제 고고학 자료를 분석해서 도출된 결론이라고 할 수 없다. 따라서 점토대토기 단계의 취락 구조와 더불어 취락의 분포 정형에 대한 연구를 통해 점토대토기 사회의 성격을 좀 더 구체적으로 살펴볼 필요가 있다. 또한 남한지방 청동기 사회 해체 원인에 대해서도 검토의 여지도 있다고 보았다. 과연 점토대토기 사회가 청동기시대 중기 사회와는 매우 이질적일 정도로 큰 폭의 문화변동이 있었는지 검토가 필요하고 또한 문화변동의 시점이 점토대토기 출현 시기와 일치하는지도 검토가 되어야 한다는 것이다.

이희준(2011)은 조나단 하스(최몽룡역 1989)와 티모시 어얼(김경택역 2008)의 견해, 즉 지배자가 지닌 권력의 주요 기반이 이념, 경제, 무력이라는 세 가지 요소를 배경으로 한반도 남부지역에서 청동기시대로부터 초기철기시대(네 단계)를 거쳐 원삼국시대(세 단계)에 걸친 수장의 권력 기반과 그 변천을 설명하였다. 즉 청동기시대 후기는 지석묘 사회를 기반으로 하는데 정치적 지위를 상징하는 기물로서 당시 수장의 리더십 기반이 이념으로 한정되었음을 보여준다. 세형동검을 기반으로 하는 초기철기시대 Ⅰ·Ⅱ단계에는 청동기들이 정치적 지위를 상징하면서 대외 관계망 관할능력을 뜻하기에 새로운 이념 기반 이외에 경제 기반이 서서히 형성되었음을 시사한다. Ⅱ단계에서는 수장의 종교직능자 성격을 명확히 말해주기에 이념 기반이 강화되고, 대외 교역를 통해 경제 기반이 강화되었다. 철기가 반출되는 Ⅲ·Ⅳ단계는 경제 기반이 한층 강화되고, 수장을 중심으로 하는 동족 집단이 형성되었음을 시사한다. 원삼국시대는 영남지역에서의 권력이 자리잡는 과정을 설명하고 있다. 즉 원삼국시대 Ⅰ단계에서는 수장권의 이념 기반 이외에 경제 기반이 점차 강화되고, Ⅱ단계부터는 무력 기반도 본격적으로 형성되었으며, Ⅲ단계에서는 수장의 권력 기반이 완성되었다고 보는 것이다.

이형원(2016)은 충청 서해안지역을 대상으로 하여 재지문화와 외래문화

사이에 나타난 문화접변 양상에 대하여 다음과 같이 설명하고 있다. 이 지역의 청동기시대 후기문화는 송국리유형과 수석리유형의 물질문화로 구성된다. 중국 요령지역에 계보를 갖는 원형점토대토기문화의 남하를 계기로 후기문화가 성립되면서 중기부터 이어져 온 송국리유형과 외래 기원의 수석리유형은 공존하게 되었다. 송국리유형의 재지집단과 수석리유형의 외래집단은 계통을 달리하는 문화집단이다. 이와 관련하여 보령 및 서천지역의 취락들을 검토한 결과 異문화 집단들 사이에 문화접변 현상이 다양하게 나타났다는 것을 파악할 수 있었다. 집단의 정체성과 성격을 반영하는 토기와 주거의 존재양태를 통해서 볼 때, 이 지역의 재지 선주민집단과 외래 이주민집단은 초기의 갈등 · 대립 관계를 벗어나 서로 우호적인 친연 관계를 형성했던 것으로 보았다. 이와 같은 상호작용 가운데 하나가 혼인관계의 성립이며, 이는 모방 혹은 절충토기가 갖는 사회적 의미와도 관련되는 것으로 추정하였다. 또한 취락(집단) 마다 공동체의 운영 원리 또는 성향에 따라서 외부 집단과의 대응방식이 달랐던 것으로 추정된다. 이것은 외래집단과 상호작용하는 재지집단의 주체 세력이 보령과 서천지역의 취락에 따라 위상 차이를 보이기 때문이다. 이것이 충청 서해안지역 내에서의 소지역성을 반영하는 것인지, 아니면 취락별 성격 차이를 말해주는 것인지는 앞으로의 검토대상이다.

전북 서부지역에서도 기존의 송국리문화에 점토대토기문화가 유입되면서 점차 결합되었음이 인식되고 있다. 김승옥(2021)은 청동기시대 후기에는 점토대토기문화가 유입되지만 송국리문화와 공존하다가 점차 결합되었다고 보고 있다. 즉 외래계의 점토대토기문화와 재래 토착문화인 송국리문화는 처음에 공간을 달리하여 공존하다가 점차 두 문화간에 접촉, 융합하였다는 것이다. 또 송국리문화는 '수계선호형'의 사회이고, 점토대토기문화는 '산지선호형'의 사회로 규정되며, 점토대토기문화는 장거리 교역을 통해 위신재의 획득이 활발하였던 반면에 대규모 농업공동체를 이룬 송국리문화와 대비된다는 것이다(김승옥 2016).

점토대토기 시기의 사회연구에 대한 관심이 많은 송만영(2018, 2019)은 기존에 제시된 점토대토기 집단의 이주설을 비롯하여 공존, 갈등설, 그리고 교류 및 재편설 등이 현재의 고고학 자료에 잘 부합되지 않으며, 그 근거도 충분하게 검증되지 못하였음을 강조하면서 그 대안적 가설로 재지 사회가 요동, 서북 지역, 그리고 중서부 지역을 연결하는 광역의 관계망을 통해 점토대토기와 세형동검문화를 차례로 수용하였고 祭場과 같은 지역 관계망을 통해 그 문화를 확산시켰다는 관계망설을 제안하였다. 또한 그는 광역 관계망에 편입된 재지 사회가 새로운 기술, 지식, 정보에 민감하게 반응하였을 터이지만, 이를 어떠한 전략으로 사회 통합과 계층화로 연결, 활용하였는지에 대한 검토도 필요하고 하였다. 다만 그는 중부지역의 점토대토기 사회를 이해하는 설명의 틀로 관계망설을 제안하였지만, 점토대토기 주민의 이주 그 자체를 부정하는 것은 아니고, 광역의 관계망을 통해 점토대토기 주민의 이주와 함께 새로운 물질문화가 유입되었을 것으로 가능성이 높지만 외래계 유물 또는 유구를 이주집단으로 치환하여 확대 해석하는 것을 경계할 필요가 있다고 하였다.

배현준(2019)는 점토대토기 집단의 확산과정과 그 과정에서 형성된 네트워크에 대하여 조명하고 있다. 즉 그는 요동지역 점토대토기 집단의 최초 이주가 있었고, 이후 양 지역간의 지속적인 교류 네트워크가 유지되면서 요동지역의 새로운 문화요소가 파급되었다고 한다.

이창희 · 구숙현(2021)는 금강 · 만경강유역에서 청동기시대 후기의 문화변용과 인구변동에 대하여 언급하고 있다. 즉 그들은 금강 · 만경강유역에서 이주민과 재지인과의 접촉양상을 검토하면서 송국리취락의 쇠퇴와 점토대토기인들의 유입에 따른 인구변동의 가설을 제시하였다(그림 2).

이처럼 점토대토기 시기의 사회는 중국 동북부지역인 요동지역에서 새로운 점토대토기문화가 유입되면서 형성되었고, 기존의 토착문화와 함께 공존하였는데 상호 관계가 갈등인지 아니면 우호적인지 논란이 되고 있지만 호서와 호남지역에서 점차 수장급 무덤이 출현하기 시작하였다. 삼각형점토대토

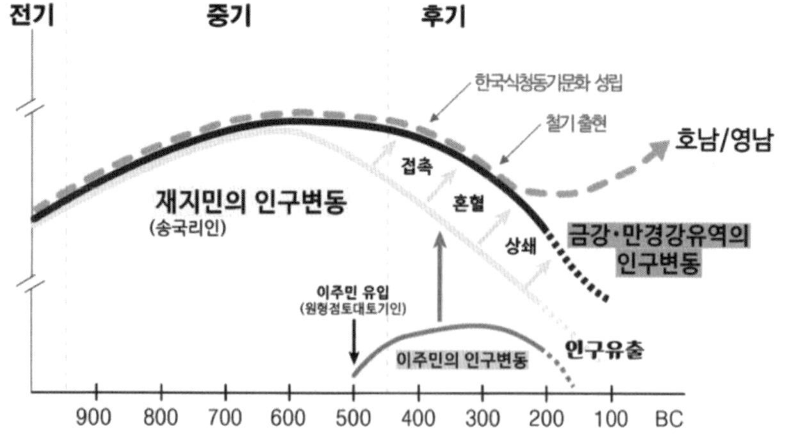

(그림 2) 청동기시대 중~후기 금강 · 만경강유역의 인구변동 모식도(이창희 · 구숙현 2021)

기 시기에는 요동지역과 상호교류 혹은 관계망 속에서 사회가 변화되었는데 처음에 만경강유역을 중심으로 나타나지만 뒤이어 남부지역으로 넓게 퍼져가는 양상을 보인다. 이 시기에 영남지역에서는 한층 계층화된 수장급 무덤도 출현하는데 그렇지 못한 지역에서는 토착적인 사회를 그대로 유지하기도 하였다.

V. 맺음말

이상과 같이 점토대토기 시기와 관련된 연구성과들을 정리해보았다. 과거 연구자들은 점토대토기 시기를 연구하면서 지나치게 점토대토기문화를 중심으로 바라보는 면이 없지 않았다. 하지만 이 시기에는 점토대토기문화만이 존재한 것이 아니라 기존의 토착문화와 공존하였을 것이다. 이에 생활유구와 무덤을 통해 당시 문화양상에 대한 연구들을 살펴본 결과, 많은 연구자들은 점토대토기문화가 기존의 토착문화와 일정 기간 공존하였으며 삼각형점토대토기 시기에 들어서면 기존의 토착문화와 통합되는 양상으로 변화되었음을 인식하고 있다. 또한 당시 사회는 점토대토기 집단이 처음 이주한 이후 어떤 관계망 속에서 상호교류가 지속되었고, 점차 계층화가 이루어졌는데 그 과정에서 지역적인 차이를 보여주었다.

그런데 점토대토기 시기의 문화양상을 연구하기 위해서 당시 고고학 자료를 정리·분석하여야 하는 것이 마땅하지만 그러한 연구를 단기간에 할 수 없기 때문에 필자는 여러 연구자들의 연구성과를 정리해봄으로써 당시 문화양상을 조금이나마 파악하고자 한 것이다. 이것은 일종의 간접적인 접근법이라고 할 수 있다. 이 과정에서 잘못 인용하거나 빠진 부분도 적지 않았을 것이다. 이것은 이 시기의 연구성과가 너무나 방대하여 모든 연구논문을 다룰 수 없었고, 인용할 경우에도 학술잡지에 실린 것을 우선하였다.[4] 또 여러 연구자들의 연구성과를 객관적으로 보려고 했으나 역시 필자의 시각에서 바라볼 수 밖에 없었다. 다만 다양한 견해들을 정리해봄으로써 앞으로의 연구에 약간의 도움이라도 될 수 있을 것이라 기대해 본다.

4) 학술대회의 발표문이나 석사학위 논문이 학술잡지에 게재되었을 경우에는 학술잡지에 게재된 논문의 인용을 원칙으로 하였다.

〈참고문헌〉

강진표, 2022,「마한의 선야, 순천 조례동과 전남지역 지석묘사회」,『호남에서 마한을 탐하다』, 한국문화재재단 · 호남지역문화재조사기관협회 · 호남고고학회.

고은별, 2012,「경남서부지역 점토대토기문화 생계경제 연구」,『한국고고학보』82, 한국고고학회.

권오영, 1996,「三韓의 國에 대한 硏究」, 서울대학교대학원 박사학위논문.

김경주, 2018,「제주지역 점토대토기문화의 정착과 변천과정」,『한국청동기학보』22, 한국청동기학회.

김경택역, 2008,『족장사회의 권력 : 선사시대의 정치경제학』(Timothy K. Earle 저), 도서출판 고고.

김권구, 2012,「청동기시대-초기철기시대 고지성 환구에 대한 고찰」,『한국상고사학보』76, 한국상고사학보.

김규정, 2017,「점토대토기문화기 석재사용 분묘 검토-호서 · 호남지역을 중심으로-」,『청동기학보』20, 한국청동기학회.

김규정, 2021,「호남지역 마한 성립기 주거지 일고찰」,『호남고고학보』67, 호남고고학회.

김나영, 2007,「嶺南地域 三韓時代 住居址의 變遷과 地域性」, 부산대학교대학원 석사학위논문.

김낙중, 2022,「호남지역 마한문화의 이해」.『호남에서 마한을 탐하다』, 2022 호남지역 소규모 국비지원 발굴조사 성과 학술대회, 한국문화재재단.

김범철, 1996,「漢江流域 後期無文土器 硏究-粘土帶土器文化의 展開樣相을 中心으로-」, 서울대학교 석사학위논문.

김범철, 2001,「남한지역 후기무문토기문화의 성격 연구-서울지역 연구를 위한 시론적 고찰 -」,『서울학연구』16.

김승옥, 2016,「만경강유역 점토대토기문화의 전개과정과 특징」,『한국고고학보』99, 한국고고학회.

김승옥, 2021, 「호남지역 청동기시대 문화의 흐름과 특징, 그리고 쟁점」, 『호남지역 청동기시대 재조명』, 한국청동기학회 국제학술대회.
김장석, 2002, 「이주와 전파의 고고학적 구분: 시험적 모델의 제시」, 『한국상고사학보』 38, 한국상고사학회
노혁진, 2001, 「粘土帶土器文化의 社會性格에 대한 一考察」, 『한국고고학보』 45, 한국고고학회.
박순발, 1997, 「한강유역의 기층문화의 백제의 성장과정」, 『한국고고학보』36, 한국고고학회.
박순발, 2004, 「遼寧 粘土帶土器文化의 韓半島 定着 過程」, 『錦江考古』 創刊號, 충청문화재연구원.
박진일, 2007, 「粘土帶土器 그리고 青銅器時代와 初期鐵器時代」, 『韓國青銅器學報』創刊號.
박진일, 2013, 「韓半島 粘土帶土器文化 硏究」, 부산대학교 고고학과 박사학위논문.
박진일, 2019, 「점토대토기문화기 요동-서남한 지역 묘재의 전통과 변형」, 동북아 초기 역사시대 물질문화의 접촉과 변용』, 한국학중앙연구원.
배덕한, 2022, 「대평리 방어취락의 성립과 해체」, 『한국고고학보』2022-2, 한국고고학보.
배현준, 2019, 「점토대토기 집단의 확산과 네트워크」, 한국고고학전국대회 발표문, 한국고고학회.
서길덕, 2018, 「한국 점토띠문화기 무덤 연구」, 세종대학교대학원 박사학위논문.
서현주, 1996, 「南海岸地域 原三國時代 貝塚의 時期區分과 起源問題-出土遺物을 中心으로-」, 『호남고고학보』4, 호남고고학회.
서현주, 2000, 「湖南地域 原三國時代 貝塚의 現況과 形成背景」, 『호남고고학보』11, 호남고고학회.
서현주, 2010, 「초기철기~삼국시대 패총에 대한 고찰」, 『한국의 조개더미유적』2, 한국문화재조사연구기관협회.
손정미, 2022, 「호서지역 청동기시대-초기철기시대 환호의 검토」, 『호서고고학』 53, 호서고고학회.
손준호, 2007, 「마제석촉의 변천과 형식별 기능 검토」, 『한국고고학보』 62, 한국고

고학회.

송만영, 1995, 「中期 無文土器時代 文化의 編年과 性格」, 숭실대학교대학원 석사학위논문.

송만영, 2009, 「강릉 경포호 원삼국시대 주거지의 특징과 편년」, 『강릉 초당동 유적』, 한국문화재조사연구기관협회.

송만영, 2011, 「中部地方 粘土帶土器 段階 聚落 構造와 性格」, 『한국고고학보』80, 한국고고학회

송만영, 2018, 「중부 지역 청동기시대~점토대토기 단계 지역성과 의미」, 『숭실사학』41, 숭실사학회.

송만영, 2019, 「중부 지역 점토대토기 사회에 대한 다른 인식」, 『인문논총』 제76권 제3호.

송종열, 2008, 「錦江流域 圓形粘土帶土器文化 硏究」, 전북대학교대학원 석사학위논문.

송종열, 2016, 「점토대토기문화의 정착과정과 사회분화-전북 서부지역 토광묘를 중심으로-」, 『야외고고학』 26, 한국문화재조사연구기관협회.

신경숙, 2002, 「湖南地域 粘土帶土器 硏究」, 목포대학교대학원 석사학위논문.

신영애, 2011, 「嶺南地方 粘土帶土器 段階 文化接變」, 경북대학교대학원 석사학위논문.

윤명철, 2014, 『한국해양사』(수정판), 학연문화사.

이건무, 2003, 「한국식동검문화의 연구」, 고려대학교대학원 박사학위논문.

이건무 · 서성훈, 1988, 『함평초포리유적』, 국립광주박물관.

이경순, 1994, 「세형동검문화기의 묘제에 관한 고찰-토광적석묘와 토광위석묘을 중심으로-」, 동의대학교 석사학위논문.

이동희, 2002, 「湖南地方 粘土帶土器文化期의 墓制와 地域性」, 『古文化』60, 한국대학박물관협회.

이동희, 2015, 「순천 동천유역의 정치체 성장과 변동과정」, 『중앙고고연구』18, 중앙문화재연구원.

이동희, 2017, 「영산강유역 마한 초현기의 분묘와 정치체의 형성」, 『호남고고학보』 57, 호남고고학회.

이동희, 2022,「제단식 지석묘로 본 김해 구산동 지석묘」,『호남고고학보』72, 호남고고학회.

이수홍, 2020,「경주지역 지석묘사회의 흥망」,『경주의 청동기시대 사람과 문화, 삶과 죽음』, 국립경주문화재연구소 · 한국청동기학회.

이숙임, 2007,「강원지역의 점토대토기문화 고찰」,『고문화』69, 한국대학박물관협회.

이정은, 2011,「영남 동남해안지역 점토대토기문화의 변천」, 경북대학교대학원 석사학위논문.

이종철, 2014,「호남 · 제주지역」,『청동기시대의 고고학 3-취락-』, 서경문화사.

이종철, 2015,「송국리형문화의 취락체제와 발전」, 전북대학교대학원 박사학위논문.

이창희, 2018,「점토대토기문화 유입에 의한 취락과 생업구조의 변화」,『토기 활용과 경관의 고고학』, 제42회 한국고고학전국대회, 한국고고학회.

이창희 · 구숙현, 2021,「청동기시대 후기 문화변용과 인구변동」,『인구변동의 고고학』, 중부고고학회 2021년도 정기학술대회.

이현우, 2004,「서북한지역 초기철기문화의 전개」, 숭실대학교 석사학위논문.

이형원, 2005,「松菊里類型과 水石里類型의 接觸樣相-中西部地域 住居遺蹟을 中心으로-」,『湖西考古學』12, 湖西考古學會.

이형원, 2011,「中部地域 粘土帶土器文化의 時間性과 空間性」,『湖西考古學』24, 湖西考古學會.

이형원, 2012,「중부지역 신석기~청동기시대 취락의 공간구조와 그 의미」,『고고학』11-2, 중부고고학회.

이형원, 2015a,「粘土帶土器文化 流入期 模倣土器의 社會的 意味」,『崇實史學』16, 崇實史學會.

이형원, 2015b,「住居文化로 본 粘土帶土器文化의 流入과 文化變動—江原 嶺東 및 嶺西地域을 中心으로—」,『韓國青銅器學報』16, 韓國青銅器學會.

이형원, 2016,「忠清 西海岸地域의 粘土帶土器文化 流入과 文化接變」,『湖西考古學報』34.

이화종, 2004,「중부지방 점토대토기문화 연구」, 한양대학교대학원 석사학위논문.

이화종, 2006, 「江原地域 圓形粘土帶土器文化의 特徵과 檢討」, 『江原考古學報』7 · 8合.
이희준, 2011, 「한반도 남부 청동기-원삼국대 수장의 권력기반과 그 변천」, 『영남고고학보』58, 영남고고학회.
임설희, 2010, 「호남지역 점토대토기의 등장과 확산과정」, 『호남고고학보』4.
장지현, 2015, 「호남지역 점토대토기문화의 전개양상과 특징」, 『호남고고학보』51.
전일용, 2006, 「충남 지역의 원형점토띠토기 출토 생활유적 연구」, 한남대학교대학원 석사학위논문.
정여선, 2010, 「中部地方 圓形粘土帶土器文化의 展開過程 硏究」, 충남대학교 고고학과 석사학위논문.
鄭澄元, 1991, 「初期農耕遺蹟の立地環境」, 『韓日交涉の考古學』 彌生時代編, 大興出版.
정현진, 2015, 「한반도 남부 점토대토기 단계 목관묘 매장의례의 연구」, 경북대학교대학원 석사학위논문.
조진선, 2004, 「細形銅劍文化의 展開過程 硏究」, 전북대학교대학원 박사학위논문.
조진선, 2008, 「탐진강유역 지석묘문화의 형성과 변천」, 『탐진강유역의 고고학』(제16회 호남고고학회 학술대회), 호남고고학회.
조진선, 2022, 「해남반도권 지석묘의 등장과 확산과정」, 『호남고고학보』71, 호남고고학회.
최몽룡역, 1989, 『원시국가의 진화』(Jonathan Hass 저), 민음사.
최성락, 1993, 「원삼국시대의 패총의 패총문화-연구성과와 제문제-」, 『한국고고학보』29, 한국고고학회.
최성락, 2013, 「호남지역 초기철기시대와 원삼국시대 연구현황과 전망」, 『호남고고학보』45, 호남고고학회.
최성락, 2015, 「원통형토기의 연구동향과 전망」, 『한국의 원통형토기(분주토기) Ⅱ』, 국립나주문화재연구소, 전남대학교박물관.
최성락, 2022, 「점토대토기의 연구현황과 과제」, 『박물관연보』30, 목포대학교박물관.
최성락 · 김건수, 2002, 「철기시대 패총의 형성배경」, 『호남고고학보』15, 호남고고학회.
최성락 · 김영훈, 2019,「해남 군곡리 패총의 위상과 역할」,『군곡리 패총-동아시아 해상교류의 시작』, 목포대학교박물관.
최성락 · 박호성, 2022,「호남지역 철기시대 패총의 형성 배경」,『도서문화』59, 목포대학교 도서문화연구원.
최완규, 2000,「호남지역의 마한묘제 유형과 전개」,『호남고고학보』11, 호남고고학회.
최우림, 2014,「墳墓를 통해 본 中西南部地域 粘土帶土器文化」, 충북대학교대학원 석사학위논문.
한국고고학회, 2002,『해양 교류의 고고학』, 재26회 한국고고학전국대회.
한국해양재단, 2013,『한국해양사』Ⅰ-Ⅲ.
한수영, 2011,「만경강유역의 점토대토기문화기 목관묘 연구」,『호남고고학보』39, 호남고고학회.
한수영, 2015,「全北地域 初期鐵器時代 墳墓 硏究」, 전북대학교대학원 박사학위논문.
한수영, 2017,「완주 신풍유적을 중심으로 본 초기철기문화의 전개양상」, 호남고고학보 56, 호남고고학회.
한수영, 2019,「묘제를 통해 본 점토대토기 문화기 호남지역의 전통과 변형」,『동북아 초기 역사시대 물질문화의 접촉과 변용』, 한국학중앙연구원.
한수영, 2021a,「호남지역 점토대토기문화의 전개과정과 과제」,『한국청동기학보』29, 한국청동기학회, 164-184쪽.
한수영, 2021b,「만경강유역의 점토대토기문화의 전개과정」,『건지인문학』31호,
황외식, 2008,「粘土帶土器時期의 聚落類型 硏究」, 경남대학교대학원 석사학위논문.
中村大介, 2008,「靑銅器時代와 初期鐵器時代의 編年과 年代」,『한국고고학보』68, 한국고고학회.
中村大介, 2009,「粘土帶土器文化와 原三國文化의 土器副葬 變化 및 國際關係」,『湖西考古學』21, 호서고고학회.

색인

ㅊ

ㅌ

ㅍ

ㅎ

〈집필자 소개〉

최성락

서울대학교 문학박사
목포대학교 고고인류학과 명예교수
목포대학교 박물관장 역임

김건수

일본 나고야대학 역사학박사
목포대학교 인문콘텐츠학부 교수
목포대학교 박물관장

이동희

성균관대학교 문학박사
인제대학교 문화콘텐츠학과 교수

강기형

목포대학교 박사과정 수료
목포대학교 박물관 연구원

박호성

목포대학교 석사
국립나주문화유산연구소 연구원